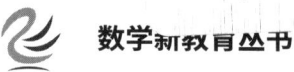

数学新教育丛书

互联网+
网络画板动态解析高中数学：
解析几何与立体几何

杨志友　杨曾麟　主编

清华大学出版社
北京

本书封面贴有清华大学出版社防伪标签，无标签者不得销售。
版权所有，侵权必究。举报：010-62782989，beiqinquan@tup.tsinghua.edu.cn。

图书在版编目(CIP)数据

互联网＋网络画板动态解析高中数学：解析几何与立体几何/杨志友,杨曾麟主编.—北京：清华大学出版社,2023.1
（数学新教育丛书）
ISBN 978-7-302-62397-7

Ⅰ.①互⋯　Ⅱ.①杨⋯②杨⋯　Ⅲ.①中学数学课－高中－教学参考资料　Ⅳ.①G634.603

中国国家版本馆 CIP 数据核字(2023)第 012962 号

责任编辑：汪　操
封面设计：常雪影
责任校对：王淑云
责任印制：宋　林

出版发行：清华大学出版社
　　　　网　　址：http://www.tup.com.cn, http://www.wqbook.com
　　　　地　　址：北京清华大学学研大厦 A 座　　邮　　编：100084
　　　　社 总 机：010-83470000　　邮　　购：010-62786544
　　　　投稿与读者服务：010-62776969, c-service@tup.tsinghua.edu.cn
　　　　质量反馈：010-62772015, zhiliang@tup.tsinghua.edu.cn
印 装 者：三河市东方印刷有限公司
经　　销：全国新华书店
开　　本：185mm×260mm　　印　张：15　　字　数：362 千字
版　　次：2023 年 3 月第 1 版　　　　　　　　印　次：2023 年 3 月第 1 次印刷
定　　价：54.00 元

产品编号：093698-01

编 委 会

主　编：杨志友　杨曾麟
副主编：方正娥　张世凡
编　委：龙绍华　李连代　李　勇　李　飞
　　　　陈　飞　谭真银　李海林　陈良荣
　　　　杨　柳　熊　云　邓李平　冉　红

前 言
PREFACE

  高中数学因其固有的高度抽象性而难教、难学，本书充分运用网络画板辅助教学技术，着力于让静态图形动态化、繁杂表述可视化、抽象思维形象化，使"形"与"数"可以自由转换，让"可见形式"与"抽象形式"能够直接产生联系。为师生交流、生生交流、人机交流搭建平台，为学习和教学提供丰富的资源。

  本书旨在帮助广大学生不断培养数学思维，并持续建构数学思维体系。学生通过网络画板"数—形"转换的学习，透过现象看本质，掌握数学的内在规律，形成用数学的眼光观察世界、数学的思维思考世界、数学的语言表达世界的理性思维。本书将信息技术与数学课程深度融合，为读者提供丰富的学习资源，设计生动的教学活动，促进数学教学方式方法的创新。本书在解决实际问题中，创设了合理的信息化学习环境，有利于培养学生的探究兴趣，开阔学生的视野，激发学生的想象力，提高学生的信息素养水平。

  本书主要内容为解析几何和立体几何的动态解析，众所周知，解析几何的特点是代数问题几何化、几何问题代数化，让数的精准和图的直观紧密结合在一起，互为所用。立体几何的特点是"立体"，即三维，对学生的空间想象能力要求很高，学生学起来很困难，难在数形不能自由转换，难在从二维平面感知三维图像。基于网络画板的动态解析可以很好解决上述问题，本书以日常教与学中的难点为主要内容，以网络画板为工具，结合编者近 30 年的一线教学经历，从几万道试题中精选出最具代表性的典型例题和习题，匠心打造每一个动画作品和解析，为广大高中数学教师课堂教学信息化提供有效参考，为广大高中学子攀登数学高峰提供"登山杖"，为广大科研工作者研究数学教学提供灵动视界，是广大高校数学专业师范生走上工作岗位值得研修的一门课程。

编 者

2022 年 12 月

目 录
CONTENTS

第1章 直线与圆 1
   1.1 直线的倾斜角与斜率 1
   1.2 直线的方程 3
   1.3 距离公式 6
   1.4 对称问题 11
   1.5 圆的方程 13
   1.6 直线与圆 17
   1.7 圆与圆的位置关系 23
   练习 26

第2章 圆锥曲线中定点问题 30
   2.1 与椭圆有关的定点问题 30
   2.2 与抛物线有关的定点问题 35
   2.3 与圆有关的定点问题 38
   2.4 与双曲线有关的定点问题 43
   练习 46

第3章 解析几何中的轨迹问题 48
   3.1 定义法求轨迹 48
   3.2 直接法求轨迹 51
   3.3 参数法求轨迹 53
   3.4 相关点法(代入法)求轨迹 57
   3.5 交轨法求轨迹 60
   3.6 点差法求轨迹 63
   练习 65

第4章 解析几何中的最值问题 67
   4.1 向量的数量积的范围问题 67
   4.2 离心率的范围 69

4.3	线段比值范围	73
4.4	线段长的最值	76
4.5	面积的最值问题	82
4.6	最值问题综合	85
练习		89

第 5 章 立体几何中的截面问题 ··· 91

5.1	截面的画法	91
5.2	确定截面形状	97
5.3	与截面有关的计算问题	101
练习		106

第 6 章 立体几何中的最值问题 ··· 107

6.1	空间角的最值	107
6.2	空间距离的最值问题	110
6.3	面积的最值问题	116
6.4	体积的最值	118
练习		121

第 7 章 立体几何中的轨迹问题 ··· 123

7.1	定义法	123
7.2	平面几何法	127
7.3	坐标法	131
7.4	交轨法	134
练习		139

第 8 章 立体几何中的折叠问题 ··· 140

8.1	折叠问题中的点线面位置关系	140
8.2	折叠问题中的线面角	143
8.3	折叠问题中的体积	146
8.4	折叠问题中的二面角	149
练习		152

第 9 章 立体几何中探索性问题 ··· 155

9.1	平行的探索	155
9.2	位置的探索	161
9.3	角的探索	164
9.4	垂直探索	168
9.5	距离的探索	173

练习 ··· 177

第10章　外接球内切球问题 ·· 180

　10.1　球的性质应用 ··· 180
　10.2　球的截面问题 ··· 182
　10.3　与外接球有关的体积问题 ··· 185
　10.4　与外接球有关的面积问题 ··· 188
　10.5　内切球问题 ··· 193
　　练习 ··· 196

练习参考答案 ··· 198

第 1 章

直线与圆

直线与圆是解析几何知识的基础,也是进一步研究圆锥曲线的基础,它们渗透到平面解析几何的各个部分,是解决解析几何问题的重要工具之一,也是高考必考内容之一。高考考查的重点是直线与圆的方程、直线与圆的位置关系、圆与圆的位置关系等内容,既有考查基础知识、基本技能和基本数学思想方法的容易题和中等难度题,又有考查综合分析和解决问题能力的较难题和难题。许多试题设计精巧,富有创意,导向性强。

1.1 直线的倾斜角与斜率

例 1 直线 l 经过 $A(2,1)$,$B(1,m^2)(m \in \mathbf{R})$,那么直线 l 的倾斜角 α 的取值范围是_____。

【解析】

直线 l 的斜率存在且 $k = \dfrac{m^2-1}{1-2} = 1-m^2 \leqslant 1$,又直线的倾斜角为 α,则有 $\tan \alpha \leqslant 1$,即 $\tan \alpha < 0$ 或 $0 \leqslant \tan \alpha \leqslant 1$。

根据在 $\left[0, \dfrac{\pi}{2}\right)$ 与 $\left(\dfrac{\pi}{2}, \pi\right)$ 上的正切函数图像,可得 $\dfrac{\pi}{2} < \alpha < \pi$ 或 $0 \leqslant \alpha \leqslant \dfrac{\pi}{4}$,即 α 的取值范围是 $\left[0, \dfrac{\pi}{4}\right] \cup \left(\dfrac{\pi}{2}, \pi\right)$。

动态解析

编号:246942,

扫描二维码，打开课件，如图1.1.1、图1.1.2所示，拖动点B或变量m的滑杆改变m的值，观察直线倾斜角的变化，考察倾斜角的取值范围。

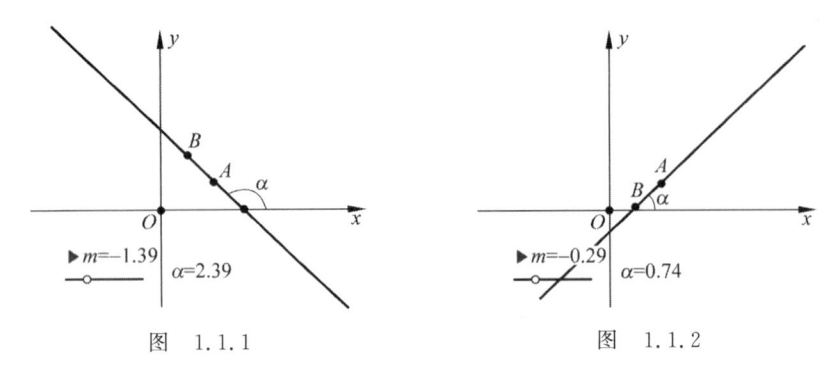

图 1.1.1

图 1.1.2

> **评注**

直线倾斜角的取值范围是$[0,\pi)$，而这个区间不是正切函数的单调区间，因此根据斜率求倾斜角的范围时，要分$\left[0,\dfrac{\pi}{2}\right)$与$\left(\dfrac{\pi}{2},\pi\right)$两种情况讨论。当$\alpha\in\left[0,\dfrac{\pi}{2}\right)$时，斜率$k\in[0,+\infty)$；当$\alpha=\dfrac{\pi}{2}$时，斜率不存在；当$\alpha\in\left(\dfrac{\pi}{2},\pi\right)$时，斜率$k\in(-\infty,0)$。借助正切函数图像观察，更加直观形象。

例2 已知$A(-2,3)$，$B(3,2)$，过点$P(0,-2)$的直线l与线段AB有公共点，则直线l的斜率的取值范围为_____。

【解析】

方法1：如图1.1.3所示，直线l与线段AB有公共点，则直线l的倾斜角应介于PA，PB的倾斜角之间。

当直线的倾斜角小于直角时，$k\geqslant k_{PB}$；当直线的倾斜角大于直角时，$k\leqslant k_{PA}$。

所以直线l的斜率的取值范围是$\left(-\infty,-\dfrac{5}{2}\right]\cup\left[\dfrac{4}{3},+\infty\right)$。

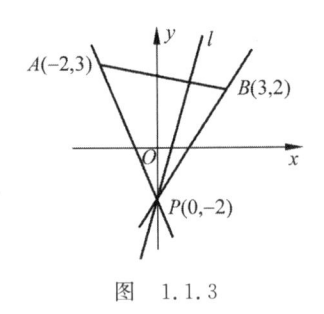

方法2：设直线l：$kx-y-2=0$，则$A(-2,3)$，$B(3,2)$在该直线两侧或其中一点在直线上，所以$(-2k-3-2)(3k-2-2)\leqslant 0$。

故直线l的斜率的取值范围是$\left(-\infty,-\dfrac{5}{2}\right]\cup\left[\dfrac{4}{3},+\infty\right)$。

图 1.1.3

> **动态解析**

编号：246966，

扫描二维码，打开课件，如图1.1.4所示；拖动点C在线段AB上运动，改变l的位置，如图1.1.5所示，观察直线倾斜角的变化，考察倾斜角的取值范围；点击按钮 辅助线 ，显示直

线 PA,PB 及其倾斜角,如图 1.1.6 所示;再次拖动点 C 在线段 AB 上运动,领会直线 l 的倾斜角与直线 PA,PB 倾斜角间的关系,如图 1.1.7 所示。

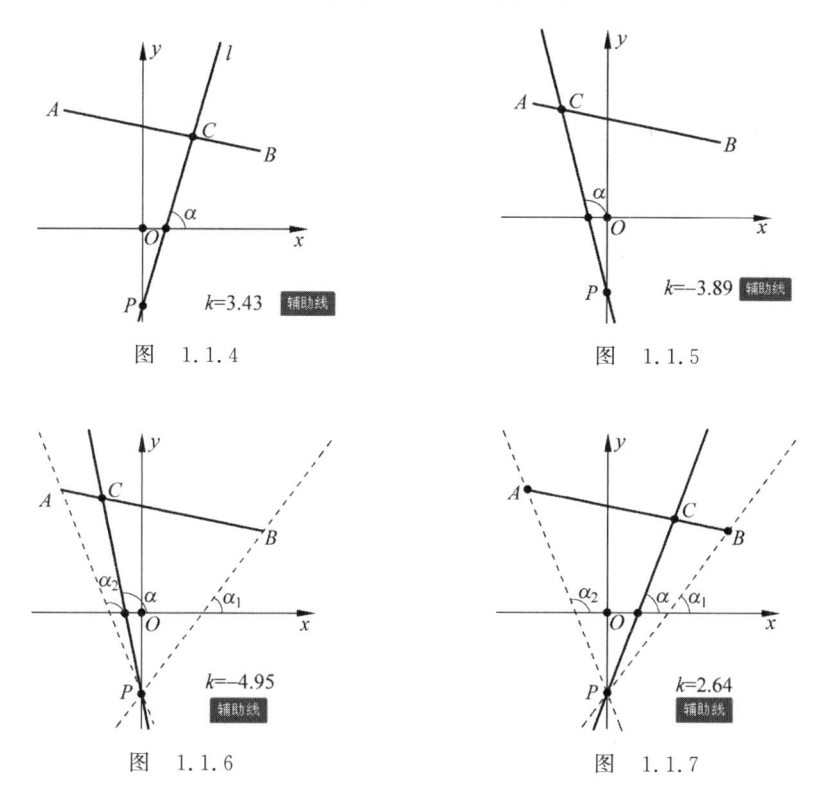

图 1.1.4

图 1.1.5

图 1.1.6

图 1.1.7

> **评注**

求过定点的直线斜率的取值范围,可直接求过端点的直线的斜率,数形结合写出范围,但容易将范围写反。此外,还可以用线性规划中不等式的几何意义,列不等式求解,避免出错。

1.2 直线的方程

例1 过点 $P(1,2)$ 作直线 l,若点 $A(2,3),B(4,-5)$ 到它的距离相等,则直线 l 的方程是_____。

【解析】

方法1:若 A,B 位于直线 l 的同侧,则直线 $l // AB$,$k_{AB}=\dfrac{3+5}{2-4}=\dfrac{8}{-2}=-4$,直线 l 为 $4x+y-6=0$。

若 A,B 两点位于直线 l 的异侧,则 l 必经过线段 AB 的中点 $(3,-1)$。

故直线 l 的方程为 $3x+2y-7=0$。

方法2:设直线 l 的方程为 $y-2=k(x-1)$,即 $kx-y+2-k=0$,则 $\dfrac{|2k-3+2-k|}{\sqrt{k^2+1}}=$

$\frac{|4k+5+2-k|}{\sqrt{k^2+1}}$,化简得 $k-1=3k+7$ 或 $k-1+3k+7=0$,解得 $k=-4$ 或 $k=-\frac{3}{2}$。

故直线 l 的方程为 $4x+y-6=0$ 或 $3x+2y-7=0$。

动态解析

编号：247999，

扫描二维码,打开课件,如图 1.2.1 所示,图中 M 为直线 l 上一点,d_1,d_2 分别表示点 A,B 到直线 l 的距离;拖动点 M 运动或变量 k 的滑杆改变 k 的值,如图 1.2.2～图 1.2.4 所示,观察点 A,B 到直线 l 的距离 d_1,d_2 的变化,探究 $d_1=d_2$ 的条件。

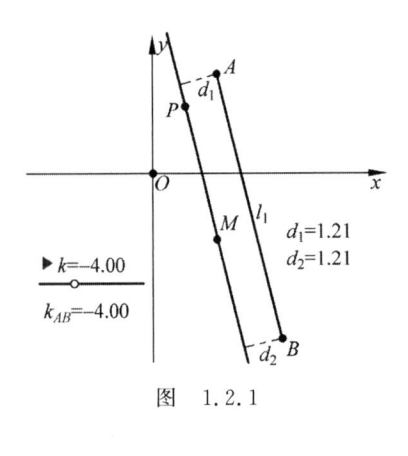

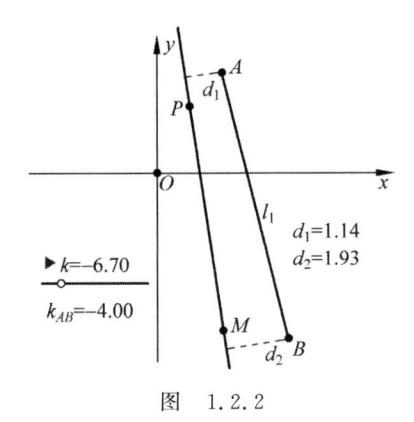

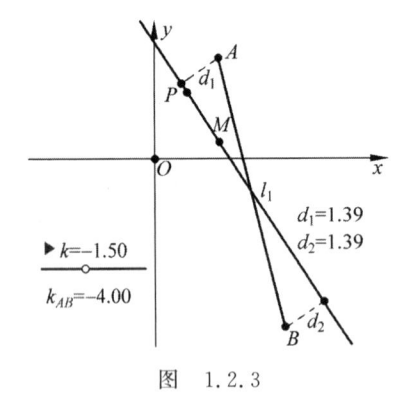

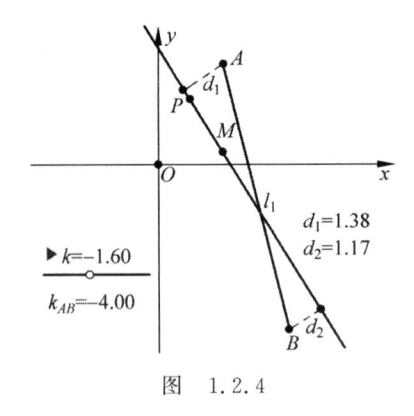

图 1.2.1

图 1.2.2

图 1.2.3

图 1.2.4

评注

点斜式：已知直线过点 (x_0,y_0),斜率为 k,则直线方程为 $y-y_0=k(x-x_0)$,它不包括垂直于 x 轴的直线;斜截式：已知直线在 y 轴上的截距 b,则直线方程为 $y=kx+b$,它不包括垂直于 x 轴的直线。

例2 已知在 $\text{Rt}\triangle ABC$ 中,$\angle ACB=90°$,$BC=3$,$AC=4$,P 是 AB 上的点,求点 P 到 AC,BC 的距离乘积的最大值。

【解析】

如图1.2.5所示，以 CB 所在的直线为 x 轴，CA 所在的直线为 y 轴，建立平面直角坐标系。

点 $P(x,y)$ 在直线 AB 上，满足 $\dfrac{x}{3}+\dfrac{y}{4}=1(x>0,y>0)$。

点 P 到 AC,BC 的距离分别是 $|PN|,|PM|$，则 $|PN||PM|=xy$。

因为 $1=\dfrac{x}{3}+\dfrac{y}{4}\geqslant 2\sqrt{\dfrac{xy}{12}}$，所以 $xy\leqslant 3$，当且仅当 $x=\dfrac{3}{2},y=2$ 时取等号。

故点 P 到 AC,BC 的距离乘积的最大值是3。

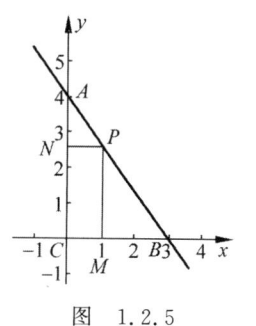

图 1.2.5

动态解析

编号：248007，

扫描二维码，打开课件，如图1.2.6所示；拖动点 P 在线段 AB 上运动，如图1.2.7所示，观察 $|PM||PN|$ 的变化，探究 $|PM||PN|$ 取得最大值的条件。

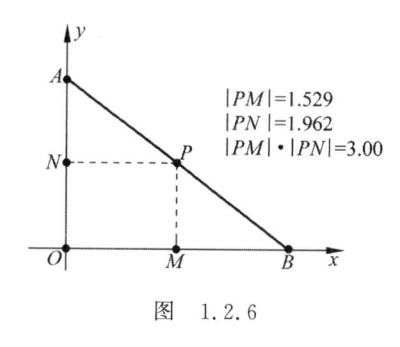

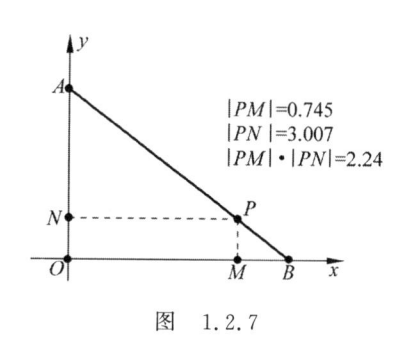

图 1.2.6

图 1.2.7

评注

截距式：已知直线在 x 轴和 y 轴上的截距分别为 a,b，则直线方程为 $\dfrac{x}{a}+\dfrac{y}{b}=1$，它不包括垂直于坐标轴的直线和过原点的直线。求直线方程时，若采用截距式，应注意分类讨论，判断截距是否为零。如果截距相等或互为相反数或绝对值相等或有倍数关系时，要考虑截距可能为零。

例3 过点 $(2,1)$ 且在两坐标轴截距相等的直线方程是_____。

【解析】

当截距为0时，所求直线方程是 $x-2y=0$；当截距不为0时，斜率为 -1，直线方程是 $x+y-3=0$。

所以所求的直线的方程为 $x-2y=0$ 或 $x+y-3=0$。

动态解析

编号：248008，

扫描二维码，打开课件，如图1.2.8所示；拖动点 A 在 x 轴上运动，如图1.2.9所示，观察直线 l 的横截距、纵截距变化，探究截距相等的条件。

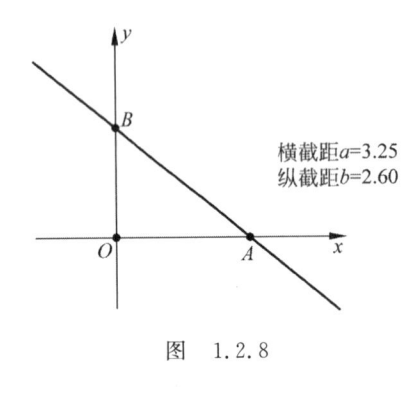

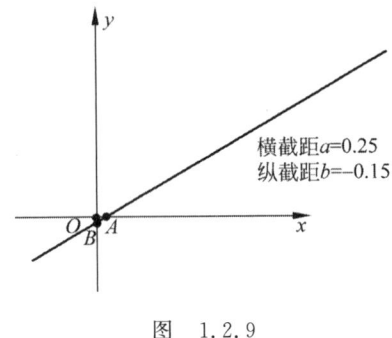

横截距 $a=3.25$
纵截距 $b=2.60$

图 1.2.8

横截距 $a=0.25$
纵截距 $b=-0.15$

图 1.2.9

评注

横截距是直线和 x 轴交点的横坐标，纵截距是直线与 y 轴交点的纵坐标。注意截距是一个数，可正可负，也可为零，而距离也是一个数，它只能非负。本题最易漏掉截距为 0，即直线过原点的情况。

1.3 距离公式

例 1 求函数 $f(x,y)=\sqrt{x^2+y^2}+\sqrt{(x-1)^2+y^2}+\sqrt{x^2+(y-1)^2}+\sqrt{(x-1)^2+(y-1)^2}$ 的最小值。

【解析】

如图 1.3.1 所示，$f(x,y)$ 表示在平面直角坐标系中的动点 $P(x,y)$ 到定点 $A(0,0)$，$B(1,0)$，$C(0,1)$，$D(1,1)$ 的距离之和。

而 $|PA|+|PD| \geqslant |AD|$，当且仅当点 P 在线段 AD 上时等号成立。$|PB|+|PC| \geqslant |BC|$，当且仅当点 P 在线段 BC 上时等号成立。

所以 $|PA|+|PB|+|PC|+|PD| \geqslant |AD|+|BC|=2\sqrt{2}$，当且仅当点 P 为 AD 与 BC 的交点时等号成立。

故 $f(x,y)$ 的最小值为 $2\sqrt{2}$，此时点 P 的坐标为 $\left(\dfrac{1}{2},\dfrac{1}{2}\right)$。

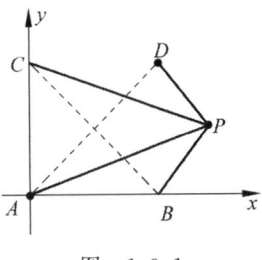

图 1.3.1

动态解析

编号：255398。

扫描二维码，打开课件，如图 1.3.2 所示，拖动点 P 运动，观察 $|PA|+|PD|$，$|PB|+|PC|$ 值的变化，领会 $|PA|+|PD|$，$|PB|+|PC|$ 及 $|PA|+|PB|+|PC|+|PD|$ 取得最小值的条件，如图 1.3.3～图 1.3.5 所示。

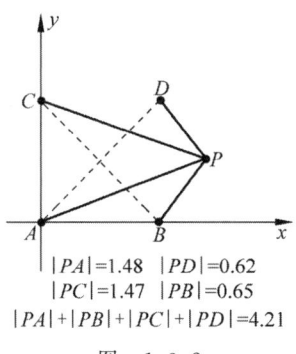

|PA|=1.48 |PD|=0.62
|PC|=1.47 |PB|=0.65
|PA|+|PB|+|PC|+|PD|=4.21

图 1.3.2

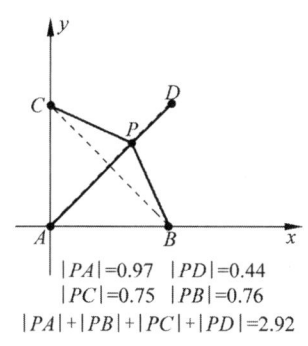

|PA|=0.97 |PD|=0.44
|PC|=0.75 |PB|=0.76
|PA|+|PB|+|PC|+|PD|=2.92

图 1.3.3

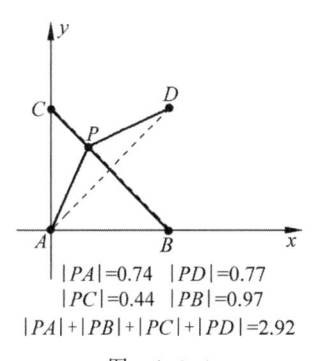

|PA|=0.74 |PD|=0.77
|PC|=0.44 |PB|=0.97
|PA|+|PB|+|PC|+|PD|=2.92

图 1.3.4

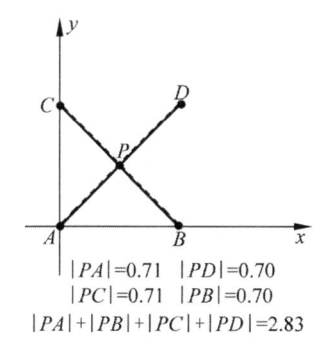

|PA|=0.71 |PD|=0.70
|PC|=0.71 |PB|=0.70
|PA|+|PB|+|PC|+|PD|=2.83

图 1.3.5

评注

此题若用纯代数知识求解，则比较麻烦，但联想到利用两点间的距离公式，就会茅塞顿开。

例 2 若直线 m 被两平行线 $l_1: x-y+1=0$ 与 $l_2: x-y+3=0$ 所截得的线段的长为 $2\sqrt{2}$，则 m 的倾斜角可以是_____。

【解析】

两平行线间的距离 $d=\dfrac{|3-1|}{\sqrt{1+1}}=\sqrt{2}$，易知直线 m 与 l_1 的夹角为 $30°$，l_2 的倾斜角为 $45°$，所以直线 m 的倾斜角等于 $30°+45°=75°$ 或 $45°-30°=15°$。

故 m 的倾斜角可以是 $75°$ 或 $15°$。

动态解析

编号：255367，

扫描二维码，打开课件，如图1.3.6所示；拖动点P运动，如图1.3.7~图1.3.9所示，探究直线m的倾斜角与直线l_1的夹角间的关系，领会[解析]中直线m的倾斜角等于$30°+45°=75°$或$45°-30°=15°$。

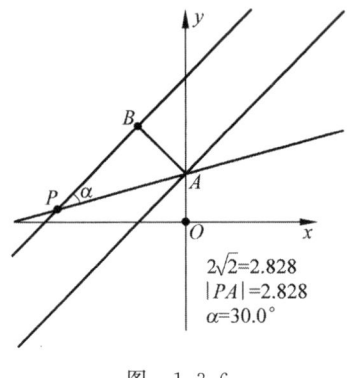

图 1.3.6

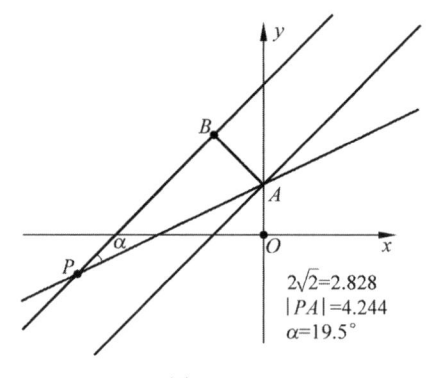

图 1.3.7

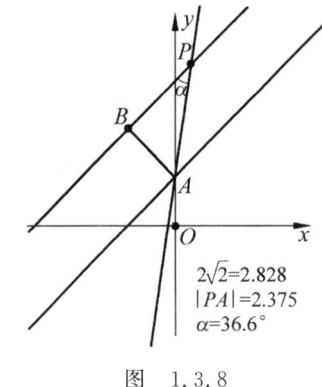

图 1.3.8

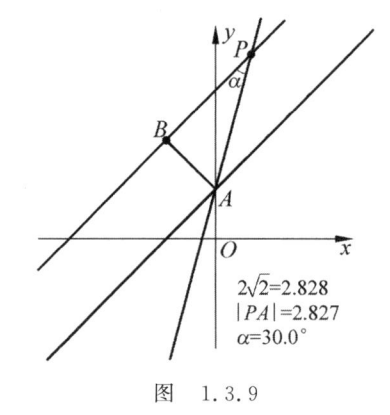

图 1.3.9

评注

两平行直线$l_1:Ax+By+C_1=0$与$l_2:Ax+By+C_2=0(C_1\neq C_2)$间的距离$d=\dfrac{|C_2-C_1|}{\sqrt{A^2+B^2}}$，一般两平行线间距离也可以转化为点到直线的距离。

例3 在平面直角坐标平面内的点$P(a,b)$到直线$y=x$和$x+y=2$的距离之和为$2\sqrt{2}$，求a^2+b^2的最大值和最小值。

【解析】

分别以直线$y=x$和$x+y=2$为坐标轴，那么点$P(a,b)$到直线$y=x$和$x+y=2$的距离之和为$2\sqrt{2}$，即到两个坐标轴距离之和为$2\sqrt{2}$。

容易得到点 P 在一个正方形的边上,到原点最远是 $3\sqrt{2}$,最近是 1。
故 a^2+b^2 的最大值为 18,最小值为 1。

动态解析

编号:248605,

扫描二维码,打开课件,如图 1.3.10 所示,点击按钮 旋转▶◀,坐标平面绕原点逆时针旋转 90°,如图 1.3.11 所示;点击按钮 新坐标系,建立新坐标系 $x'Oy'$,如图 1.3.12 所示;拖动点 P 运动,考察点 P 到两新坐标轴距离之和;点击按钮 显示轨迹,拖动点 P 运动,随着点 P 的运动跟踪其轨迹,如图 1.3.13 所示。

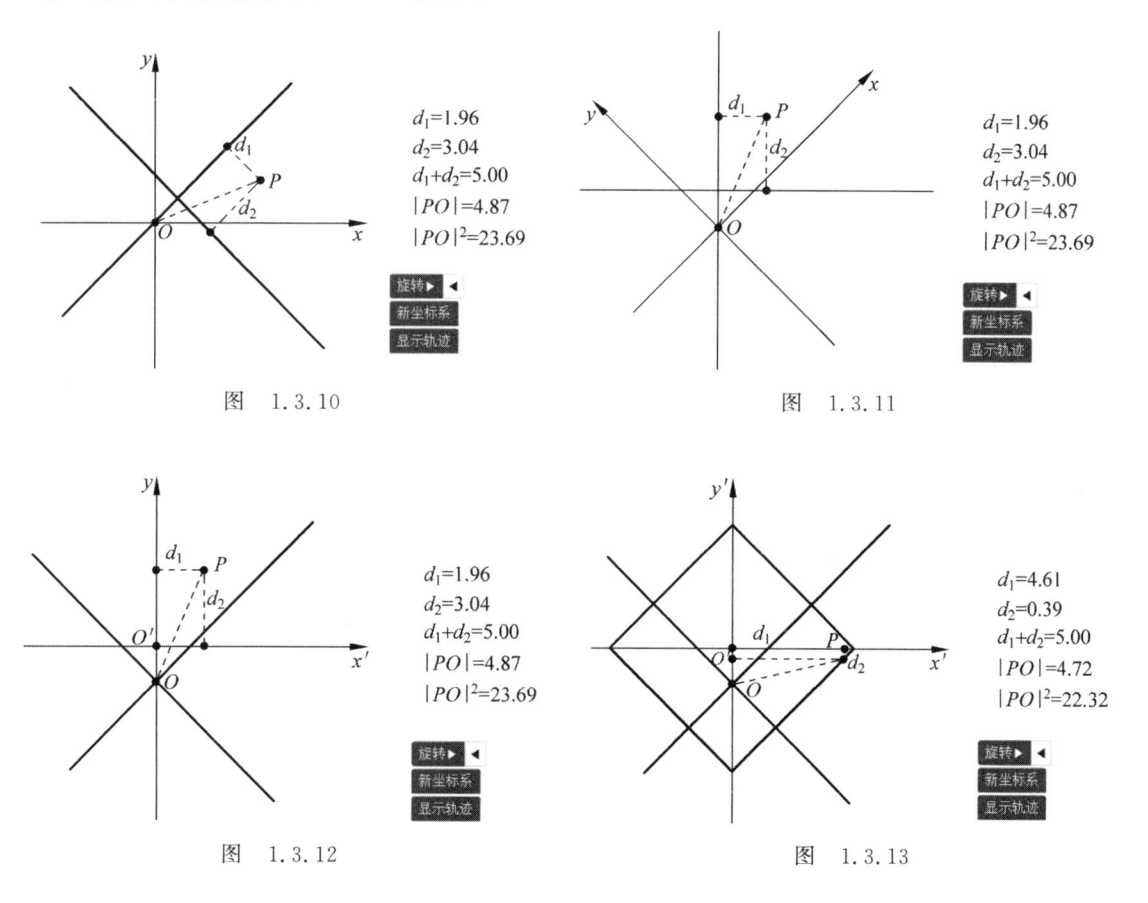

图 1.3.10

图 1.3.11

图 1.3.12

图 1.3.13

评注

利用绝对值的几何意义,把 $|x|+|y|=2\sqrt{2}$ 理解为点 (x,y) 到两坐标轴的距离之和为 $2\sqrt{2}$。

例 4 曲线 C 上的点到直线 l 的距离的最小值称为曲线 C 到直线 l 的距离,已知曲线 $C_1: y=x^2+a$ 到直线 $l: y=x$ 的距离等于曲线 $C_2: x^2+(y+4)^2=2$ 到直线 $l: y=x$ 的距离,则实数 $a=$ _____。

【解析】

C_2 的圆心为 $(0,-4)$，圆心到直线 $l：y=x$ 的距离为 $d=\dfrac{|0-(-4)|}{\sqrt{2}}=2\sqrt{2}$，故曲线 C_2 到直线 $l：y=x$ 的距离为 $d'=d-\sqrt{2}=\sqrt{2}$。

设 $M(x,y)$ 是曲线 C_1 上任一点，则 $y=x^2+a$，点 M 到直线 $l：y=x$ 的距离为 $\dfrac{|x-y|}{\sqrt{2}}=\dfrac{|x-x^2-a|}{\sqrt{2}}=\dfrac{\left|-\left(x-\dfrac{1}{2}\right)^2-a+\dfrac{1}{4}\right|}{\sqrt{2}}$。

当 $x=\dfrac{1}{2}$ 时，点 M 到直线 $l：y=x$ 的距离最近为 $\dfrac{\left|-a+\dfrac{1}{4}\right|}{\sqrt{2}}=\sqrt{2}$，解得 $a=-\dfrac{7}{4}$ 或 $a=\dfrac{9}{4}$。

当 $a=-\dfrac{7}{4}$ 时，直线与 C_1 相交，不合题意。

故 $a=\dfrac{9}{4}$。

动态解析

编号：252332，

扫描二维码，打开课件，如图 1.3.14 所示，拖动点 A 或变量 a 的滑杆改变 a 的值，体会曲线 C 与直线 l 距离的意义；点击按钮 辅助线 ，显示与直线 l 平行且距离为 $\sqrt{2}$ 的直线，如图 1.3.15 所示的红色虚直线；探究红色虚直线与曲线 C 相切的条件，理解 $a=-\dfrac{7}{4}$ 时，不合题意的原因。

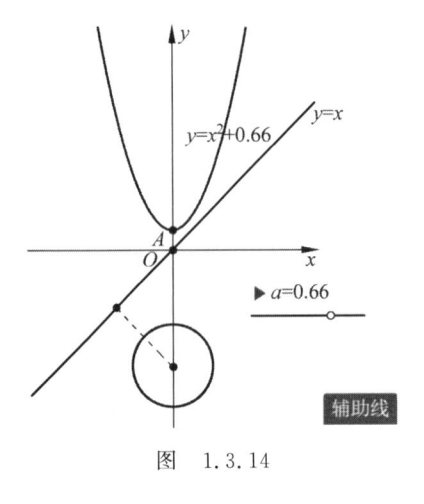

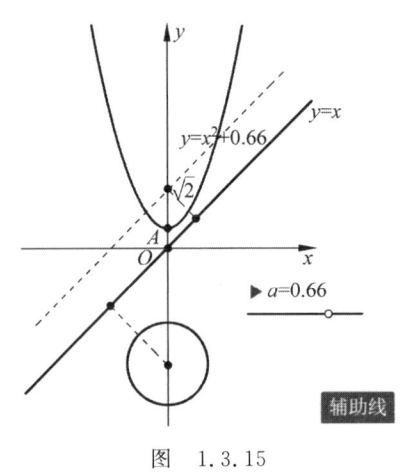

图 1.3.14　　　　　　图 1.3.15

> **评注**

点 $P(x_0, y_0)$ 到直线 $l: Ax + By + C = 0$ 的距离 $d = \dfrac{|Ax_0 + By_0 + C|}{\sqrt{A^2 + B^2}}$，运用点到直线的距离公式时，直线的方程一定要写成一般式。

1.4 对称问题

例1 如图1.4.1所示，已知 $A(4,0)$，$B(0,4)$，从点 $P(2,0)$ 射出的光线经直线 AB 反射后再射到直线 OB 上，最后经直线 OB 反射后回到 P 点，则光线所经过的路程为_____。

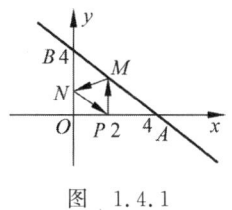

【解析】

点 P 关于 y 轴的对称点 $P_1(-2, 0)$，设点 P 关于直线 $AB: x + y - 4 = 0$ 的对称点 $P_2(a, b)$。

由 $\begin{cases} \dfrac{b-0}{a-2} \cdot (-1) = -1 \\ \dfrac{a+2}{2} + \dfrac{b+0}{2} - 4 = 0 \end{cases}$ 解得 $\begin{cases} a = 4 \\ b = 2 \end{cases}$，所以 $|P_1 P_2| = 2\sqrt{10}$。

故光线所经过的路程为 $2\sqrt{10}$。

图 1.4.1

动态解析

编号：250013，

扫描二维码，打开课件，如图1.4.2所示，拖动点 N 在 y 轴上运动，观察 $\alpha, \beta, \gamma, \delta$ 大小变化，考察 $\alpha = \beta, \gamma = \delta$ 的条件；点击按钮 移动点N ，使点 N 移动到满足条件的位置；点击按钮 辅助线 ，显示辅助线，如图1.4.3所示。

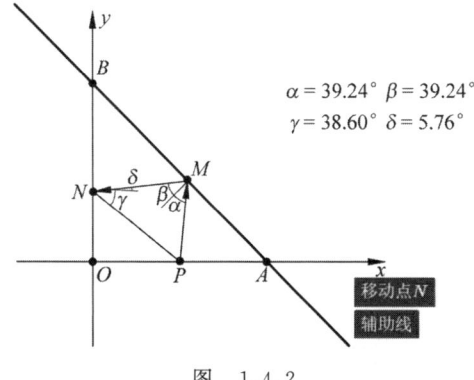

图 1.4.2

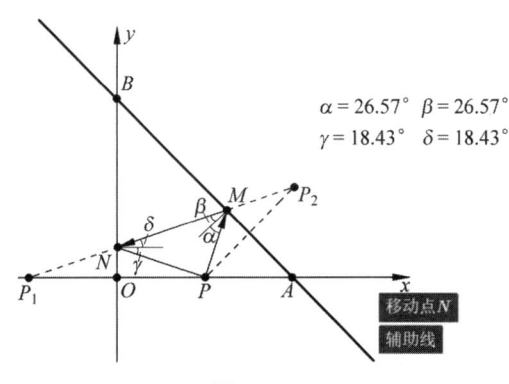

$\alpha = 39.24°\ \beta = 39.24°$
$\gamma = 38.60°\ \delta = 5.76°$

图 1.4.3

$\alpha = 26.57°\ \beta = 26.57°$
$\gamma = 18.43°\ \delta = 18.43°$

> **评注**

与光的反射有关的问题,本质上还是与直线相交的对称问题,求解中利用光的反射性质,转化为对称直线问题。

例 2 已知点 $A(-3,8),B(2,2)$,点 P 是 x 轴上的点,求 $|PA|+|PB|$ 的最小值。

【解析】

如图 1.4.4 所示,在 x 轴上任取一点 P,作 $B(2,2)$ 关于 x 轴的对称点 $B_1(2,-2)$,则 $|PB|=|PB_1|$。

连接 PB_1,PA,PB,连接 AB_1 交 x 轴于 P_1,则 $|PA|+|PB|=|PA|+|PB_1|\geqslant |AB_1|$。

当 P 移到与 P_1 重合时,取到最小值 $|AB_1|=\sqrt{(-3-2)^2+(8+2)^2}=\sqrt{25+100}=5\sqrt{5}$。

故 $|PA|+|PB|$ 的最小值是 $5\sqrt{5}$。

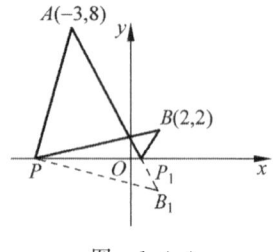

图 1.4.4

> **动态解析**

编号:250020,

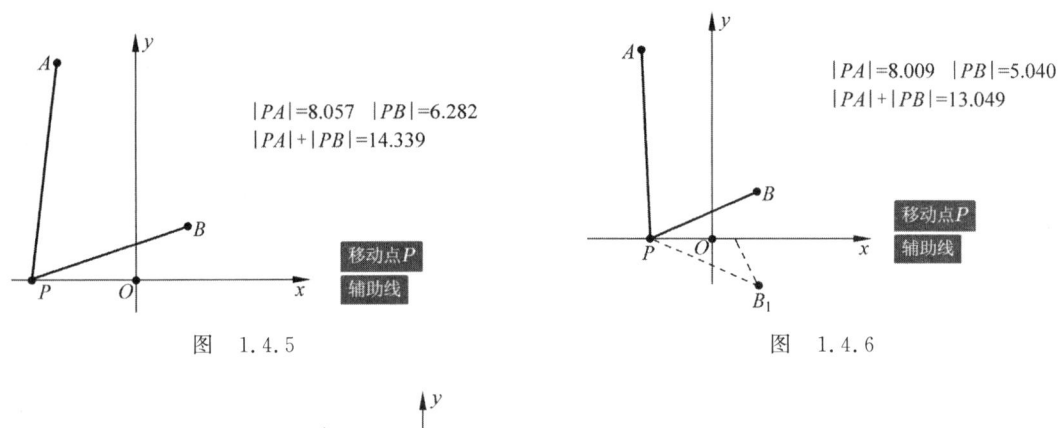

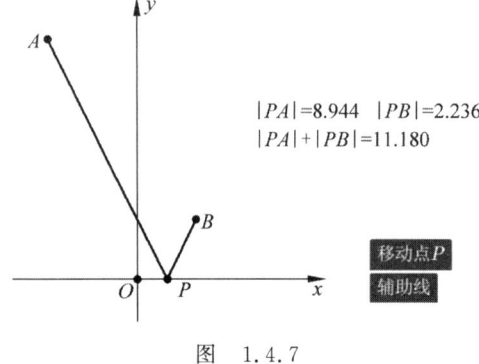

扫描二维码,打开课件,如图 1.4.5 所示,拖动点 P 在 x 轴上运动,观察 $|PA|,|PB|$ 的变化,考察 $|PA|+|PB|$ 取最小值时点 P 的位置;点击按钮 辅助线 ,显示辅助线,如图 1.4.6 所示;点击按钮 移动点P ,点 P 移动到 $|PA|+|PB|$ 最小时的位置,如图 1.4.7 所示。

图 1.4.5

图 1.4.6

图 1.4.7

> **评注**

利用对称将同侧的点转化为异侧的两点，利用"两点之间，线段最短"求得最值，解决此类问题首先要判定两点在直线"同侧"还是"异侧"，然后利用"异侧和最小，同侧差最大"求解。

1.5 圆的方程

例 1 过点 $P(1,2)$ 总能作出两条直线和圆 $x^2+y^2+kx+2y+k^2-15=0$ 相切，求实数 k 的取值范围。

【解析】

易知点 $P(1,2)$ 在圆 $x^2+y^2+kx+2y+k^2-15=0$ 的外部，所以 $1^2+2^2+k\times1+2\times2+k^2-15>0$，解得 $k<-3$ 或 $k>2$。

由方程 $x^2+y^2+kx+2y+k^2-15=0$ 表示圆得 $k^2+2^2-4(k^2-15)>0$，即 $3k^2<64$，解得 $-\dfrac{8\sqrt{3}}{3}<k<\dfrac{8\sqrt{3}}{3}$。

综上，实数 k 的取值范围是 $\left(-\dfrac{8\sqrt{3}}{3},-3\right)\cup\left(2,\dfrac{8\sqrt{3}}{3}\right)$。

● 动态解析

编号：251805，

扫描二维码，打开课件，如图 1.5.1 所示；拖动变量 k 的滑杆改变变量 k 的值，如图 1.5.2～图 1.5.4 所示，理解方程 $x^2+y^2+kx+2y+k^2-15=0$ 表示圆的条件，探究点 P 在圆外时，实数 k 的取值范围。

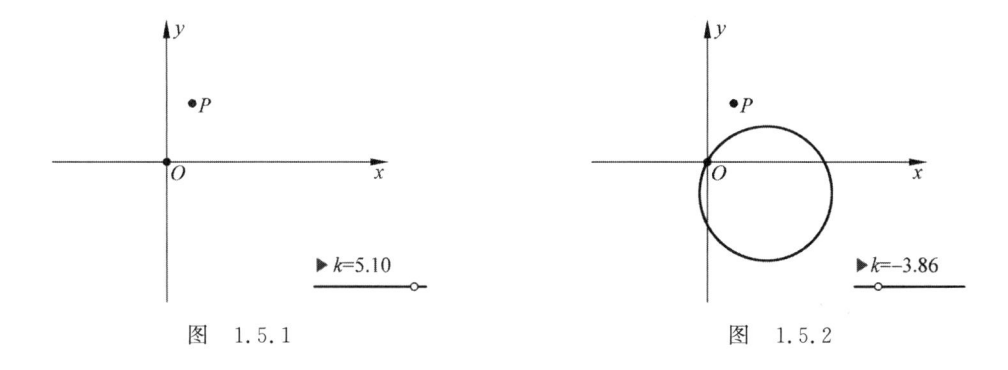

图 1.5.1

图 1.5.2

图 1.5.3　　　　　　　　　　　　　图 1.5.4

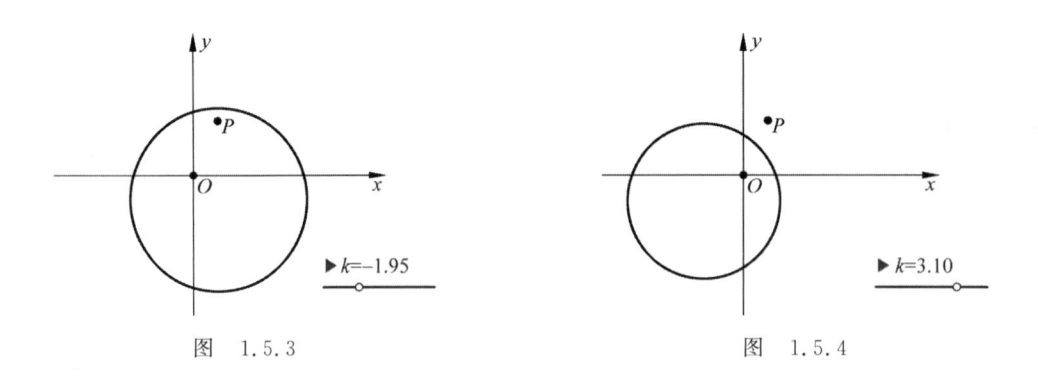

▶ 评注

$x^2+y^2+Dx+Ey+F=0$ 表示圆的充要条件是 $D^2+E^2-4F>0$，圆心为 $\left(-\dfrac{D}{2},-\dfrac{E}{2}\right)$，半径为 $\dfrac{1}{2}\sqrt{D^2+E^2-4F}$；二元二次方程 $Ax^2+Bxy+Cy^2+Dx+Ey+F=0$ 表示圆 $\Leftrightarrow A=C\neq 0$，且 $B=0$，$D^2+E^2-4AF>0$。

例 2　在平面直角坐标系中，以点 $(1,0)$ 为圆心且与直线 $mx-y-2m-1=0(m\in\mathbf{R})$ 相切的所有圆中，求半径最大的圆。

【解析】

方法 1：设圆的半径为 r，根据直线与圆相切的关系得 $r=\dfrac{|m+1|}{\sqrt{1+m^2}}=\sqrt{\dfrac{m^2+2m+1}{m^2+1}}=\sqrt{1+\dfrac{2m}{m^2+1}}$。

当 $m<0$ 时，$1+\dfrac{2m}{m^2+1}<1$，故 $1+\dfrac{2m}{m^2+1}$ 无最大值；当 $m=0$ 时，$r=1$；当 $m>0$ 时，$m^2+1\geqslant 2m$（当且仅当 $m=1$ 时取等号）。

所以 $r\leqslant\sqrt{1+1}=\sqrt{2}$，即 $r_{\max}=\sqrt{2}$。

故所求圆的方程为 $(x-1)^2+y^2=2$。

方法 2：设 $A(1,0)$，由 $mx-y-2m-1=0$ 得 $m(x-2)-(y+1)=0$，则直线过定点 $P(2,-1)$，即该方程表示所有过定点 P 的直线系方程。

当直线与 AP 垂直时，所求圆的半径最大，此时半径为 $|AP|=\sqrt{(2-1)^2+(-1-0)^2}=\sqrt{2}$。

故所求圆的方程为 $(x-1)^2+y^2=2$。

动态解析

编号：255464，

扫描二维码，打开课件，如图 1.5.5 所示，拖动点 M 或变量 m 的滑杆改变 m 的值，考察直线的特征，探究圆的半径即 $|AB|$ 与 $|AP|$ 的大小关系，如图 1.5.6 所示，理解方法 2。

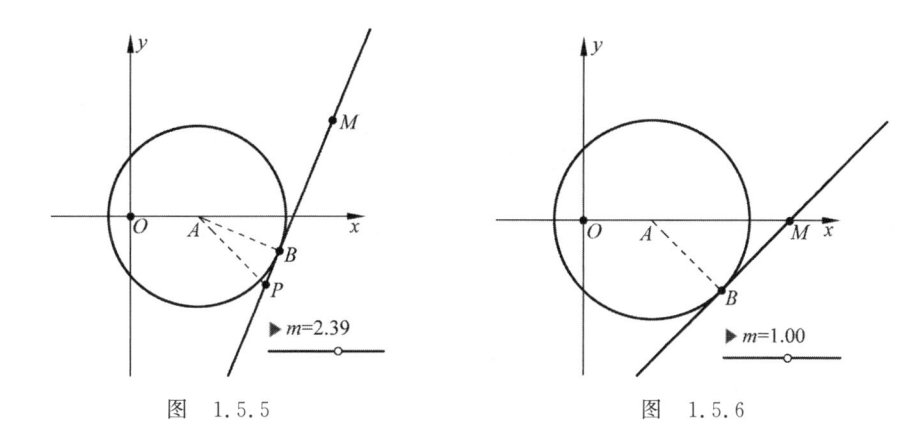

图 1.5.5

图 1.5.6

例3 若对于给定的正实数 k,函数 $y=\dfrac{k}{x}$ 的图像上总存在点 C,使得以 C 为圆心、1 为半径的圆上有两个不同的点到 O 的距离为 2,求正实数 k 的取值范围。

【解析】

根据题意得 $|OC|<1+2=3$,设 $C\left(x,\dfrac{k}{x}\right)$。

因为 $|OC|=\sqrt{x^2+\dfrac{k^2}{x^2}}\geqslant\sqrt{2k}$,所以 $\sqrt{2k}<3$,即 $0<k<\dfrac{9}{2}$。

故正数 k 的取值范围为 $\left(0,\dfrac{9}{2}\right)$。

动态解析

编号:251796,

扫描二维码,打开课件,如图 1.5.7 所示,拖动变量 k 的滑杆改变变量 k 的值,再拖动点 C 在 $y=\dfrac{k}{x}$ 的图像上运动,如图 1.5.8、图 1.5.9 所示,探究两圆有两个公共点的条件。

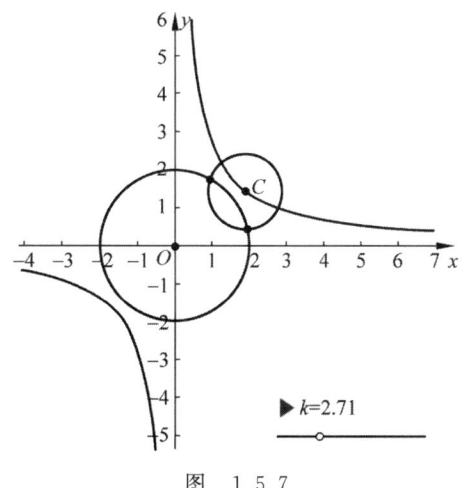

图 1.5.7

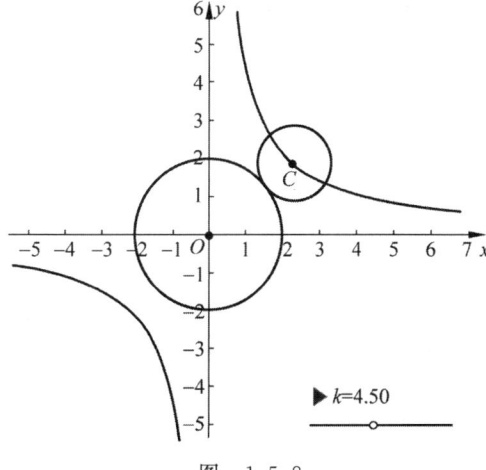

图 1.5.8

图 1.5.9

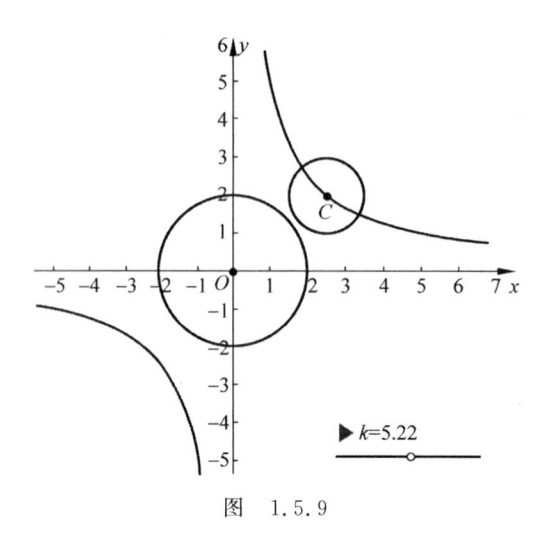

> 评注

圆是到定点距离等于定长的点的集合,即若$|PO|=r(r>0)$或$x^2+y^2=r^2$,则动点P的轨迹是圆。

例 4 在平面直角坐标系中,A,B分别是x轴和y轴上的动点,若以AB为直径的圆C与直线$2x+y-4=0$相切,则圆C面积的最小值为( )。

A. $\dfrac{4}{5}\pi$　　　　　　　　　　　　　　　B. $\dfrac{3}{4}\pi$

C. $(6-2\sqrt{5})\pi$　　　　　　　　　　　D. $\dfrac{5}{4}\pi$

【解析】

由题意可知以线段AB为直径的圆C过原点O,要使圆C的面积最小,只需圆C的半径或直径最小。

又圆C与直线$2x+y-4=0$相切,由平面几何知识可知圆的直径的最小值为点O到直线$2x+y-4=0$的距离,此时$2r=\dfrac{4}{\sqrt{5}}$,得$r=\dfrac{2}{\sqrt{5}}$。

圆C的面积的最小值$S=\pi r^2=\dfrac{4}{5}\pi$,故选A。

动态解析

编号:255447,

扫描二维码,打开课件,如图1.5.10所示;拖动点C运动,考察圆半径的变化,如图1.5.11、图1.5.12所示;拖动点C到线段OD上,如图1.5.13所示,探究圆的半径与点C在其他位置时半径大小关系。

图 1.5.10

图 1.5.11

图 1.5.12

图 1.5.13

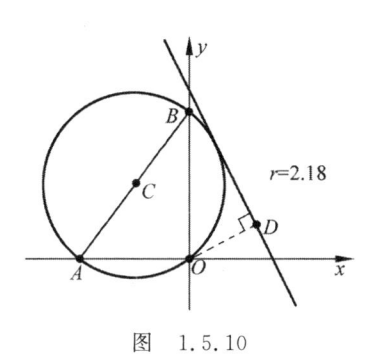

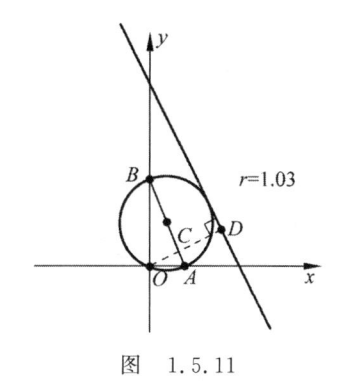

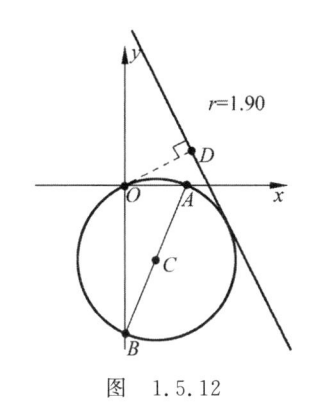

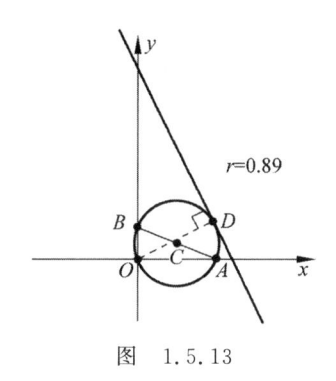

1.6 直线与圆

例1 由直线 $y=x-1$ 上的一点向圆 C：$x^2+y^2-6x+8=0$ 引切线,则切线长的最小值为（　　）。

A. 1 B. $\sqrt{2}$

C. $\sqrt{3}$ D. 2

【解析】

在直线 $y=x-1$ 上取一点 P,过 P 向圆引切线,设切点为 A,连接 CA。

在 Rt△PAC 中,$|CA|=r=1$,要使 $|PA|$ 最小,则 $|PC|$ 应最小。

又当 PC 与直线垂直时,$|PC|$ 最小,其最小值为 $\dfrac{|3-0-1|}{\sqrt{2}}=\sqrt{2}$。

则 $|PA|$ 的最小值为 $\sqrt{(\sqrt{2})^2-1^2}=1$,故选 A。

动态解析

编号：263564，

扫描二维码,打开课件,如图 1.6.1 所示,粉红色及紫色实线为过点 P 的圆 C 的切线,拖动点 P 在直线 l 上运动,考察 PA 长度的变化,如图 1.6.2、图 1.6.3 所示;点击按钮 辅助线 ,显示辅助线,如图 1.6.4 所示,拖动点 P 在直线 l 上运动,探究 PA 长度取最小值时点 P 的位置。

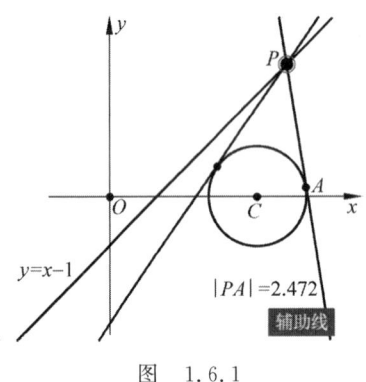

图 1.6.1

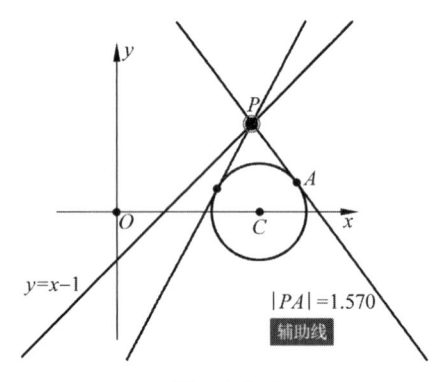

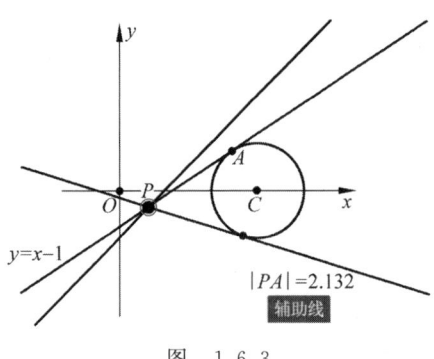

图 1.6.2

图 1.6.3

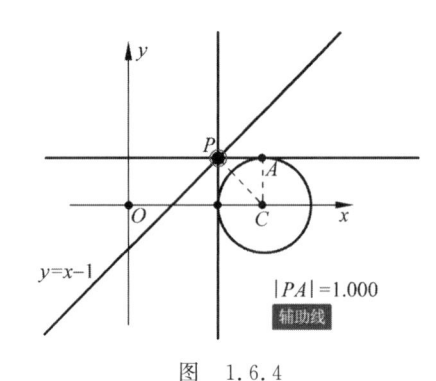

图 1.6.4

例 2 已知直线 $l:mx+y+3m-\sqrt{3}=0$ 与圆 $x^2+y^2=12$ 交于 A,B 两点,过 A,B 分别作 l 的垂线与 x 轴交于 C,D 两点。若 $|AB|=2\sqrt{3}$,则 $|CD|=$ _____。

【解析】

由题意可知直线 l 过定点 $(-3,\sqrt{3})$,该定点在圆 $x^2+y^2=12$ 上,不妨设点 $A(-3,\sqrt{3})$。

由于 $|AB|=2\sqrt{3}$,$r=2\sqrt{3}$,所以圆心到直线 AB 的距离 $d=\sqrt{(2\sqrt{3})^2-(\sqrt{3})^2}=3$。

又由点到直线的距离公式可得 $d=\dfrac{|3m-\sqrt{3}|}{\sqrt{m^2+1}}=3$,解得 $m=-\dfrac{\sqrt{3}}{3}$,所以直线 l 的斜率 $k=-m=\dfrac{\sqrt{3}}{3}$,即直线 l 的倾斜角为 $30°$。

如图 1.6.5 所示,过点 C 作 $CH\perp BD$,垂足为 H,则 $|CH|=2\sqrt{3}$。

在 $\text{Rt}\triangle CHD$ 中,$\angle HCD=30°$,故 $|CD|=\dfrac{2\sqrt{3}}{\cos 30°}=4$。

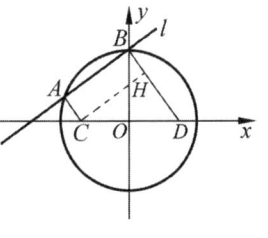

图 1.6.5

● 动态解析

编号：251826，

扫描二维码，打开课件，如图 1.6.6 所示，拖动变量 m 的滑杆改变变量 m 的值，如图 1.6.7 所示，考察线段 AB,CD,CH 长度间关系。

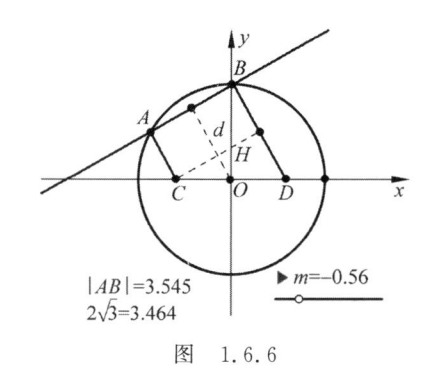

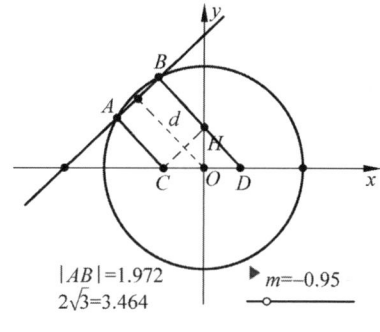

图 1.6.6

图 1.6.7

例 3 已知圆 $C:(x-1)^2+(y-2)^2=2$ 和点 $P(x_0,0)$，若圆 C 上存在两点 A,B 使得 $\angle APB=\dfrac{\pi}{3}$，则实数 x_0 的取值范围是（ ）。

A. $[-3,1]$　　　B. $[-1,3]$　　　C. $[-2,3]$　　　D. $[-2,4]$

【解析】

由题意得，该圆的圆心 $C(1,2)$，半径 $r=\sqrt{2}$，如图 1.6.8 所示，当 PA 和 PB 与圆 C 相切时，$\angle APB$ 最大。

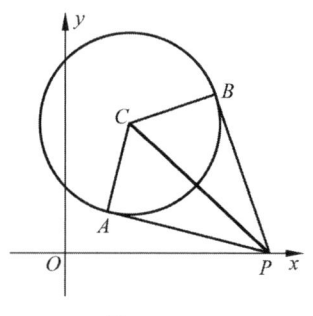

图 1.6.8

要使圆 C 上存在两点 A,B，使得 $\angle APB=\dfrac{\pi}{3}$，则 $\dfrac{\pi}{6}\leqslant \angle APC<\dfrac{\pi}{2}$，所以 $\dfrac{\sqrt{2}}{\sin\dfrac{\pi}{2}}<|PC|\leqslant\dfrac{\sqrt{2}}{\sin\dfrac{\pi}{6}}$，即 $\sqrt{2}<\sqrt{(x_0-1)^2+(0-2)^2}\leqslant 2\sqrt{2}$。

解得 $-1\leqslant x_0\leqslant 3$，故选 B。

动态解析

编号：257808，

扫描二维码，打开课件，如图 1.6.9 所示，拖动点 A、点 B 在圆 C 上运动，考察 $\angle APB$ 大小变化，探究 $\angle APB$ 取最大值时，直线 PA，PB 与圆 C 的位置关系；点击按钮，显示过点 P 的圆 C 的切线 PA'，PB'，如图 1.6.10 所示，体会 $\angle APB$ 与 $\angle A'PB'$ 的大小关系；再次点击按钮，显示过圆心与切点、圆心与点 P 的连线，如图 1.6.11 所示。

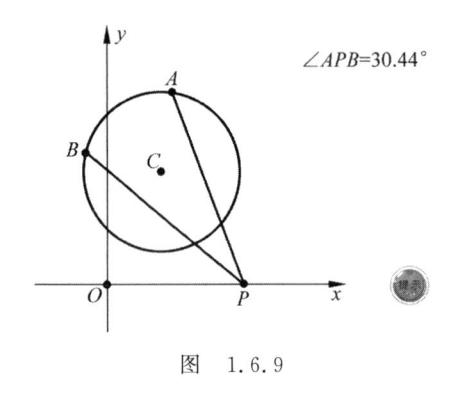

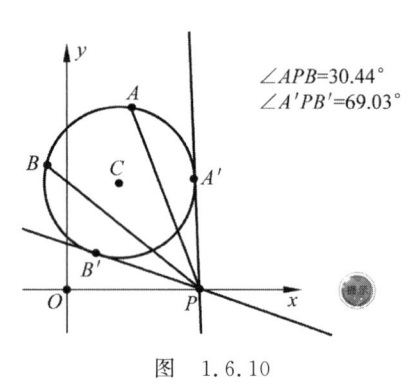

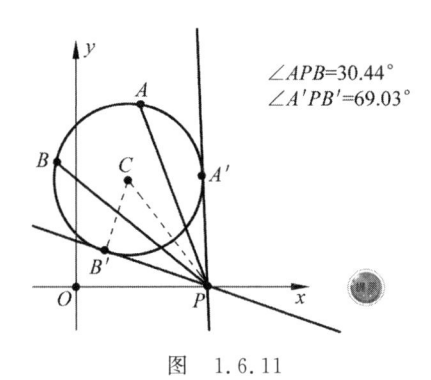

图 1.6.9

图 1.6.10

图 1.6.11

例 4 若圆 $x^2+y^2-4x-4y-10=0$ 上至少有三个不同点到直线 $l:ax+y=0$ 的距离为 $2\sqrt{2}$，则 a 的取值范围是(　　)。

A. $[2-\sqrt{3},1]$
B. $[-2-\sqrt{3},-2+\sqrt{3}]$
C. $\left[\dfrac{\sqrt{3}}{3},\sqrt{3}\right]$
D. $[0,+\infty)$

【解析】

圆 $x^2+y^2-4x-4y-10=0$ 可化为 $(x-2)^2+(y-2)^2=18$，则圆心坐标为 $(2,2)$，半径为 $3\sqrt{2}$。

圆 $x^2+y^2-4x-4y-10=0$ 上至少有三个不同点到直线 $l:ax+y=0$ 的距离为 $2\sqrt{2}$，可得圆心到直线 $l:ax+y=0$ 的距离 $d \leqslant 3\sqrt{2}-2\sqrt{2}=\sqrt{2}$，即 $\dfrac{|2a+2|}{\sqrt{a^2+1}} \leqslant \sqrt{2}$，则 a^2+

$4a+1\leqslant 0$,解得 $a\in[-2-\sqrt{3},-2+\sqrt{3}]$。

故选 B。

动态解析

编号：251870，

扫描二维码，打开课件，如图 1.6.12 所示，红色实线是直线 $l:ax+y=0$，两条虚线到直线 l 的距离为 $2\sqrt{2}$，拖动点 M 或变量 a 的滑杆改变 a 的值，考察两虚线与圆的位置关系，探究两虚线与圆有 3 个公共点(如图 1.6.13、图 1.6.14 所示)，4 个公共点(如图 1.6.15 所示)时实数 a 的取值。

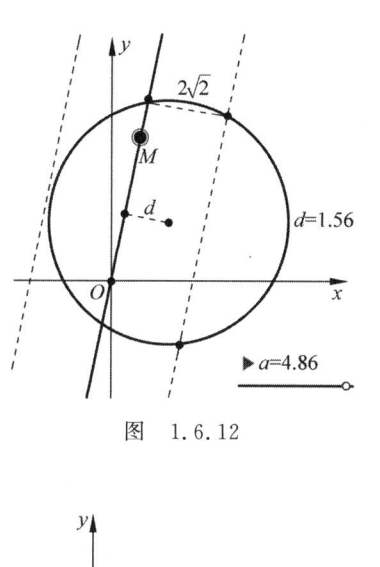

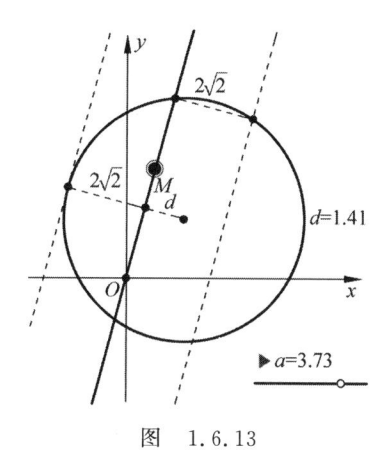

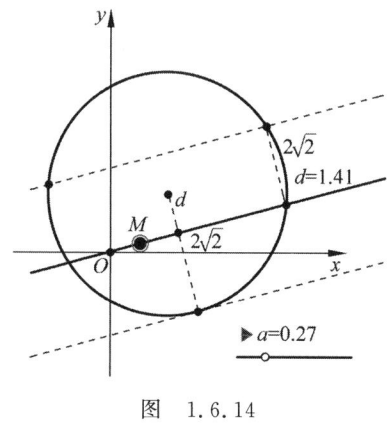

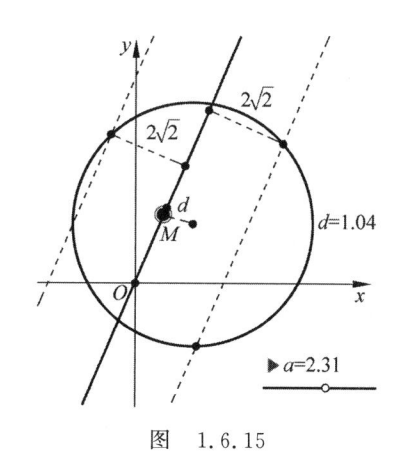

图 1.6.12

图 1.6.13

图 1.6.14

图 1.6.15

例 5 在平面直角坐标系 xOy 中，已知 $A(0,a),B(3,a+4)$，若圆 $x^2+y^2=9$ 上有且仅有四个不同的点 M，使得 $\triangle ABM$ 的面积为 5，则实数 a 的取值范围是_____。

【解析】

AB 的斜率 $k=\dfrac{a+4-a}{3-0}=\dfrac{4}{3}$，$|AB|=\sqrt{(3-0)^2+(a+4-a)^2}=\sqrt{3^2+4^2}=5$。

设△ABM 的高为 h，因为△ABM 的面积为 5，所以 $S=\frac{1}{2}|AB|h=\frac{1}{2}\times5h=5$，即 $h=2$。

直线 AB 的方程为 $y-a=\frac{4}{3}x$，即 $4x-3y+3a=0$。

若圆 $x^2+y^2=9$ 上有且仅有四个不同的点 M，则圆心 O 到直线 $4x-3y+3a=0$ 的距离 $d=\frac{|3a|}{\sqrt{4^2+(-3)^2}}=\frac{|3a|}{5}$，应该满足 $d<R-h=3-2=1$，即 $\frac{|3a|}{5}<1$。

由 $|3a|<5$ 得 $-\frac{5}{3}<a<\frac{5}{3}$，故实数 a 的取值范围为 $\left(-\frac{5}{3},\frac{5}{3}\right)$。

动态解析

编号：251854，

扫描二维码，打开课件，如图 1.6.16 所示，图中 d 为原点到直线 AB 的距离；虚线为距直线 AB 距离为 2 的直线，两虚线均与圆相交时，交点 M_1,M_2,M_3,M_4 到直线 AB 距离为 2，则△$M_iAB(i=1,2,3,4)$ 的面积为 5；拖动点 A 在 y 轴上运动或拖动变量 a 的滑杆改变 a 的值，如图 1.6.17～图 1.6.19 所示，探究两条虚线都与圆相交的条件，领会为什么原点到直线 AB 的距离 $d<1$。

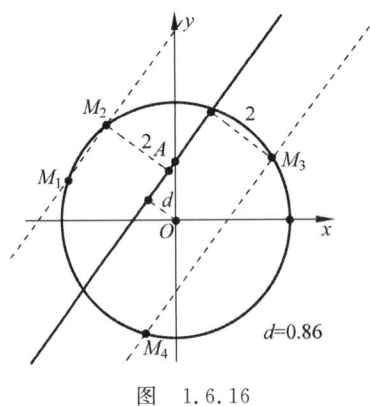

图 1.6.16

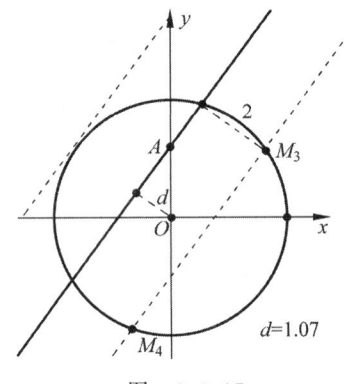

图 1.6.17

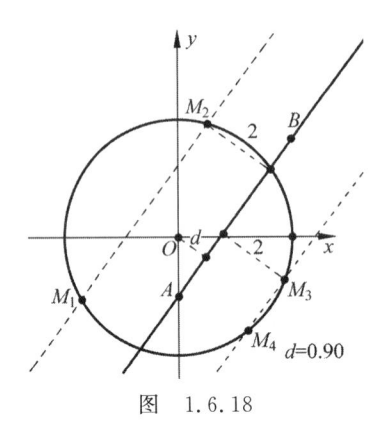

图 1.6.18

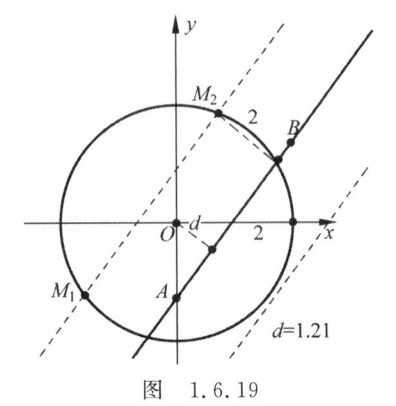

图 1.6.19

1.7 圆与圆的位置关系

例1 已知圆 C：$(x-3)^2+(y-4)^2=1$ 和两点 $A(-m,0)$，$B(m,0)(m>0)$，若圆 C 上存在点 P 使得 $\angle APB=90°$，则 m 的最大值为（　　）。

A．7　　　　B．6　　　　C．5　　　　D．4

【解析】

由图 1.7.1 可知，圆 C 上存在点 P 使得 $\angle APB=90°$，即圆 C 与以 AB 为直径的圆有公共点。

所以 $\sqrt{3^2+4^2}-1\leqslant m\leqslant\sqrt{3^2+4^2}+1$，即 $4\leqslant m\leqslant 6$，则 m 的最大值为 6，故选 B。

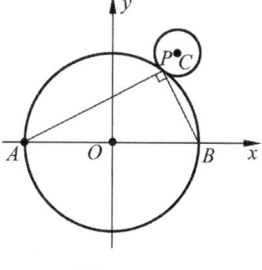

图 1.7.1

动态解析

编号：261035。

扫描二维码，打开课件，如图 1.7.2 所示，拖动点 P，考察 $\angle APB$ 的大小；点击按钮 辅助线，显示以线段 AB 为直径的圆；拖动点 M 或变量 m 的滑杆改变 m 的值，考察圆 C 上存在点 P 使得 $\angle APB=90°$ 时两圆的位置关系，如图 1.7.3～图 1.7.5 所示。

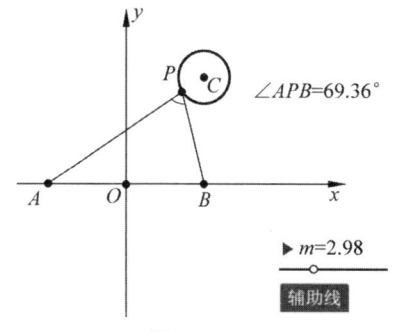

图 1.7.2

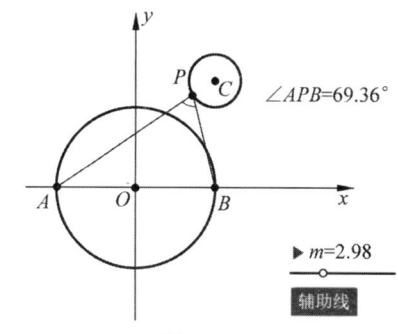

图 1.7.3

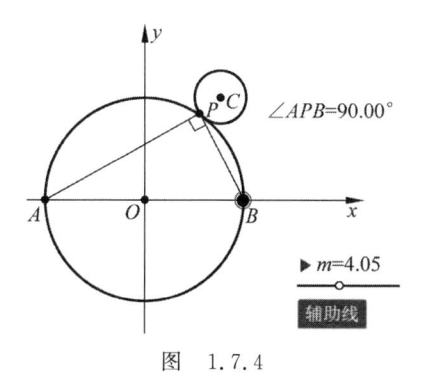

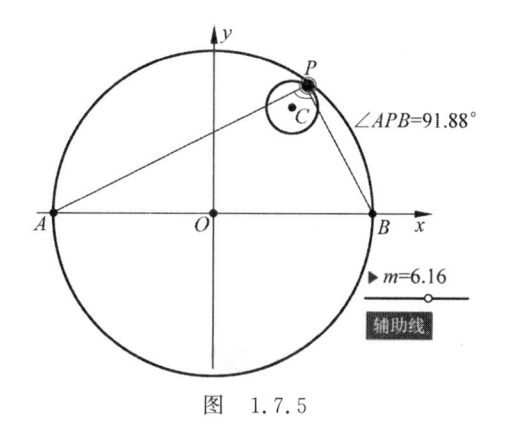

图 1.7.4

图 1.7.5

> **评注**

设两圆圆心分别为 O_1,O_2，半径分别为 r_1,r_2，$|O_1O_2|=d$，两圆之间的位置关系有五种：$d>r_1+r_2 \Leftrightarrow$ 外离；$d=r_1+r_2 \Leftrightarrow$ 外切；$|r_1-r_2|<d<r_1+r_2 \Leftrightarrow$ 相交；$d=|r_1-r_2| \Leftrightarrow$ 内切；$d<|r_1-r_2| \Leftrightarrow$ 内含。

例 2 点 P 在圆 $C_1: x^2+y^2-8x-4y+11=0$ 上，点 Q 在圆 $C_2: x^2+y^2+4x+2y+1=0$ 上，则 $|PQ|$ 的最小值是（　　）。

A. 5　　　　　B. 1　　　　　C. $3\sqrt{5}-5$　　　　　D. $3\sqrt{5}+5$

【解析】

圆 $C_1: x^2+y^2-8x-4y+11=0$，即 $(x-4)^2+(y-2)^2=9$，圆心为 $C_1(4,2)$。

圆 $C_2: x^2+y^2+4x+2y+1=0$，即 $(x+2)^2+(y+1)^2=4$，圆心为 $C_2(-2,-1)$。

两圆相离，$|PQ|$ 的最小值为 $|C_1C_2|-(r_1+r_2)=3\sqrt{5}-5$，故选 C。

> **动态解析**

编号：314888，

扫描二维码，打开课件，如图 1.7.6 所示，拖动点 P,Q，观察线段 PQ 长度变化；点击按钮 辅助线，显示辅助线，如图 1.7.7 所示；拖动点 P,Q 运动，探究线段 PQ 长度最长或最短时 P,Q,C_1,C_2 间的位置关系，如图 1.7.8、图 1.7.9 所示。

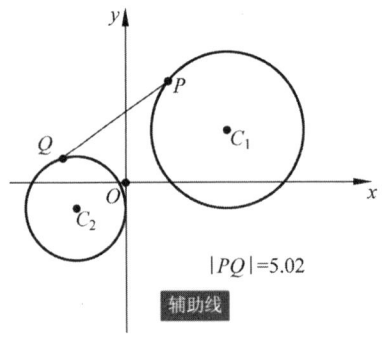

图 1.7.6

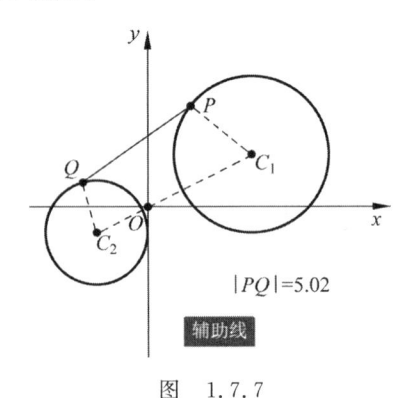

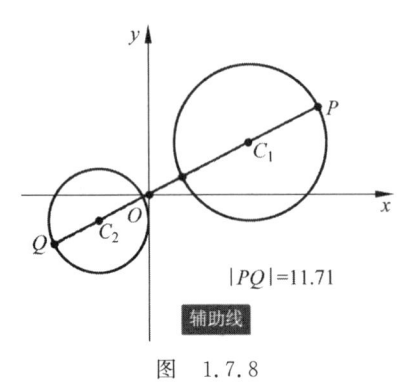

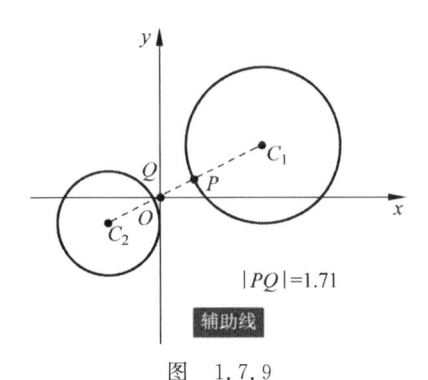

图 1.7.7

图 1.7.8

图 1.7.9

> **评注**

本题主要考查了圆与圆的位置关系,两圆上的两动点距离最小值在两圆心距上。

例 3 设直线 $3x+4y-5=0$ 与圆 $C_1:x^2+y^2=9$ 交于 A,B 两点,若圆 C_2 的圆心在线段 AB 上,且圆 C_2 与圆 C_1 相切,切点在圆 C_1 的劣弧 AB 上,则圆 C_2 半径的最大值是_____。

【解析】

圆 $C_1:x^2+y^2=9$,可得其圆心为 $(0,0)$,半径 $R=3$。

如图 1.7.10 所示,当圆 C_2 的圆心 C_2 为线段 AB 的中点时,圆 C_2 与圆 C_1 相切,切点在圆 C_1 的劣弧 AB 上,设切点为 P,此时圆 C_2 的半径 r 最大。

圆 C_1 的圆心 $(0,0)$ 到直线 $3x+4y-5=0$ 的距离 $d=\dfrac{5}{\sqrt{3^2+4^2}}=1$,则圆 C_2 的半径 r 最大时两圆心之间的距离 $|OC_2|=d=1$,所以圆 C_2 半径的最大值为 $|OP|-|OC_2|=3-1=2$。

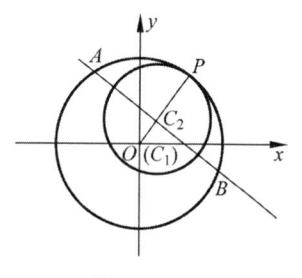

图 1.7.10

动态解析

编号:263555。

扫描二维码,打开课件,如图 1.7.11 所示,红色实线为圆 C_2,拖动点 C_2,理解切点在圆 C_1 的劣弧 AB 上时两圆的位置关系,考察圆 C_2 半径大小变化,点击按钮 辅助线 ,显示辅助线,如图 1.7.12 所示,探究圆 C_2 半径最大时点 C_2 的位置。

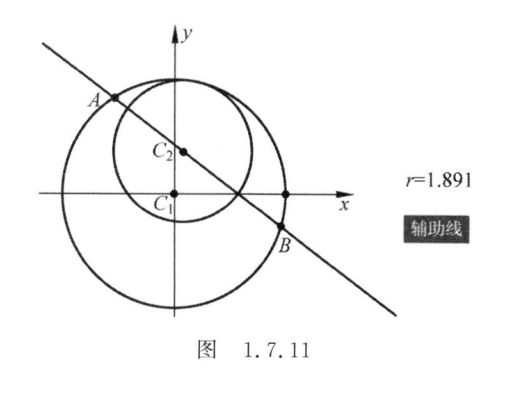

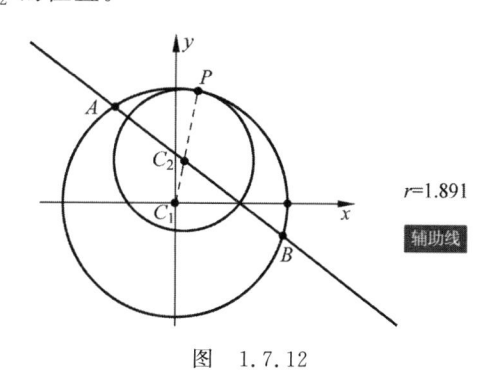

图 1.7.11

图 1.7.12

例 4 已知两点 $A(1,2),B(3,1)$ 到直线 l 的距离分别为 $\sqrt{2},\sqrt{5}-\sqrt{2}$,则满足条件的直线 l 共有( )条。

A. 1   B. 2   C. 3   D. 4

【解析】

因为 $A(1,2),B(3,1)$,所以 $|AB|=\sqrt{5}$。

以 A 为圆心,$\sqrt{2}$ 为半径画圆 A;以 B 为圆心,$\sqrt{5}-\sqrt{2}$ 为半径画圆 B,如图 1.7.13 所示。

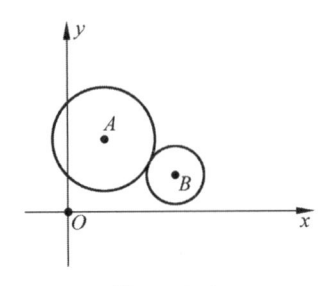

图 1.7.13

易知圆 A 与圆 B 外切,故两圆有三条公切线,所以满足条件的直线 l 共有 3 条,故选 C。

动态解析

编号:307901,

扫描二维码,打开课件,如图 1.7.14 所示;点击按钮 辅助线,显示以 A 为圆心,$\sqrt{2}$ 为半径的圆 A,以 B 为圆心,$\sqrt{5}-\sqrt{2}$ 为半径的圆 B,如图 1.7.15 所示;点击按钮 直线,显示两圆的公切线,如图 1.7.16 所示;理解解本题时将点到直线距离问题转化成了两圆的公切线条数。

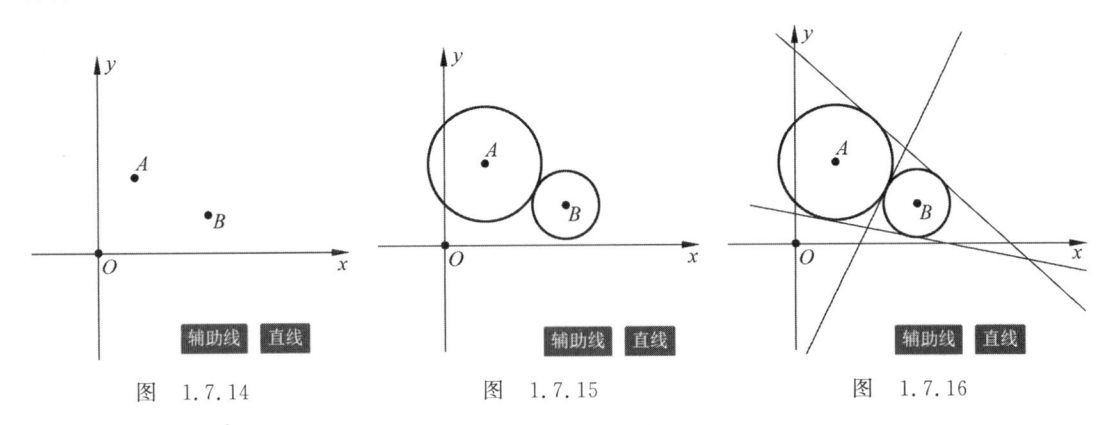

图 1.7.14 图 1.7.15 图 1.7.16

评注

两圆之间的位置关系有五种:外离⇔4 条公切线;外切⇔3 条公切线;相交⇔2 条公切线;内切⇔1 条公切线;内含⇔无公切线。

练习

1. 若圆 $C_1: x^2+y^2=4$ 与圆 $C_2: x^2+y^2-2ax-2ay+2a^2-4=0$ 总相交,则 a 的取值范围是_____。

编号:307945,

2. 在平面直角坐标系 xOy 中，与点 $A(2,2)$ 的距离为 1 且与点 $B(m,0)$ 的距离为 3 的直线恰有 4 条，则实数 m 的取值范围是_____。

编号：307946，

3. 如果圆 $(x-a)^2+(y-a)^2=1$ 上总存在两个点到原点的距离为 1，则实数 a 的取值范围是_____。

编号：307947，

4. 直线 $x+(a^2+1)y+1=0$ 的倾斜角的取值范围是_____。

编号：247975，

5. 已知直线 $l：y=kx-\sqrt{3}$ 与直线 $2x+3y-6=0$ 的交点位于第一象限，则直线 l 的倾斜角的取值范围是_____。

编号：247983，

6. 若过定点 $M(-1,0)$，且斜率为 k 的直线与圆 $x^2+4x+y^2-5=0$ 在第一象限内有交点，则 k 的取值范围是_____。

编号：247989，

7. 过点 $P(2,1)$ 的直线分别与 x 轴和 y 轴的正半轴交于 A,B 两点，则 $|PA||PB|$ 的最小值为_____；$|OA||OB|$ 的最小值为_____。

编号：248012，

8. 过点 $P(2,1)$ 的直线分别与 x 轴和 y 轴的正半轴交于 A,B 两点，当 $\triangle AOB$ 面积最小时，求直线 l 的方程。

编号：703810，

9. 过点 $(-3,4)$ 且在两坐标轴上的截距之和为 12 的直线方程为_____。

编号：248020，

10. 求函数 $y=\sqrt{x^2-4x+13}+\sqrt{x^2-10x+26}$ 的最小值。

编号：255379，

11. 实数 x,y 满足不等式 $|x-1|+|y-1|=2$,则 x^2+y^2 的最大值是_____。

编号：255410，

12. 已知点 $P(x,y)$ 在直线 $x-y-1=0$ 上运动,则 $(x-2)^2+(y-2)^2$ 的最小值为_____。

编号：255413，

13. 已知点 P 是曲线 $y=\ln x$ 上的一个动点,则点 P 到直线 $l:y=x+2$ 的距离的最小值为_____。

编号：255419，

14. 已知直线 $l:x-2y+8=0$ 和两点 $A(2,0),B(-2,-4)$,P 为直线 l 上一动点,则 $|PA|+|PB|$ 的最小值为_____；$||PB|-|PA||$ 的最大值为_____。

编号：314883，

15. 若 $P(m,0)$ 到点 $A(-3,2)$ 及 $B(2,8)$ 的距离之和最小,则 $m=$_____。

编号：314886，

16. 函数 $y=\sqrt{(x+3)^2+64}-\sqrt{(x-2)^2+4}$ 的最大值为_____。

编号：314887，

17. 若经过点 $M(2,-1)$ 的直线与圆 $x^2+y^2-4x+2y+a=0$ 恒有公共点,求实数 a 的取值范围。

编号：260963，

18. 在平面直角坐标系 xOy 中,圆 C 的方程为 $(x-1)^2+(y-1)^2=9$,直线 $l:y=kx+3$ 与圆 C 相交于 A,B 两点,M 为弦 AB 上一动点,以 M 为圆心,2 为半径的圆与圆 C 总有公共点,则实数 k 的取值范围为_____。

编号：260972，

19. 已知圆 $C:x^2+y^2=1$ 与 x 轴的两个交点分别为 A,B(由左到右),P 为 C 上的动点,l 过点 P 且与 C 相切,过点 A 作 l 的垂线与直线 BP 交于点 M,求点 M 到直线 $x+2y-9=0$ 的距离的最大值。

编号：260975，

20. 在平面直角坐标系中，A,B 分别是 x 轴和 y 轴上的动点，若以 AB 为直径的圆 C 与直线 $2x+y-4=0$ 相切，则圆 C 面积的最小值为（　　）。

A. $\dfrac{4}{5}\pi$ 　　　　　B. $\dfrac{3}{4}\pi$ 　　　　　C. $(6-2\sqrt{5})\pi$ 　　　　　D. $\dfrac{5}{4}\pi$

编号：251894，

21. 直线 $x+y+2=0$ 分别与 x 轴，y 轴交于 A,B 两点，点 P 在圆 $(x-2)^2+y^2=2$ 上，则 $\triangle ABP$ 面积的取值范围是（　　）。

A. $[2,6]$ 　　　　　B. $[4,8]$ 　　　　　C. $[\sqrt{2},3\sqrt{2}]$ 　　　　　D. $[2\sqrt{2},3\sqrt{2}]$

编号：261022，

22. 已知圆 C 的圆心在 x 轴的正半轴上，且 y 轴和直线 $x-\sqrt{3}y+2=0$ 均与圆 C 相切，设点 $P(0,1)$，若直线 $y=x+m$ 与圆 C 相交于 M,N 两点，且 $\angle MPN$ 为锐角，求实数 m 的取值范围。

编号：251816，

第 2 章

圆锥曲线中定点问题

解析几何中定值问题的考查是近几年高考的一个重点和热点内容。这类问题常常以直线与圆锥曲线的位置关系为载体,以参数处理为核心,需要综合运用函数、方程、不等式、平面向量等诸多数学知识以及数形结合、分类讨论等多种数学思想方法进行求解。此类问题计算量大、解题难度较高且对于考查学生是否掌握了知识间的联系与综合有明显效果,对考生的代数恒等变形能力、化简计算能力有较高的要求。突破这一难点对于学生寻找数学规律、提高解题能力有重要的作用。

2.1 与椭圆有关的定点问题

例 1 已知椭圆 $C: \dfrac{x^2}{a^2} + \dfrac{y^2}{b^2} = 1 (a > b > 0)$ 的离心率为 $\dfrac{1}{2}$,M 是椭圆 C 的上顶点,F_1,F_2 是椭圆 C 的焦点,$\triangle MF_1F_2$ 的周长是 6。

(1)求椭圆 C 的标准方程;

(2)过动点 $P(1,t)$ 作直线交椭圆 C 于 A,B 两点,且 $|PA| = |PB|$,过 P 作直线 l,使 l 与直线 AB 垂直,证明:直线 l 恒过定点,并求此定点的坐标。

【解析】

(1)由于 M 是椭圆 C 的上顶点,由题意得 $2a + 2c = 6$。

而椭圆离心率为 $\dfrac{1}{2}$,即 $\dfrac{c}{a} = \dfrac{1}{2}$,解得 $a = 2$,$c = 1$。

又 $b^2 = a^2 - c^2 = 3$,所以椭圆 C 的标准方程为 $\dfrac{x^2}{4} + \dfrac{y^2}{3} = 1$。

(2)当直线 AB 斜率存在时,设 AB 的直线方程为 $y-t=k(x-1)$。

联立 $\begin{cases} 3x^2+4y^2=12 \\ y-t=k(x-1) \end{cases}$,得 $(3+4k^2)x^2+8k(t-k)x+4(t-k)^2-12=0$。

由题意得,$\Delta>0$。

设 $A(x_1,y_1),B(x_2,y_2)$,则 $x_1+x_2=-\dfrac{8k(t-k)}{3+4k^2}$。

因为 $|PA|=|PB|$,所以 P 是 AB 的中点,即 $\dfrac{x_1+x_2}{2}=1$,得 $-\dfrac{8k(t-k)}{3+4k^2}=2$,即 $3+4kt=0$ ①。

又 $l \perp AB$,l 的斜率为 $-\dfrac{1}{k}$,直线 l 的方程为 $y-t=-\dfrac{1}{k}(x-1)$ ②。

把式①代入式②可得 $y=-\dfrac{1}{k}\left(x-\dfrac{1}{4}\right)$,所以直线 l 恒过定点 $\left(\dfrac{1}{4},0\right)$。

当直线 AB 斜率不存在时,直线 AB 的方程为 $x=1$,此时直线 l 为 x 轴,也过 $\left(\dfrac{1}{4},0\right)$。

综上所述,直线 l 恒过点 $\left(\dfrac{1}{4},0\right)$。

动态解析

编号:308379,

扫描二维码,打开课件,如图 2.1.1 所示,蓝色实线是直线 AB,粉色实线是过点 P 垂直于 AB 的直线 l;点击变量 t 后的数字,删除原数值,依次输入 $0,0.5,-0.5,-1$,如图 2.1.2~图 2.1.5 所示,考察 4 条粉色实线的交点,考察直线 l 经过的定点;拖动变量 t 的滑杆或点 P 运动,如图 2.1.6 所示,自动跟踪直线 l,探究粉色直线经过的定点;连续点击两下"▶"清除跟踪。

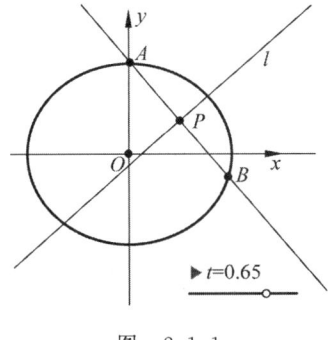

图 2.1.1

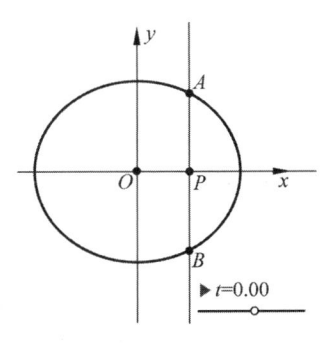

图 2.1.2

图 2.1.3

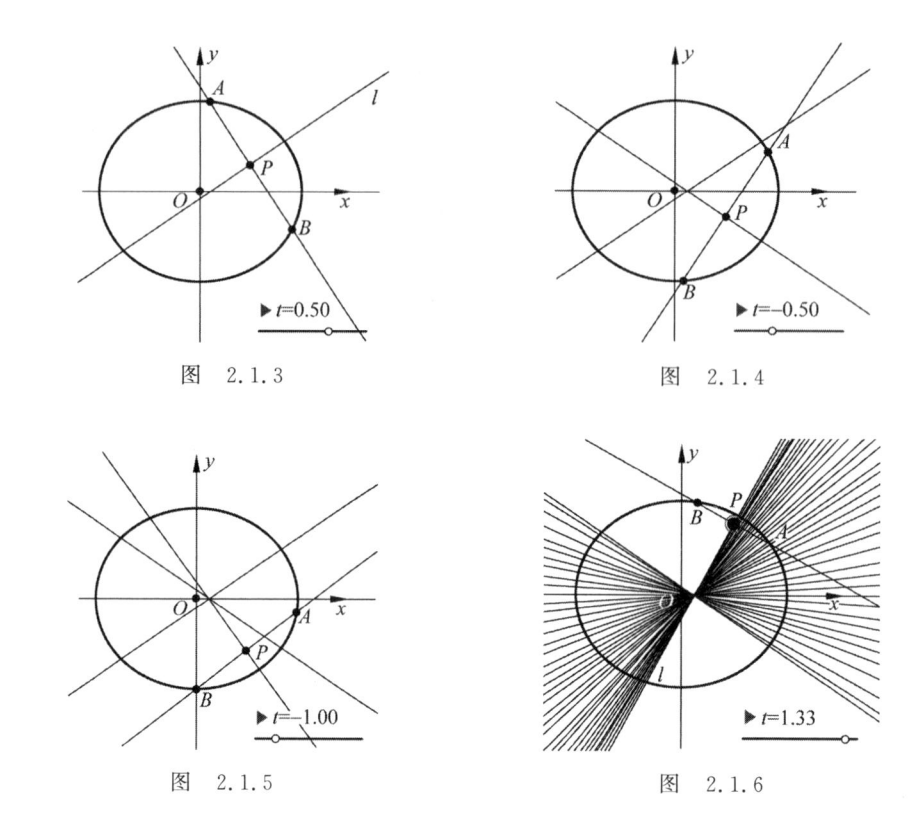

图 2.1.4

图 2.1.5

图 2.1.6

例2 如图2.1.7所示,在直角坐标系 xOy 中,点 M 到点 $F_1(-\sqrt{3},0)$,$F_2(\sqrt{3},0)$ 的距离之和是4,点 M 的轨迹 C 与 x 轴的负半轴交于点 A,不过点 A 的直线 l:$y=kx+b$ 与轨迹 C 交于不同的两点 P 和 Q。

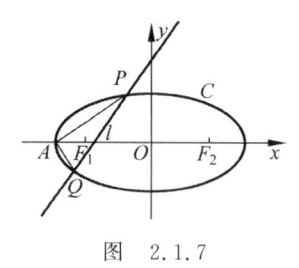

图 2.1.7

(1) 求轨迹 C 的方程;
(2) 当 $\overrightarrow{AP} \cdot \overrightarrow{AQ}=0$ 时,求 k 与 b 的关系,并证明直线 l 过定点。

【解析】

(1) 因为点 M 到 $(-\sqrt{3},0)$,$(\sqrt{3},0)$ 的距离之和是4,所以 M 的轨迹 C 是长轴为4,焦点在 x 轴上,焦距为 $2\sqrt{3}$ 的椭圆,其方程为 $\dfrac{x^2}{4}+y^2=1$。

(2) 将 $y=kx+b$,代入曲线 C 的方程,整理得 $(1+4k^2)x^2+8kbx+4b^2-4=0$。

因为直线 l 与曲线 C 交于不同的两点 P 和 Q,所以 $\Delta=64k^2b^2-4(1+4k^2)(4b^2-4)=16(4k^2-b^2+1)>0$ ①。

设 $P(x_1,y_1),Q(x_2,y_2)$，则 $x_1+x_2=-\dfrac{8kb}{1+4k^2},x_1x_2=\dfrac{4b^2-4}{1+4k^2}$ ②，且 $y_1\cdot y_2=(kx_1+b)(kx_2+b)=k^2x_1x_2+kb(x_1+x_2)+b^2$ ③。

显然，曲线 C 与 x 轴的负半轴交于点 $A(-2,0)$，所以 $\overrightarrow{AP}=(x_1+2,y_1)$，$\overrightarrow{AQ}=(x_2+2,y_2)$。

由 $\overrightarrow{AP}\cdot\overrightarrow{AQ}=0$ 得，$(x_1+2)(x_2+2)+y_1y_2=0$，将式②③代入上式，整理得 $12k^2-16kb+5b^2=0$，所以 $(2k-b)\cdot(6k-5b)=0$，即 $b=2k$ 或 $b=\dfrac{6}{5}k$，经检验，都符合条件①。

当 $b=2k$ 时，直线 l 的方程为 $y=kx+2k$，显然，此时直线 l 经过定点 $(-2,0)$，即直线 l 经过点 A，与题意不符。

当 $b=\dfrac{6}{5}k$ 时，直线 l 的方程为 $y=kx+\dfrac{6}{5}k=k\left(x+\dfrac{6}{5}\right)$，显然，此时直线 l 经过定点 $\left(-\dfrac{6}{5},0\right)$，且不过点 A。

综上，k 与 b 的关系是 $b=\dfrac{6}{5}k$，且直线 l 经过定点 $\left(-\dfrac{6}{5},0\right)$。

动态解析

编号：285670，

扫描二维码，打开课件，如图 2.1.8 所示，蓝色实线是点 M 的轨迹曲线 C，粉色实线是直线 $y=kx+b$；拖动点 P 运动，如图 2.1.9 所示，自动跟踪直线 $y=kx+b$，探究粉色直线经过的定点及 k 与 b 的关系；连续点击两下屏幕清除跟踪。

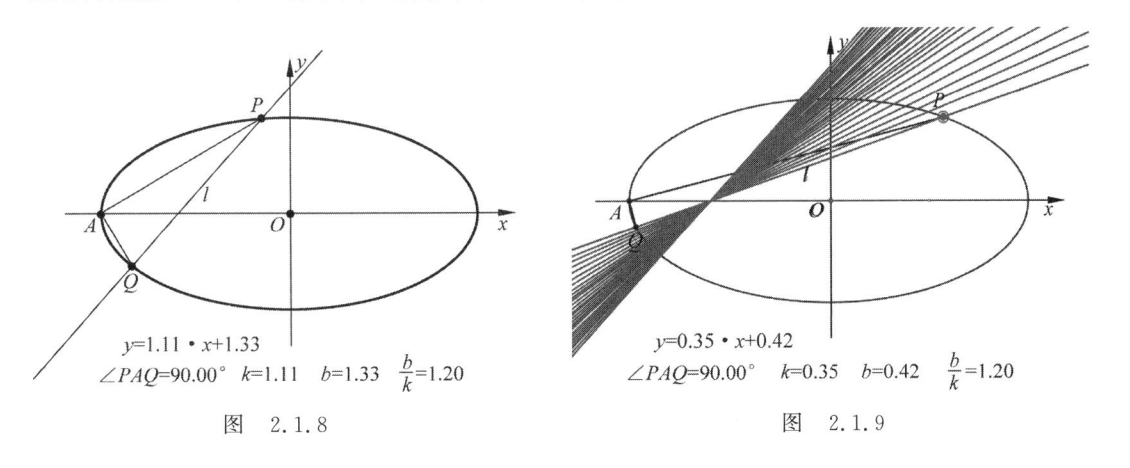

图 2.1.8　　　　图 2.1.9

例3　已知椭圆 $C:\dfrac{x^2}{a^2}+\dfrac{y^2}{b^2}=1(a>b>0)$，四点 $P_1(1,1),P_2(0,1),P_3\left(-1,\dfrac{\sqrt{3}}{2}\right)$，$P_4\left(1,\dfrac{\sqrt{3}}{2}\right)$ 中恰有三点在椭圆 C 上。

（1）求 C 的方程；

（2）设直线 l 不经过 P_2 点且与 C 相交于 A,B 两点。若直线 P_2A 与直线 P_2B 的斜率的和为-1,证明：l过定点。

【解析】

(1) 根据椭圆对称性可得，$P_1(1,1)$，$P_4\left(1,\frac{\sqrt{3}}{2}\right)$不可能同时在椭圆上，$P_3\left(-1,\frac{\sqrt{3}}{2}\right)$，$P_4\left(1,\frac{\sqrt{3}}{2}\right)$一定同时在椭圆上。

因此，可得椭圆经过$P_2(0,1)$，$P_3\left(-1,\frac{\sqrt{3}}{2}\right)$，$P_4\left(1,\frac{\sqrt{3}}{2}\right)$，代入椭圆方程可得$b=1$，$\frac{1}{a^2}+\frac{3}{4}=1$，则$a=2$。

故椭圆的标准方程为$\frac{x^2}{4}+y^2=1$。

(2) 由题意可得直线P_2A与直线P_2B的斜率一定存在。

不妨设直线P_2A为$y=kx+1$；P_2B为$y=(-1-k)x+1$，联立$\begin{cases}y=kx+1\\\frac{x^2}{4}+y^2=1\end{cases}$，得$(4k^2+1)x^2+8kx=0$。

假设$A(x_1,y_1)$，$B(x_2,y_2)$，此时可得$A\left(-\frac{8k}{4k^2+1},\frac{1-4k^2}{4k^2+1}\right)$，$B\left(\frac{8(1+k)}{4(1+k)^2+1},\frac{1-4(1+k)^2}{4(1+k)^2+1}\right)$，此时可求得直线的斜率$k_{AB}=\frac{y_2-y_1}{x_2-x_1}=\frac{\frac{1-4(1+k)^2}{4(1+k)^2+1}-\frac{1-4k^2}{4k^2+1}}{\frac{8(1+k)}{4(1+k)^2+1}-\frac{-8k}{4k^2+1}}$，化简可得$k_{AB}=-\frac{1}{(1+2k)^2}$，此时满足$k\neq-\frac{1}{2}$。

① 当$k=-\frac{1}{2}$时，AB两点重合，不合题意。

② 当$k\neq-\frac{1}{2}$时，直线方程为$y=-\frac{1}{(1+2k)^2}\left(x+\frac{8k}{4k^2+1}\right)+\frac{1-4k^2}{4k^2+1}$，即$y=-\frac{4k^2+4k-1+x}{(1+2k)^2}$。

当$x=2$时，$y=-1$，因此直线恒过定点$(2,-1)$。

动态解析

编号：285675，

扫描二维码，打开课件，如图2.1.10所示，粉红色实线是不过点P_2的直线l；拖动点A运动，如图2.1.11所示，画板将自动跟踪直线l，探究粉色直线经过的定点；连续点击两下屏幕清除跟踪。

图 2.1.10

图 2.1.11

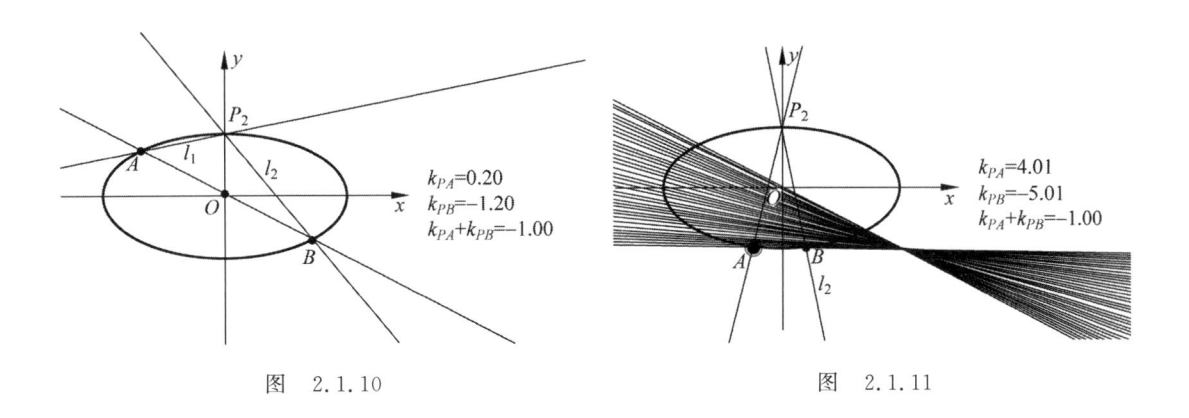

2.2 与抛物线有关的定点问题

例1 如图 2.2.1 所示,已知抛物线 C 的顶点在坐标原点,准线方程为 $y=\frac{1}{2}$,F 为抛物线 C 的焦点,点 P 为直线 $y=\frac{1}{3}x+2$ 上任意一点,以 P 为圆心,PF 为半径的圆与抛物线 C 的准线交于 A,B 两点,过 A,B 分别作准线的垂线交抛物线 C 于点 D、点 E。

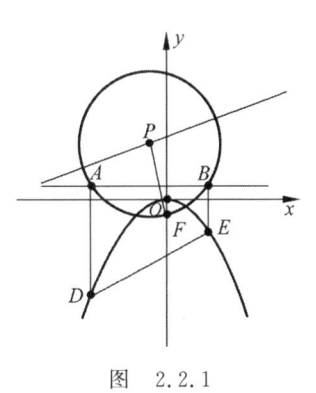

(1) 求抛物线 C 的方程;
(2) 证明:直线 DE 过定点,并求出定点的坐标。

图 2.2.1

【解析】

(1) 设抛物线 C 的标准方程为 $x^2 = -2py(p>0)$。

依题意得 $\frac{p}{2} = \frac{1}{2} \Rightarrow p = 1$。

所以抛物线 C 的方程为 $x^2 = -2y$。

(2) $F\left(0, -\frac{1}{2}\right)$,设 $P(t, s)$,则 $s = \frac{1}{3}t + 2$,$|PF|^2 = t^2 + \left(\frac{1}{3}t + \frac{5}{2}\right)^2$,则圆 P 的方程为 $(x-t)^2 + (y-s)^2 = t^2 + \left(s + \frac{1}{2}\right)^2$。

令 $y = \frac{1}{2}$,得 $x^2 - 2tx - 2s = 0$ ①。

设 $D\left(x_1, -\frac{x_1^2}{2}\right)$,$E\left(x_2, -\frac{x_2^2}{2}\right)$,由式①得 $x_1 + x_2 = 2t$,$x_1 x_2 = -2s = -\frac{2}{3}t - 4$ ②。

直线 DE 的斜率 $k_{DE} = \dfrac{-\frac{x_1^2}{2} + \frac{x_2^2}{2}}{x_1 - x_2} = -\frac{x_1 + x_2}{2} = -t$,则直线 DE 的方程为 $y + \frac{x_1^2}{2} =$

$$-\frac{x_1+x_2}{2}(x-x_1) = -\frac{x_1+x_2}{2}x + \frac{x_1^2+x_1x_2}{2} \Rightarrow y = -\frac{x_1+x_2}{2}x + \frac{x_1x_2}{2}。$$

代入式②有 $y = -tx - \frac{1}{3}t - 2 \Rightarrow y+2 = -t\left(x+\frac{1}{3}\right)$。

因为上式对 $t \in \mathbf{R}$ 恒成立，故 $\begin{cases} x+\frac{1}{3}=0 \\ y+2=0 \end{cases} \Rightarrow \begin{cases} x=-\frac{1}{3} \\ y=-2 \end{cases}$，即直线 DE 过定点 $M\left(-\frac{1}{3},-2\right)$。

动态解析

编号：258401，

扫描二维码，打开课件，如图 2.2.2 所示；红色实线是过 DE 的直线；拖动点 P 运动，如图 2.2.3～图 2.2.5 所示，探究红色直线经过的定点；连续点击两下屏幕清除跟踪。

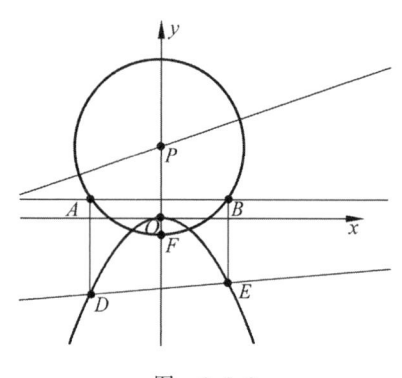

图 2.2.2

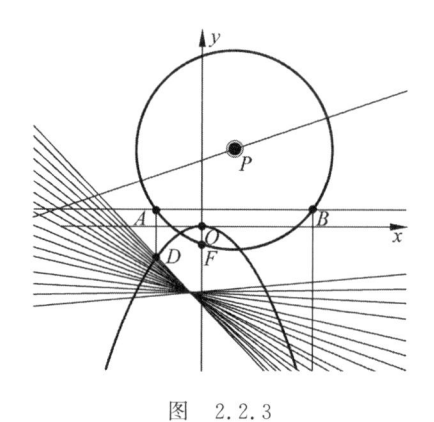

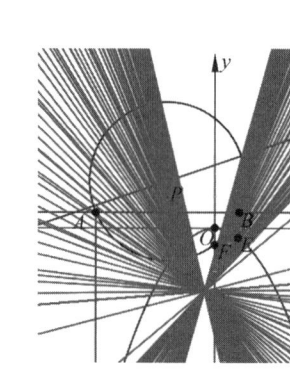

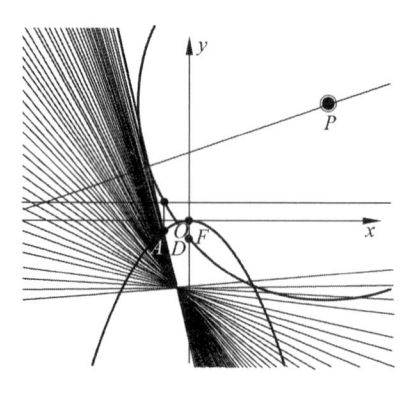

图 2.2.3

图 2.2.4

图 2.2.5

> **评注**

本题考查抛物线方程的求解,同时也考查了抛物线中直线过定点问题的证明,求出直线的方程是解题的关键。

例 2 已知动圆过定点 $A(4,0)$,且在 y 轴上截得的弦 MN 的长为 8。

(1) 求动圆圆心的轨迹 C 的方程;

(2) 已知点 $B(-1,0)$,设不垂直于 x 轴的直线 l 与轨迹 C 交于不同的两点 P,Q,若 x 轴是 $\angle PBQ$ 的角平分线,证明直线 l 过定点。

【解析】

(1) 设动圆圆心 C 的坐标为 (x,y),则 $(4-x)^2+(0-y)^2=4^2+x^2$,整理得 $y^2=8x$。故所求动圆圆心的轨迹 C 的方程为 $y^2=8x$。

(2) 设直线 l 方程为 $y=kx+b$,联立 $\begin{cases} y^2=8x \\ y=kx+b \end{cases}$,得 $k^2x^2+2kbx+b^2=8x$,所以 $k^2x^2-(8-2kb)x+b^2=0$(其中 $\Delta=-32kb+64>0$)。

设 $P(x_1,kx_1+b),Q(x_2,kx_2+b)$,若 x 轴是 $\angle PBQ$ 的角平分线,则 $k_{QB}+k_{PB}=\dfrac{kx_1+b}{x_1+1}+\dfrac{kx_2+b}{x_2+1}=\dfrac{(kx_1+b)(x_2+1)+(kx_2+b)(x_1+1)}{(x_1+1)(x_2+1)}=\dfrac{2kx_1x_2+(k+b)(x_1+x_2)+2b}{(x_1+1)(x_2+1)}=\dfrac{8(k+b)}{k^2(x_1+1)(x_2+1)}=0$,即 $k=-b$。

故直线 l 的方程为 $y=k(x-1)$,直线 l 过定点 $(1,0)$。

> **动态解析**

编号:308408,

扫描二维码,打开课件,如图 2.2.6 所示;粉色实线是直线 PQ;拖动点 P 运动,如图 2.2.7~图 2.2.9 所示,探究粉色直线经过的定点;连续点击两下屏幕清除跟踪。

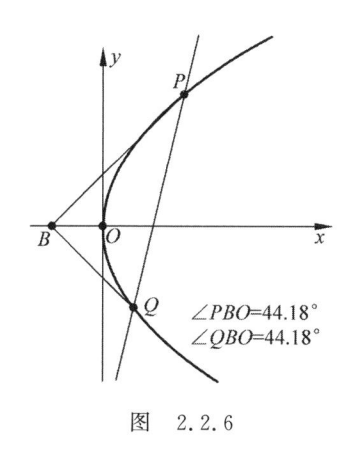

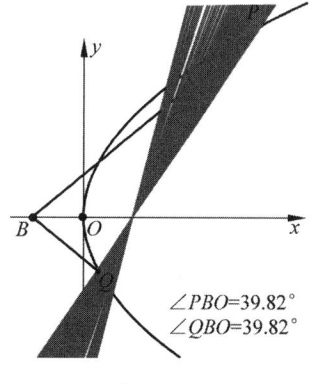

图 2.2.6   图 2.2.7

图 2.2.8　　　　　　　　　　　图 2.2.9

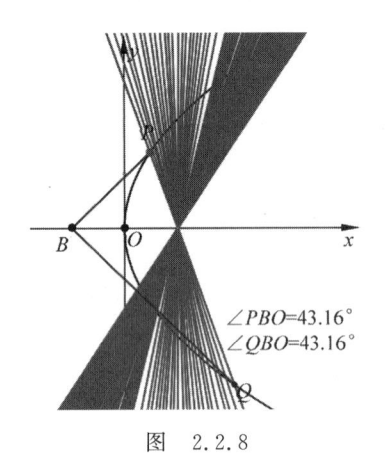

2.3　与圆有关的定点问题

例 1　如图 2.3.1 所示,已知点 $P_1(x_0,y_0)$ 为双曲线 $\dfrac{x^2}{8b^2}-\dfrac{y^2}{b^2}=1(b>0)$ 上任一点,F_2 为双曲线的右焦点,过 P_1 作右准线的垂线,垂足为 A,连接 F_2A 并延长交 y 轴于 P_2。

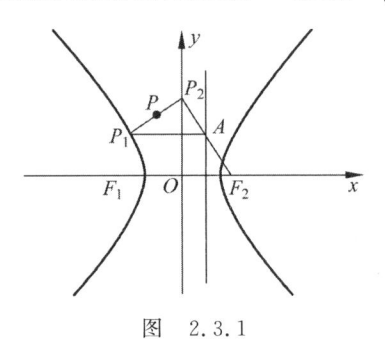

图 2.3.1

(1) 求线段 P_1P_2 的中点 P 的轨迹 E 的方程;

(2) 设轨迹 E 与 x 轴交于 B,D 两点,在 E 上任取一点 $Q(x_1,y_1)(y_1\neq 0)$,直线 QB,QD 分别交 y 轴于 M,N 两点,求证:以 MN 为直径的圆过两定点。

【解析】

(1) 由已知得 $F_2(3b,0)$,$A\left(\dfrac{8}{3}b,y_0\right)$,则直线 F_2A 的方程为 $y=-\dfrac{3y_0}{b}(x-3b)$。

令 $x=0$,可得 $y=9y_0$,即 $P_2(0,9y_0)$。

设 $P(x,y)$,则 $\begin{cases}x=\dfrac{x_0}{2}\\ y=\dfrac{y_0+9y_0}{2}=5y_0\end{cases}$,即 $\begin{cases}x_0=2x\\ y_0=\dfrac{y}{5}\end{cases}$。

代入 $\dfrac{x_0^2}{8b^2}-\dfrac{y_0^2}{b^2}=1$,得 $\dfrac{4x^2}{8b^2}-\dfrac{y^2}{25b^2}=1$,即 P 的轨迹 E 的方程为 $\dfrac{x^2}{2b^2}-\dfrac{y^2}{25b^2}=1(b>0)$。

(2) 在 $\dfrac{x^2}{2b^2}-\dfrac{y^2}{25b^2}=1$ 中，令 $y=0$ 可得 $x^2=2b^2$，则不妨设 $B(-\sqrt{2}b,0)$，$D(\sqrt{2}b,0)$，于是直线 QB 的方程为 $y=\dfrac{y_1}{x_1+\sqrt{2}b}(x+\sqrt{2}b)$。

直线 QD 的方程为 $y=\dfrac{y_1}{x_1-\sqrt{2}b}(x-\sqrt{2}b)$，则 $M\left(0,\dfrac{\sqrt{2}by_1}{x_1+\sqrt{2}b}\right)$，$N\left(0,-\dfrac{\sqrt{2}by_1}{x_1-\sqrt{2}b}\right)$，所以以 MN 为直径的圆的方程为 $x^2+\left(y-\dfrac{\sqrt{2}by_1}{x_1+\sqrt{2}b}\right)\left(y+\dfrac{\sqrt{2}by_1}{x_1-\sqrt{2}b}\right)=0$。

令 $y=0$，得 $x^2=\dfrac{2b^2y_1^2}{xx_1^2-2b^2}$，而 $Q(x_1,y_1)$ 在 $\dfrac{x^2}{2b^2}-\dfrac{y^2}{25b^2}=1$ 上，则 $x_1^2-2b^2=\dfrac{2}{25}y_1^2$，于是 $x=\pm 5b$，即以 MN 为直径的圆过两定点 $(-5b,0)$，$(5b,0)$。

动态解析

编号：285672，

扫描二维码，打开课件，如图 2.3.2 所示；粉色实线是以 MN 为直径的圆；拖动点 Q 运动，如图 2.3.3～图 2.3.5 所示，探究圆经过的定点；连续点击两下屏幕清除跟踪。

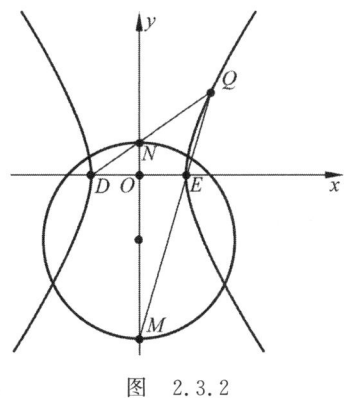

图 2.3.2

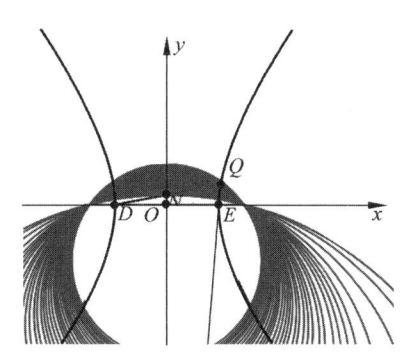

图 2.3.3

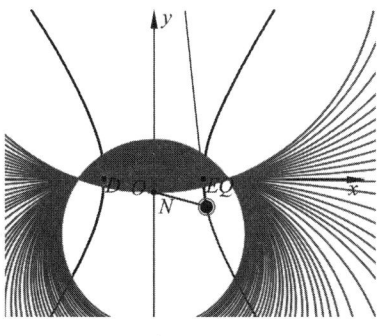

图 2.3.4

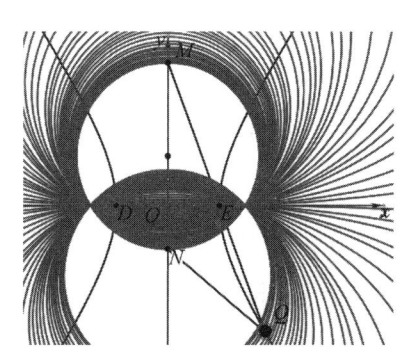

图 2.3.5

例2 椭圆 $E: \dfrac{x^2}{a^2}+\dfrac{y^2}{b^2}=1(a>b>0)$ 的左焦点为 F_1，右焦点为 F_2，离心率 $e=\dfrac{1}{2}$，过 F_1 的直线交椭圆于 A,B 两点，且 $\triangle ABF_2$ 的周长为 8。

(1) 求椭圆 E 的方程；

(2) 已知直线 $l:y=kx+m$ 与椭圆 E 有且只有 1 个公共点 P，且与直线 $x=4$ 相交于点 Q，试探究：在坐标平面内是否存在定点 M，使得以 PQ 为直径的圆恒过点 M？若存在，求出点 M 的坐标；若不存在，说明理由。

【解析】

(1) 因为过 F_1 的直线交椭圆于 A,B 两点，且 $\triangle ABF_2$ 的周长为 8，所以 $4a=8$，即 $a=2$。

又 $e=\dfrac{1}{2}$，则 $c=1$，所以 $b^2=a^2-3c^2$。

故椭圆 E 的方程为 $\dfrac{x^2}{4}+\dfrac{y^2}{3}=1$。

(2) 由 $\begin{cases} y=kx+m \\ \dfrac{x^2}{4}+\dfrac{y^2}{3}=1 \end{cases}$ 消元得 $(4k^2+3)x^2+8kmx+4m^2-12=0$。

因为动直线 $l:y=kx+m$ 与椭圆 E 有且只有一个公共点 $P(x_0,y_0)$，所以 $m\neq 0$，$\Delta=0$，即 $(8km)^2-4(4k^2+3)(4m^2-12)=0$，即 $4k^2-m^2+3=0$。

此时 $x_0=-\dfrac{4km}{4k^2+3}=-\dfrac{4k}{m}$，$y_0=\dfrac{3}{m}$，即 $P\left(-\dfrac{4k}{m},\dfrac{3}{m}\right)$。

由 $\begin{cases} y=kx+m \\ x=4 \end{cases}$ 得 $Q(4,4k+m)$，取 $k=0,m=\sqrt{3}$，此时 $P(0,\sqrt{3})$，$Q(4,\sqrt{3})$。

以 PQ 为直径的圆为 $(x-2)^2+(y-\sqrt{3})^2=4$，交 x 轴于点 $M_1(1,0),M_2(3,0)$，取 $k=-\dfrac{1}{2},m=2$，此时 $P\left(1,\dfrac{3}{2}\right)$，$Q(4,0)$，以 PQ 为直径的圆为 $\left(x-\dfrac{5}{2}\right)^2+\left(y-\dfrac{3}{4}\right)^2=\dfrac{45}{16}$，交 x 轴于点 $M_3(1,0),M_4(4,0)$，故满足条件的点 M 存在，只能是 $M(1,0)$，证明如下：

因为 $\overrightarrow{MP}=\left(-\dfrac{4k}{m}-1,\dfrac{3}{m}\right)$，$\overrightarrow{MQ}=(3,4k+m)$，所以 $\overrightarrow{MP}\cdot\overrightarrow{MQ}=-\dfrac{12k}{m}-3+\dfrac{12k}{m}+3=0$。

故以 PQ 为直径的圆恒过定点 $M(1,0)$。

动态解析

编号：285673，

扫描二维码，打开课件，如图 2.3.6 所示；粉色实线是以 PQ 为直径的圆；拖动点 Q 运动，如图 2.3.7～图 2.3.9 所示，探究圆经过的定点；连续点击两下屏幕清除跟踪。

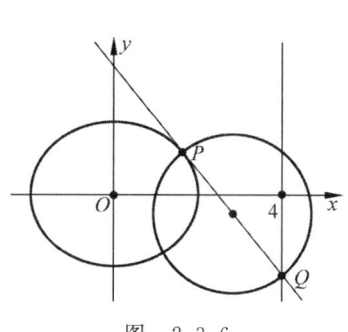

图 2.3.6

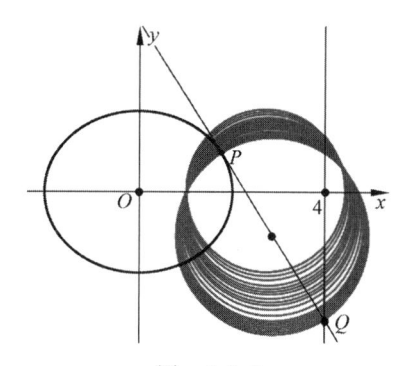

图 2.3.7

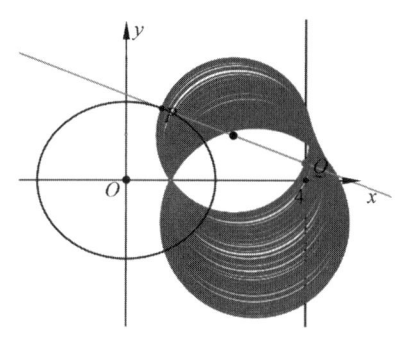

图 2.3.8

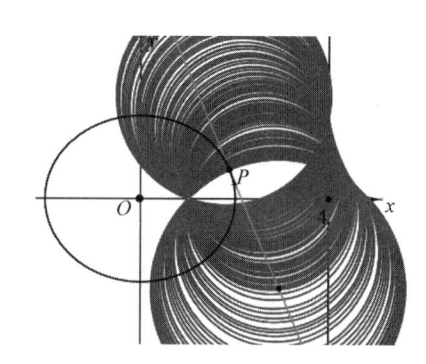

图 2.3.9

例3 已知离心率为 2 的双曲线 C 的一个焦点 $F(c,0)$ 到一条渐近线的距离为 $\sqrt{3}$。

(1) 求双曲线 C 的方程；

(2) 设 A_1,A_2 分别为 C 的左右顶点，P 为 C 上异于 A_1,A_2 一点，直线 A_1P 与 A_2P 分别交 y 轴于 M,N 两点，求证：以线段 MN 为直径的圆 D 经过两个定点。

【解析】

(1) 设双曲线 C：$\dfrac{x^2}{a^2}-\dfrac{y^2}{b^2}=1(a>0,b>0)$。

因为离心率为 2，所以 $c=2a,b=\sqrt{3}a$，则 C 的渐近线为 $\sqrt{3}x\pm y=0$。

由 $\sqrt{3}=\dfrac{|\sqrt{3}c-0|}{\sqrt{(\sqrt{3})^2+(\pm 1)^2}}$ 得 $c=2$，于是 $a=1,b=\sqrt{3}$。

故双曲线 C 的方程为 $x^2-\dfrac{y^2}{3}=1$。

(2) 设 $P(x_0,y_0)(x_0\neq\pm 1)$。

因为 $A_1(-1,0),A_2(1,0)$，可得直线 A_1P 与 A_2P 方程为 $y=\dfrac{y_0}{x_0+1}(x+1),y=\dfrac{y_0}{x_0-1}(x-1)$。

由题意可知，$M\left(0,\dfrac{y_0}{x_0+1}\right)$，$N\left(0,\dfrac{-y_0}{x_0-1}\right)$，$|MN|=\left|\dfrac{2x_0y_0}{x_0^2-1}\right|$，$MN$ 中点坐标

$\left(0, \dfrac{y_0}{1-x_0^2}\right)$，于是圆 D 的方程为 $x^2+\left(y-\dfrac{y_0}{1-x_0^2}\right)^2=\dfrac{x_0^2 y_0^2}{(x_0^2-1)^2}$。

因为 $x_0^2-\dfrac{y_0^2}{3}=1$，所以圆 D 的方程可化为 $x^2+y^2+\dfrac{6}{y_0}y-3=0$。

当 $y=0$ 时，$x=\pm\sqrt{3}$，因此 D 经过两个定点 $(-\sqrt{3},0)$ 和 $(\sqrt{3},0)$。

动态解析

编号：308499。

扫描二维码，打开课件，如图 2.3.10 所示；拖动点 P 运动，如图 2.3.11～图 2.3.13 所示，探究圆经过的定点；连续点击两下屏幕清除跟踪。

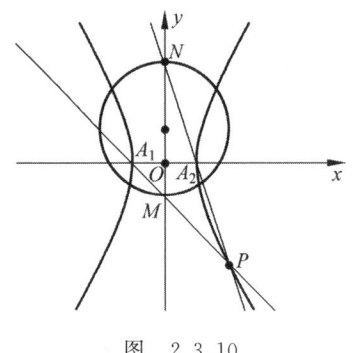

图 2.3.10

图 2.3.11

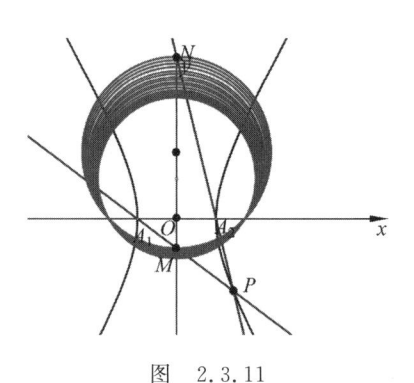

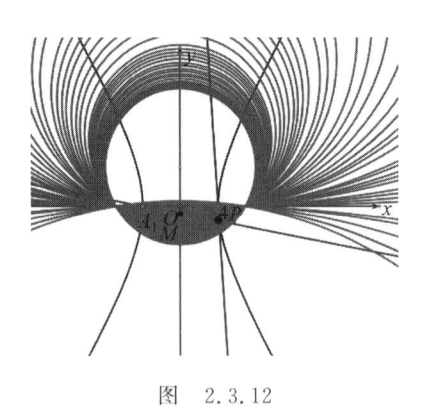

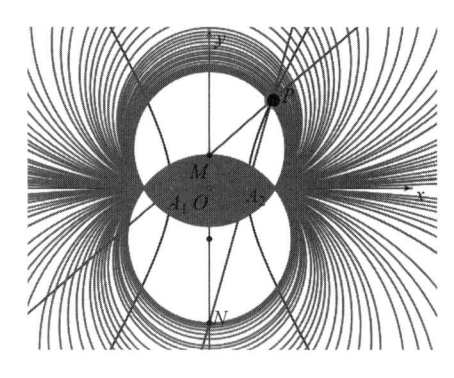

图 2.3.12

图 2.3.13

点睛

本小题主要考查双曲线标准方程的求法，考查双曲线的渐近线、直线的点斜式方程和圆的标准方程的求法，考查化归与转化的数学思想方法，属于中档题。

2.4　与双曲线有关的定点问题

例1　已知曲线 $C: \dfrac{x^2}{3} - \dfrac{y^2}{6} = 1$，$Q$ 为曲线 C 上一动点，过 Q 作两条渐近线的垂线，垂足分别是 P_1 和 P_2。

(1) 当 Q 运动到 $(3, 2\sqrt{3})$ 时，求 $\overrightarrow{QP_1} \cdot \overrightarrow{QP_2}$ 的值；

(2) 设直线 l（不与 x 轴垂直）与曲线 C 交于 M、N 两点，与 x 轴正半轴交于 T 点，与 y 轴交于 S 点，若 $\overrightarrow{SM} = \lambda \overrightarrow{MT}$，$\overrightarrow{SN} = \mu \overrightarrow{NT}$，且 $\lambda + \mu = 1$，求证：T 为定点。

【解析】

(1) 由曲线 $C: \dfrac{x^2}{3} - \dfrac{y^2}{6} = 1$ 得，渐近线方程为 $\pm\sqrt{2}\, x - y = 0$，作示意图如图 2.4.1 所示。

设 $\angle P_1 Ox = \theta$，$\tan\theta = \sqrt{2}$，则 $\cos 2\theta = \dfrac{\cos^2\theta - \sin^2\theta}{\cos^2\theta + \sin^2\theta} = \dfrac{1 - \tan^2\theta}{1 + \tan^2\theta} = -\dfrac{1}{3}$，则 $\cos\angle P_1 Q P_2 = -\cos 2\theta = \dfrac{1}{3}$。

又 $QP_1 = \dfrac{|3\sqrt{2} - 2\sqrt{3}|}{\sqrt{3}} = \dfrac{3\sqrt{2} - 2\sqrt{3}}{\sqrt{3}}$，$QP_2 = \dfrac{|-3\sqrt{2} - 2\sqrt{3}|}{\sqrt{3}} = \dfrac{3\sqrt{2} + 2\sqrt{3}}{\sqrt{3}}$。

图 2.4.1

则 $\overrightarrow{QP_1} \cdot \overrightarrow{QP_2} = QP_1 \cdot QP_2 \cdot \cos\angle P_1 Q P_2 = \dfrac{18 - 12}{3} \times \dfrac{1}{3} = \dfrac{2}{3}$。

(2) 设 $M(x_1, y_1)$，$N(x_2, y_2)$，$T(m, 0)$，$S(0, n)$，$m > 0$；设直线 l 的斜率为 k，则 $l: y = k(x - m)$。

又 $\dfrac{x^2}{3} - \dfrac{y^2}{6} = 1$，得 $(2 - k^2)x^2 + 2k^2 m x - k^2 m^2 - 6 = 0$，则 $x_1 + x_2 = -\dfrac{2k^2 m}{2 - k^2}$，$x_1 x_2 = -\dfrac{k^2 m^2 + 6}{2 - k^2}$。

由 $\overrightarrow{SM} = \lambda \overrightarrow{MT}$ 得 $(x_1, y_1 - n) = \lambda(m - x_1, -y_1)$，即 $\begin{cases} x_1 = \lambda(m - x_1) \\ y_1 - n = \lambda(-y_1) \end{cases}$，所以 $\lambda = \dfrac{x_1}{m - x_1}$。

同理，由 $\overrightarrow{SN} = \mu \overrightarrow{NT} \Rightarrow \mu = \dfrac{x_2}{m - x_2}$，则 $\lambda + \mu = \dfrac{x_1}{m - x_1} + \dfrac{x_2}{m - x_2} = \dfrac{m(x_1 + x_2) - 2x_1 x_2}{m^2 - (x_1 + x_2)m + x_1 x_2} = 1$，得 $2m(x_1 + x_2) - 3x_1 x_2 = m^2$。

$-\dfrac{2m \cdot 2k^2 m}{2 - k^2} + \dfrac{3(k^2 m^2 + 6)}{2 - k^2} = m^2$，得 $m^2 = 9$。

又 $m > 0$，所以 $m = 3$，即 T 为定点 $(3, 0)$。

动态解析

编号：308471。

扫描二维码,打开课件,如图2.4.2所示；拖动点 S 运动,如图2.4.3～图2.4.5所示,探究直线经过的定点；连续点击两下屏幕清除跟踪。

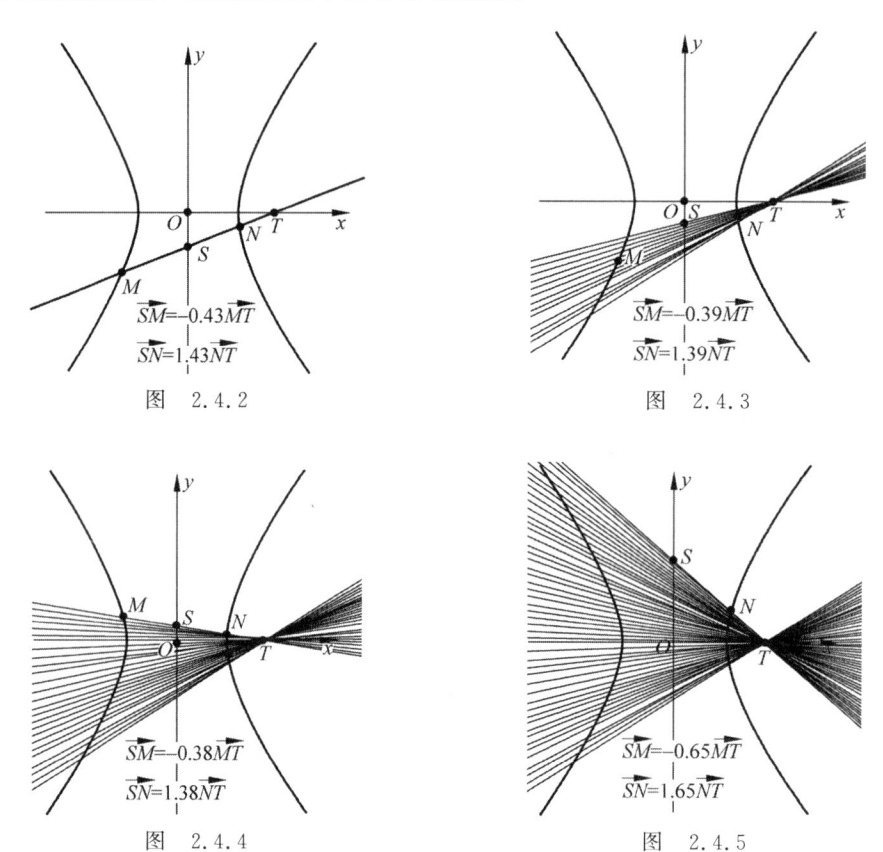

图 2.4.2

图 2.4.3

图 2.4.4

图 2.4.5

点睛

本题考查了直线与双曲线的位置关系、向量数量积的定义、设而不解、根与系数的关系、学生的计算能力,是一道综合应用能力较强的题目。

例2 已知动圆 P 过点 $F_2(2,0)$ 并且与圆 $F_1:(x+2)^2+y^2=4$ 相外切,动圆圆心 P 的轨迹为曲线 C。

(1) 求曲线 C 的轨迹方程；

(2) 过点 $F_2(2,0)$ 的直线 l_1 与轨迹 C 交于 A,B 两点。设直线 $l:x=\dfrac{1}{2}$,点 $D(-1,0)$,直线 AD 交 l 于 M,求证：直线 BM 经过定点 $(1,0)$。

【解析】

(1) 由已知得 $|PF_1|=|PF_2|+2$,即 $|PF_1|-|PF_2|=2$,所以 P 的轨迹 C 为双曲线的

右支,且 $2a=2, a=1$;$|F_1F_2|=2c=4, c=2$,则 $b=\sqrt{c^2-a^2}=\sqrt{3}$。

故曲线 C 的标准方程为 $x^2-\dfrac{y^2}{3}=1(x>0)$。

(2) 当直线 l_1 的斜率不存在时,$A(2,3), B(2,-3), M\left(\dfrac{1}{2}, \dfrac{3}{2}\right)$,则直线 BM 经过点 $E(1,0)$。

当直线 l_1 的斜率存在时,不妨设直线 l_1:$y=k(x-2), A(x_1,y_1), B(x_2,y_2)$,则直线 AD:$y=\dfrac{y_1}{x_1+1}(x+1)$。

当 $x=\dfrac{1}{2}$ 时,$y_M=\dfrac{3y_1}{2(x_1+1)}, M\left(\dfrac{1}{2}, \dfrac{3y_1}{2(x_1+1)}\right)$。

由 $\begin{cases} y=k(x-2) \\ 3x^2-y^2=3 \end{cases}$ 得 $(3-k^2)x^2+4k^2x-(4k^2+3)=0$,所以 $x_1+x_2=\dfrac{-4k^2}{3-k^2}, x_1x_2=\dfrac{4k^2+3}{k^2-3}$。

下面证明直线 BM 经过点 $E(1,0)$,即证 $k_{EM}=k_{EB}$,即 $\dfrac{-3y_1}{x_1+1}=\dfrac{y_2}{x_2-1}$。

$-3y_1x_2+3y_1=x_1y_2+y_2$,由 $y_1=kx_1-2k, y_2=kx_2-2k$,整理得 $4x_1x_2-5(x_1+x_2)+4=0$,即 $4\cdot\dfrac{4k^2+3}{k^2-3}-5\cdot\dfrac{4k^2}{k^2-3}+\dfrac{4(k^2-3)}{k^2-3}=0$ 恒成立,$k_{EM}=k_{EB}$,即 BM 经过点 $E(1,0)$。

故直线 BM 过定点 $(1,0)$。

动态解析

编号:308475,

扫描二维码,打开课件,如图 2.4.6 所示;点击按钮 动画▶ ◀|,探究点 P 的轨迹,如图 2.4.7 所示;点击按钮 第2问,如图 2.4.8 所示,拖动点 M 运动,如图 2.4.9 所示,探究直线经过的定点;连续点击两下屏幕清除跟踪。

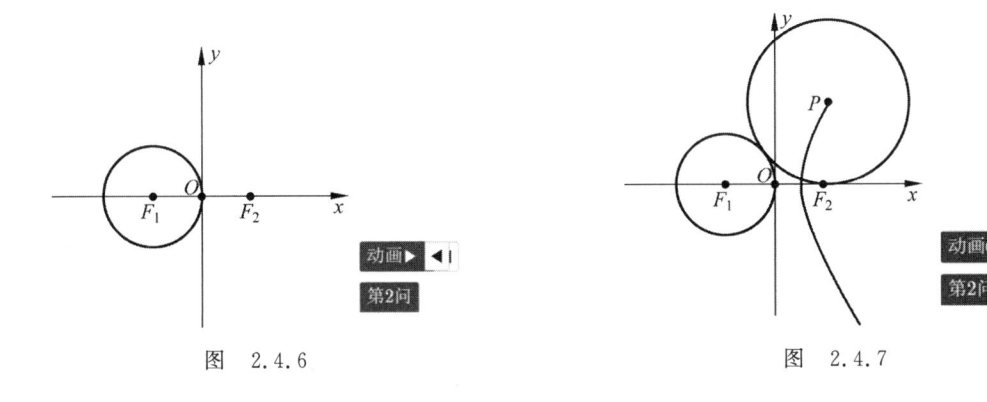

图 2.4.6

图 2.4.7

图 2.4.8

图 2.4.9

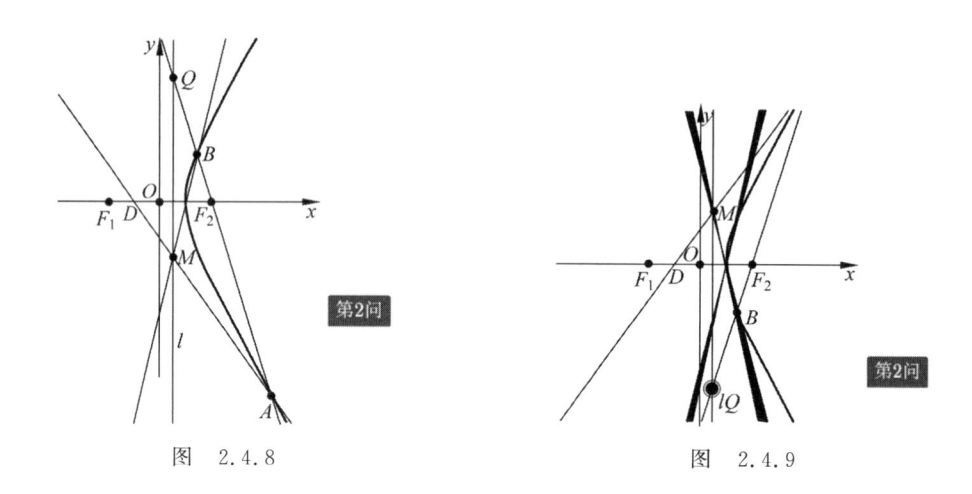

点睛

本题考查了利用定义求圆锥曲线的方程、直线与圆锥曲线的位置关系、直线过定点问题，综合性强，需要很好的思维和计算能力，属于难题。

(1) 根据题意，判断出动点的轨迹方程为双曲线的右支，然后根据定义即可求得双曲线的方程。

(2) 讨论当直线斜率存在与不存在两种情况下直线过定点问题。当斜率不存在时，易得直线过定点的坐标为 $E(1,0)$；当斜率存在时，设出直线方程，联立曲线方程，消 y 得到关于 x 的一元二次方程，利用根与系数的关系表示出两个交点横坐标间的关系，利用 $k_{EM}=k_{EB}$，再证明直线 BM 经过 $E(1,0)$。

练习

1. 已知椭圆 C 中心在原点，焦点在 x 轴上，焦距为 2，短轴长为 $2\sqrt{3}$。

(1) 求椭圆 C 的标准方程；

(2) 若直线 $l: y=kx+m(k\neq 0)$ 与椭圆交于不同的两点 M、N（M、N 不是椭圆的左、右顶点），且以 MN 为直径的圆经过椭圆的右顶点 A。求证：直线 l 过定点，并求出定点的坐标。

2. 已知椭圆的焦点在 x 轴上，它的一个顶点恰好是抛物线 $x^2=4y$ 的焦点，离心率 $e=\dfrac{2}{\sqrt{5}}$，过椭圆的右焦点 F 作与坐标轴不垂直的直线 l，交椭圆于 A，B 两点。

(1) 求椭圆的标准方程；

(2) 设点 $M(m,0)$ 是线段 OF 上的一个动点，且 $(\overrightarrow{MA}+\overrightarrow{MB})\perp\overrightarrow{AB}$，求 m 的取值范围；

(3) 设点 C 是点 A 关于 x 轴的对称点，在 x 轴上是否存在一个定点 N，使得 C，B，N 三点共线？若存在，求出定点 N 的坐标，若不存在，请说明理由。

3. 已知离心率为 $\dfrac{\sqrt{2}}{2}$ 的椭圆 $C: \dfrac{x^2}{a^2}+\dfrac{y^2}{b^2}=1(a>b>0)$，过椭圆 C 上点 $P(2,1)$ 作两条互

相垂直的直线,分别交椭圆于 A,B 两点。

(1) 求椭圆 C 的方程；

(2) 求证：直线 AB 过定点,并求出此定点的坐标。

4. 已知椭圆 C 的中心在原点,焦点在 x 轴上,离心率为 $\frac{\sqrt{2}}{2}$,它的一个焦点恰好与抛物线 $y^2=4x$ 的焦点重合。

(1) 求椭圆 C 的方程；

(2) 设椭圆的上顶点为 A,过点 A 作椭圆 C 的两条动弦 AB,AC,若直线 AB,AC 斜率之积为 $\frac{1}{4}$,直线 BC 是否恒过一定点？若经过,求出该定点坐标；若不经过,请说明理由。

第 3 章

解析几何中的轨迹问题

平面解析几何的核心就是用方程的思想研究曲线,用曲线的性质研究方程。轨迹问题正是体现这一思想的重要表现形式。轨迹问题有深厚的生活背景,其重要性不言而喻。解析几何中求动点的轨迹方程问题是一个综合问题,涉及函数、方程、三角、平面几何等基础知识,是高考数学考查的重点内容之一。解决这类问题的难点在于如何分析问题中所给的已知条件,即问题的背景材料。因此,在解题过程中要注意知识之间的横向联系,分析题中的背景材料,将问题化难为易。

3.1 定义法求轨迹

定义法:如果动点 P 的运动规律合乎我们已知的某种曲线(如圆、椭圆、双曲线、抛物线)的定义,则可先设出轨迹方程,再根据已知条件,求出待定方程中的常数,即可得到轨迹方程。

例 1 已知 $\triangle ABC$ 的顶点 A,B 的坐标分别为 $(-4,0)$,$(4,0)$,C 为动点,且满足 $\sin B + \sin A = \dfrac{5}{4}\sin C$,求点 C 的轨迹。

【解析】

由 $\sin B + \sin A = \dfrac{5}{4}\sin C$,可知 $b+a = \dfrac{5}{4}c = 10$,即 $|AC| + |BC| = 10$,满足椭圆的定义。

令椭圆方程为 $\dfrac{x^2}{a'^2} + \dfrac{y^2}{b'^2} = 1$,则 $a' = 5$,$c' = 4 \Rightarrow b' = 3$,则轨迹方程为 $\dfrac{x^2}{25} + \dfrac{y^2}{9} = 1 (x \neq \pm 5)$。

故点 C 的轨迹图形为椭圆(不含左、右顶点)。

动态解析

编号:308796,

扫描二维码,打开课件,如图 3.1.1 所示;点击按钮 动画▶◀ 或拖动点 C 运动,如图 3.1.2 所示,猜测点 C 的轨迹;点击按钮 追踪轨迹,跟踪点 C 的轨迹,如图 3.1.3~图 3.1.4 所示,考察点 C 的轨迹,探究与点 C 有关的数量关系。

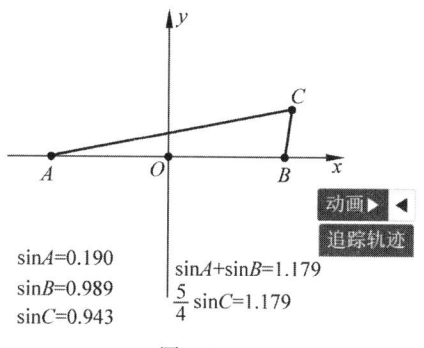

图 3.1.1

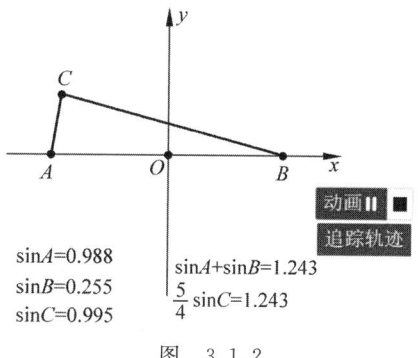

sinA=0.190
sinB=0.989
sinC=0.943
sinA+sinB=1.179
$\frac{5}{4}$sinC=1.179

图 3.1.2

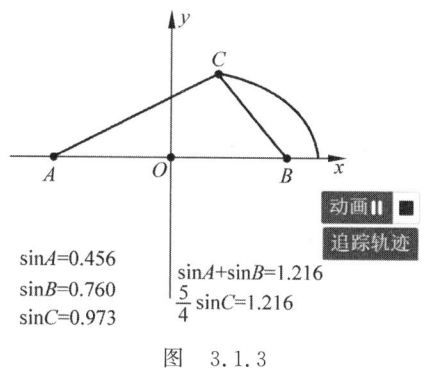

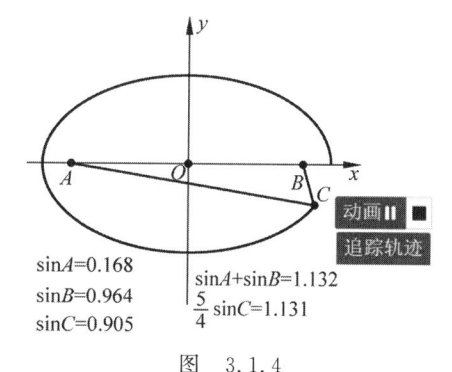

sinA=0.988
sinB=0.255
sinC=0.995
sinA+sinB=1.243
$\frac{5}{4}$sinC=1.243

图 3.1.3

sinA=0.456
sinB=0.760
sinC=0.973
sinA+sinB=1.216
$\frac{5}{4}$sinC=1.216

图 3.1.4

sinA=0.168
sinB=0.964
sinC=0.905
sinA+sinB=1.132
$\frac{5}{4}$sinC=1.131

例 2 一动圆 M 与圆 $O_1: x^2+y^2+6x+5=0$ 外切,同时与圆 $O_2: x^2+y^2-6x-91=0$ 内切,求动圆圆心 M 的轨迹方程,并说明它是什么样的曲线。

【解析】

如图 3.1.5 所示,设动圆圆心为 $M(x,y)$,半径为 R,设已知圆的圆心分别为 O_1,O_2。

将圆方程分别配方,得 $(x+3)^2+y^2=4$,$(x-3)^2+y^2=100$。

当 $\odot M$ 与 $\odot O_1$ 相切时,有 $|O_1M|=R+2$ ①;当 $\odot M$ 与 $\odot O_2$ 相切时,有 $|O_2M|=10-R$ ②。

将①②两式的两边分别相加,得 $|O_1M|+|O_2M|=12$,则点 M 的轨迹是以 O_1,O_2 为焦点,12 为长轴长的椭圆,即 $2a=12,2c=6$。

所以动圆圆心的轨迹方程是 $\frac{x^2}{36}+\frac{y^2}{27}=1$,其轨迹是椭圆。

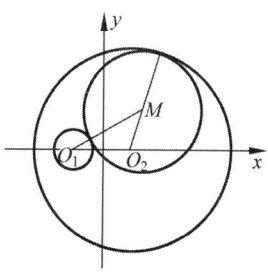

图 3.1.5

动态解析

编号：308834，

扫描二维码，打开课件，如图 3.1.6 所示；点击按钮 动画▶◀ 或拖动点 M 运动，如图 3.1.7 所示，猜测点 M 的轨迹；点击按钮 追踪轨迹，跟踪点 M 的轨迹，如图 3.1.8 所示，观察点 M 的轨迹；点击按钮 辅助线，如图 3.1.9 所示，探究与点 M 有关的数量关系。

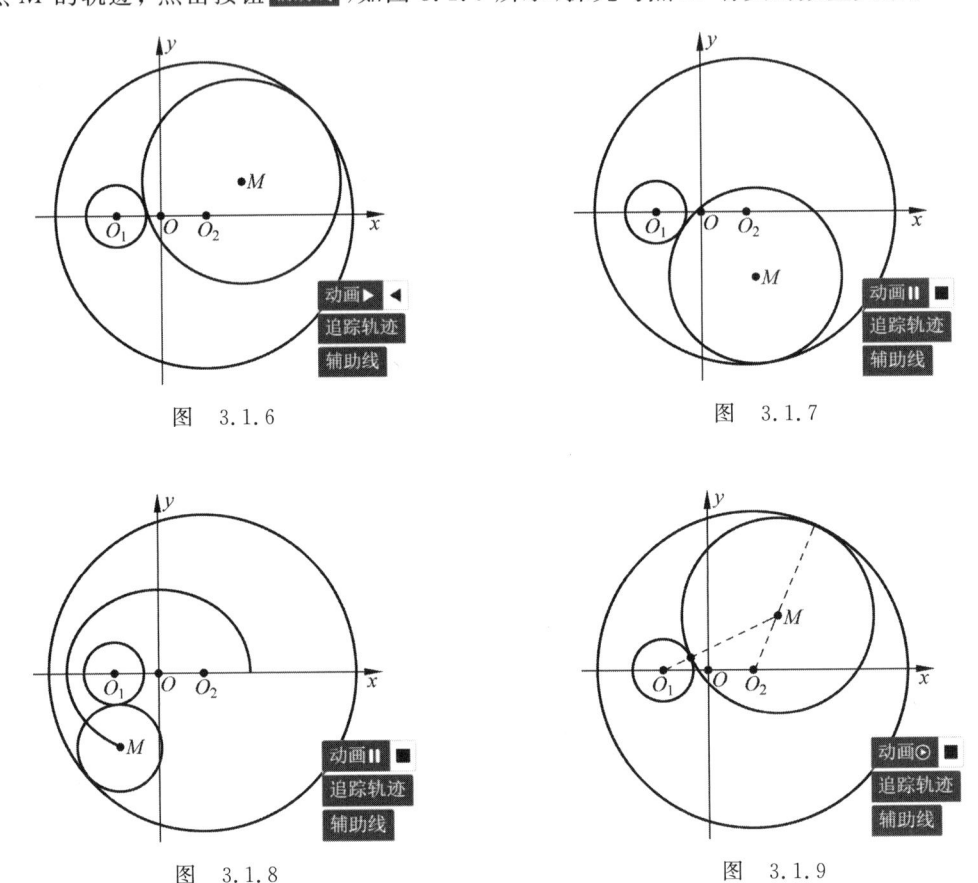

图 3.1.6

图 3.1.7

图 3.1.8

图 3.1.9

例 3 已知 A,B,C 是直线 l 上的三点，且 $|AB|=|BC|=6$，$\odot O'$ 切直线 l 于点 A。又过 B,C 作 $\odot O'$ 异于 l 的两切线，设这两切线交于点 P，求点 P 的轨迹方程。

【解析】

设过 B,C 异于 l 的两切线分别切 $\odot O'$ 于 D,E 两点，两切线交于点 P。

由切线的性质知 $|BA|=|BD|$，$|PD|=|PE|$，$|CA|=|CE|$，故 $|PB|+|PC|=|BD|+|PD|+|PC|=|BA|+|PE|+|PC|=|BA|+|CE|=|AB|+|CA|=6+12=18>6=|BC|$。

故由椭圆定义知，点 P 的轨迹是以 B,C 为两焦点的椭圆。以 l 所在的直线为 x 轴，以 BC 的中点为原点，建立坐标系，可求得动点 P 的轨迹方程为 $\dfrac{x^2}{81}+\dfrac{y^2}{72}=1$。

动态解析

编号：308836，

扫描二维码，打开课件，如图 3.1.10 所示；点击按钮 动画▶◀ 或拖动点 O' 运动，如图 3.1.11 所示，猜测点 P 的轨迹；点击按钮 追踪轨迹，跟踪点 P 的轨迹，如图 3.1.12 所示，观察点 P 的轨迹；点击按钮 辅助线，如图 3.1.13 所示，探究与点 P 有关的数量关系。

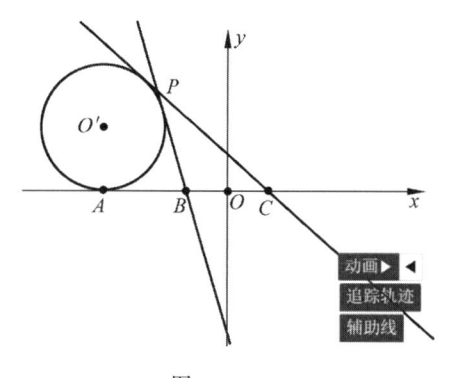

图 3.1.10

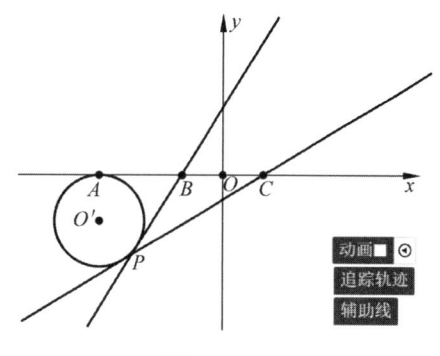

图 3.1.11

图 3.1.12

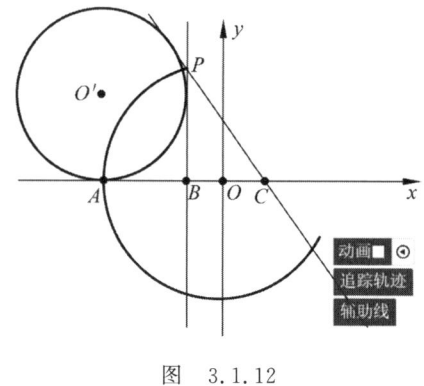

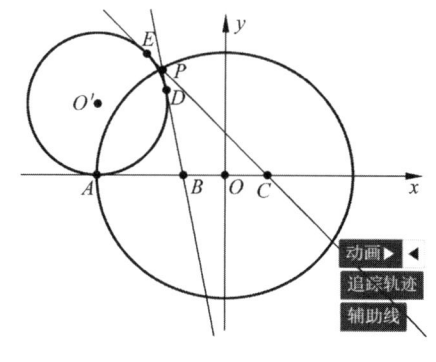

图 3.1.13

3.2 直接法求轨迹

直接法：动点 P 的运动规律是否合乎我们熟知的某些曲线的定义难以判断，但点 P 满足的等量关系易于建立，则可以先表示出点 P 所满足的几何上的等量关系，再用点 P 的坐标 (x, y) 表示该等量关系式，即可得到轨迹方程。

例1 一条线段 AB 的长等于 $2a$，两个端点 A 和 B 分别在 x 轴和 y 轴上滑动，求 AB 中点 P 的轨迹方程。

【解析】

如图 3.2.1 所示，设 M 点的坐标为 (x,y)，由直角三角形斜边中线定理：在 $\text{Rt}\triangle AOB$ 中，$OM = \dfrac{1}{2}AB = \dfrac{1}{2} \times 2a = a$，则 $\sqrt{x^2+y^2} = a$，即 $x^2 + y^2 = a^2$。

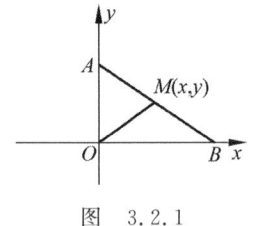

故 M 点的轨迹是以 O 为圆心，a 为半径的圆。

图 3.2.1

动态解析

编号：308839，

扫描二维码，打开课件，如图 3.2.2 所示；点击按钮 动画▶ 或拖动点 M 运动，如图 3.2.3 所示，猜测点 M 的轨迹；点击按钮 追踪轨迹，跟踪点 M 的轨迹，如图 3.2.4 所示，观察点 M 的轨迹；点击按钮 辅助线，如图 3.2.5 所示，探究与点 M 有关的数量关系。

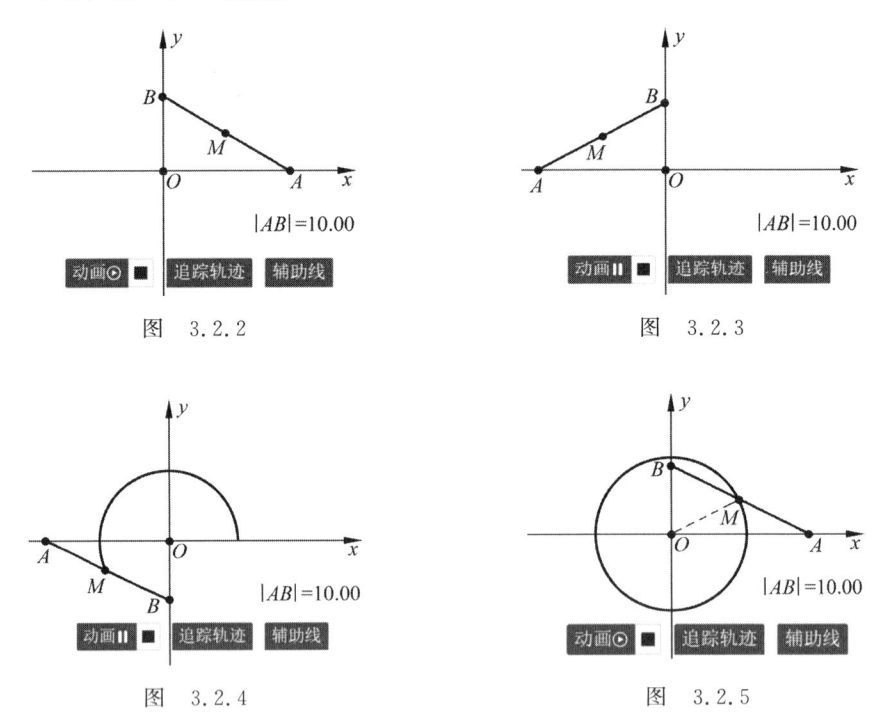

图 3.2.2   图 3.2.3

图 3.2.4   图 3.2.5

例 2 已知点 $Q(2,0)$，$\odot O: x^2 + y^2 = 1$，动点 M 到 $\odot O$ 的切线长与 $|MQ|$ 的比值为 $\lambda(\lambda > 0)$，求动点 M 的轨迹。

【解析】

令 $M(x,y)$，切点为 E。

由题意得 $\dfrac{|ME|}{|MQ|} = \lambda$，即 $\dfrac{\sqrt{x^2+y^2-1}}{\sqrt{(x-2)^2+y^2}} = \lambda$，整理得 $(\lambda^2-1)x^2 + (\lambda^2-1)y^2 - 4\lambda^2 x + 4\lambda^2 + 1 = 0$。

① 当 $\lambda=1$ 时，$x=\dfrac{5}{4}$，此时动点 M 的轨迹为直线。

② 当 $\lambda\neq 1$ 时，$\left(x-\dfrac{2\lambda^2}{\lambda^2-1}\right)^2+y^2=\dfrac{3\lambda^2+1}{(\lambda^2-1)^2}$。

此时动点 M 的轨迹为以 $\left(\dfrac{2\lambda^2}{\lambda^2-1},0\right)$ 为圆心，$\dfrac{\sqrt{3\lambda^2+1}}{|\lambda^2-1|}$ 为半径的圆。

编号：308978，

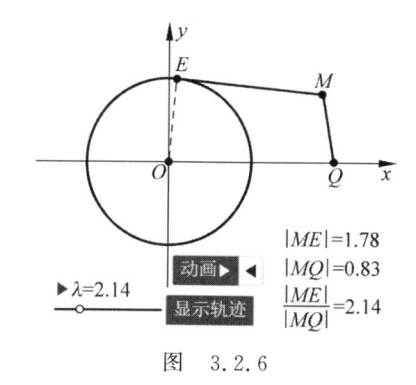

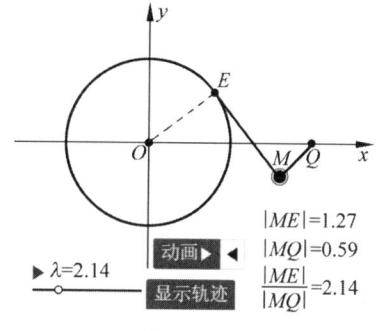

扫描二维码，打开课件，如图 3.2.6 所示；点击按钮 动画▶ ◀或拖动点 M 运动，如图 3.2.7 所示，猜测点 M 的轨迹；点击按钮 显示轨迹，显示点 M 的轨迹，如图 3.2.8 所示；拖动变量 λ 的滑杆改变 λ 的值，观察点 M 轨迹的变化；点击变量 λ 中的数字，删除原有数据，输入 1，考察 $\lambda=1$ 时，点 M 的轨迹，如图 3.2.9 所示。

图 3.2.6

图 3.2.7

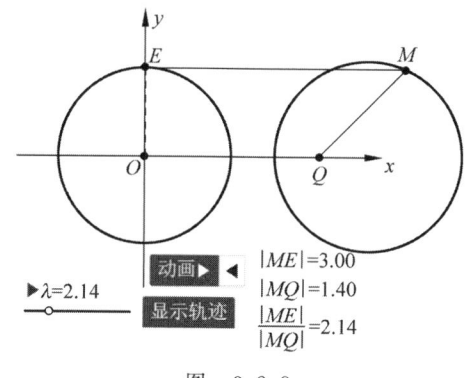

图 3.2.8

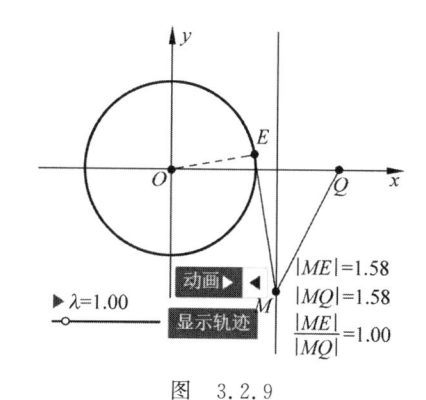

图 3.2.9

3.3 参数法求轨迹

参数法：如果采用直接法求轨迹方程难以奏效，则可寻求引发动点 P 运动的某个几何量 t，以此量作为参变数，分别建立 P 点坐标 (x,y) 与该参数 t 的函数关系 $x=f(t)$，$y=g(t)$，进而通过消参，化为轨迹的普通方程 $F(x,y)=0$。

例1 如图3.3.1所示,过点$P(2,4)$作两条互相垂直的直线l_1,l_2,若l_1交x轴于A点,l_2交y轴于B点,求线段AB的中点M的轨迹方程。

【解析】

方法1:设$M(x,y)$,设直线l_1的方程为$y-4=k(x-2)$,$(k\neq 0)$。

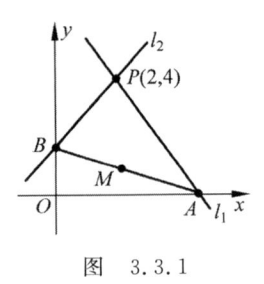

因为$l_1\perp l_2$,则直线l_2的方程为$y-4=-\dfrac{1}{k}(x-2)$,则l_1与x轴交点A的坐标为$\left(2-\dfrac{4}{k},0\right)$,$l_2$与$y$轴交点$B$的坐标为$\left(0,4+\dfrac{2}{k}\right)$。

因为M为AB的中点,所以$\begin{cases}x=\dfrac{2-\dfrac{4}{k}}{2}=1-\dfrac{2}{k}\\y=\dfrac{4+\dfrac{2}{k}}{2}=2+\dfrac{1}{k}\end{cases}$($k$为参数),消去$k$得$x+2y-5=0$。

另外,当$k=0$时,AB中点为$M(1,2)$,满足上述轨迹方程;当k不存在时,AB中点为$M(1,2)$,也满足上述轨迹方程。

综上所述,M的轨迹方程为$x+2y-5=0$。

方法2:设$M(x,y)$,因为M为AB中点,所以$A(2x,0),B(0,2y)$。

又l_1,l_2过点$P(2,4)$,且$l_1\perp l_2$,则$PA\perp PB$,从而$k_{PA}\cdot k_{PB}=-1$。

而$k_{PA}=\dfrac{4-0}{2-2x},k_{PB}=\dfrac{4-2y}{2-0}$,则$\dfrac{4-0}{2-2x}\cdot\dfrac{4-2y}{2-0}=-1$,化简得$x+2y-5=0$。

注意到当$l_1\perp x$轴时,$l_2\perp y$轴,此时$A(2,0),B(0,4)$,中点$M(1,2)$,经检验,它也满足方程$x+2y-5=0$。

综上可知,点M的轨迹方程为$x+2y-5=0$。

方法3:设$M(x,y)$,连接MP,则$A(2x,0),B(0,2y)$。

因为$l_1\perp l_2$,所以$\triangle PAB$为直角三角形。

由直角三角形的性质,$|MP|=\dfrac{1}{2}|AB|$,则$\sqrt{(x-2)^2+(y-4)^2}=\dfrac{1}{2}\sqrt{(2x)^2+(2y)^2}$。

化简得$x+2y-5=0$,即为M的轨迹方程。

方法4:设$M(x,y)$,连接MP,MO,PO。

因为$l_1\perp l_2$,所以$\triangle PAB$为直角三角形。

由直角三角形的性质可得$|MP|=\dfrac{1}{2}|AB|$,同理得$|MO|=\dfrac{1}{2}|AB|$。

所以$|MP|=|MO|$,则点M的轨迹为线段OP的垂直平分线,其轨迹方程为$x+2y-5=0$。

动态解析

编号：308856，

扫描二维码，打开课件，如图3.3.2所示；点击按钮 动画▶ ◀或拖动点 A 运动，猜测点 M 的轨迹；点击按钮 追踪轨迹，跟踪点 M 的轨迹，如图3.3.3、图3.3.4所示，观察点 M 的轨迹；点击按钮 辅助线，如图3.3.5所示，理解 OM, MP, AB 间的数量关系。

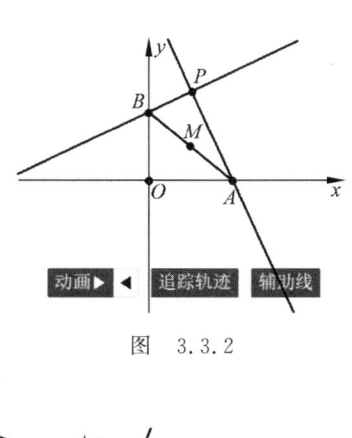

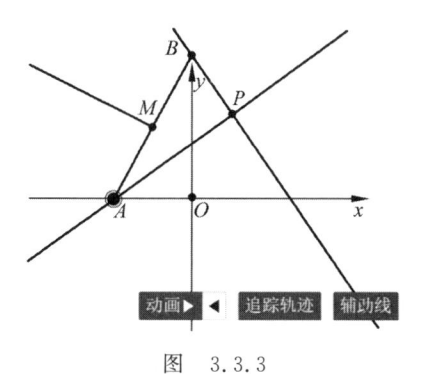

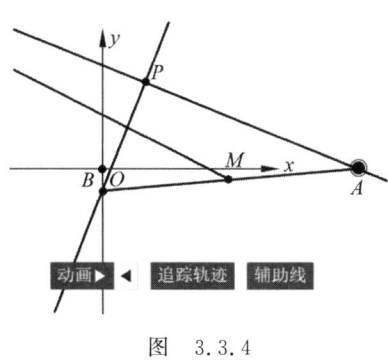

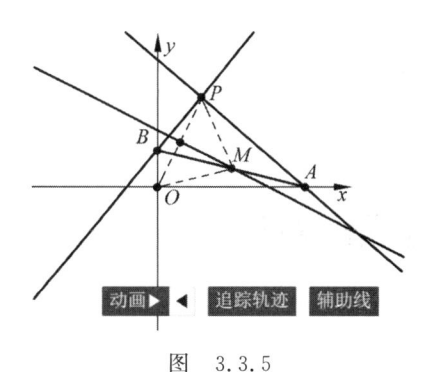

图 3.3.2

图 3.3.3

图 3.3.4

图 3.3.5

例2 如图3.3.6所示，设点 A 和 B 为抛物线 $y^2=4px(p>0)$ 上原点以外的两个动点，已知 $OA \perp OB, OM \perp AB$，求点 M 的轨迹方程，并说明它表示什么曲线。

【解析】

方法1：设 $A(x_1, y_1), B(x_2, y_2), M(x, y)(x \neq 0)$，直线 AB 的方程为 $x = my + a$。

由 $OM \perp AB$ 得 $m = -\dfrac{y}{x}$，由 $y^2 = 4px$ 及 $x = my + a$，消去 x 可得 $y^2 - 4pmy - 4pa = 0$，所以 $y_1 y_2 = -4pa$，$x_1 x_2 = \dfrac{(y_1 y_2)^2}{(4p)^2} = a^2$。

由 $OA \perp OB$ 得，$x_1 x_2 = -y_1 y_2$，所以 $a^2 = 4pa \Rightarrow a = 4p$。

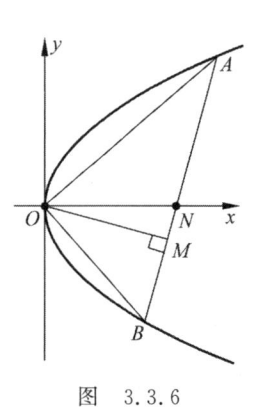

图 3.3.6

故 $x=my+4p$，用 $m=-\dfrac{y}{x}$ 代入，可得 $x^2+y^2-4px=0(x\neq 0)$。

故动点 M 的轨迹方程为 $x^2+y^2-4px=0(x\neq 0)$，它表示以 $(2p,0)$ 为圆心，以 $2p$ 为半径的圆，去掉坐标原点。

方法 2：设 OA 的方程为 $y=kx$，代入 $y^2=4px$ 得 $A\left(\dfrac{2p}{k^2},\dfrac{2p}{k}\right)$，则 OB 的方程为 $y=-\dfrac{1}{k}x$，代入 $y^2=4px$ 得 $B(2pk^2,-2pk)$，AB 的方程为 $y=\dfrac{k}{1-k^2}(x-2p)$，过定点 $N(2p,0)$。

由 $OM\perp AB$ 得 M 在以 ON 为直径的圆上（O 点除外），故动点 M 的轨迹方程为 $x^2+y^2-4px=0(x\neq 0)$，它表示以 $(2p,0)$ 为圆心，以 $2p$ 为半径的圆，去掉坐标原点。

方法 3：设 $M(x,y)(x\neq 0)$，OA 的方程为 $y=kx$，代入 $y^2=4px$ 得 $A\left(\dfrac{2p}{k^2},\dfrac{2p}{k}\right)$，则 OB 的方程为 $y=-\dfrac{1}{k}x$，代入 $y^2=4px$ 得 $B(2pk^2,-2pk)$。

由 $OM\perp AB$ 得 M 既在以 OA 为直径的圆 $x^2+y^2-\dfrac{2p}{k^2}x-\dfrac{2p}{k}y=0$　①上，又在以 OB 为直径的圆 $x^2+y^2-2pk^2x+2pky=0$　②上（O 点除外），①$\times k^2+$②得 $x^2+y^2-4px=0(x\neq 0)$。

故动点 M 的轨迹方程为 $x^2+y^2-4px=0(x\neq 0)$，它表示以 $(2p,0)$ 为圆心，以 $2p$ 为半径的圆，去掉坐标原点。

动态解析

编号：308857，

扫描二维码，打开课件，如图 3.3.7 所示；点击按钮 动画▶◀ 或拖动点 A 运动，如图 3.3.8 所示，猜测点 M 的轨迹；点击按钮 追踪轨迹，跟踪点 M 的轨迹，如图 3.3.9 所示，考察直线 AB 的位置特征，观察点 M 的轨迹；点击按钮 追踪轨迹，如图 3.3.10 所示，探究与点 M 有关的数量关系。

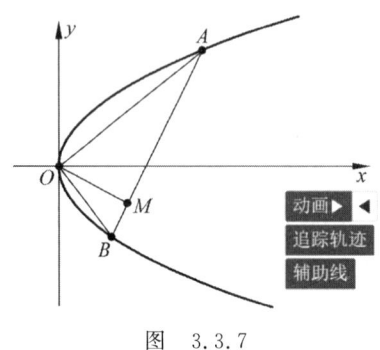

图 3.3.7　　　　　　　　　　　图 3.3.8

图 3.3.9

图 3.3.10

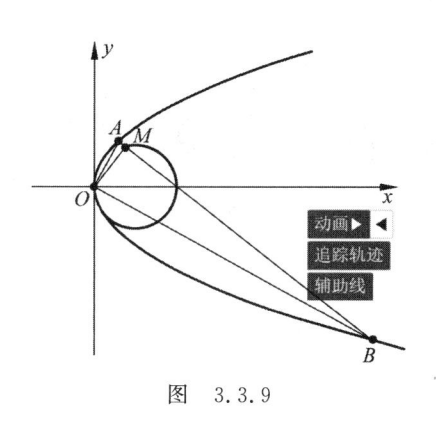

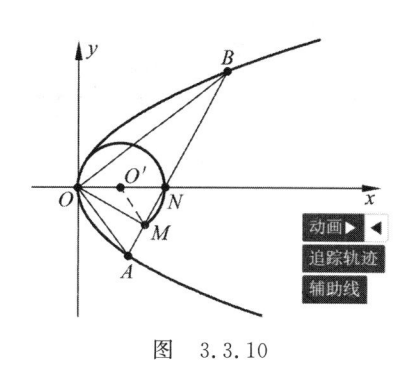

3.4 相关点法(代入法)求轨迹

相关点法(代入法)：如果动点 P 的运动是由另外某一点 P' 的运动引发的,而该点的运动规律已知(该点坐标满足某已知曲线方程),则可以设出 $P(x,y)$,用 (x,y) 表示出相关点 P' 的坐标,然后把 P' 的坐标代入已知曲线方程,即可得到动点 P 的轨迹方程。

例 1 点 B 是椭圆 $\dfrac{x^2}{a^2}+\dfrac{y^2}{b^2}=1$ 上的动点,$A(2a,0)$ 为定点,求线段 AB 的中点 M 的轨迹方程。

【解析】

设动点 M 的坐标为 (x,y),B 点坐标为 (x_0,y_0),则由 M 为线段 AB 中点,可得

$$\begin{cases} \dfrac{x_0+2a}{2}=x \\ \dfrac{y_0+0}{2}=y \end{cases} \Rightarrow \begin{cases} x_0=2x-2a \\ y_0=2y \end{cases},即点 B 坐标可表示为 (2x-2a,2y)。$$

又点 $B(x_0,y_0)$ 在椭圆 $\dfrac{x^2}{a^2}+\dfrac{y^2}{b^2}=1$ 上,则 $\dfrac{x_0^2}{a^2}+\dfrac{y_0^2}{b^2}=1$,从而有 $\dfrac{(2x-2a)^2}{a^2}+\dfrac{(2y)^2}{b^2}=1$,整理得动点 M 的轨迹方程为 $\dfrac{4(x-a)^2}{a^2}+\dfrac{4y^2}{b^2}=1$。

动态解析

编号：308865,

扫描二维码,打开课件,如图 3.4.1 所示；拖动点 B 运动,如图 3.4.2 所示,猜测点 M 的轨迹；点击按钮 追踪轨迹,跟踪点 M 的轨迹,拖动点 B 运动,如图 3.4.3、图 3.4.4 所示,观察点 M 的轨迹；理解点 M 与点 B 的依存关系。

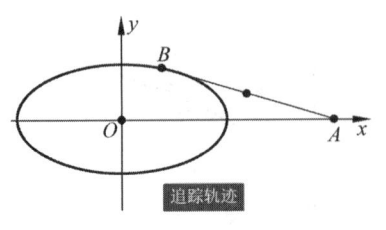

图 3.4.1

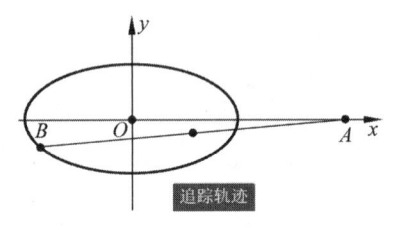

图 3.4.2

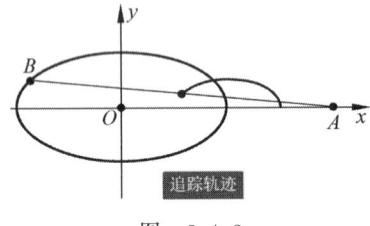

图 3.4.3

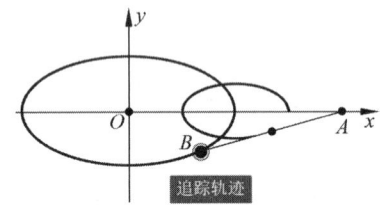

图 3.4.4

例 2 点 P 是双曲线 $\dfrac{x^2}{9}-y^2=1$ 上的动点，F_1,F_2 是曲线的两个焦点，求 $\triangle PF_1F_2$ 的重心 M 的轨迹方程。

【解析】

设 P,M 点坐标分别为 $P(x_1,y_1),M(x,y)$。

在已知双曲线方程中 $a=3,b=1$，所以 $c=\sqrt{9+1}=\sqrt{10}$，即已知双曲线两焦点为 $F_1(-\sqrt{10},0),F_2(\sqrt{10},0)$。

因为 $\triangle PF_1F_2$ 存在，所以 $y_1\neq 0$。

由三角形重心坐标公式有 $\begin{cases}x=\dfrac{x_1+(-\sqrt{10})+\sqrt{10}}{3}\\y=\dfrac{y_1+0+0}{3}\end{cases}$，即 $\begin{cases}x_1=3x\\y_1=3y\end{cases}$。

因为 $y_1\neq 0$，所以 $y\neq 0$。

已知点 P 在双曲线上，将上面结果代入已知曲线方程，有 $\dfrac{(3x)^2}{9}-(3y)^2=1(y\neq 0)$。

故所求重心 M 的轨迹方程为 $x^2-9y^2=1(y\neq 0)$。

动态解析

编号：308871，

扫描二维码，打开课件，如图 3.4.5 所示；点击按钮 动画 或拖动点 P 运动，如图 3.4.6、图 3.4.7 所示，猜测点 M 的轨迹，快速点击两下屏幕清除跟踪；点击按钮 显示轨迹，如图 3.4.8 所示，显示点 M 的轨迹，理解点 M 与点 P 的依存关系。

图 3.4.5

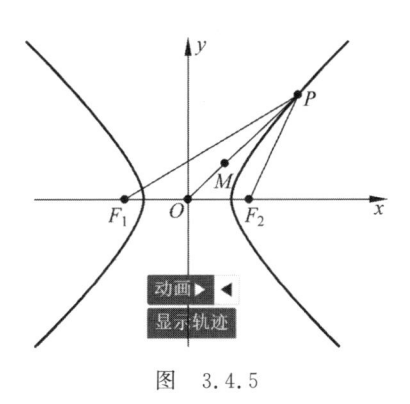

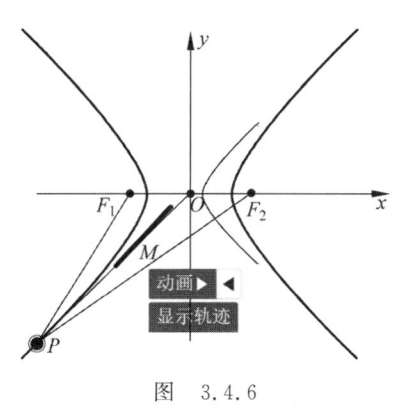

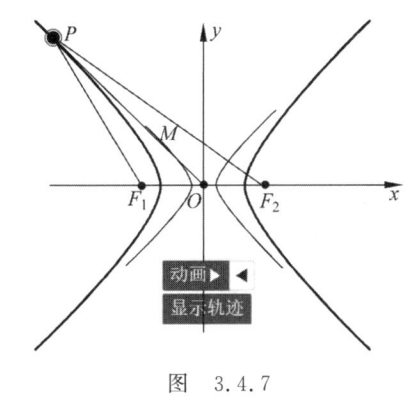

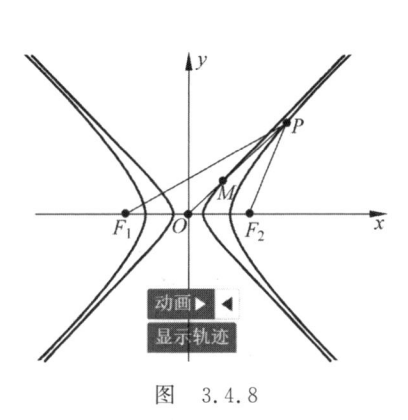

图 3.4.6

图 3.4.7

图 3.4.8

例3 如图 3.4.9 所示,从双曲线 $C: x^2 - y^2 = 1$ 上一点 Q 引直线 $l: x + y = 2$ 的垂线,垂足为 N,求线段 QN 的中点 P 的轨迹方程。

【解析】

设 $P(x,y)$,$Q(x_1,y_1)$,则 $N(2x-x_1, 2y-y_1)$。因为 N 在直线 l 上,所以 $2x - x_1 + 2y - y_1 = 2$ ①。

图 3.4.9

又 $PN \perp l$,得 $\dfrac{y-y_1}{x-x_1} = 1$,即 $x - y + y_1 - x_1 = 0$ ②。

联立式①、式②,解得 $\begin{cases} x_1 = \dfrac{3x+y-2}{2} \\ y_1 = \dfrac{3y+x-2}{2} \end{cases}$。

又点 Q 在双曲线 C 上,所以 $\left(\dfrac{3x+y-2}{2}\right)^2 - \left(\dfrac{3y+x-2}{2}\right)^2 = 1$,化简整理得 $2x^2 - 2y^2 - 2x + 2y - 1 = 0$,此即动点 P 的轨迹方程。

动态解析

编号:308945,

扫描二维码,打开课件,如图 3.4.10 所示;拖动点 Q 运动,如图 3.4.11、图 3.4.12 所示,猜测点 P 的轨迹,快速点击两下屏幕清除跟踪;点击按钮 显示轨迹 ,如图 3.4.13 所示,显示点 P 的轨迹,理解点 P 与点 Q 的依存关系。

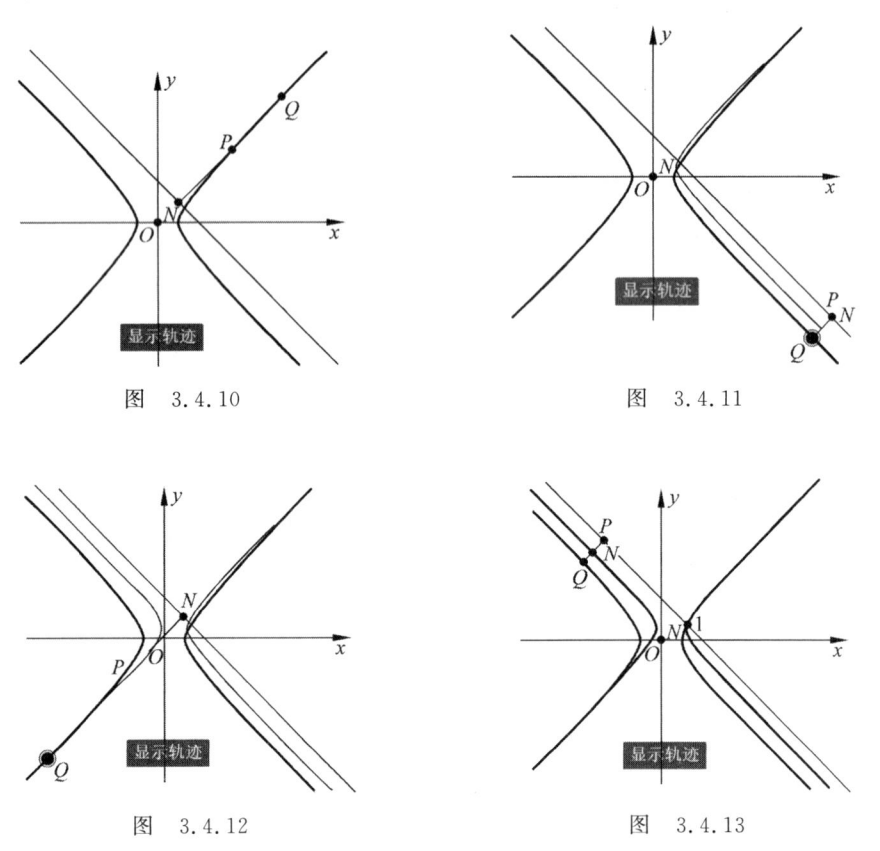

图 3.4.10

图 3.4.11

图 3.4.12

图 3.4.13

3.5 交轨法求轨迹

交轨法:在求动点轨迹时,有时会出现要求两动曲线交点的轨迹问题,这种问题通常通过解方程组得出交点(含参数)的坐标,再消去参数求得所求的轨迹方程(若能直接消去两方程的参数,也可直接消去参数得到轨迹方程),该法经常与参数法并用。

例 1 已知 MN 是椭圆 $\dfrac{x^2}{a^2}+\dfrac{y^2}{b^2}=1$ 中垂直于长轴的动弦,A,B 是椭圆长轴的两个端点,求直线 MA 和 NB 的交点 P 的轨迹方程。

【解析】

方法 1:令 $M(x_1,y_1)$,则 $N(x_1,-y_1)$,而 $A(-a,0),B(a,0)$。

设 MA 与 NB 的交点为 $P(x,y)$。

因为 A,M,P 共线,所以 $\dfrac{y}{x+a}=\dfrac{y_1}{x_1+a}$。

又 N,B,P 共线,所以 $\dfrac{y}{x-a}=-\dfrac{y_1}{x_1-a}$。

两式相乘得 $\dfrac{y^2}{x^2-a^2}=-\dfrac{y_1^2}{x_1^2-a^2}$ ①。

而 $\dfrac{x_1^2}{2}+\dfrac{y_1^2}{2}=1$,将 $y_1^2=\dfrac{b^2(a^2-x_1^2)}{a^2}$ 代入①式,得 $\dfrac{x^2}{x^2-a^2}=\dfrac{b^2}{a^2}$,即交点 P 的轨迹方程为 $\dfrac{x^2}{a^2}-\dfrac{y^2}{b^2}=1$。

方法 2:设 $M(a\cos\theta,b\sin\theta)$,则 $N(a\cos\theta,-b\sin\theta)$。

$\dfrac{y}{x+a}=\dfrac{b\sin\theta}{a\cos\theta+a}$,$\dfrac{y}{x-a}=-\dfrac{b\sin\theta}{a\cos\theta-a}$,两式相乘消去 θ,即可得所求的 P 点的轨迹方程为 $\dfrac{x^2}{a^2}-\dfrac{y^2}{b^2}=1$。

动态解析

编号:308954,

扫描二维码,打开课件,如图 3.5.1 所示;拖动点 M 运动,如图 3.5.2、图 3.5.3 所示,猜测点 P 的轨迹,连续点击两下屏幕清除跟踪;点击按钮 显示轨迹,如图 3.5.4 所示,显示点 P 的轨迹。

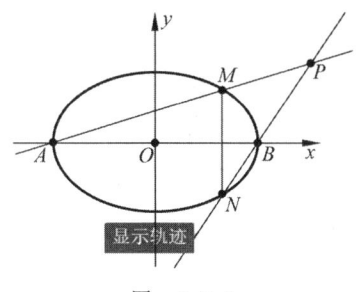

图 3.5.1

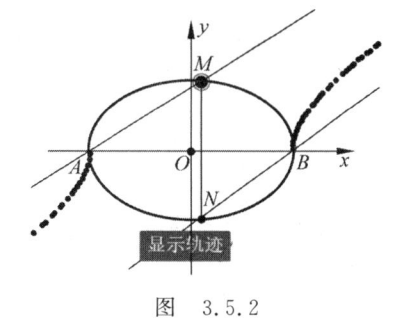

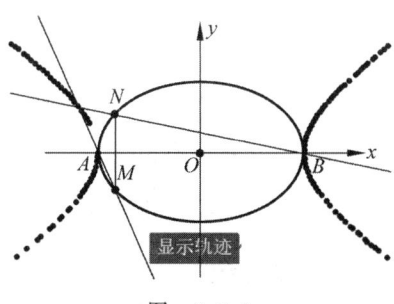

图 3.5.2

图 3.5.3

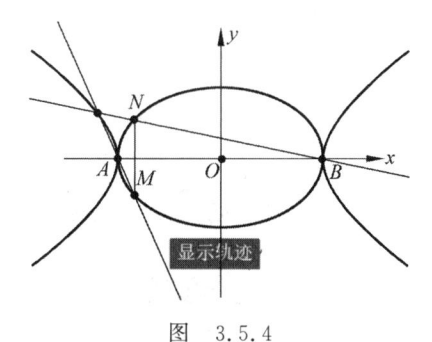

图 3.5.4

例 2 已知点 O、点 B 为二定点,$|OB|=1$,点 P 是线段 OB 上一点,分别以 OP,OB 为斜边,在线段 OB 的同一侧作等腰直角三角形 OCP 和等腰直角三角形 ODB。设 PD,BC 相交于点 Q,当 P 在线段 OB 上移动时求点 Q 的轨迹方程。

【解析】

以 OB 所在的直线为 x 轴,O 为坐标原点建立直角坐标系。

设点 $P(t,0)(0<t<1)$,则 $C\left(\dfrac{t}{2},\dfrac{t}{2}\right)$,又 $D\left(\dfrac{1}{2},\dfrac{1}{2}\right)$,$BC$ 的方程为 $y=\dfrac{t}{t-2}(x-1)$ ①,PD 的方程为 $y=\dfrac{1}{1-2t}(x-t)$ ②。

由式①②得 $x=\dfrac{3t}{2(t+1)}$,$y=\dfrac{t}{2(t+1)}$。

由以上两式消去 t 得,$x-3y=0$,当 $t\to 0$ 时,$x\to 0$;当 $t\to 1$ 时,$x\to \dfrac{3}{4}$,则 $0<x<\dfrac{3}{4}$,故点 Q 的轨迹方程为 $x-3y=0\left(0<x<\dfrac{3}{4}\right)$。

同理,当 $\triangle ODB$ 位于 x 轴下方时,点 Q 的轨迹方程为 $x-3y=0\left(0<x<\dfrac{3}{4}\right)$。

动态解析

编号:308981,

扫描二维码,打开课件,如图 3.5.5 所示;拖动点 P 运动,如图 3.5.6 所示,猜测点 P 的轨迹;点击按钮 追踪轨迹 ,如图 3.5.7、图 3.5.8 所示,显示点 P 的轨迹。

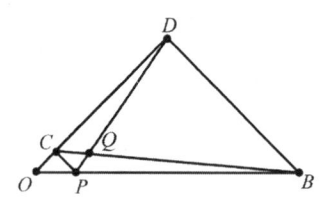

图 3.5.5

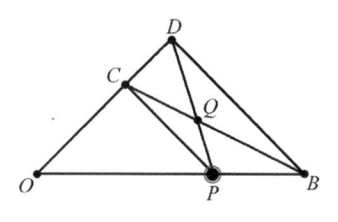

图 3.5.6

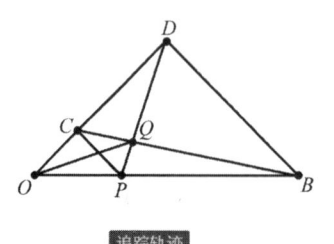

图 3.5.7

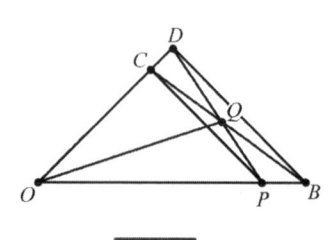

图 3.5.8

3.6 点差法求轨迹

例1 已知椭圆 $\dfrac{x^2}{2}+y^2=1$，求斜率为 2 的平行弦中点的轨迹方程。

【解析】

设弦两端点分别为 $M(x_1,y_1)$，$N(x_2,y_2)$，线段 MN 的中点 $R(x,y)$，则

$\begin{cases} x_1^2+2y_1^2=2 \text{ ①}\\ x_2^2+2y_2^2=2 \text{ ②}\\ x_1+x_2=2x \text{ ③}\\ y_1+y_2=2y \text{ ④}\end{cases}$，①－②得 $(x_1+x_2)(x_1-x_2)+2(y_1+y_2)(y_1-y_2)=0$。

由题意知 $x_1 \neq x_2$，则上式两端同除以 x_1-x_2，有 $(x_1+x_2)+2(y_1+y_2)\dfrac{y_1-y_2}{x_1-x_2}=0$。

将式③④代入得 $x+2y\dfrac{y_1-y_2}{x_1-x_2}=0$ ⑤。

将 $\dfrac{y_1-y_2}{x_1-x_2}=2$ 代入式⑤得所求轨迹方程为 $x+4y=0$（椭圆内部分）。

动态解析

编号：308964，

扫描二维码，打开课件，如图 3.6.1 所示；拖动点 M 运动，如图 3.6.2、图 3.6.3 所示，猜测点 R 的轨迹，连续点击两下屏幕清除跟踪；点击按钮 显示轨迹，如图 3.6.4 所示，显示点 R 的轨迹。

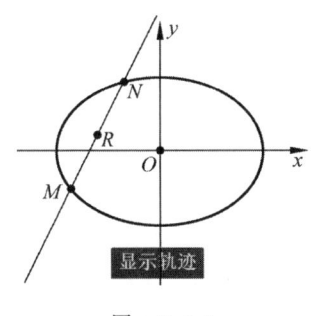

图 3.6.1

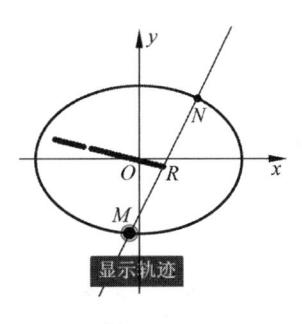

图 3.6.2

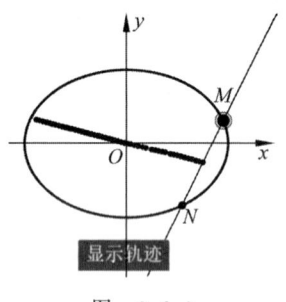

图 3.6.3 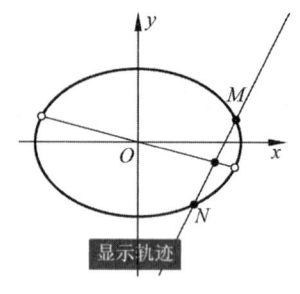　　　　　　　　　图 3.6.4

例2 抛物线 $x^2=4y$ 的焦点为 F，过点 $(0,-1)$ 作直线 l 交抛物线 A、B 两点，再以 AF，BF 为邻边作平行四边形 $AFBR$，试求动点 R 的轨迹方程。

【解析】

如图 3.6.5 所示，设 $R(x,y)$，因为 $F(0,1)$，所以平行四边形 $AFBR$ 的中心为 $P\left(\dfrac{x}{2},\dfrac{y+1}{2}\right)$。

设 $A(x_1,y_1)$，$B(x_2,y_2)$，则有 $x_1^2=4y_1$ ①，$x_2^2=4y_2$ ②。

由式①-式②得 $(x_1-x_2)(x_1+x_2)=4(y_1-y_2)\Rightarrow x_1+x_2=4k_l$ ③。

而 P 为 AB 的中点且直线 l 过点 $(0,-1)$，所以 $x_1+x_2=2\cdot\dfrac{x}{2}=x$，$k_l=\dfrac{\dfrac{y+1}{2}+1}{\dfrac{x}{2}}=\dfrac{y+3}{x}$。

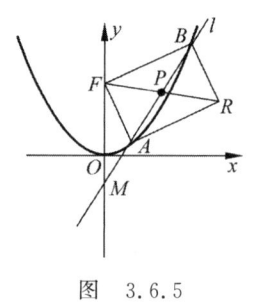

图 3.6.5

代入式③可得 $x=4\cdot\dfrac{y+3}{x}$，化简可得 $x^2=4y+12\Rightarrow y=\dfrac{x^2-12}{4}$ ④。

由点 $P\left(\dfrac{x}{2},\dfrac{y+1}{2}\right)$ 在抛物线口内可得 $\left(\dfrac{x}{2}\right)^2<4\cdot\dfrac{y+1}{2}\Rightarrow x^2<8(y+1)$ ⑤。

将式④代入式⑤可得 $x^2<8\left(\dfrac{x^2-12}{4}+1\right)\Rightarrow x^2>16\Rightarrow |x|>4$。

故动点 R 的轨迹方程为 $y=\dfrac{x^2-12}{4}(|x|>4)$。

动态解析

编号：308970，

扫描二维码，打开课件，如图 3.6.6 所示；点击按钮 动画，如图 3.6.7、图 3.6.8 所示，猜测点 R 的轨迹，连续点击两下屏幕清除跟踪；点击按钮 显示轨迹，如图 3.6.9 所示，显示点 R 的轨迹。

图 3.6.6

图 3.6.7

图 3.6.8

图 3.6.9

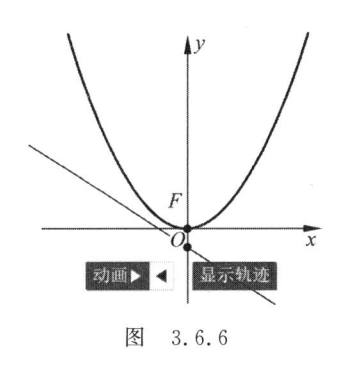

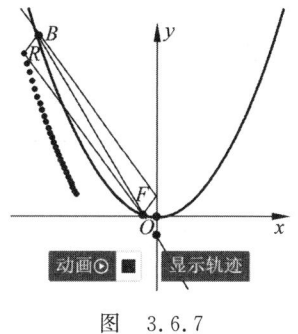

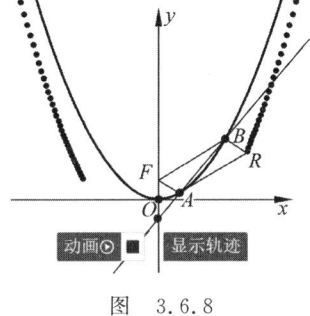

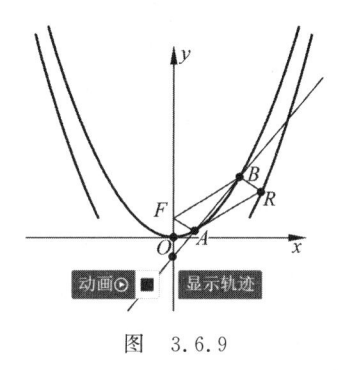

练习

1. 已知圆 $(x+4)^2+y^2=25$ 的圆心为 M_1，圆 $(x-4)^2+y^2=1$ 的圆心为 M_2，一动圆与这两个圆外切，求动圆圆心 P 的轨迹方程。

编号：309034，

2. 一动圆与圆 $O：x^2+y^2=1$ 外切，而与圆 $C：x^2+y^2-6x+8=0$ 内切，那么动圆的圆心 M 的轨迹是（　　）。

A. 抛物线　　　　B. 圆　　　　C. 椭圆　　　　D. 双曲线一支

编号：309038，

3. 已知 $\triangle ABC$ 中，$\angle A$，$\angle B$，$\angle C$ 所对应的边为 a,b,c，且 $a>c>b$，a,c,b 成等差数列，$|AB|=2$，求顶点 C 的轨迹方程。

编号：309043，

4. 过点 $A(-1,0)$，斜率为 k 的直线 l 与抛物线 $C：y^2=4x$ 交于 P,Q 两点。若曲线 C 的焦点 F 与 P,Q,R 三点按如图顺序构成平行四边形 $PFQR$，求点 R 的轨迹方程。

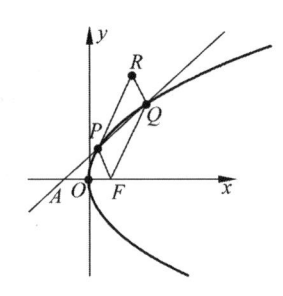

编号：309047，

5. 已知抛物线 $y^2=x+1$，定点 $A(3,1)$，B 为抛物线上任意一点，点 P 在线段 AB 上，且有 $BP：PA=1：2$，当 B 点在抛物线上变动时，求点 P 的轨迹方程。

编号：309050，

6. 如图所示，已知 $P(4,0)$ 是圆 $x^2+y^2=36$ 内的一点，A,B 是圆上两动点，且满足 $\angle APB=90°$，求矩形 $APBQ$ 的顶点 Q 的轨迹方程。

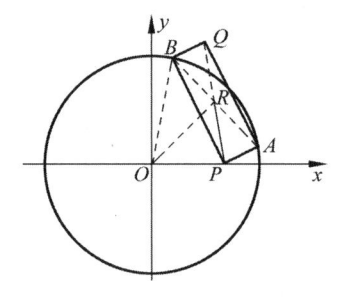

编号：309052，

7. 如图所示，垂直于 x 轴的直线交双曲线 $\dfrac{x^2}{a^2}-\dfrac{y^2}{b^2}=1$ 于 M,N 两点，A_1,A_2 为双曲线的左、右顶点，求直线 A_1M 与 A_2N 的交点 P 的轨迹方程，并指出轨迹的形状。

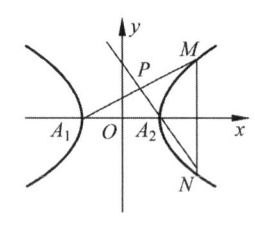

编号：309057，

第 4 章

解析几何中的最值问题

范围和最值问题是解析几何中常见的题型之一,既可以考查平面解析几何的核心知识、本质特征以及基本思想方法,又可以与三角函数、不等式、向量等知识交汇融合,综合性强,因而经常作为中档题与压轴题出现在试卷中。这类问题往往思维角度多样,解法灵活多变,能很好地考查如数形结合、分类讨论、转化与化归等数学思想方法,也能考查学生用数学的眼光与灵活的思维处理综合问题的能力,进一步提升学生的逻辑推理、直观想象和数学运算等数学核心素养。

4.1 向量的数量积的范围问题

例1 已知椭圆:$\dfrac{x^2}{4}+y^2=1$,F_1,F_2 是椭圆的两个焦点,P 是该椭圆上的一个动点,则 $\overrightarrow{PF_1} \cdot \overrightarrow{PF_2}$ 的范围为_____。

【解析】

由题意得 $\dfrac{x^2}{4}+y^2=1$ 的左、右焦点分别为 $F_1(-\sqrt{3},0)$,$F_2(\sqrt{3},0)$。

设 $P(x,y)$,$y^2=1-\dfrac{x^2}{4}$,则 $\overrightarrow{PF_1}=(-\sqrt{3}-x,-y)$,$\overrightarrow{PF_2}=(\sqrt{3}-x,-y)$。

$\overrightarrow{PF_1} \cdot \overrightarrow{PF_2}=(-\sqrt{3}-x)(\sqrt{3}-x)+y^2=x^2+y^2-3=x^2+1-\dfrac{x^2}{4}-3=\dfrac{3x^2}{4}-2$。

又 $x \in [-2,2]$,所以当 $x=0$ 时,$\overrightarrow{PF_1} \cdot \overrightarrow{PF_2}$ 有最小值 -2;当 $x=\pm 2$ 时,$\overrightarrow{PF_1} \cdot \overrightarrow{PF_2}$ 有最大值 1。

故 $\overrightarrow{PF_1} \cdot \overrightarrow{PF_2}$ 的范围为 $[-2,1]$。

动态解析

编号：309932，

扫描二维码，打开课件，如图4.1.1所示；拖动点 P 慢慢运动，如图4.1.2～图4.1.4 所示，观察 $\overrightarrow{PF_1} \cdot \overrightarrow{PF_2}$ 的变化，考察其取值范围，探究 $\overrightarrow{PF_1} \cdot \overrightarrow{PF_2}$ 取得最大、最小值时点 P 的位置。

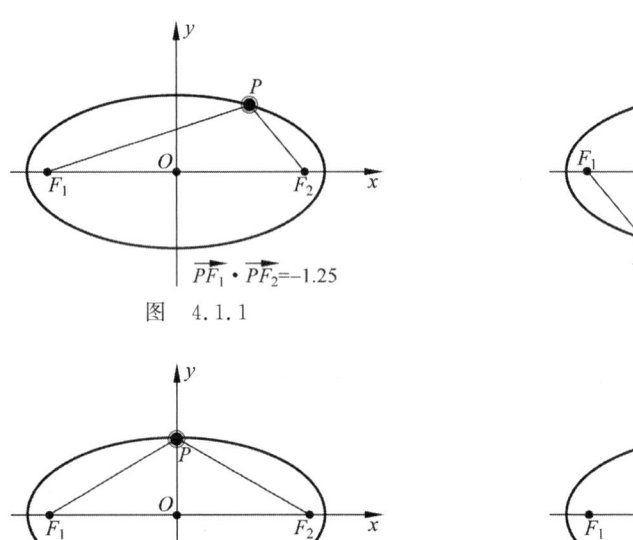

图 4.1.1

图 4.1.2

图 4.1.3

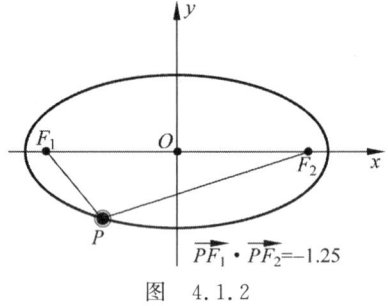

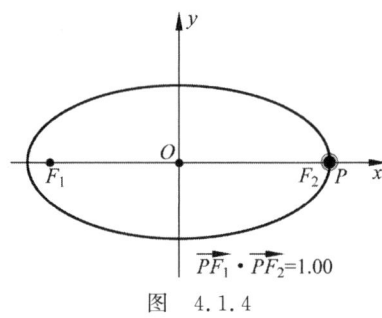

图 4.1.4

例2 若点 $O(0,0)$ 和点 $F(\sqrt{3},0)$ 分别是双曲线 $\dfrac{x^2}{a^2}-y^2=1(a>0)$ 的中心和右焦点，A 为右顶点，点 M 为双曲线右支上的任意一点，则 $\overrightarrow{OM} \cdot \overrightarrow{AM}$ 的取值范围为（　　）。

A．$[-1,+\infty)$ 　　　　B．$(0,+\infty)$ 　　　　C．$[-2,+\infty)$ 　　　　D．$[0,+\infty)$

【解析】

设 $M(m,n),A(a,0)$，则 $\overrightarrow{OM} \cdot \overrightarrow{AM}=(m,n) \cdot (m-a,n)=m^2-am+n^2$。

由 $F(\sqrt{3},0)$ 是双曲线 $\dfrac{x^2}{a^2}-y^2=1(a>0)$ 的右焦点可得，$a^2+1=3$，即 $a=\sqrt{2}$，则双曲线方程为 $\dfrac{x^2}{2}-y^2=1$。

由点 M 为双曲线右支上的任意一点可得 $\dfrac{m^2}{2}-n^2=1(m \geqslant \sqrt{2})$，即有 $n^2=\dfrac{m^2}{2}-1$，则 $\overrightarrow{OM} \cdot \overrightarrow{AM}=m^2-\sqrt{2}m+n^2=m^2-\sqrt{2}m+\dfrac{m^2}{2}-1=\dfrac{3m^2}{2}-\sqrt{2}m-1$，可得函数在 $[\sqrt{2},+\infty)$ 上单调递增，即有 $m^2-\sqrt{2}m+n^2 \geqslant 2-2+1-1=0$。

故选 D。

动态解析

编号：310764，

扫描二维码，打开课件，如图 4.1.5 所示；拖动点 M 慢慢运动，如图 4.1.6～图 4.1.8 所示，观察 $\triangle OAM$ 的形状，考察 $\overrightarrow{OM} \cdot \overrightarrow{AM}$ 的变化，探究 $\overrightarrow{OM} \cdot \overrightarrow{AM}$ 的取值范围。

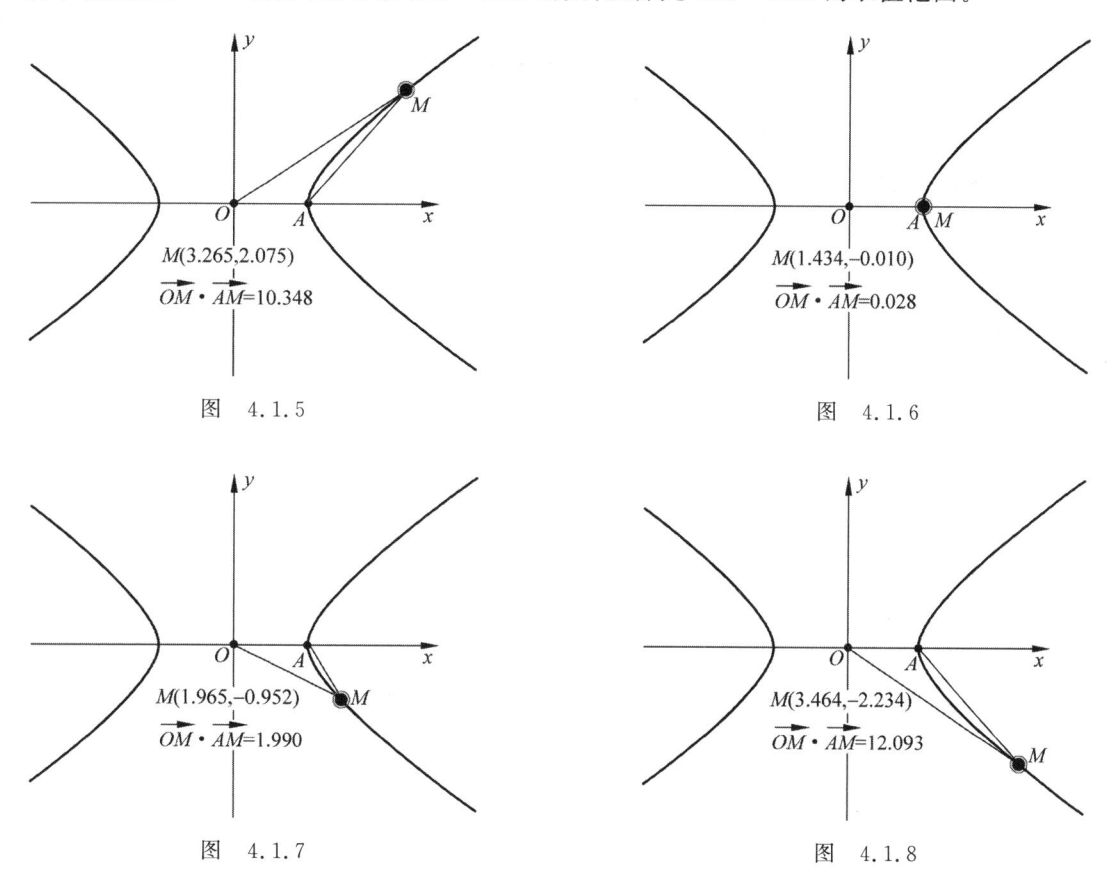

$M(3.265, 2.075)$
$\overrightarrow{OM} \cdot \overrightarrow{AM} = 10.348$

图 4.1.5

$M(1.434, -0.010)$
$\overrightarrow{OM} \cdot \overrightarrow{AM} = 0.028$

图 4.1.6

$M(1.965, -0.952)$
$\overrightarrow{OM} \cdot \overrightarrow{AM} = 1.990$

图 4.1.7

$M(3.464, -2.234)$
$\overrightarrow{OM} \cdot \overrightarrow{AM} = 12.093$

图 4.1.8

另解：由双曲线性质可知 $|OA| \leqslant |OM|$（当且仅当 M 与 A 重合时取等号），则当 M 与 A 不重合时 $\angle OMA$ 一定为锐角，当 M 与 A 重合时，$\overrightarrow{AM} = \mathbf{0}$，此时 $\overrightarrow{OM} \cdot \overrightarrow{AM} = 0$。

4.2 离心率的范围

例1 已知 F 是双曲线 $\dfrac{x^2}{a^2} - \dfrac{y^2}{b^2} = 1 (a>0, b>0)$ 的左焦点，E 是该双曲线的右顶点，过点 F 且垂直于 x 轴的直线与双曲线交于 A, B 两点，若 $\triangle ABE$ 是锐角三角形，则该双曲线的离心率 e 的取值范围为（ ）。

A. $(1, 2)$　　　B. $(2, 1+\sqrt{2})$　　　C. $\left(\dfrac{1}{2}, 1\right)$　　　D. $(1+\sqrt{2}, +\infty)$

【解析】

根据双曲线的对称性可知，在△ABE中，$|AE|=|BE|$。

△ABE是锐角三角形，即∠AEB为锐角，由此可得在Rt△AFE中，∠AEF<45°，$|AF|<|EF|$。

因为$|AF|=\dfrac{b^2}{a}=\dfrac{c^2-a^2}{a}$，$|EF|=a+c$，所以$\dfrac{c^2-a^2}{a}<a+c$，即$2a^2+ac-c^2>0$，两边都除以$a^2$，得$e^2-e-2<0$，解得$-1<e<2$。

又双曲线的离心率$e>1$，则该双曲线的离心率e的取值范围是$(1,2)$。

故选A。

动态解析

编号：316606，

扫描二维码，打开课件，如图4.2.1所示；拖动变量a的滑杆或点E慢慢运动，改变实半轴a的大小，如图4.2.2～图4.2.3所示，考察△AEB的对称性，观察e的变化规律，探究∠AEB=90°时e的大小，如图4.2.4所示。

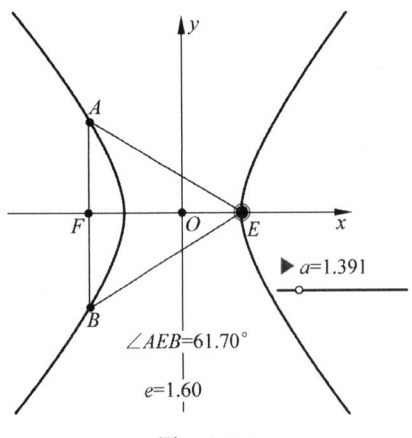

图 4.2.1

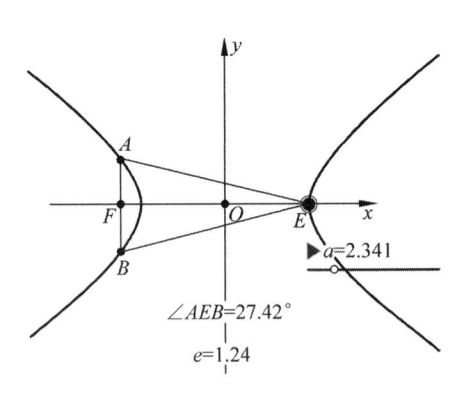

图 4.2.2

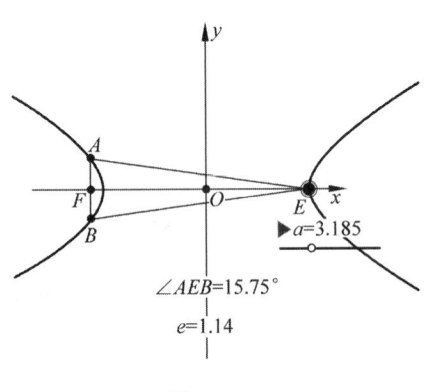

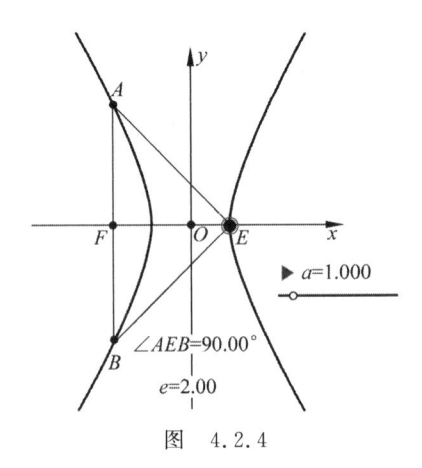

图 4.2.3

图 4.2.4

例 2 已知椭圆 $\dfrac{x^2}{a^2}+\dfrac{y^2}{b^2}=1(a>0,b>0)$ 上一点 A 关于原点的对称点为点 B，F 为其右焦点，若 $AF\perp BF$，设 $\angle ABF=\alpha$，且 $\alpha\in\left[\dfrac{\pi}{12},\dfrac{\pi}{4}\right]$，则该椭圆的离心率 e 的取值范围是（　　）。

A. $\left[\dfrac{\sqrt{2}}{2},\dfrac{\sqrt{6}}{3}\right]$ B. $\left[\dfrac{\sqrt{2}}{2},\dfrac{\sqrt{3}}{3}\right]$ C. $\left[\dfrac{1}{2},\dfrac{\sqrt{3}}{3}\right]$ D. $\left[\dfrac{\sqrt{2}}{3},\dfrac{\sqrt{6}}{3}\right]$

【解析】

由题意椭圆 $\dfrac{x^2}{a^2}+\dfrac{y^2}{b^2}=1(a>0,b>0)$ 上一点 A 关于原点的对称点为点 B，F 为其右焦点。

设左焦点为 N，连接 AN,BN，因为 $AF\perp BF$，所以四边形 $AFBN$ 为长方形。

根据椭圆的定义：$|AF|+|AN|=2a$。由题得 $\angle ABF=\alpha$，则 $\angle ANF=\alpha$，所以 $2a=2c\cos\alpha+2c\sin\alpha$。

利用 $e=\dfrac{2c}{2a}=\dfrac{1}{\sin\alpha+\cos\alpha}=\dfrac{1}{\sqrt{2}\left(\alpha+\dfrac{\pi}{4}\right)}$，因为 $\alpha\in\left[\dfrac{\pi}{12},\dfrac{\pi}{4}\right]$，所以 $\dfrac{\pi}{3}\leqslant\alpha+\dfrac{\pi}{4}\leqslant\dfrac{\pi}{2}$，$\dfrac{\sqrt{2}}{2}\leqslant\dfrac{1}{\sqrt{2}\left(\alpha+\dfrac{\pi}{4}\right)}\leqslant\dfrac{\sqrt{6}}{3}$，即椭圆离心率 e 的取值范围是 $\left[\dfrac{\sqrt{2}}{2},\dfrac{\sqrt{6}}{3}\right]$。

故选 A。

动态解析

编号：311009，

扫描二维码，打开课件，如图 4.2.5 所示；拖动红色点 A 慢慢运动，如图 4.2.6～图 4.2.7 所示，观察 e 的变化规律；点击按钮 辅助线，如图 4.2.8 所示，在矩形 $AFBF'$ 中，$\angle AF'F=\angle AFB=\alpha$，拖动红色点 A 慢慢运动，感受 $Rt\triangle AFF'$ 中 $|AF|+|AF'|$，$|FF'|$，α 间的关系。

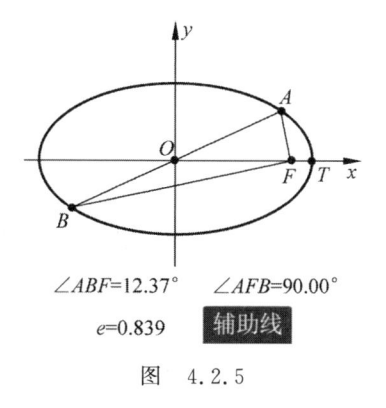

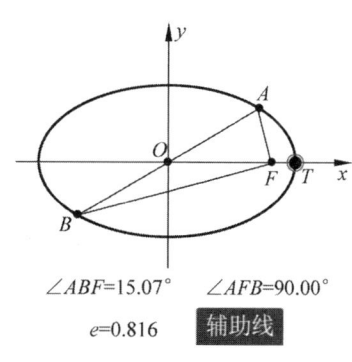

$\angle ABF=12.37°$　$\angle AFB=90.00°$
$e=0.839$　辅助线

图 4.2.5

$\angle ABF=15.07°$　$\angle AFB=90.00°$
$e=0.816$　辅助线

图 4.2.6

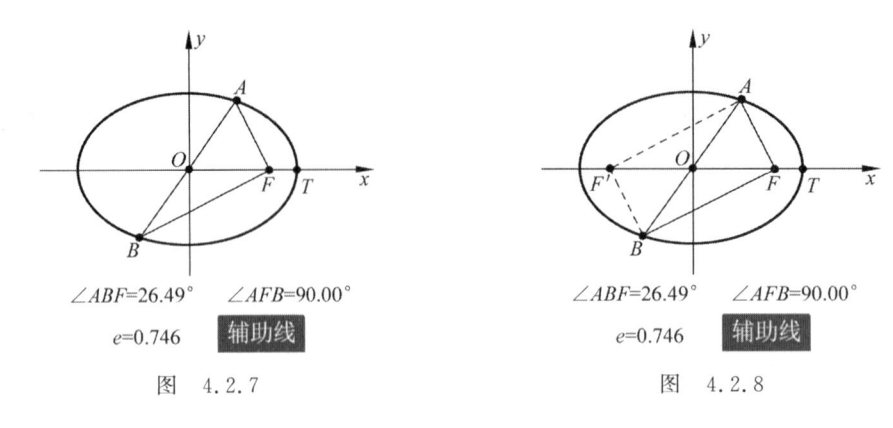

∠ABF=26.49° ∠AFB=90.00°
e=0.746

图 4.2.7

∠ABF=26.49° ∠AFB=90.00°
e=0.746

图 4.2.8

例3 已知双曲线 $C: \dfrac{x^2}{a^2} - \dfrac{y^2}{b^2} = 1 (a>0, b>0)$ 的左焦点为 F。若直线 $l: y=kx, k \in \left[\dfrac{\sqrt{3}}{3}, \sqrt{3}\right]$ 与双曲线 C 交于 M, N 两点，且 $MF \perp NF$，则双曲线 C 的离心率的取值范围是（ ）。

A. $(1,2)$
B. $[\sqrt{2}, 2)$
C. $[\sqrt{2}, \sqrt{3}+1]$
D. $(2, \sqrt{3}+1]$

【解析】

如图 4.2.9 所示，由直线 $y=kx, k \in \left[\dfrac{\sqrt{3}}{3}, \sqrt{3}\right]$ 可得，直线的倾斜角 $\alpha \in \left[\dfrac{\pi}{6}, \dfrac{\pi}{3}\right]$。

因为 $MF \perp NF$，由对称性可得四边形 $MFNF'$ 为矩形，则 $|MN|=|FF'|=2c, |ON|=c$。

设 $\angle NFF' = \theta$，则 $\alpha = 2\theta$，在 $Rt\triangle FNF'$ 中，有 $|NF|=2c \cdot \cos\theta, |NF'|=2c \cdot \sin\theta$，所以 $2a=|NF|-|NF'|=2c(\cos\theta-\sin\theta)$，则 $e=\dfrac{c}{a}=\dfrac{1}{\cos\theta-\sin\theta}, e^2=\dfrac{1}{1-\sin\alpha} \in [\sqrt{2}, \sqrt{3}+1]$。

又 $\dfrac{b}{a} > \sqrt{3}$，所以 $c^2 > 4a^2, e=\dfrac{c}{a} > 2$，故选 D。

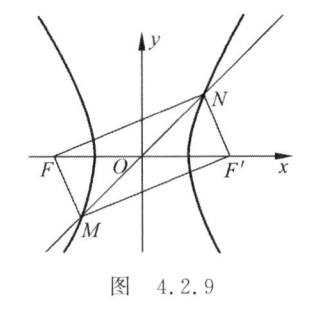

图 4.2.9

动态解析

编号：310847，

扫描二维码，打开课件，如图 4.2.10 所示；拖动变量 k 的滑杆，改变直线的斜率，如图 4.2.11、图 4.2.12 所示，观察 $\angle MFN$ 的变化规律；将变量 k 的滑杆拖到最左端或最右端，拖动点 A 慢慢运动，改变双曲线的离心率，如图 4.2.13、图 4.1.14 所示，探究变量 k 的滑杆拖到最左端时 $\angle MFN \leqslant 90°$ 及变量 k 的滑杆拖到最右端时 $\angle MFN \geqslant 90°$ 时 e 的范围；将变量 k 的滑杆拖到最右端，拖动点 A 慢慢运动，探究红色直线与双曲线有两个交点时，双曲线离心率的取值范围，如图 4.2.15 所示。

图 4.2.10

图 4.2.11

图 4.2.12

图 4.2.13

图 4.2.14

图 4.2.15

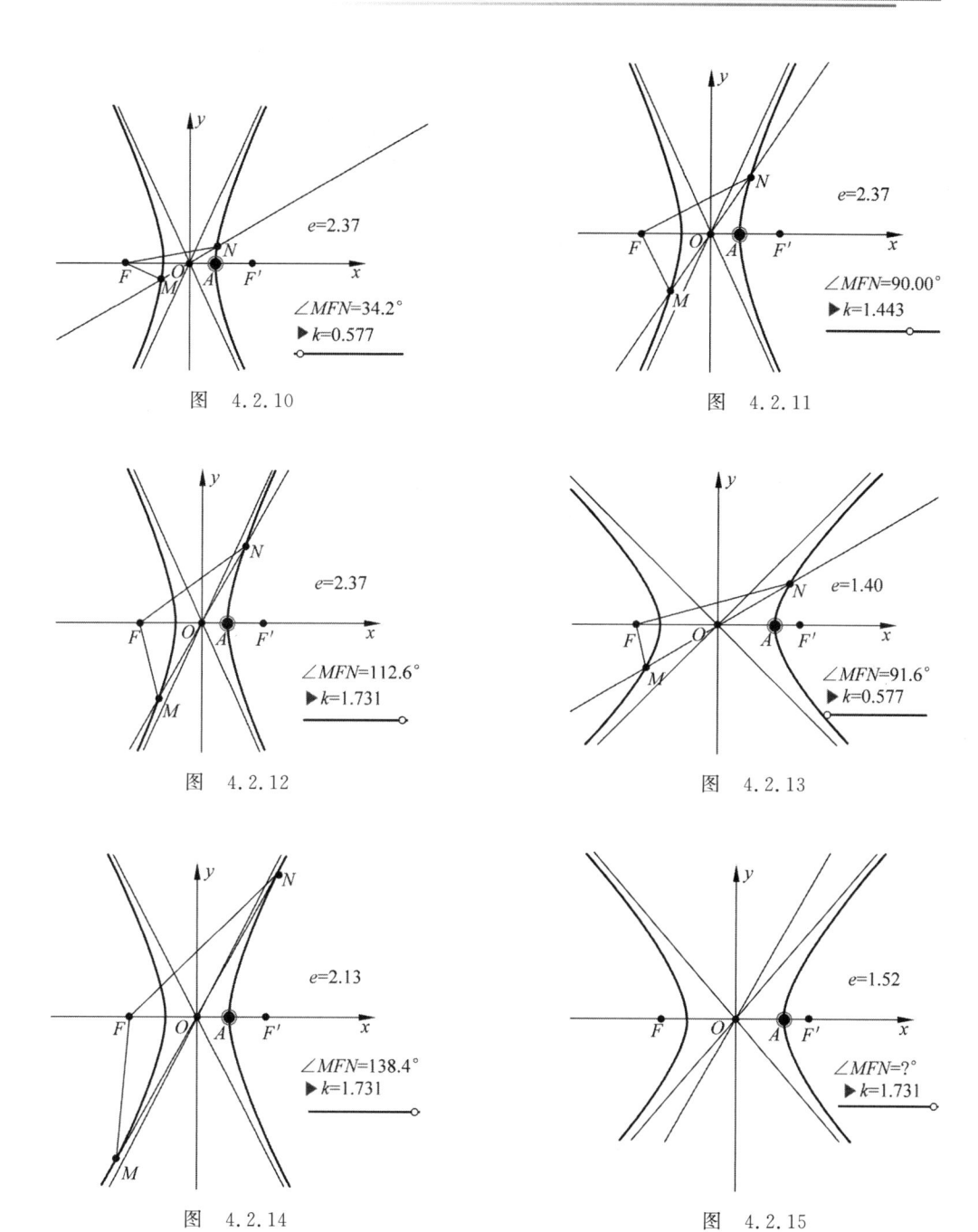

>>> 4.3 线段比值范围

例 1 抛物线 $y^2=8x$ 的焦点为 F,点 $P(x,y)$ 为该抛物线上的动点。又已知点 $A(-2,0)$,则 $\dfrac{|PA|}{|PF|}$ 的取值范围是_____。

【解析】

由抛物线的定义可得 $|PF|=x+2$。

又 $|PA|=\sqrt{(x+2)^2+y^2}=\sqrt{(x+2)^2+8x}$，$\dfrac{|PA|}{|PF|}=\dfrac{\sqrt{(x+2)^2+8x}}{x+2}=\sqrt{1+\dfrac{8x}{x^2+4x+4}}$。

当 $x=0$ 时，$\dfrac{|PA|}{|PF|}=1$；当 $x\neq 0$ 时，$\dfrac{|PA|}{|PF|}=\sqrt{1+\dfrac{8x}{x^2+4x+4}}=\sqrt{1+\dfrac{8}{x+\dfrac{4}{x}+4}}$，$x+\dfrac{4}{x}\geq 2\sqrt{x\cdot\dfrac{4}{x}}=4$。

当且仅当 $x=\dfrac{4}{x}$，即 $x=2$ 时取等号，于是 $x+\dfrac{4}{x}+4\geq 8$，$\dfrac{8}{x+\dfrac{4}{x}+4}\leq 1$，则 $\sqrt{1+\dfrac{8}{x+\dfrac{4}{x}+4}}\in(1,\sqrt{2}]$。

综上所述，$\dfrac{|PA|}{|PF|}$ 的取值范围是 $[1,\sqrt{2}]$。

动态解析

编号：310077，

扫描二维码，打开课件，如图 4.3.1 所示；拖动点 P 慢慢运动，如图 4.3.2 所示，观察 $|PA|$，$|PF|$ 及 $\dfrac{|PA|}{|PF|}$ 的变化规律，探究 $\dfrac{|PA|}{|PF|}$ 的最大值、最小值；如图 4.3.3、图 4.3.4 所示，考察 P、F 与 x 轴的位置关系。

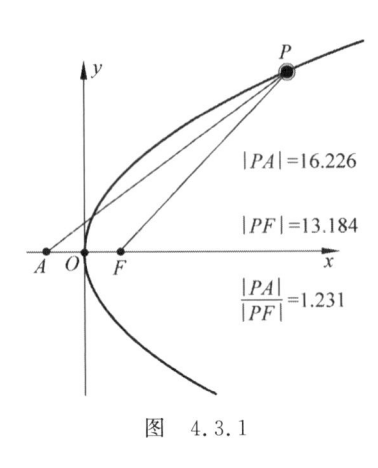

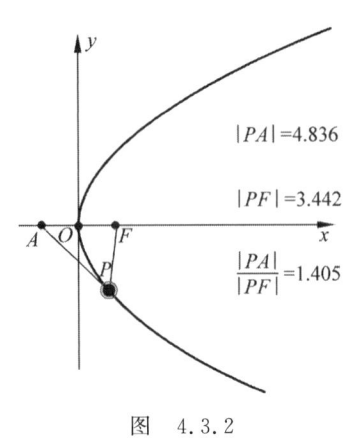

图 4.3.1

图 4.3.2

图 4.3.3　　　　　　　　　　　　　图 4.3.4

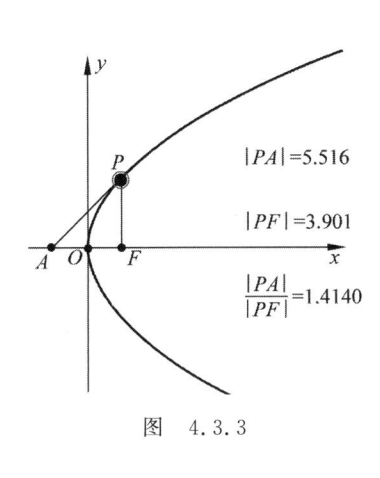

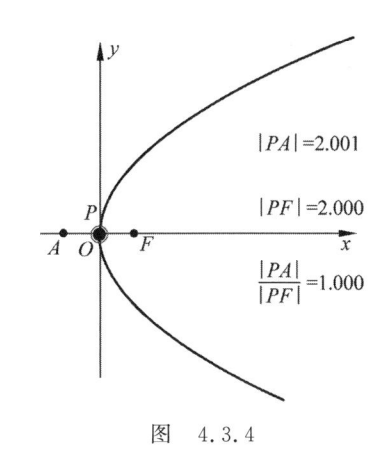

例 2　如图 4.3.5 所示，物线 $x^2=2py(p>0)$ 的焦点为 F，已知点 A，B 为抛物线上的两个动点，且满足 $\angle AFB=60°$，过弦 AB 的中点 C 作该抛物线准线的垂线 CD，垂足为 D；则 $\dfrac{|\overrightarrow{AB}|}{|\overrightarrow{CD}|}$ 的最小值为（　　）。

A. $\sqrt{3}$　　　　B. 1　　　　C. $\dfrac{2\sqrt{3}}{3}$　　　　D. 2

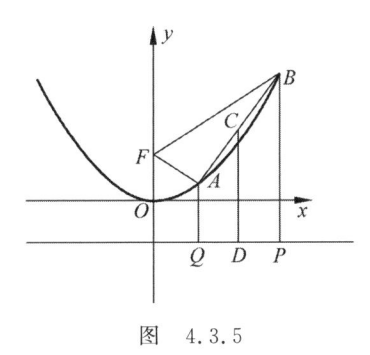

图 4.3.5

【解析】

设 $|AF|=a$，$|BF|=b$，由抛物线定义可得 $|AF|=|AQ|$，$|BF|=|BP|$。

在梯形 $ABPQ$ 中，有 $2|CD|=|AQ|+|BP|=a+b$。

由余弦定理得 $|AB|^2=a^2+b^2-2ab\cos 60°=a^2+b^2-ab$，配方得 $|AB|^2=(a+b)^2-3ab$。

又因为 $ab\leqslant\left(\dfrac{a+b}{2}\right)^2$，所以 $(a+b)^2-3ab\geqslant(a+b)^2-\dfrac{3}{4}(a+b)^2=\dfrac{1}{4}(a+b)^2$，得到 $|AB|\geqslant\dfrac{1}{2}(a+b)=|CD|$，即 $\dfrac{|\overrightarrow{AB}|}{|\overrightarrow{CD}|}\geqslant 1$，$\dfrac{|\overrightarrow{AB}|}{|\overrightarrow{CD}|}$ 的最小值为 1。

故选 B。

动态解析

编号：311231，

扫描二维码，打开课件，如图 4.3.6 所示；拖动点 A 慢慢运动，如图 4.3.7 所示，观察 $|AB|$，$|CD|$ 及 $\dfrac{|AB|}{|CD|}$ 的变化规律，探究 $\dfrac{|AB|}{|CD|}$ 的最小值，如图 4.3.8 所示；点击按钮 辅助线 ，如图 4.3.9 所示，显示过 A，B 垂直于抛物线准线的线段；拖动点 A 慢慢运动，探究 $|AQ|$，$|BP|$，$|CD|$，$|AB|$ 间的关系。

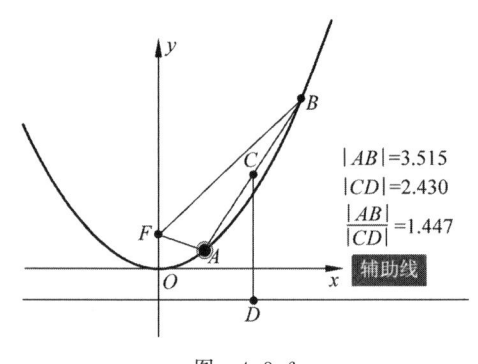

图 4.3.6

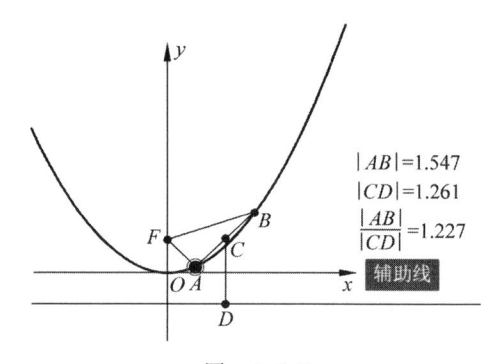

图 4.3.7

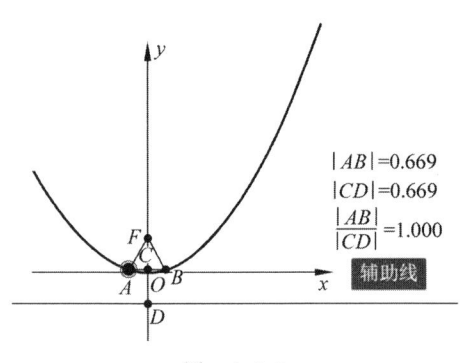

图 4.3.8

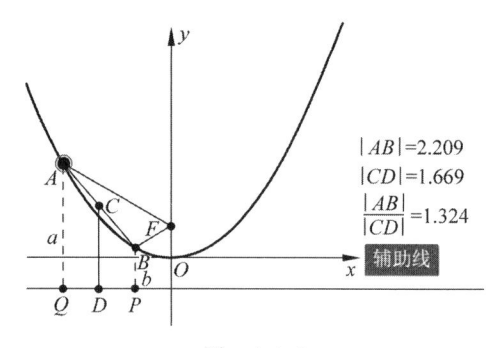

图 4.3.9

4.4 线段长的最值

例 1 已知点 A 是抛物线 $C: y^2 = 4x$ 上的一个动点，点 A 到直线 $x - y + 3 = 0$ 的距离为 d_1，到直线 $x = -2$ 的距离为 d_2，则 $d_1 + d_2$ 的最小值为（　　）。

A. $\dfrac{\sqrt{2}}{2} + 2$　　　　　　　　　　B. $2\sqrt{2}$

C. $\sqrt{2} + 3$　　　　　　　　　　D. $2\sqrt{2} + 1$

【解析】

抛物线的焦点为 $F(1,0)$，准线为 $x=-1$，则 $d_2=|AF|+1$，故 $d_1+d_2=|AF|+d_2+1$。当点 A 是 F 到直线 $x-y+3=0$ 的垂线段与抛物线的交点时，$|AF|+d_2$ 取到最小值，此时 $d=\dfrac{|1-0+3|}{\sqrt{2}}=2\sqrt{2}$。

故 d_1+d_2 的最小值为 $2\sqrt{2}+1$，故选 D。

动态解析

编号：309509，

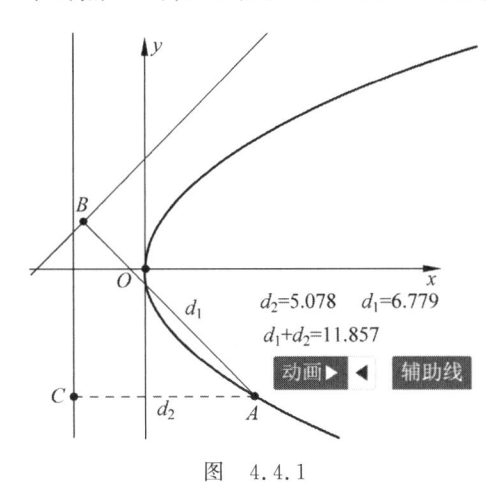

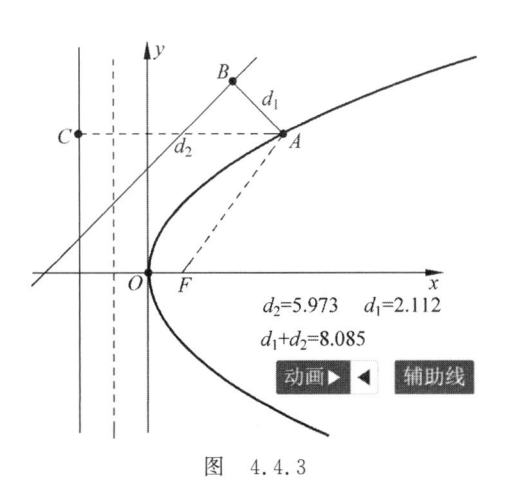

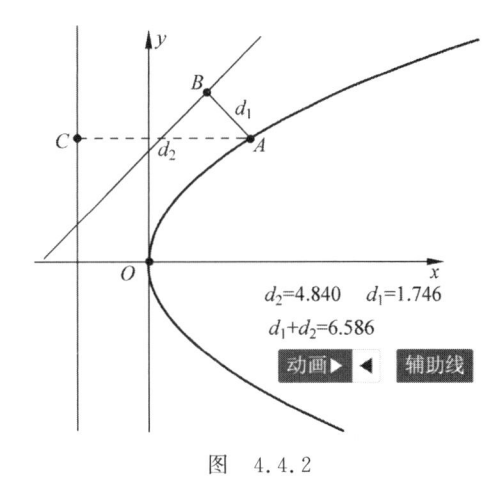

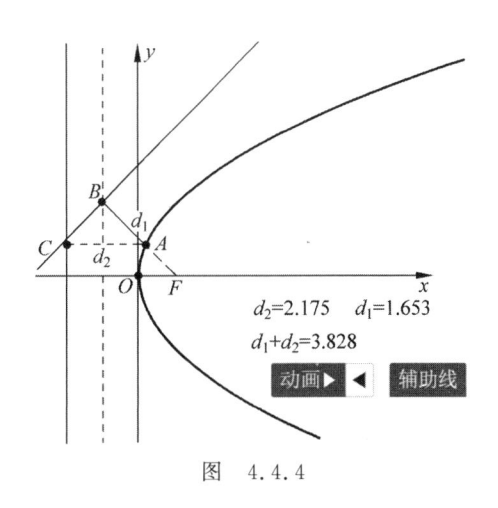

扫描二维码，打开课件，如图 4.4.1 所示，点 B,C 分别是过点 A 作直线 $x-y+3=0$，$x=-2$ 垂线的垂足；点击按钮 动画▶◀ 或拖动点 A 慢慢运动，如图 4.4.2 所示，观察 d_1,d_2 及 d_1+d_2 的变化，考察 d_1+d_2 最小时点 A 的位置；点击按钮 辅助线，显示抛物线的准线和焦点 F，如图 4.4.3 所示；再次点击按钮 动画▶◀ 或拖动点 A 慢慢运动，探究 d_1+d_2 最小时点 A 的位置，如图 4.4.4 所示，观察此时图中 A,B,F 位置关系。

图 4.4.1

图 4.4.2

图 4.4.3

图 4.4.4

例 2 点 P 是椭圆 $\dfrac{x^2}{25}+\dfrac{y^2}{16}=1$ 上的动点,F_1 为椭圆的左焦点,定点 $M(6,4)$,则 $|PM|+|PF_1|$ 的最大值为_____。

【解析】

由椭圆方程可知,$a^2=25$,$b^2=16$,则 $c^2=25-16=9$,$c=3$,左焦点 $F_1(-3,0)$,右焦点 $F_2(3,0)$。

由椭圆的定义可知,$|PF_1|+|PF_2|=2a=10$,则 $|PF_1|=10-|PF_2|$。

由 $|PM|+|PF_1|=|PM|-|PF_2|+10$ 分析可知,点 M 在椭圆外,所以 $|PM|-|PF_2|\leqslant |MF_2|=\sqrt{(6-3)^2+4^2}=5$。

$|PM|+|PF_1|=|PM|-|PF_2|+10\leqslant 5+10=15$,当且仅当三点 M,F_2,P 共线时取等号,即 $|PM|+|PF_1|$ 的最大值为 15。

动态解析

编号：309511,

扫描二维码,打开课件,如图 4.4.5 所示；点击按钮 动画 ◀ 或拖动点 P 慢慢运动,如图 4.4.6 所示,观察 $|PM|$,$|PF_1|$ 及 $|PM|+|PF_1|$ 的变化,考察 $|PM|+|PF_1|$ 最小时点 P 的位置；点击按钮 辅助线,显示椭圆的右焦点 F_2,如图 4.4.7 所示；再次点击按钮 动画 ◀ 或拖动点 P 慢慢运动,探究 $|PM|+|PF_1|$ 最小时点 P 的位置,如图 4.4.8 所示,观察此时图中 P,F_2,M 的位置关系。

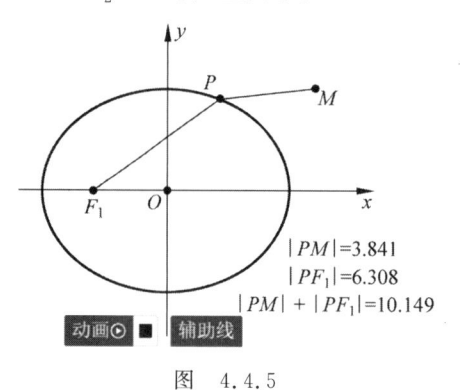

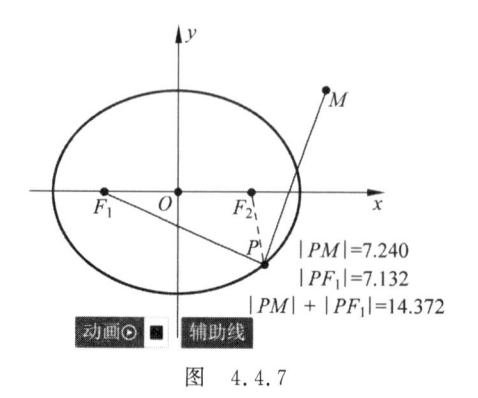

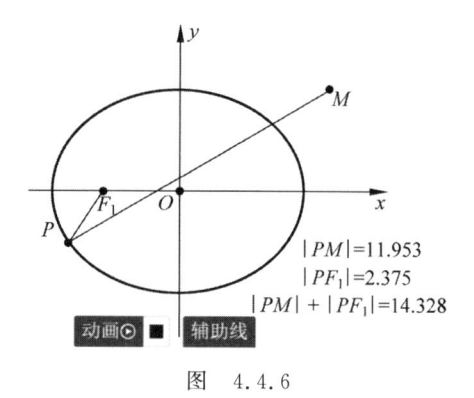

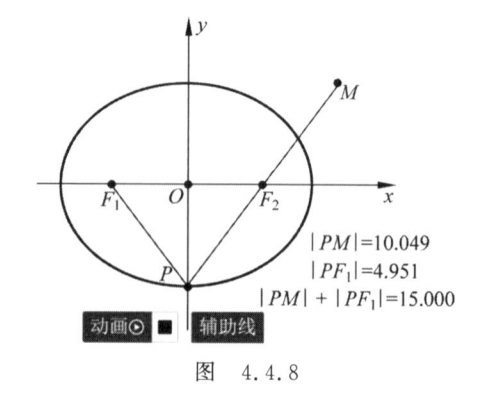

图 4.4.5

图 4.4.6

图 4.4.7

图 4.4.8

例3 已知双曲线 $\dfrac{x^2}{4}-\dfrac{y^2}{3}=1$ 的左、右焦点分别为 F_1, F_2, 过 F_1 的直线 l 交双曲线左支于 A, B 两点, 则 $|BF_2|+|AF_2|$ 的最小值为(　　)。

A. 11　　　　　B. $\dfrac{19}{2}$　　　　　C. 12　　　　　D. 16

【解析】

由条件可得 $|AF_2|-|AF_1|=2a=4$, $|BF_2|-|BF_1|=2a=4$, 那么 $|BF_2|+|AF_2|=8+|BF_1|+|AF_1|=8+|AB|$。

而 $|AB|$ 的最小值为 $\dfrac{2b^2}{a}=3$, 则 $|BF_2|+|AF_2|$ 的最小值为 $8+3=11$, 故选 A。

动态解析

编号：309514,

扫描二维码,打开课件,如图 4.4.9 所示；拖动点 A 慢慢运动,如图 4.4.10、图 4.4.11 所示,观察 $|AF_2|$, $|BF_2|$ 及 $|AF_2|+|BF_2|$ 的变化,考察 $|AF_2|+|BF_2|$ 最小时点 A 的位置,如图 4.4.12 所示,观察此时图中 A, F_1, B 的位置关系。

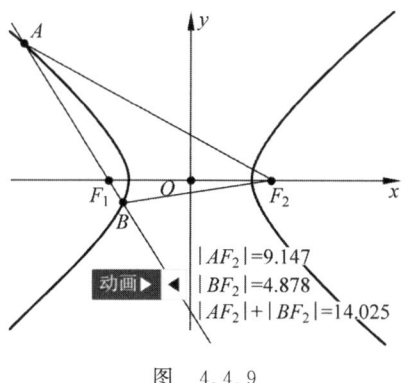

图 4.4.9

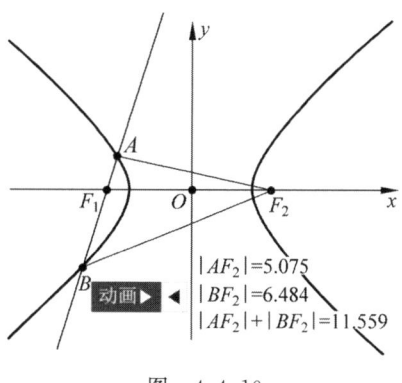

图 4.4.10

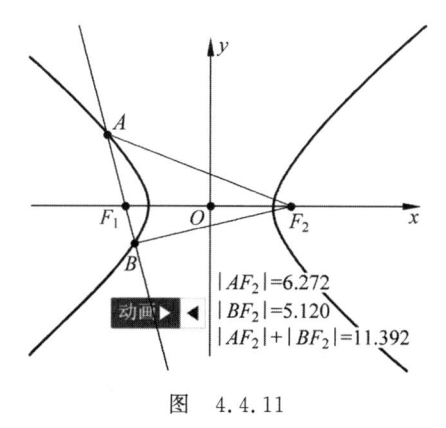

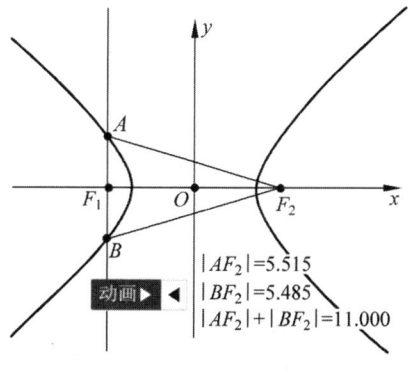

图 4.4.11

图 4.4.12

例 4 已知 P 为椭圆 $\dfrac{x^2}{36}+\dfrac{y^2}{27}=1$ 上一点，M,N 分别为圆 $C_1:(x-3)^2+y^2=4$ 和圆 $C_2:(x+3)^2+y^2=4$ 上的点，则 $|PM|+|PN|$ 的最小值为( )。
A. 7　　　　　　B. 9　　　　　　C. 15　　　　　　D. 17

【解析】

两圆的圆心 $C_1(-3,0)$，$C_2(3,0)$ 恰为椭圆 $\dfrac{x^2}{36}+\dfrac{y^2}{27}=1$ 的左右焦点，$|PC_1|+|PC_2|=2a=12$。

又两圆的半径 $r_1=1,r_2=2$，则 $|PM|+|PN|$ 的最小值为 $2a-r_1-r_2=12-1-2=9$。

故选 B。

动态解析

编号：309534，

扫描二维码，打开课件，如图 4.4.13 所示；分别拖动点 P,M,N 慢慢运动，如图 4.4.14 所示，观察 $|PM|$、$|PN|$ 及 $|PM|+|PN|$ 的变化；点击按钮 辅助线 ，如图 4.4.15 所示，显示 P 与两圆圆心连线 PC_1,PC_2，分别拖动点 M,N 与 A,B 重合，如图 4.4.16 所示，比较 $|PM|+|PN|$ 与点 M,N 在其他位置时的大小，理解此时 $|PM|+|PN|$ 最小的原因。

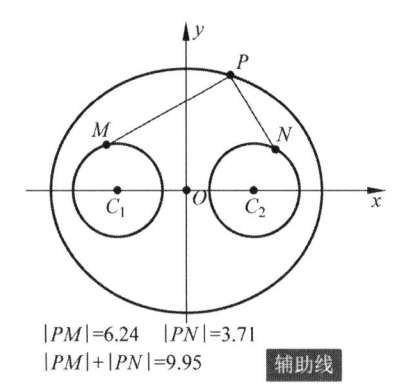

图 4.4.13

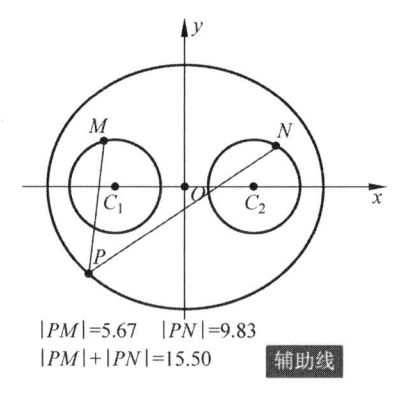

图 4.4.14

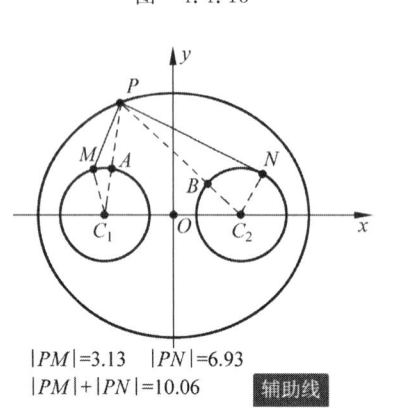

图 4.4.15

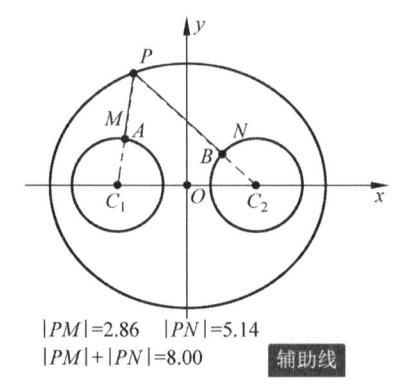

图 4.4.16

例 5 如图 4.4.17 所示,已知抛物线 $C: x^2 = 2py$ 的焦点为 F,$\triangle ABQ$ 的三个顶点都在抛物线 C 上,点 M 为 AB 的中点,$\overrightarrow{QF} = 3\overrightarrow{FM}$。

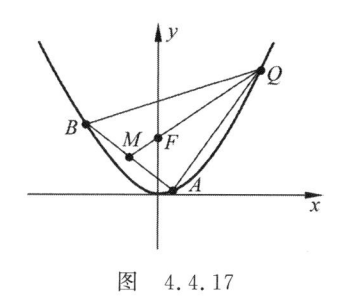

图 4.4.17

(1) 若 $M\left(-\dfrac{2\sqrt{2}}{3}, \dfrac{2}{3}\right)$,求抛物线 C 的方程;

(2) 若 p 为大于 0 的常数,试求线段 $|AB|$ 长的最大值。

【解析】

(1) 由题意可知 $F\left(0, \dfrac{p}{2}\right)$,设 $Q(x_0, y_0)$,因为 $M\left(-\dfrac{2\sqrt{2}}{3}, \dfrac{2}{3}\right)$,$\overrightarrow{QF} = 3\overrightarrow{FM}$,所以 $Q(2\sqrt{2}, 2p - 2)$。代入 $x^2 = 2py$ 得 $p = 2$ 或 $p = -1$。

由题意得 M 在抛物线内部,所以 $p > 0$,故抛物线 C 的方程为 $x^2 = 4y$。

(2) 设直线 AB 的方程为 $y = kx + m$,点 $A(x_1, y_1)$,$B(x_2, y_2)$,$Q(x_0, y_0)$。

由 $\begin{cases} y = kx + m \\ x^2 = 2py \end{cases}$ 得 $x^2 - 2pkx - 2pm = 0$,则 $\Delta = 4p^2k^2 + 8pm > 0$,$x_1 + x_2 = 2pk$,$x_1 x_2 = -2pm$,所以 AB 中点 M 的坐标为 $(pk, pk^2 + m)$。

由 $\overrightarrow{QF} = 3\overrightarrow{FM}$ 得 $\left(-x_0, \dfrac{p}{2} - y_0\right) = 3\left(pk, pk^2 + m - \dfrac{p}{2}\right)$,所以 $\begin{cases} x_0 = -3pk \\ y_0 = 3p - 3pk^2 - 3m \end{cases}$。

由 $x_0^2 = 2py_0$ 得 $k^2 = -\dfrac{2m}{5p} + \dfrac{4}{15}$,由 $\Delta > 0$,$k^2 \geqslant 0$ 得 $-\dfrac{p}{6} < m \leqslant \dfrac{2p}{3}$。

$|AB| = \sqrt{k^2 + 1}\,|x_1 - x_2| = 2\sqrt{(k^2 + 1)(p^2 k^2 + 2pm)} = \dfrac{24}{15}\sqrt{-m^2 + 3pm + \dfrac{19p^2}{36}}$,

$f(m) = -m^2 + 3pm + \dfrac{19p^2}{36}$ $\left(-\dfrac{p}{6} < m \leqslant \dfrac{2p}{3}\right)$,$f(m)_{\max} = f\left(\dfrac{2p}{3}\right) = \dfrac{75p^2}{36}$。

则 $|AB| = \dfrac{24}{15}\sqrt{\dfrac{75p^2}{36}} = \dfrac{4\sqrt{3}\,p}{3}$,故线段 $|AB|$ 长的最大值为 $\dfrac{4\sqrt{3}\,p}{3}$。

动态解析

编号:309940,

扫描二维码,打开课件,如图 4.4.18 所示;拖动点 K 慢慢运动或拖动变量 k 的滑杆改

变直线 AB 的位置,如图 4.4.19～图 4.4.21 所示,观察 $\dfrac{QE}{FM}$ 的值是否发生变化,考察 $|AB|$ 的变化规律,探究 $|AB|$ 的最大值。

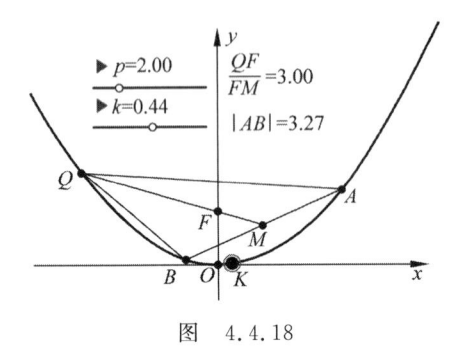

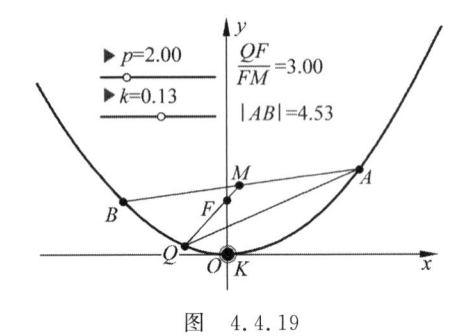

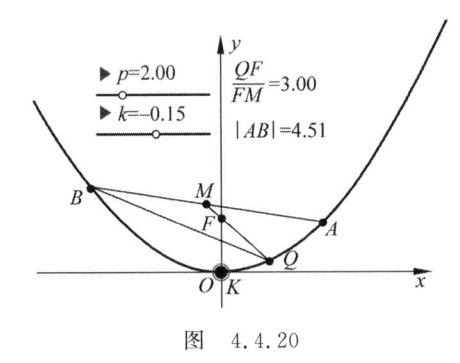

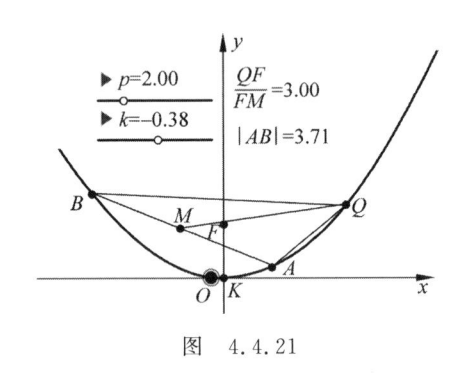

图 4.4.18

图 4.4.19

图 4.4.20

图 4.4.21

4.5 面积的最值问题

例 1 设直线 l 过椭圆:$\dfrac{x^2}{4}+\dfrac{y^2}{3}=1$ 的左焦点 F_1 与椭圆交于 A,B 两点,F_2 是椭圆的右焦点,则 $\triangle ABF_2$ 面积的最大值为( )。

A. $\sqrt{3}$ B. 3   C. 2   D. 6

【解析】

如图 4.5.1 所示,$|AB|+|AF_2|+|BF_2|=|AF_1|+|AF_2|+|BF_1|+|BF_2|=4a=8$。

由题意知,直线不会与 x 轴重合,可设直线 AB:$my=x+1$,$A(x_1,y_1)$,$B(x_2,y_2)$。

由 $\begin{cases} my=x+1 \\ \dfrac{x^2}{4}+\dfrac{y^2}{3}=1 \end{cases}$ 得 $(3m^2+4)y^2-6my-9=0$,$\Delta=12^2(m^2+1)$。

$S_{\triangle ABF_2}=S_{\triangle AF_1F_2}+S_{\triangle BF_1F_2}=\dfrac{1}{2}|F_1F_2||y_1|+\dfrac{1}{2}|F_1F_2||y_2|$

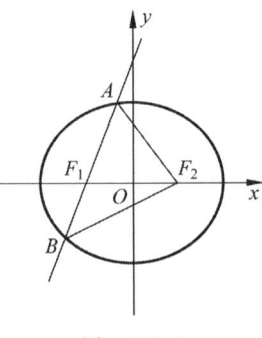

图 4.5.1

$$= \frac{1}{2}|F_1F_2|(|y_1|+|y_2|) = \frac{1}{2}|F_1F_2||y_1-y_2|$$

$$= \frac{1}{2} \times 2 \cdot \frac{\sqrt{\Delta}}{3m^2+4} = \frac{12\sqrt{m^2+1}}{3(m^2+1)+1} = \frac{12}{3\sqrt{m^2+1}+\frac{1}{\sqrt{m^2+1}}}。$$

令 $\sqrt{m^2+1}=t \geq 1$，$3\sqrt{m^2+1}+\frac{1}{\sqrt{m^2+1}}=3t+\frac{1}{t}=f(t)$，当 $t \geq 1$ 时，函数 $f(t)$ 单调递增，即 $f(t) \geq f(1)=4$。

当 $f(t)$ 取得最小值 4 时，$S_{\triangle ABF_2}$ 取得最大值 3，故选 B。

动态解析

编号：309961，

扫描二维码，打开课件，如图 4.5.2 所示；拖动点 A 慢慢运动，如图 4.5.3 所示，观察 $\triangle ABF_2$ 面积的变化规律，探究 $\triangle ABF_2$ 的最大值及此时点 A，B，F_1 的位置关系，如图 4.5.4、图 4.5.5 所示。

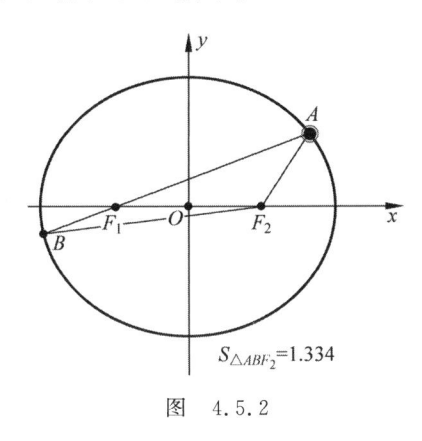

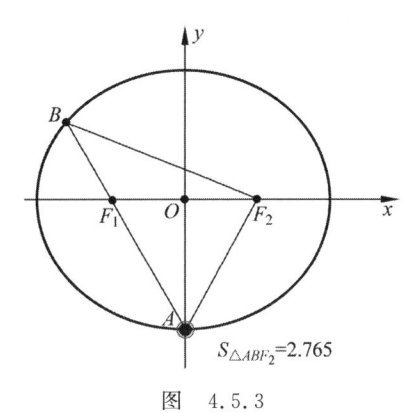

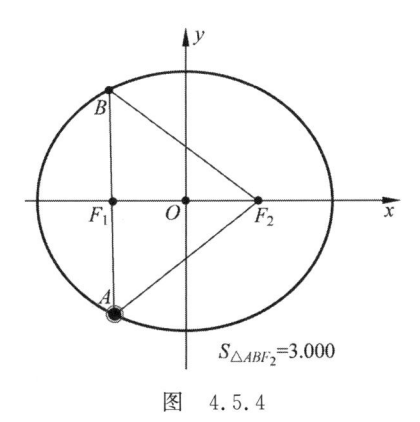

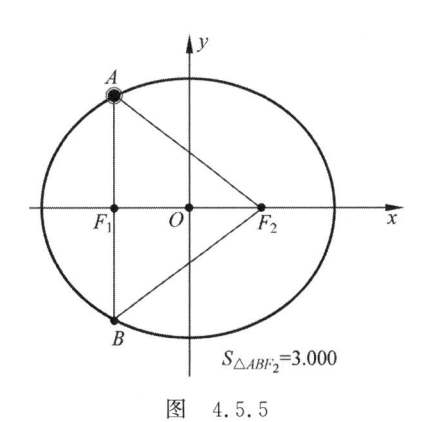

图 4.5.2

图 4.5.3

图 4.5.4

图 4.5.5

例 2 已知点 $A(0,-2)$，椭圆 $E: \dfrac{x^2}{a^2}+\dfrac{y^2}{b^2}=1(a>b>0)$ 的离心率为 $\dfrac{\sqrt{3}}{2}$，F 是椭圆的焦点，直线 AF 的斜率为 $\dfrac{2\sqrt{3}}{3}$，O 为坐标原点。

(1) 求椭圆 E 的方程；

(2) 设过点 A 的直线 l 与椭圆 E 相交于 P,Q 两点，当 $\triangle OPQ$ 的面积最大时，求直线 l 的方程。

【解析】

设 $F(c,0)$，由条件 $\dfrac{2}{c}=\dfrac{2\sqrt{3}}{3}$ 得 $c=\sqrt{3}$。

又 $\dfrac{c}{a}=\dfrac{\sqrt{3}}{2}$，所以 $a=2$，$b^2=a^2-c^2=1$，故椭圆 E 的方程为 $\dfrac{x^2}{4}+y^2=1$。

(2) 依题意直线 l 垂直 x 轴不合题意，故设直线 $l: y=kx-2$，设 $P(x_1,y_1)$，$Q(x_2,y_2)$，将 $y=kx-2$ 代入，得 $(1+4k^2)x^2-16k+12=0$。

当 $\Delta=16(4k^2-3)>0$，即 $k^2>\dfrac{3}{4}$，$x_{1,2}=\dfrac{8k\pm 2\sqrt{4k^2-3}}{1+4k^2}$，从而 $|PQ|=\sqrt{k^2+1}\cdot |x_1-x_2|=\dfrac{4\sqrt{k^2+1}\cdot \sqrt{4k^2-3}}{1+4k^2}$。

又点 O 到直线 PQ 的距离 $d=\dfrac{2}{\sqrt{k^2+1}}$，所以 $\triangle OPQ$ 的面积 $S_{\triangle OPQ}=\dfrac{1}{2}d|PQ|=\dfrac{4\sqrt{4k^2-3}}{1+4k^2}$。

设 $\sqrt{4k^2-3}=t$，则 $t>0$，$S_{\triangle OPQ}=\dfrac{4t}{t^2+4}=\dfrac{4}{t+\dfrac{4}{t}}\leqslant 1$。

当且仅当 $t=2$，$k=\pm\dfrac{\sqrt{7}}{2}$ 时等号成立，且满足 $\Delta>0$，所以当 $\triangle OPQ$ 的面积最大时，l 的方程为 $y=\dfrac{\sqrt{7}}{2}x-2$ 或 $y=-\dfrac{\sqrt{7}}{2}x-2$。

动态解析

编号：310246，

扫描二维码，打开课件，如图 4.5.6 所示；拖动点 M 慢慢运动，如图 4.5.7～图 4.5.9 所示，观察 $S_{\triangle OPQ}$ 的变化规律，探究 $S_{\triangle OPQ}$ 的最大值。

图 4.5.6

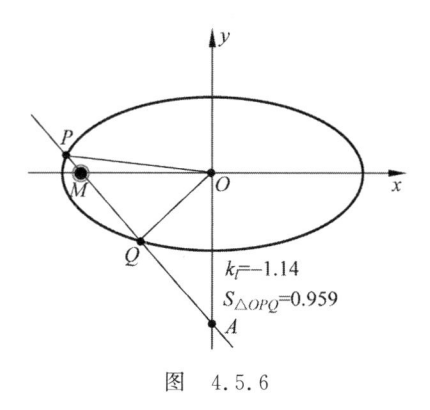

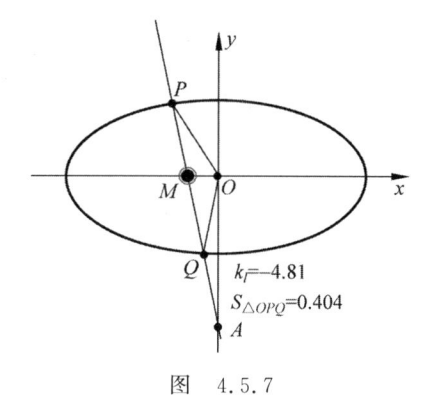

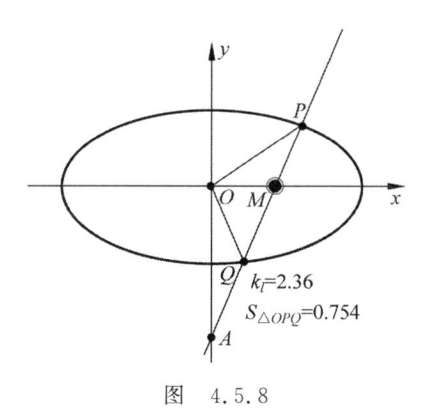

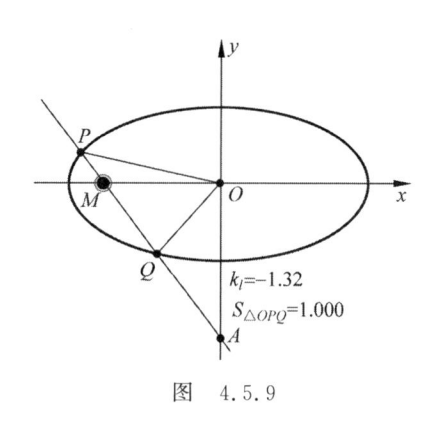

图 4.5.7

图 4.5.8

图 4.5.9

4.6 最值问题综合

例 1 如图 4.6.1 所示,已知中心在原点 O,左焦点为 $F_1(-1,0)$ 的椭圆 C 的左顶点为 A,上顶点为 B,F_1 到直线 AB 的距离为 $\frac{\sqrt{7}}{7}|OB|$。

(1) 求椭圆 C 的方程;

(2) 圆 D 以椭圆 C 的两焦点为直径,圆 D 的任意一条切线 l 交椭圆 C 于两点 M,N,试求弦长 $|MN|$ 的取值范围。

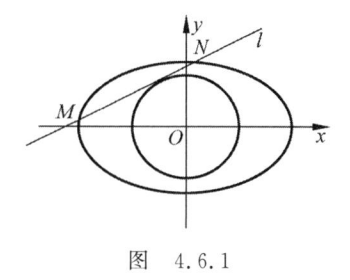

图 4.6.1

【解析】

(1) 设椭圆 C 方程为 $\frac{x^2}{a^2}+\frac{y^2}{b^2}=1(a>b>0)$,则 $A(-a,0),B(0,b)$,直线 AB 方程为 $y=\frac{b}{a}x+b$,即 $bx-ay+ab=0$,所以 $F(-1,0)$ 到直线 AB 距离 $d=\frac{|b-ab|}{\sqrt{a^2+b^2}}=\frac{\sqrt{7}}{7} \Rightarrow a^2+b^2=7(a-1)$。

又 $b^2=a^2-1$，解得 $a=2\left(a=\dfrac{4}{5}<1 \text{ 舍去}\right), b=\sqrt{3}$。

故椭圆 C 方程为 $\dfrac{x^2}{4}+\dfrac{y^2}{3}=1$。

(2) 椭圆 C 的两焦点为 $F_1(-1,0), F_2(1,0)$，所以圆 D 的方程为 $x^2+y^2=1$。

① 若切线 l 垂直于 x 轴，则其方程为 $x=\pm 1$，易求得 $|MN|=3$。

② 若切线 l 不垂直于 x 轴，可设其方程为 $y=kx+b$，由相切得 $\dfrac{|b|}{\sqrt{k^2+1}}=1 \Rightarrow b^2=k^2+1$，将 $y=kx+b$ 代入椭圆 C 方程得 $(3+4k^2)x^2+8kbx+4b^2-12=0$。

记 M,N 两点的坐标分别为 $(x_1,y_1), (x_2,y_2)$，则有 $x_1+x_2=-\dfrac{8kb}{3+4k^2}, x_1x_2=\dfrac{4b^2-12}{3+4k^2}$，

$|x_1-x_2|=\dfrac{4\sqrt{3(4k^2+3-b^2)}}{3+4k^2}, |MN|=\sqrt{1+k^2}\cdot\dfrac{4\sqrt{3(4k^2+3-b^2)}}{3+4k^2}=\sqrt{1+k^2}\cdot\dfrac{4\sqrt{3(3k^2+2)}}{3+4k^2}$。

令 $3+4k^2=t$，所以 $t\geqslant 3, k^2=\dfrac{t-3}{4}, |MN|=\sqrt{\dfrac{t+1}{4}}\cdot\dfrac{4\sqrt{3\times\dfrac{3t-1}{4}}}{t}=\dfrac{\sqrt{3(t+1)(3t-1)}}{t}=$

$\sqrt{3\left[-\left(\dfrac{1}{t}-1\right)^2+4\right]}, t\geqslant 3 \Rightarrow 0<\dfrac{1}{t}\leqslant\dfrac{1}{3} \Rightarrow 3<|MN|\leqslant\dfrac{4\sqrt{6}}{3}$。

综上，弦长 $|MN|$ 的取值范围为 $\left[3,\dfrac{4\sqrt{6}}{3}\right]$。

动态解析

编号：310081，

扫描二维码，打开课件，如图 4.6.2 所示；拖动点 P 慢慢运动，如图 4.6.3 所示，观察 $|MN|$ 的变化规律，探究 $|MN|$ 的最大值、最小值；如图 4.6.4、图 4.6.5 所示，考察直线 MN 与 x 轴的位置关系。

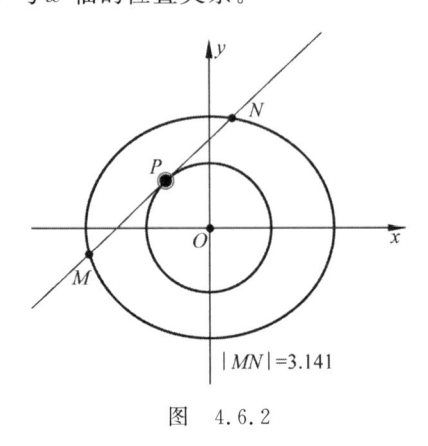

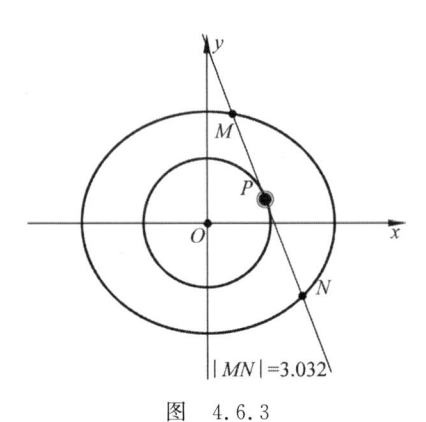

图 4.6.2　　　　　　图 4.6.3

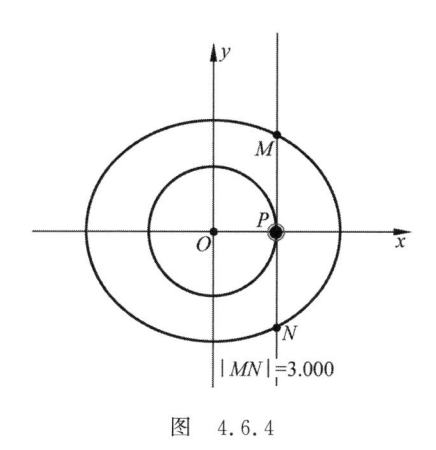

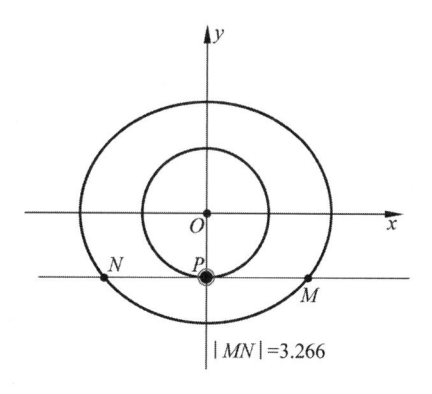

$|MN|=3.000$	$|MN|=3.266$
图 4.6.4	图 4.6.5

例 2 如图 4.6.6 所示,过抛物线 $y^2=2px(p>0)$ 上一点 $P(1,1)$,作两条直线分别交抛物线于点 A,B,若 PA 与 PB 的斜率满足 $k_{PA}+k_{PB}=0$。

(1) 证明:直线 AB 的斜率为定值,并求出该定值;

(2) 若直线 AB 在 y 轴上的截距 $b\in[0,1]$,求 $\triangle PAB$ 面积的最大值。

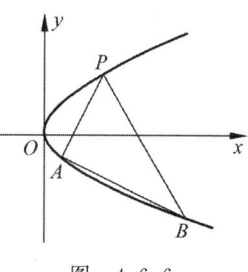

图 4.6.6

【解析】

(1) 由抛物线 $y^2=2px(p>0)$ 过点 $P(1,1)$ 可得 $2p=1$,即 $y^2=x$。

设 $A(x_1,y_1),B(x_2,y_2)$,因为 $k_{PA}+k_{PB}=0$,所以 $\dfrac{y_1-1}{x_1-1}+\dfrac{y_2-1}{x_2-1}=0$。

又 $y_1^2=x_1,y_2^2=x_2$,代入上式得到 $\dfrac{1}{y_1+1}+\dfrac{1}{y_2+1}=0$,通分整理得 $y_1+y_2=-2$。

设直线 AB 的斜率为 k_{AB},由 $y_1^2=x_1,y_2^2=x_2$,两式相减可化为 $\dfrac{y_2-y_1}{x_2-x_1}=\dfrac{1}{y_1+y_2}$,解得 $k_{AB}=\dfrac{y_2-y_1}{x_2-x_1}(x_1\neq x_2)=\dfrac{1}{y_1+y_2}$。

由于 $y_1+y_2=-2$,将其代入上式得 $k_{AB}=\dfrac{1}{y_1+y_2}=-\dfrac{1}{2}$。

(2) 设直线 AB 的方程为 $y=-\dfrac{1}{2}x+b$。

由 $\begin{cases}y=-\dfrac{1}{2}x+b\\ y^2=x\end{cases}$ 得 $\dfrac{1}{4}x^2-(b+1)x+b^2=0$。

因为 $b\in[0,1]$,所以 $\Delta=(b+1)^2-b^2>0$,且 $x_1+x_2=4(b+1),x_1x_2=4b^2$,则 $AB=\sqrt{\dfrac{5}{4}[(x_1+x_2)^2-4x_1x_2]}=2\sqrt{5}\cdot\sqrt{2b+1}$。

又点 P 到直线 AB 的距离 $d=\dfrac{|3-2b|}{\sqrt{5}}$,所以 $S_{\triangle ABP}=\dfrac{1}{2}AB\cdot d=\sqrt{2b+1}\cdot(3-2b)$。

令 $f(x)=(1+2x)(3-2x)^2$,其中 $x\in[0,1]$,则由 $f'(x)=2(3-2x)^2+(1+2x)\cdot 2(3-2x)\cdot(-2)=2(3-2x)(1-6x)$。

当 $x\in\left(\dfrac{1}{6},1\right]$ 时,$f'(x)<0$,所以 $f(x)$ 单调递减;当 $x\in\left[0,\dfrac{1}{6}\right]$ 时,$f'(x)>0$,所以 $f(x)$ 单调递增,故 $f(x)$ 的最大值为 $f\left(\dfrac{1}{6}\right)=\dfrac{256}{27}$。

故 $\triangle ABP$ 的面积最大值为 $\sqrt{f\left(\dfrac{1}{6}\right)}=\dfrac{16\sqrt{3}}{9}$。

动态解析

编号:311708,

扫描二维码,打开课件,如图 4.6.7 所示;拖动点 A 慢慢运动,如图 4.6.8~图 4.6.10 所示,观察直线 AB 的斜率 k_{AB} 及 $\triangle PAB$ 面积 $S_{\triangle PAB}$ 的变化规律,探究 $\triangle PAB$ 面积的最大值。

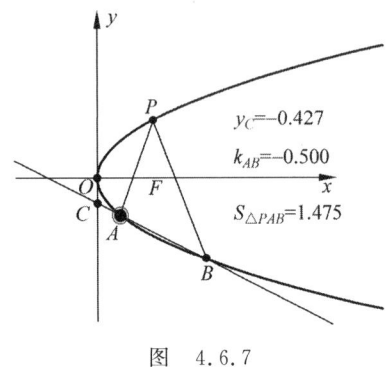

图 4.6.7

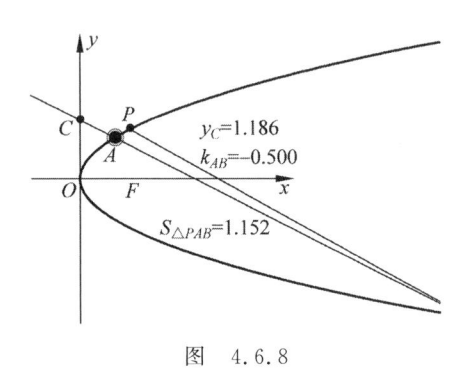

图 4.6.8

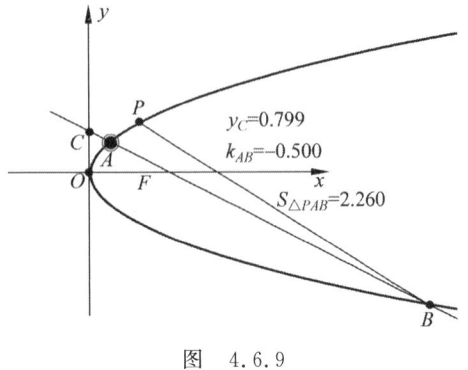

图 4.6.9

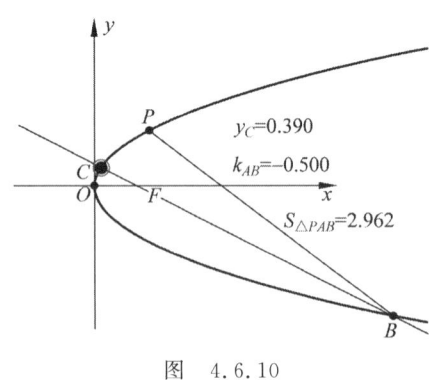

图 4.6.10

练习

1. 已知点 P 是椭圆 $\dfrac{x^2}{9}+\dfrac{y^2}{5}=1$ 上一动点,点 $A(-2,0),B(2,0)$,则 $\dfrac{1}{|PA|}+\dfrac{1}{|PB|}$ 的取值范围是( )。

   A. $\left[\dfrac{1}{2},\dfrac{4}{3}\right]$　　B. $\left[\dfrac{1}{3},1\right]$　　C. $\left[\dfrac{2}{3},1\right]$　　D. $\left[\dfrac{2}{3},\dfrac{6}{5}\right]$

   编号：309661，

2. P 为抛物线 $x^2=-4y$ 上一点,$A(1,0)$,则 P 到此抛物线的准线的距离与 P 到点 A 的距离之和的最小值为( )。

   A. $\dfrac{1}{2}$　　B. $\dfrac{\sqrt{2}}{2}$　　C. $\dfrac{\sqrt{5}}{2}$　　D. $\sqrt{2}$

   编号：309864，

3. 已知椭圆 $\dfrac{x^2}{4}+\dfrac{y^2}{3}=1$ 的左焦点为 F_1,点 M 为椭圆上一动点,$A(4,3)$,则 $|MA|-|MF_1|$ 的最小值为_____。

   编号：309896，

4. 若点 P 在圆 $C_1:(x+5)^2+y^2=1$ 上,点 Q 在圆 $C_2:(x-5)^2+y^2=1$ 上,点 M 在双曲线 $E:\dfrac{x^2}{16}-\dfrac{y^2}{9}=1$ 上,则 $|MP|-|MQ|$ 的最大值是_____。

   编号：309906，

5. 已知点 $A(1,4)$,F 是双曲线 $\dfrac{x^2}{4}-\dfrac{y^2}{12}=1$ 的左焦点,点 P 是双曲线的右支上的动点,则 $|PF|+|PA|$ 的最小值为_____。

   编号：309912，

6. 已知抛物线 $C:y^2=4x$ 和直线 $l:x-y+1=0$,F 是 C 的焦点,P 是 l 上一点,过 P 作抛物线 C 的一条切线与 y 轴交于 Q,则 $\triangle PQF$ 外接圆面积的最小值为( )。

   A. $\dfrac{\pi}{2}$　　B. $\dfrac{\sqrt{2}}{2}\pi$　　C. $\sqrt{2}\pi$　　D. 2π

   编号：311694，

7. 已知椭圆 $\dfrac{x^2}{a^2}+\dfrac{y^2}{b^2}=1(a>b>0)$ 的左、右焦点分别为 F_1,F_2，离心率 $e=\dfrac{\sqrt{2}}{2}$，且椭圆的短轴长为 2。

(1) 求椭圆的标准方程；

(2) 已知直线 l_1,l_2 过右焦点 F_2，且它们的斜率乘积为 $-\dfrac{1}{2}$，设 l_1,l_2 分别与椭圆交于点 A,B 和 C,D。

① 求 $AB+CD$ 的值；

② 设 AB 的中点 M,CD 的中点为 N，求 $\triangle OMN$ 面积的最大值。

编号：316614，

8. 已知椭圆 $C:\dfrac{x^2}{a^2}+\dfrac{y^2}{b^2}=1(a>b>0)$ 的两焦点与短轴的一个端点的连线构成等腰直角三角形，直线 $x+y+1=0$ 与以椭圆 C 的右焦点为圆心，以椭圆的长半轴长为半径的圆相切。

(1) 求椭圆的方程；

(2) 设 P 为椭圆上一点，若过点 $M(2,0)$ 的直线 l 与椭圆 C 相交于不同的两点 S 和 T，且满足 $\overrightarrow{OS}+\overrightarrow{OT}=t\overrightarrow{OP}$（$O$ 为坐标原点），求实数 t 的取值范围。

编号：309965，

第 5 章

立体几何中的截面问题

截面的问题——用一个平面去截某一几何体所得到的封闭图形,主要考查空间想象、逻辑推理以及数学运算能力,因而截面问题也是高考的热点之一。立体几何中的截面问题对于发展学生的空间想象能力,综合运用立体几何各方面的知识技能,提高学生的解题能力,都是十分有启发、思考价值的题材,是立体几何重要的学习目的;而对学生进行空间几何体截面的作图等训练正是培养和发展学生的这一能力,同时也成为了促进学生综合运用空间构图知识开发教学兴趣点的拓展课题。

5.1 截面的画法

例 1 如图 5.1.1 所示,在正方体 $ABCD$-$A_1B_1C_1D_1$ 中,E,F,G 分别在 AB,BC,DD_1 上,求作过 E,F,G 三点的截面。

【作法】

(1) 在底面 AC 内,过 E,F 作直线 EF,分别与 DA,DC 的延长线交于 L,M。

(2) 在侧面 A_1D 内,连接 LG 交 AA_1 于 K。

(3) 在侧面 D_1C 内,连接 GM 交 CC_1 于 H。

(4) 连接 KE、FH,则五边形 $EFHGK$ 即为所求的截面。

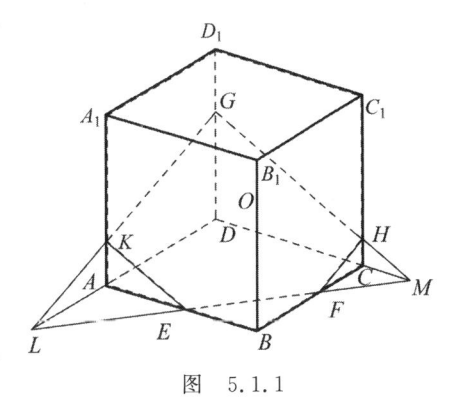

图 5.1.1

动态解析

编号:294594,

过 E,F,G 三点确定一个平面 EFG，该题需要的截面是平面 EFG 截正方体 $ABCD$-$A_1B_1C_1D_1$ 所得的多边形。要找到这个多边形，必须弄清楚平面 EFG 与正方体表面的交线。而线段 EF 既在正方体的表面，也在平面 EFG 中，是平面 EFG 与正方体表面的一条交线，连接并延长 EF，让其分别与 DA,DC 的延长线交于 L、M，便可以很快找出另外的交线；分别拖动点 E,F,G 运动，领会作图方法，如图 5.1.2～图 5.1.5 所示。

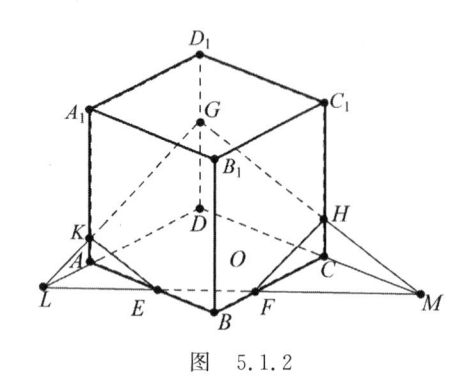

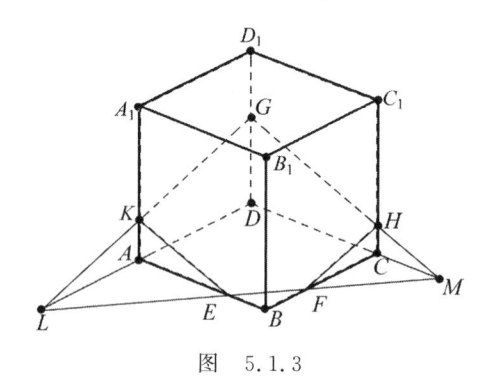

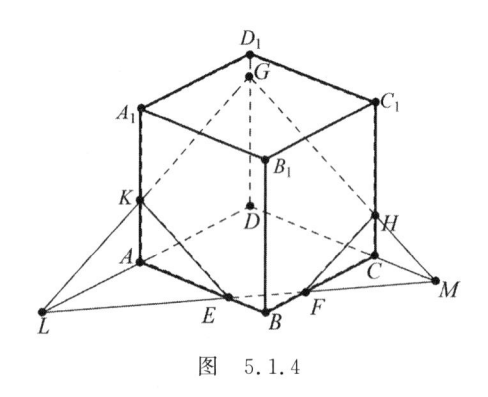

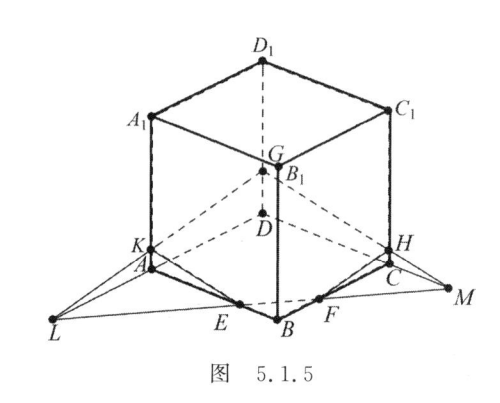

图 5.1.2

图 5.1.3

图 5.1.4

图 5.1.5

例 2 P,Q,R 三点分别在长方体 $ABCD$-$A_1B_1C_1D_1$ 的棱 CC_1、A_1D_1 和 AB 上，试画出过 P,Q,R 三点的截面。

【作法】

(1) 如图 5.1.6 所示，先过 R,P 两点作辅助平面。过点 R 作 R_1R∥BB_1 交 A_1B_1 于 R_1，则平面 CRR_1C_1 为所作的辅助平面。

(2) 在平面 CRR_1C_1 内延长 R_1C_1，交 RP 的延长线于 M。

(3) 在平面 $A_1B_1C_1D_1$ 内，连接 MQ，交 C_1D_1 于点 S，延长 MQ 交 B_1A_1 的延长线于点 T。

(4) 连接 TR，交 AA_1 于点 N，延长 TR 交 B_1B 于点 K，再连接 KP 交 BC 于点 L。

(5) 连接 RL,PS,QN，则多边形 $QNRLPS$ 即为所求。

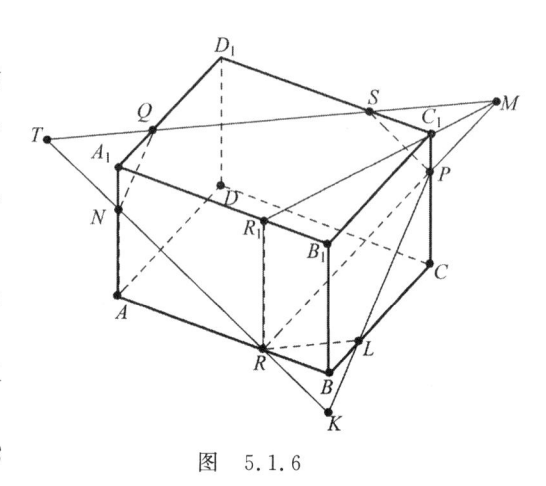

图 5.1.6

动态解析

编号：298966，

本题与例1的区别在于 P,Q,R 三点所形成的线段都在长方体的内部,而我们需要的截面边界都在长方体的表面,所以在长方体外找平面 PQR 和长方体的表面的一个公共点是本题的突破口。连接 PR 并延长,找直线 PR 与长方体的上底面的交点,线面交点是空间作图,转化到平面内解决是关键,于是需要一个辅助平面。两条平行线可以确定一个平面,过 R 作 $R_1R // BB_1$ 交 A_1B_1 于 R_1,则平面 CRR_1C_1 为所作的辅助平面。在平面 CRR_1C_1 内延长 R_1C_1,交 RP 的延长线于 M,则该题迎刃而解;分别拖动点 P,Q,R 运动,领会作图方法,如图 5.1.7、图 5.1.8 所示。

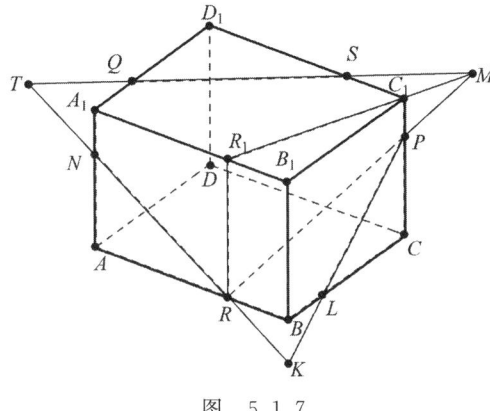

图 5.1.7　　　　　图 5.1.8

例 3　如图 5.1.9 所示,在五棱锥 P-$ABCDE$ 中,三条侧棱上各有一已知点 F,G,H,求作过 F,G,H 的截面。

【作法】

(1) 将侧面 PAB,PBC,PDE 伸展得到三棱锥 P-BST。

(2) 在侧面 PBS 内,连接并延长 GF,交 PS 于 K。

(3) 在侧面 PBT 内,连接并延长 GH 交 PT 于 L。

(4) 在侧面 PST 内,连接 KL 分别交 PD,PE 于 M,N。

(5) 连接 FN,MH,则五边形 $FGHMN$ 即为所求的截面。

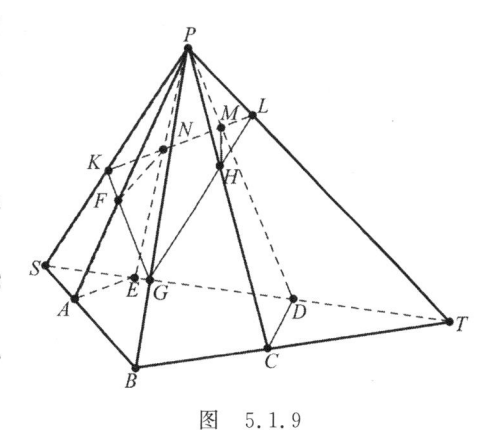

图 5.1.9

动态解析

编号：298996，

过 F,G,H 作的平面截五棱锥的截面应该是五边形,而三点很容易画三角形,不妨将该题转化为平面去截三棱锥,这样题目就变得简单了。首先将底面扩成三角形,延长射线 BA 和射线 BC 交直线 DE 于 S、T。然后连接 PS,PT。再延长射线 GF 和射线 GH,分别交 PS,PT 于 K,L,连接 KL 交 PE,PD 于 N,M,则五边形 $FGHMN$ 即为所求的截面;分别拖动点 F,G,H 运动,领会作图方法,如图 5.1.10、图 5.1.11 所示。

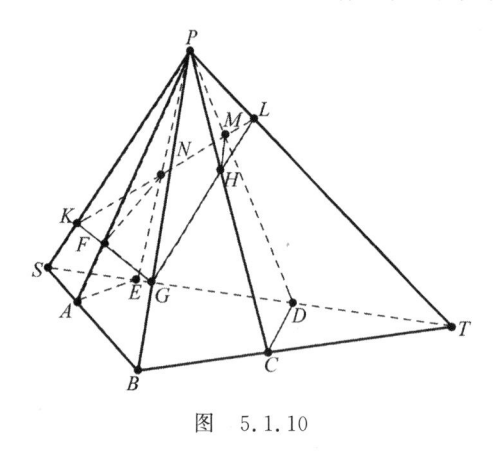

图 5.1.10

图 5.1.11

例 4 如图 5.1.12 所示,在正方体 $ABCD$-$A_1B_1C_1D_1$ 中,E,F 在两条棱上,G 在底面 A_1C_1 内,求过 E,F,G 的截面。

【作法】

(1) 过 E,F 作辅助面,在平面 BCC_1B_1 内,过 F 作 $FF_1 // BB_1$ 交 B_1C_1 于点 F_1,则平面 AFF_1A_1 为所作的辅助面。

(2) 在平面 AFF_1A_1 内,延长 F_1A_1 交 FE 的延长线于 P。

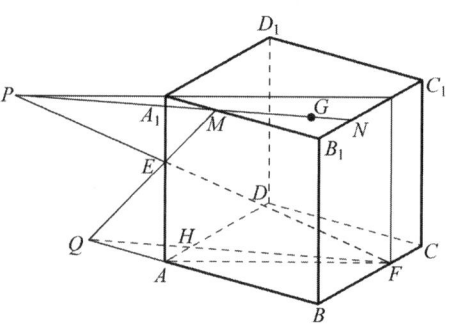

图 5.1.12

(3) 在平面 $A_1B_1C_1D_1$ 内,作直线 PG 分别交 A_1B_1、交 B_1C_1 于 M,N。

(4) 连接 ME 并延长与 BA 延长线交于 Q,连接 QF 交 AD 于 H。

(5) 连接 EH,FN,则五边形 $EHFNM$ 为所求的截面。

动态解析

编号:294637,

连接 EF,FG,EG,构成的三角形在正方体内部,我们必须将这个三角形所在的平面展开与正方体的表面相交。过 F 作 $FF_1 // BB_1$,交 B_1C_1 于点 F_1,EF,F_1A_1 在平面 AFF_1A_1 内会相交于 P。经过直线 PF 的平面与正方体的上表面相交线段经过点 G 时,交线段即为截面一边。因此我们连接 PG 交 A_1B_1 于 M 并延长交 B_1C_1 于 N,即可以得到所求截面所在平面与上底面的交线 MN。再连接 ME 并延长与 BA 延长线交于 Q,连接 QF 交 AD 于 H,连接 EH,FN,即为所求截面所在平面与正方体左侧面和下底面的交线,五边形

$EHFNM$ 为所求的截面。

例 5 试作出过正三棱柱 $ABC\text{-}A_1B_1C_1$ 的底边 BC 及两底中心连线 OO_1 上一点 M 的截面。

【作法】

(1) 如图 5.1.13 所示,过 A_1A 和 OO_1 作平面 AOO_1A_1,交 BC 于 D,交 B_1C_1 于 D_1,则 D,D_1 分别为 BC,B_1C_1 的中点。

(2) 在平面 A_1AM 内,作直线 DM 交上底面 $A_1B_1C_1$ 于点 G。

(3) 在平面 $A_1B_1C_1$ 内,过 G 作 $EF/\!/B_1C_1$ 交 A_1B_1 于 E,交 A_1C_1 于 F。

(4) 连接 BE,CF,则多边形 $BCFE$ 即为所求。

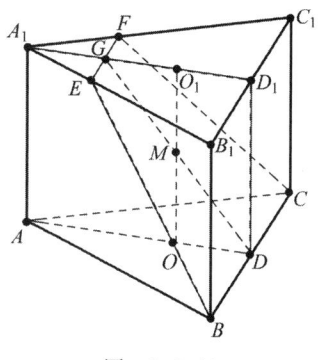

图 5.1.13

动态解析

编号:294754,

本题截面和正三棱柱的底面的交线已经知道,而三棱柱上下底面互相平行,所以截面中与上下底的交线应该相互平行。BC 与 B_1C_1 平行,上底面与截面的交线只要平行于 B_1C_1 就行了,因此先找到截面与上底面的一个公共点即可,所以过 A_1A 和 OO_1 作平面 AOO_1A_1,交 BC 于 D,交 B_1C_1 于 D_1,则 D,D_1 分别为 BC,B_1C_1 的中点。在平面 A_1AM 内,作直线 DM 交上底面 $A_1B_1C_1$ 于点 G。在平面 $A_1B_1C_1$ 内,过 G 作 $EF/\!/B_1C_1$ 交 A_1B_1 于 E,交 A_1C_1 于 F。连接 BE,CF,则多边形 $BCFE$ 为所求;拖动点 M 运动,领会作图方法,如图 5.1.14、图 5.1.15 所示。

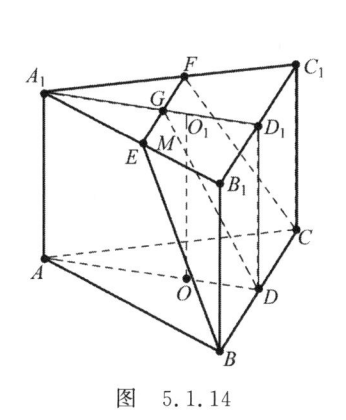

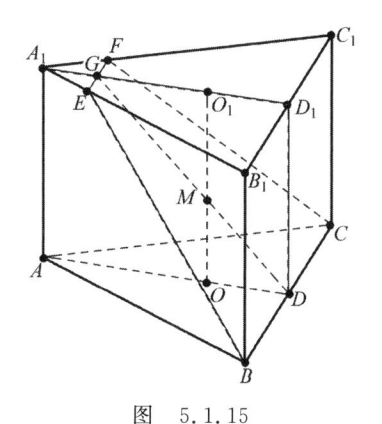

图 5.1.14   图 5.1.15

评注

过三点的多面体的截面:

(1) 若已知两点在同一平面内,只要连接这两点,就可以得到截面与多面体的一个面的截线。

(2) 若面上只有一个已知点,应设法在同一平面上再找出第二确定的点。

(3) 若两个已知点分别在相邻的面上,应找出这两个平面的交线与截面的交点。

(4) 若两平行平面中一个平面与截面有交线,另一个面上只有一个已知点,则按平行平面与第三平面相交,利用它们的交线互相平行的性质,可得截面与平面的交线。

(5) 若有一点在面上而不在棱上,则可通过作辅助平面转化为棱上的点的问题;若已知点在多面体内,则可通过辅助平面使它转化为面上的点,再转化为棱上的点的问题来解决。

例 6 如图 5.1.16 所示,点 M,N 为正方体所在面对角线的四等分点,过 M、N 作平行于 B_1D_1 的平面截正方体所得的截面图形。

【作法】

(1) 过 N 作 B_1D_1 的平行线分别与 B_1C_1,C_1D_1 交于点 E,F。

(2) 过 M 作 BD 的平行线分别与 AD,AB 交于点 G,H,作直线 GH 与 CD,CB 延长线分别交于点 I、J。

(3) 连接 EJ 与 BB_1 交于点 L,连接 FI 与 DD_1 交于点 K。

(4) 连接 EF,FK,KG,GH,HL,LE,则六边形 $EFKGHL$ 即为所求。

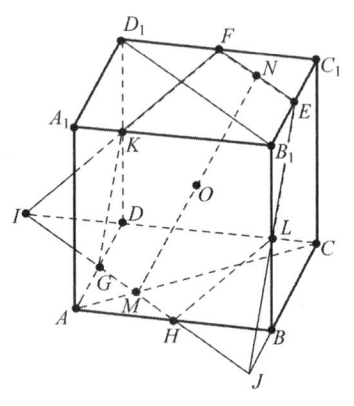

图 5.1.16

动态解析

编号:299016,

根据面面平行的性质定理可知截面与上下底的交线互相平行,又因为 N,M 为上下底面对角线上的四等分点,过 N 作 B_1D_1 的平行线 EF,过 M 作 BD 的平行线 GH,即可得到截面与上下底相交的那组平行线 EF 和 GH。作直线 GH 与 CD,CB 延长线分别交于点 I,J,连接 EJ 与 BB_1 交于点 L,连接 FI 与 DD_1 交于点 K,则六边形 $EFKGHL$ 即为所求。

例 7 在正四棱锥 S-$ABCD$ 中,作一个过点 A 且与 SC 垂直的截面。

【作法】

(1) 如图 5.1.17 所示,在平面 SAC 中,作 $AE \perp SC$ 于点 E。

(2) 在底面 $ABCD$ 内过 A 作 $a // BD$。

(3) 延长 CB,CD 分别交 a 于点 M,N。

(4) 连接 EM,EN,分别交 SB,SD 于点 G,H。

(5) 连接 AG,AH,则多边形 $AGEH$ 即为所求。

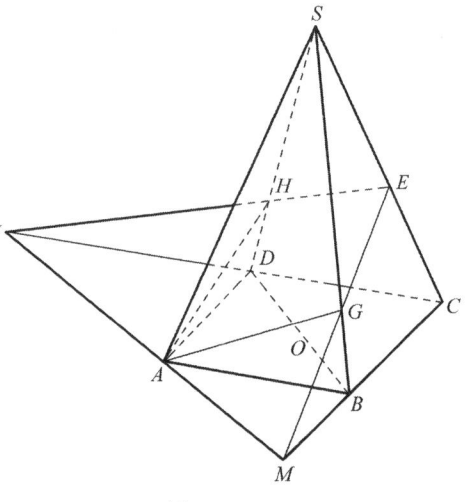

图 5.1.17

动态解析

编号：299041，

根据线面垂直的判定定理，要过 A 找一个平面与 SC 垂直，必须在这个平面内找两条相交直线与 SC 垂直。首先最容易想到的是过 A 作一条垂直于 SC 的直线，因为 A 不在 SC 上，所以 A,S,C 可以确定一个平面，在平面 SAC 中作 $AE \perp SC$ 于点 E。然后结合题目中正四棱锥的信息，很容易发现 BD 垂直 SC，如果过 A 作 BD 的平行线 a，就可以满足也垂直于 SC 了。最后延长 CB,CD 分别交 a 于点 M,N，连接 EM,EN，分别交 SB,SD 于点 G，H，连接 AG,AH。则多边形 $AGEH$ 即为所求。

例 8 已知在正方体 $ABCD\text{-}A_1B_1C_1D_1$ 中，点 E,F 分别是棱 AB,AD 的中点，过点 E,F 的平面 α 与平面 $ABCD$ 成 $30°$ 角，且与棱 CC_1 存在交点，作出平面 α 截正方体所得的截面。

【作法】

（1）如图 5.1.18 所示，作直线 EF，连接 AC，设 EF 与 AC 交于点 M，过 M 作与 AC 成 $30°$ 角的直线与 CC_1 交于点 G。

（2）延长 CD,CB 分别与 EF 交于点 I,H。

（3）连接 GI 与 DD_1 交于点 K，连接 GH 与 BB_1 交于点 J。

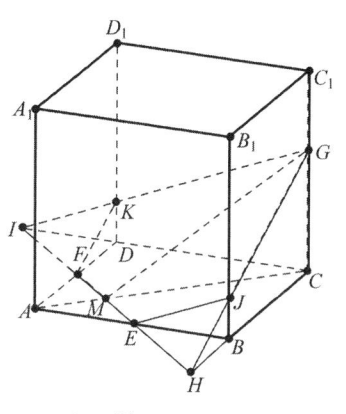

图 5.1.18

（4）连接 GK,KF,FE,EJ,JG，则五边形 $EFKGJ$ 为所求。

动态解析

编号：299071，

要得到与底面所成二面角为 30 度的截面，必须先找到二面角的平面角。由于本题二面角的棱已知，根据定义来找二面角平面角是最简单可行的方法，作直线 EF，连接 AC，设 EF 与 AC 交于点 M，过 M 作与 AC 成 $30°$ 角的直线与 CC_1 交于点 G，因为 $EF/\!/BD$，所以 EF 垂直正方体的对角面 A_1C，而在面 A_1C 内，故 $EF \perp MG$。平面 EFG 即为所求截面所在平面，最后延展平面 EFG，找到平面 EFG 与正方体的交线即可。

> **评注**

截面的作图技巧无非就是借助现有的平行关系，或者通过确定四点共面并延长相交的手法去找到平面的公共点进而确定交线。

5.2 确定截面形状

例 1 一个正方体内接于一个球，过这个球的球心作一平面，则截面图形不可能是( )。

A.　　　B.　　　C.　　　D.

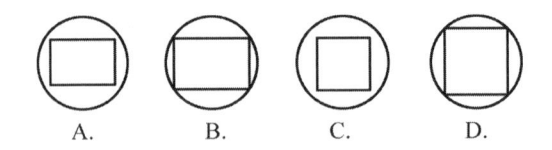

【解析】

考虑过球心的平面在转动过中,平面在球的内接正方体上截得的截面不可能是大圆的内接正方形,故选 D。

动态解析

编号：294603,

扫描二维码,打开课件,如图 5.2.1 所示；点击按钮 显示截面 ,如图 5.2.2 所示,图中右侧为过球心的平面截球与正方体所得截面；拖动动点"拖我",改变平面位置,可以观察到,当截面经过了正方体的对角面时,截面图形如图 5.2.2 所示；当截面经过正方体一组棱的中点时,截面图形如图 5.2.3 所示；继续拖动,截面图形如图 5.2.4 所示。

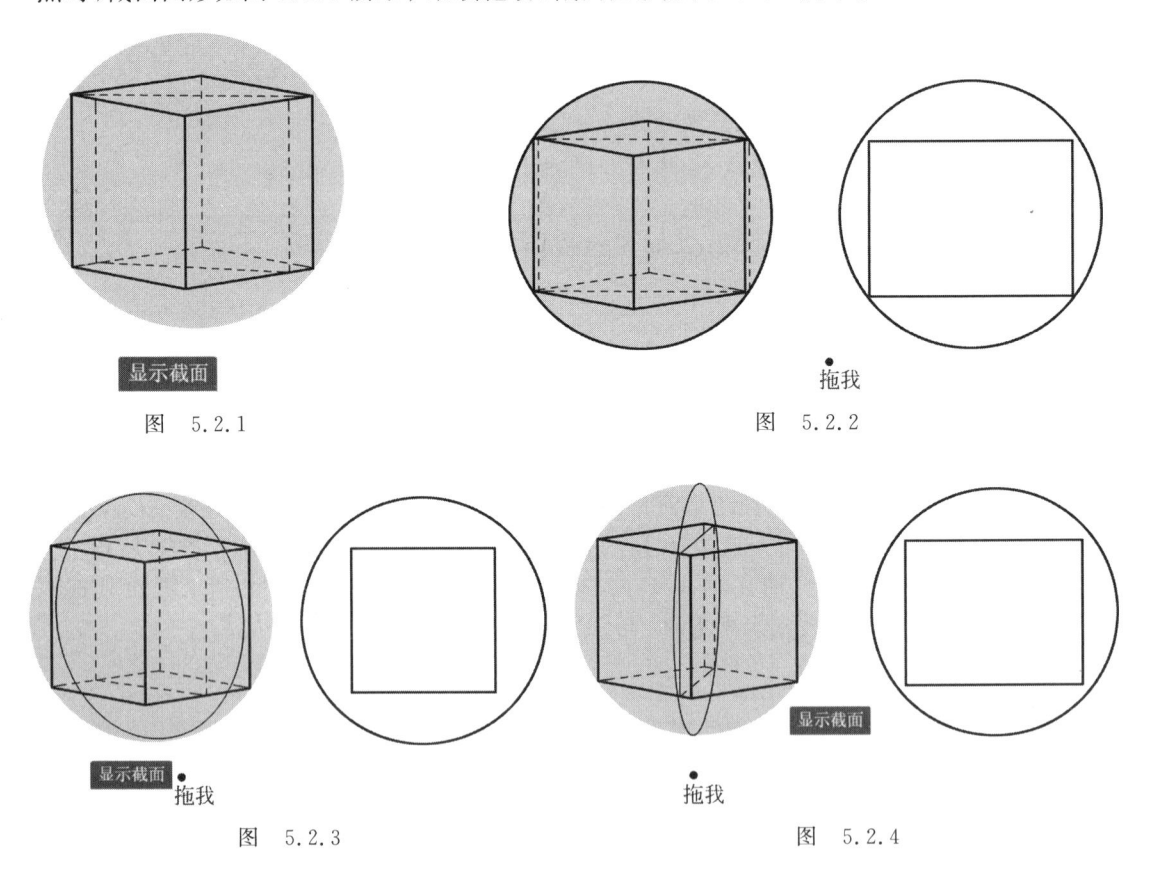

图 5.2.1　　　图 5.2.2

图 5.2.3　　　图 5.2.4

例 2 在正方体 $ABCD\text{-}A_1B_1C_1D_1$ 中,F 为 AD 的中点,E 为棱 D_1D 上的动点(不包括端点),过点 B,E,F 的平面截正方体所得的截面的形状不可能是( )。

| A. 四边形 | B. 等腰梯形 | C. 五边形 | D. 六边形 |

动态解析

编号：299511，

扫描二维码，打开课件，拖动 E 点，观察截面图形。不妨设正方体的棱长为 1，分析可得当 $0<DE\leqslant\dfrac{1}{2}$ 时，截面为四边形 $BMEF$，如图 5.2.5 所示；特别地，当 $DE=\dfrac{1}{2}$ 时，截面为等腰梯形 $BFEC_1$，如图 5.2.6 所示；当 $\dfrac{1}{2}<DE<1$ 时，截面为五边形 $BFENM$，如图 5.2.7 所示；截面不可能为六边形。

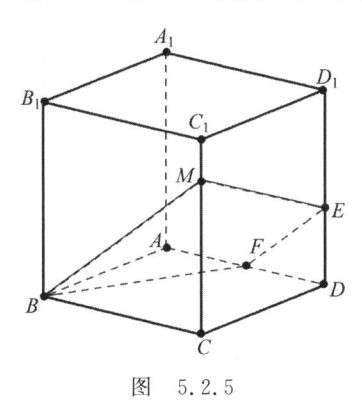

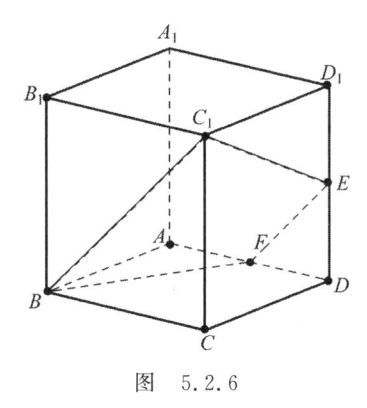

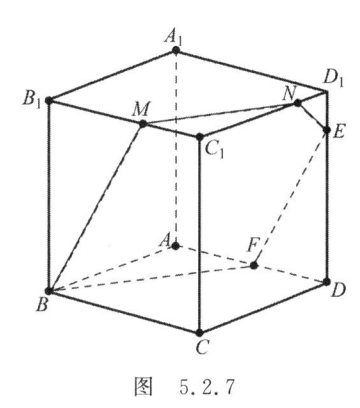

图 5.2.5   图 5.2.6   图 5.2.7

例 3　在立体几何中，用一个平面去截一个几何体得到的平面图形叫截面，如图 5.2.8 所示，在正方体 $ABCD$-$A_1B_1C_1D_1$ 中，点 E，F 分别是棱 B_1B，B_1C_1 中点，点 G 是棱 CC_1 的中点，则过线段 AG 且平行于平面 A_1EF 的截面图形为（　　）。

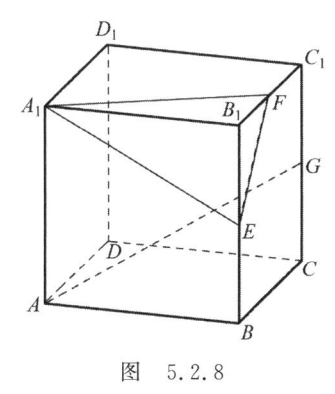

图 5.2.8

| A. 矩形 | B. 三角形 | C. 正方形 | D. 等腰梯形 |

动态解析

编号：299520，

根据面面平行的判定,只需找一组相交直线与平面 AEF 平行,由于本题中点较多,可以优先考虑利用中位线找平行。

取 BC 的中点 H,如图 5.2.9 所示,连接 AH,GH,D_1G,AD_1。

由题意得 GH // EF,AH // A_1F,因为 GH 不在平面 A_1EF 内,EF⊆平面 A_1EF 内,所以 GH//平面 A_1EF。

又 AH 不在平面 A_1EF 内,A_1F⊆平面 A_1EF 内,则 AH//平面 A_1EF。

因为 GH∩AH=H,GH,AH⊆平面 $AHGD_1$,所以平面 $AHGD_1$//平面 A_1EF,过线段 AG 且平行于平面 AEF 的截面图形为等腰梯形 $AHGD_1$,故选 D。

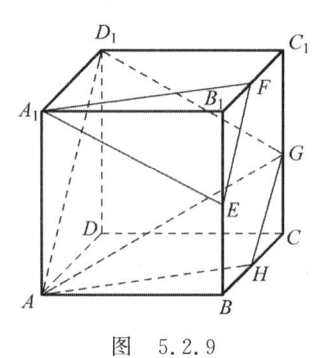

例 4 如图 5.2.10 所示,在透明的塑料制成的长方体 $ABCD$-$A_1B_1C_1D_1$ 容器内灌进一些水,固定容器底面一边 BC 于地面上,再将容器倾斜,随着倾斜程度的不同,有下列四个命题:

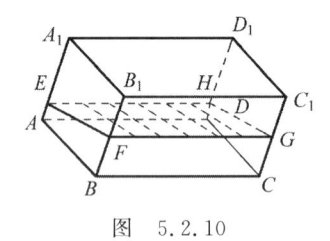

图 5.2.9

图 5.2.10 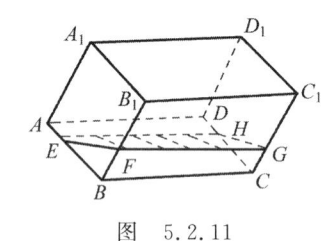   图 5.2.11

① 水的部分始终呈棱柱状;
② 水面 EFGH 的面积不改变;
③ 棱 A_1D_1 始终与水面 EFGH 平行;
④ 当容器倾斜到如图 5.2.11 时,BE·BF 是定值。
其中正确的命题序号是_____。

动态解析

编号:291505,

扫描二维码,打开课件,如图 5.2.12 所示;点击按钮"倾斜"或拖动点 A 运动,如图 5.2.13~图 5.2.15 所示,观察盛水部分的几何体变化情况。当长方体容器绕 BC 边转动时,盛水部分的几何体始终满足棱柱定义,故①正确;在转动过程中 EH//FG,但 EH 与 FG 的距离 EF 在变,所以水面 EFGH 的面积在改变,故②错误;在转动过程中,始终有 BC//FG//A_1D_1,所以 A_1D_1//平面 EFGH,③正确;当容器转动到水部分呈直三棱柱时,如图 5.2.11 所示,因为 $V_水 = \dfrac{1}{2}BE \cdot BF \cdot BC$ 是定值,又 BC 是定值,所以 BE·BF 是定值,即④正确。所以正确的序号为①③④。

图 5.2.12

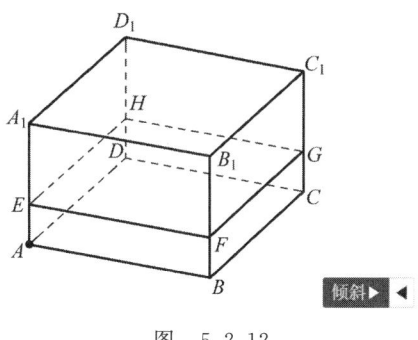

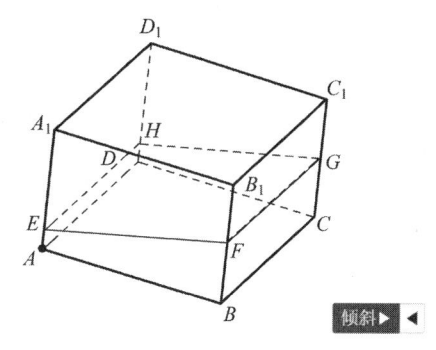

图 5.2.13

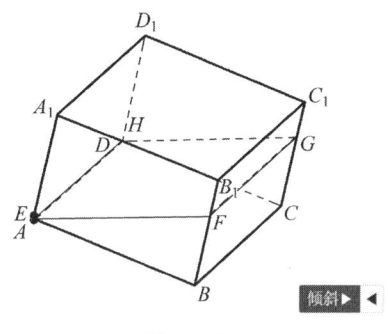

图 5.2.14

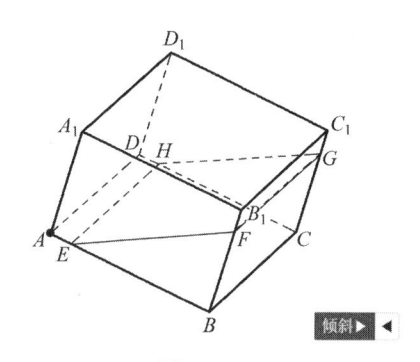

图 5.2.15

5.3 与截面有关的计算问题

例1 正四棱锥 P-$ABCD$ 的底面正方形边长是 3，O 是 P 在底面上的射影，$PO=6$，Q 是 AC 上的一点，过 Q 且与 PA，BD 都平行的截面为五边形 $EFGHL$，求该截面面积的最大值。

【解析】

如图 5.3.1 所示，连接 AC，BD，设截面与正四棱锥 P-$ABCD$ 的底面相交于 EL，AC 与 EL 相交于 Q 点，由 BD//截面 $EFGHL$ 得 LE//BD，由 AP//截面 $EFGHL$ 得 AP//QG，那么 EL 必定分别与 AB，AD 相交于 E，L，否则截面将是三角形，则 AP//EF，AP//LH。在正四棱锥 P-$ABCD$ 中，$BD \perp AP$，又 LE//BD，AP//QG，$\angle GQE$ 是异面直线 BD 与 PA 所成角，则 $QG \perp EL$，所以 $GFEQ$ 和 $GHLQ$ 是两个全等的直角梯形。

设 $AE=x(0<x<3)$，$AP=\sqrt{\left(3\times\dfrac{\sqrt{2}}{2}\right)^2+6^2}=\dfrac{9}{\sqrt{2}}$，

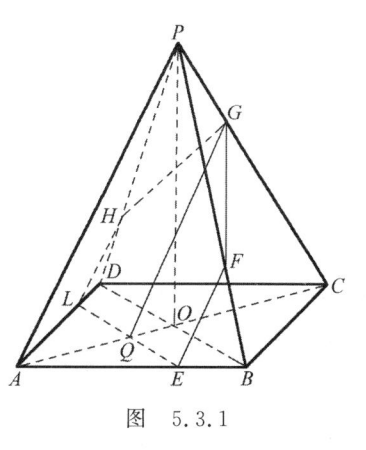

图 5.3.1

由 $AP // EF$ 得 $\dfrac{EF}{\dfrac{9}{\sqrt{2}}} = \dfrac{3-x}{3}$，故 $EF = \dfrac{3}{\sqrt{2}}(3-x)$。

而 $AQ = \dfrac{x}{\sqrt{2}}$，由 $AP // QG$ 得 $\dfrac{QG}{\dfrac{9}{\sqrt{2}}} = \dfrac{3\sqrt{2} - \dfrac{x}{\sqrt{2}}}{3\sqrt{2}}$。于是 $QG = \dfrac{9}{\sqrt{2}}\left(1 - \dfrac{x}{6}\right)$，从而 $S_{EFGHL} = 2 \times \dfrac{1}{2}\left[\dfrac{9}{\sqrt{2}}\left(1 - \dfrac{x}{6}\right) + \dfrac{3}{\sqrt{2}}(3-x)\right]\dfrac{x}{\sqrt{2}} = -\dfrac{9}{4}x^2 + 9x = -\dfrac{9}{4}(x-2)^2 + 9$。

故当 $x = 2$ 时，截面 $EFGHL$ 的面积取得最大值 9。

动态解析

编号：294414，

扫描二维码打开网络画板课件，如图 5.3.2 所示；拖动 E 点运动，如图 5.3.3～图 5.3.5 所示，考察截面五边形的面积变化，探究其体积的最大值。

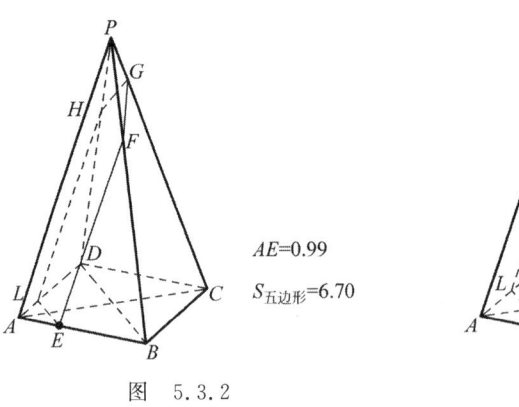

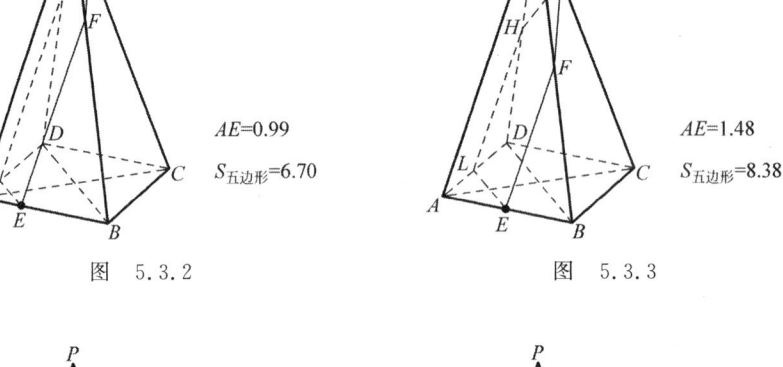

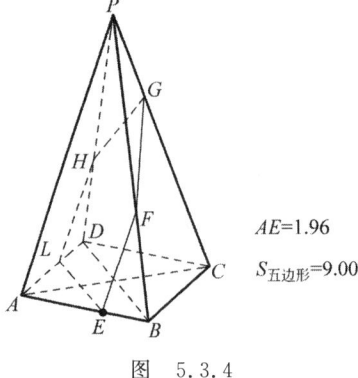

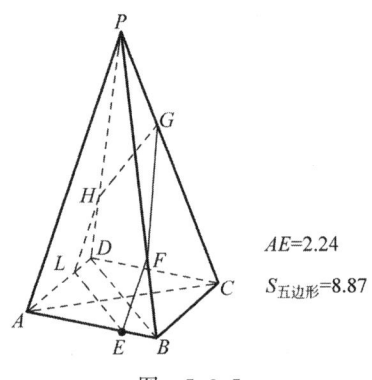

图 5.3.2　　　　图 5.3.3

图 5.3.4　　　　图 5.3.5

例2 有一容积为1立方单位的正方体容器 $ABCD$-$A_1B_1C_1D_1$,在棱 AB,BB_1 及对角线 B_1C 的中点各有一小孔 E,F,G,若此容器可以任意放置,则该容器可装水的最大容积是( )。

A. $\dfrac{1}{2}$　　　　　　　　　　　　B. $\dfrac{7}{8}$

C. $\dfrac{11}{12}$　　　　　　　　　　　D. $\dfrac{47}{48}$

【解析】

本题很容易认为当水面是过 E,F,G 三点的截面时容器可装水的容积最大图5.3.6所示,最大值 $V=1-\dfrac{1}{2}\times\dfrac{1}{2}\times\dfrac{1}{2}\times 1=\dfrac{7}{8}$,这是一种错误的解法,错误原因是对题中"容器是可以任意放置"的理解不够,其实,当水平面调整为图5.3.7中 $\triangle EB_1C$ 时容器的容积最大,最大容积 $V=1-\dfrac{1}{3}\times\dfrac{1}{2}\times\dfrac{1}{2}\times 1\times 1=\dfrac{11}{12}$,故选C。

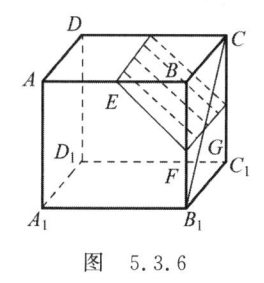

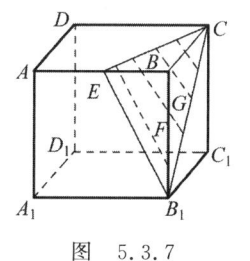

图 5.3.6　　　　　　图 5.3.7

动态解析

编号:291625,

扫描二维码打开网络画板课件,如图5.3.8所示,图中 Z_E,Z_C,Z_{B_1} 分别代表点 E,C,B_1 的 Z 坐标;点击动画按钮或拖动变量 D 滑动,如图5.3.9~图5.3.11所示(图5.3.8中 $Z_E=Z_C=Z_{B_1}$ 表明平面 ECB_1 与水平面平行);观察流出的水容积和剩余的水容积变化情况,并探究何时取得最值。

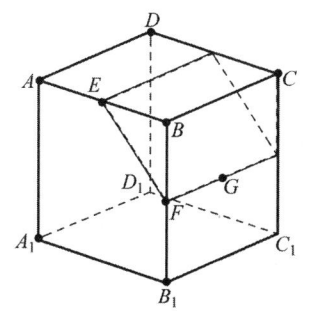

图 5.3.8

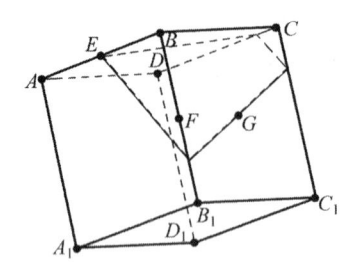

图 5.3.9

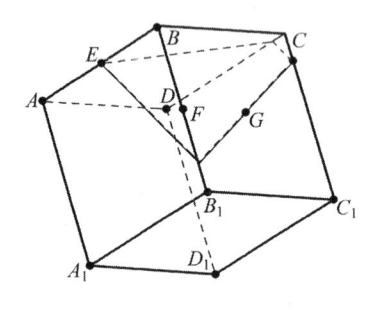

图 5.3.10

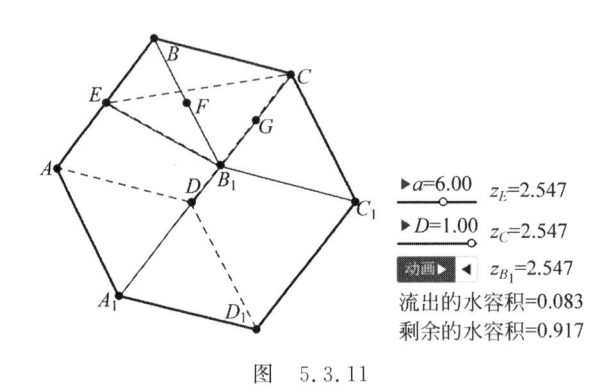

图 5.3.11

例3 如图 5.3.12 所示,在三棱锥 $A\text{-}BCD$ 中,截面 $EFGH$ 与对棱 AC,BD 都平行,且与 AB,BC,CD,DA 交于 E,F,G,H,则 E,F,G,H 在何处时,截面 $EFGH$ 面积最大。

【解析】

由 $AC/\!/$平面 $EFGH$,过 AC 的平面 ABC 交平面 $EFGH$ 于 EF,$EF/\!/AC$,同理 $HG/\!/AC$,所以 $EF/\!/HG$;同理可证 $EH/\!/FG$,故 $EFGH$ 是平行四边形。

记 $\angle FEH=\theta$,由 $EF/\!/AC$,$EH/\!/BD$ 可知异面直线 AC 与 BD 所成角为 θ 或 $\pi-\theta$,由于三棱锥 $A\text{-}BCD$ 是给定的,则 θ 是定值,记 $\dfrac{AE}{AB}=x,\dfrac{BE}{AB}=y$,则 $x+y=1$。

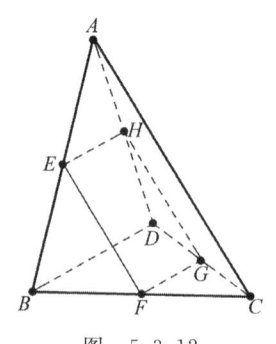

图 5.3.12

$EF//AC \Rightarrow \triangle BEF \backsim \triangle BAC \Rightarrow \dfrac{EF}{AC} = \dfrac{BE}{AB} = y \Rightarrow EF = yAC$,$EH//BD \Rightarrow \triangle AEH \backsim$ $\triangle ABD \Rightarrow \dfrac{EH}{BD} = \dfrac{AE}{AB} = x \Rightarrow EH = xBD$,故 $S_{EFGH} = EF \cdot EH \cdot \sin\theta = (BD \cdot AC \cdot \sin\theta)xy$ $\leqslant (BD \cdot AC \cdot \sin\theta) \cdot \left(\dfrac{x+y}{2}\right)^2 = \dfrac{1}{4}BD \cdot AC \cdot \sin\theta$,当且仅当 $x = y$,即 E 是 AB 的中点时取等号,此时 F,G,H 也分别是 BC,CD,DA 的中点,即当 E,F,G,H 分别为中点时,截面 $EFGH$ 面积最大,且最大面积为 $\dfrac{1}{4}BD \cdot AC \cdot \sin\theta$($AC$ 与 BD 所成角为 θ 或 $\pi - \theta$)。

动态解析

编号：299542，

扫描二维码打开网络画板课件,如图 5.3.13 所示;拖动点 E 运动,改变截面位置,如图 5.3.14～图 5.3.16 所示,观察截面面积的变化,分析 E,F,G,H 在何处时,截面 $EFGH$ 面积最大。

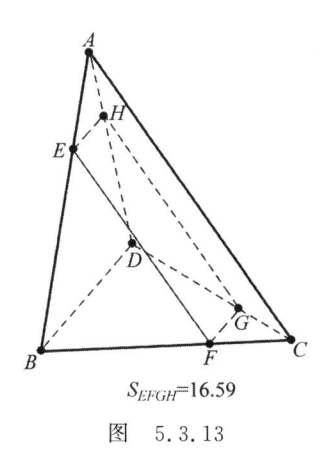

$S_{EFGH}=16.59$
图 5.3.13

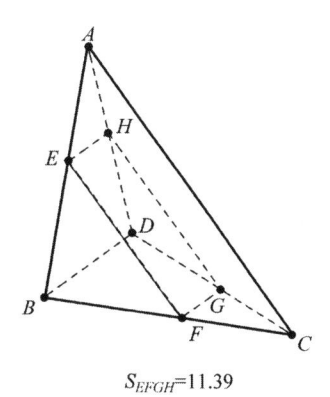

$S_{EFGH}=11.39$
图 5.3.14

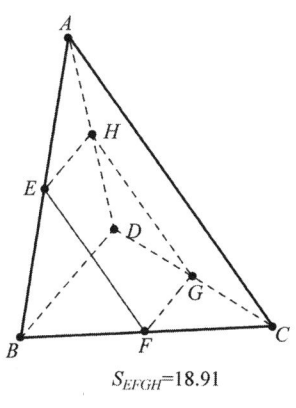

$S_{EFGH}=18.91$
图 5.3.15

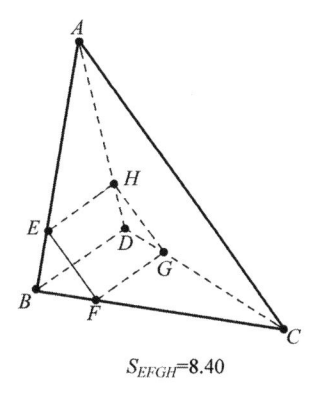

$S_{EFGH}=8.40$
图 5.3.16

练习

1. 已知 P,Q,R 分别是四棱柱 $ABCD$-$A_1B_1C_1D_1$ 的棱 CD,DD_1 和 AA_1 上的点,且 QR 与 AD 不平行,作过这三点的截面。

   编号：294631，

2. P,Q,R 三点分别在长方体 AC_1 的棱 BB_1,CC_1 和 DD_1 上,试画出过 P,Q,R 三点的截面。

   编号：298956，

3. 如图所示,在正四面体 $ABCD$ 中,P 是线段 AB 上靠近 A 的三等分点,Q 是线段 AD 上靠近 D 的三等分点,R 是线段 CD 的中点,作截面 PQR,交线段 BC 于 S,试确定 S 的具体位置。

   编号：299586，

4. 如图所示,已知四面体 $ABCD$ 的各条棱长均等于 4,E,F 分别是棱 AD,BC 的中点。若用一个与直线 EF 垂直,且与四面体的每一个面都相交的平面 α 去截该四面体,由此得到一个多边形截面,则该多边形截面面积最大值为(　　)。

   A. $3\sqrt{2}$　　B. 4　　C. $4\sqrt{2}$　　D. 6

   编号：299591，

5. 已知正方体的棱长为 1,每条棱所在直线与平面 α 所成的角都相等,则 α 截此正方体所得截面面积的最大值为(　　)。

   A. $\dfrac{3\sqrt{3}}{4}$　　B. $\dfrac{2\sqrt{3}}{3}$　　C. $\dfrac{3\sqrt{2}}{4}$　　D. $\dfrac{\sqrt{3}}{2}$

   编号：299593，

第 6 章

立体几何中的最值问题

最值问题是近年来高考考查的热点内容,将最值问题与立体几何相结合,可以全面考查空间思维能力、数形结合思想、函数运算等知识,对学生的综合解题能力是一个很大的挑战。因此掌握正确的方法对于学生的备考与学习具有很大的帮助。

立体几何的最值问题一般可以从两方面着手:一是从问题的几何特征入手,充分利用其几何性质去解决;二是找出问题中的代数关系,建立目标函数,利用代数方法求目标函数的最值。解题途径很多,在函数建成后,可用一次函数的端点法、二次数的配方法、公式法、有界函数界值法(如三角函数等)及高阶函数的拐点导数法等。

6.1 空间角的最值

例 1 如图 6.1.1 所示,四边形 $ABCD$ 和 $ADPQ$ 均为正方形,它们所在的平面互相垂直,动点 M 在线段 PQ 上,E,F 分别为 AB,BC 的中点。设异面直线 EM 与 AF 所成的角为 θ,则 $\cos\theta$ 的最大值为_____。

【解析】

建立空间直角坐标系如图 6.1.2 所示,设 $AB=1$,则 $\overrightarrow{AF}=\left(1,\dfrac{1}{2},0\right)$,$E\left(\dfrac{1}{2},0,0\right)$。设 $M(0,y,1)$ 则 $\overrightarrow{EM}=\left(-\dfrac{1}{2},y,1\right)$。

由于异面直线所成角的范围为 $\left(0,\dfrac{\pi}{2}\right]$,所以 $\cos\theta=$

$\dfrac{\left|-\dfrac{1}{2}+\dfrac{1}{2}y\right|}{\sqrt{1+\dfrac{1}{4}}\cdot\sqrt{\dfrac{1}{4}+y^2+1}}=\dfrac{2(1-y)}{\sqrt{5}\cdot\sqrt{4y^2+5}}$,而 $\left[\dfrac{2(1-y)}{\sqrt{4y^2+5}}\right]^2=$

图 6.1.1

$1-\dfrac{8y+1}{4y^2+5}$。

令 $8y+1=t, 1\leqslant t\leqslant 9$，则 $\dfrac{8y+1}{4y^2+5}=\dfrac{16}{t+\dfrac{81}{t}-2}\geqslant \dfrac{1}{5}$。

当 $t=1$ 时取等号，所以 $\cos\theta = \dfrac{\left|-\dfrac{1}{2}+\dfrac{1}{2}y\right|}{\sqrt{1+\dfrac{1}{4}}\cdot \sqrt{\dfrac{1}{4}+y^2+1}} =$

$\dfrac{2(1-y)}{\sqrt{5}\cdot \sqrt{4y^2+5}}\leqslant \dfrac{1}{\sqrt{5}}\times \dfrac{2}{\sqrt{5}}=\dfrac{2}{5}$。

当 $y=0$ 时取得最大值，最大值为 $\dfrac{2}{5}$。

动态解析

编号：242049，

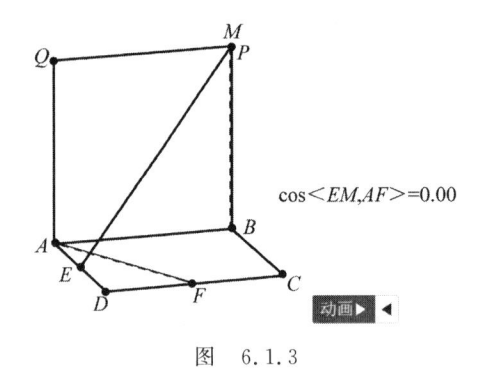

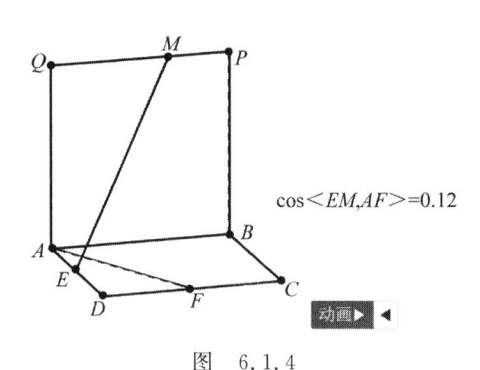

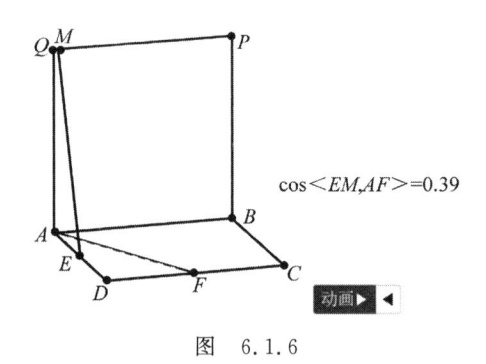

扫描二维码，打开课件，如图 6.1.3 所示，拖动点 M 由 P 向 Q 运动或者点击按钮 动画，启动点 M 的动画，如图 6.1.4～图 6.1.6 所示，考察 EM 与 AF 所成角 θ 的余弦值变化，探究 $\cos\theta$ 的最大值；再按住屏幕空白处拖动，从不同角度观察。

图 6.1.3

图 6.1.4

图 6.1.5

图 6.1.6

例2 如图6.1.7所示，在正四棱柱 $ABCD$-$A_1B_1C_1D_1$ 中，$AB=4$，$AA_1=2\sqrt{3}$，若 M 是侧面 BCC_1B_1 内的动点，且 $AM \perp MC$，则 A_1M 与平面 BCC_1B_1 所成角的正切值的最大值为_____。

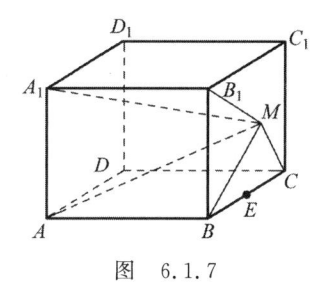

【解析】

四棱柱 $ABCD$-$A_1B_1C_1D_1$ 是正四棱柱，则 $AB \perp$ 平面 BC_1，$CM \subset$ 平面 BCC_1B_1，所以 $AB \perp CM$，又 $CM \perp AM$，$CM \perp$ 平面 ABM，故 $CM \perp BM$，所以点 M 的轨迹是以 B,C 为直径的半圆。又 $A_1B_1 \perp$ 平面 BCC_1B_1，所以 B_1M 是 A_1M 在平面 BCC_1B_1 内的射影。

所以 $\angle A_1MB_1$ 是直线 A_1M 与平面 BCC_1B_1 所成的角，$\tan \angle A_1MB_1 = \dfrac{A_1B_1}{B_1M} = \dfrac{4}{B_1M}$，$B_1M \geqslant B_1E - 2 = 2$。

故 $\tan \angle A_1MB_1 \leqslant 2$，最大值为 2。

动态解析

编号：238538，

扫描二维码，打开课件，如图6.1.8所示，拖动点 M 运动，如图6.1.9所示，考察 $\tan \angle A_1MB_1$ 变化，探究 $\tan \angle A_1MB_1$ 的最大值；点击按钮 [辅助线]，显示点 M 的轨迹，如图6.1.10所示，再次点击按钮 [辅助线]，显示辅助线 OB_1，如图6.1.11所示，则 M 为 OB_1 与圆弧交点时，$\tan \angle A_1MB_1$ 最大；按住屏幕空白处拖动，从不同角度观察。

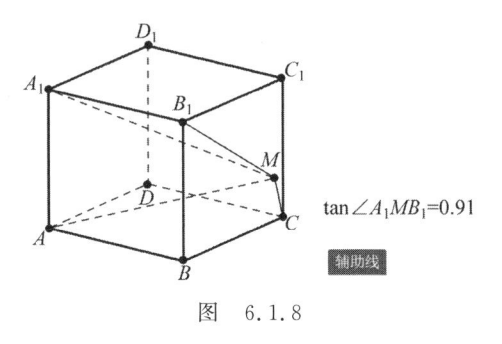

图 6.1.8 $\tan \angle A_1MB_1=0.91$

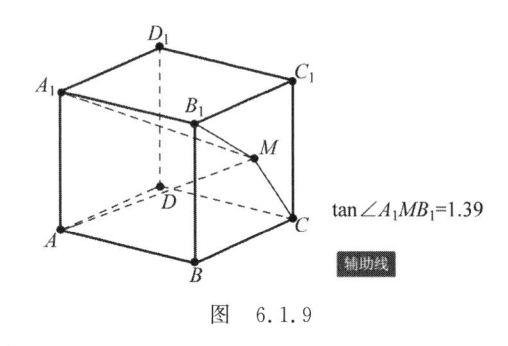

图 6.1.9 $\tan \angle A_1MB_1=1.39$

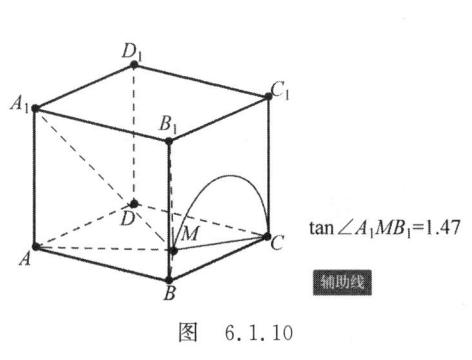

图 6.1.10 $\tan \angle A_1MB_1=1.47$

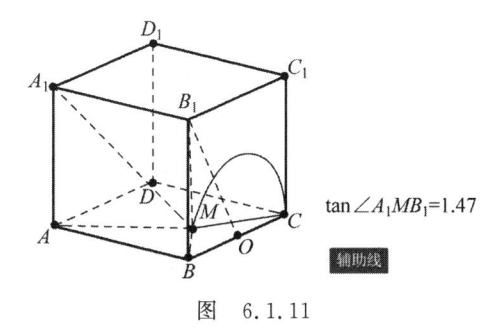

图 6.1.11 $\tan \angle A_1MB_1=1.47$

6.2 空间距离的最值问题

例1 在高为$\sqrt{3}$的正三棱柱$ABC\text{-}A_1B_1C_1$中，$\triangle ABC$的边长为2，D为棱B_1C_1的中点，若一只蚂蚁从点A沿表面爬向点D，则蚂蚁爬行的最短距离为（　　）。

A. 3　　　　　　　　　　　　　　　B. $2\sqrt{3}$

C. $3\sqrt{2}$　　　　　　　　　　　　　D. 2

【解析】

如图6.2.1所示，将矩形BCC_1B_1折叠到与平面ABC共面的位置$BCC_1'B'$，此时，爬行的最短距离为$AD'=2\sqrt{3}$。

如图6.2.2所示，将$\triangle A_1B_1C_1$折叠到与平面ABB_1A_1共面的位置$A_1B_1C_1'$，易知$A_1D'=AA_1=\sqrt{3}$，$\angle D'AA_1=120°$，此时爬行的最短距离$AD'=3$。

如图6.2.3所示，将矩形BCC_1B_1折叠到与平面ABB_1A_1共面的位置$BC'C_1'B_1$，此时，爬行的最短距离$AD'=2\sqrt{3}$。

综上，蚂蚁爬行的最短距离为3，故选A。

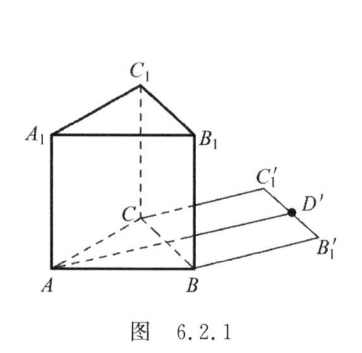

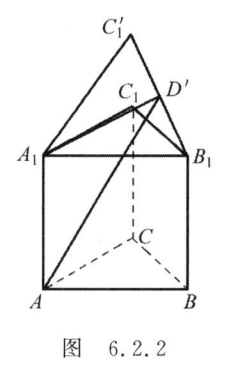

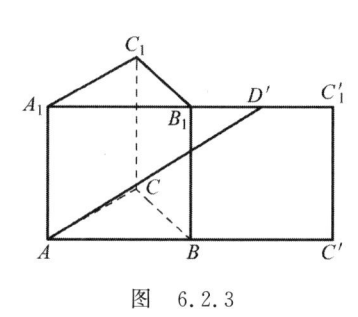

图 6.2.1　　　　　　图 6.2.2　　　　　　图 6.2.3

动态解析

编号：242057，

扫描二维码，打开课件，如图6.2.4所示，点击按钮 辅助线 ，再分别点击按钮 情况1 、 情况2 、 情况3 ，分别显示将平面BCC_1B_1沿BC展开、平面$A_1B_1C_1$沿A_1B_1展开、平面BCC_1B_1沿BB_1展开，如图6.2.5～图6.2.7所示。点击按钮 复原 恢复到原三棱柱，按住屏幕空白处拖动，从不同角度观察。

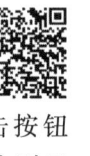

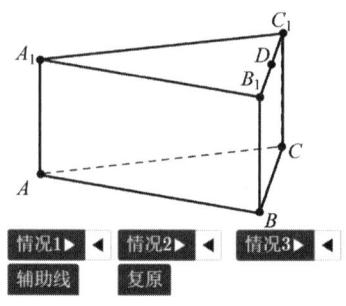

图 6.2.4

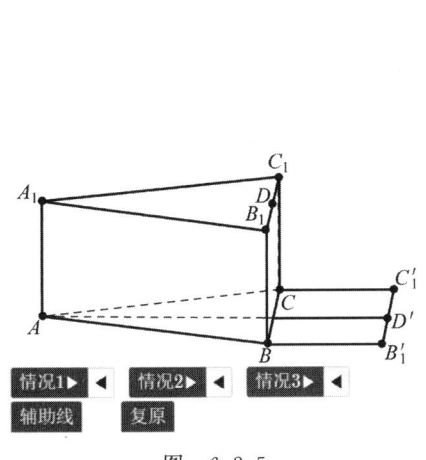

图 6.2.5

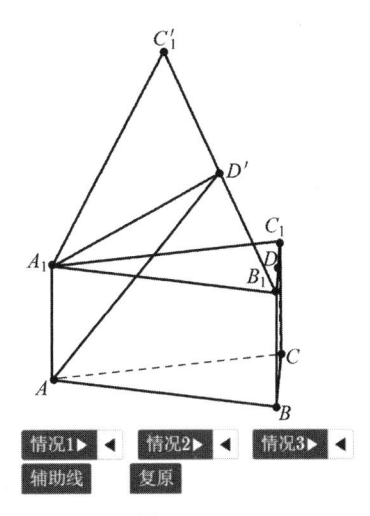

图 6.2.6

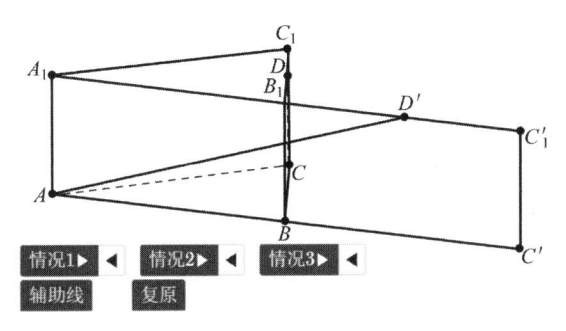

图 6.2.7

例 2 点 D 是 Rt$\triangle ABC$ 斜边上一动点，$AC=3$，$BC=4$，将 Rt$\triangle ABC$ 沿着 CD 折叠，使 $\triangle B'DC$ 与 $\triangle ADC$ 构成直二面角，则折叠后 AB' 的最小值是（　　）。

A. $\sqrt{21}$　　　　　　　　　　B. $\sqrt{13}$

C. $2\sqrt{2}$　　　　　　　　　　D. $\sqrt{7}$

【解析】

过点 B' 作 $B'E \perp CD$ 于点 E，连接 BE，AE，如图 6.2.8 所示。

设 $\angle BCD = \alpha$，则有 $B'E = 4\sin\alpha$，$CE = 4\cos\alpha$，$\angle ACE = \dfrac{\pi}{2} - \alpha$。

在 $\triangle AEC$ 中，由余弦定理得 $AE^2 = AC^2 + CE^2 - 2AC \cdot CE \cdot \cos\left(\dfrac{\pi}{2} - \alpha\right) = 9 + 16\cos^2\alpha - 24\cos\alpha\sin\alpha$。

在 Rt$\triangle AEB'$ 中，由勾股定理得 $AB'^2 = AE^2 + B'E^2 = 9 + 16\cos^2\alpha - 24\cos\alpha\sin\alpha + 16\sin^2\alpha = 25 - 12\sin 2\alpha$，故当 $\alpha = \dfrac{\pi}{4}$ 时，AB 取得最小值 $\sqrt{13}$，故选 B。

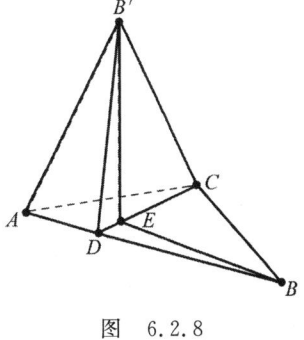

图 6.2.8

动态解析

编号：301458，

扫描二维码，打开课件，如图6.2.9所示，拖动点 D 运动，如图6.2.10所示，考察 AB' 变化，探究 AB' 的最小值；点击按钮，显示辅助线，如图6.2.11、图6.2.12所示；按住屏幕空白处拖动，从不同角度观察。

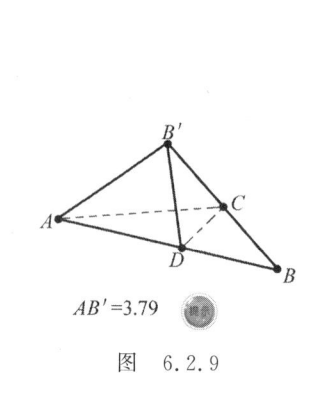

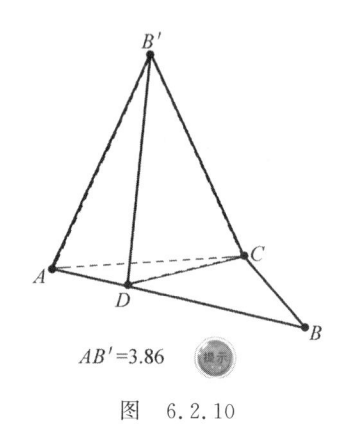

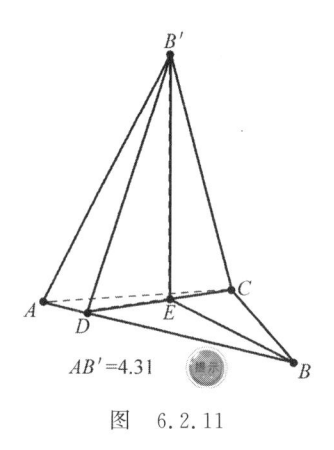

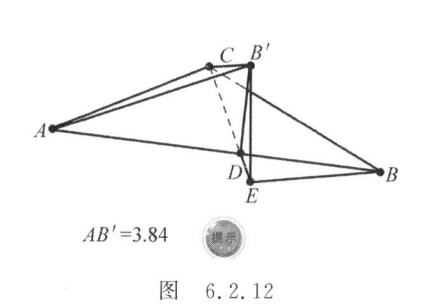

$AB'=3.79$

图 6.2.9

$AB'=3.86$

图 6.2.10

$AB'=4.31$

图 6.2.11

$AB'=3.84$

图 6.2.12

例3 如图6.2.13所示，正方体 $ABCD$-$A_1B_1C_1D_1$ 的棱长为1，M，N 分别在线段 A_1C_1 与 BD 上，求 MN 的最小值。

【解析】

方法1：如图6.2.14所示，在矩形 BDD_1B_1 中，PQ 为中位线，所以 PQ//BB_1。

又因为 $BB_1 \perp$ 平面 $ABCD$，所以 $PQ \perp$ 平面 $ABCD$。

又 $BD \subseteq$ 平面 $ABCD$，所以 $PQ \perp BD$。

同理可证 $PQ \perp A_1C_1$，而 $PQ \cap BD=Q$，$PQ \cap A_1C_1=P$，所以线段 PQ 就是两异面直线 A_1C_1 与 BD 的公垂线段，且 $PQ=1$。

由异面直线公垂线段的定义可得 $MN \geqslant PQ=1$，故 MN 的最小值为1。

图 6.2.13

图 6.2.14

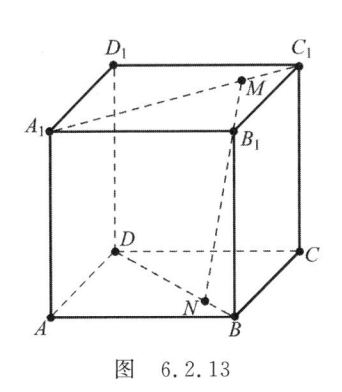

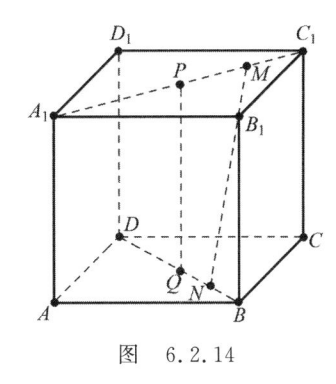

方法2：如图6.2.15所示，取A_1C_1的中点P，BD的中点Q，则线段PQ就是两异面直线A_1C_1与BD的公垂线段。

由正方体的棱长为1可得$PQ=1$，连接AC，则$AC/\!/A_1C_1$，所以$\angle BQC$为两异面直线A_1C_1与BD所成角。

在正方形$ABCD$中，$AC\perp BD$，所以$\angle BQC=90°$。

过点M作$MH\perp AC$，垂足为H，连接NH，则$MH/\!/PQ$，且$MH=PQ=1$。

设$PM=m$，$QN=t$，则$QH=m$。

在$Rt\triangle QNH$中，$HN^2=QN^2+QH^2=n^2+m^2$；在$Rt\triangle MHN$中，$MN^2=MH^2+HN^2=1^2+n^2+m^2$。

显然，当$m=n=0$时，MN^2取得最小值1，即MN的最小值为1。

方法3：如图6.2.16所示，以D为坐标原点，分别以射线DA，DC，DD_1为x，y，z轴建立空间直角坐标系。

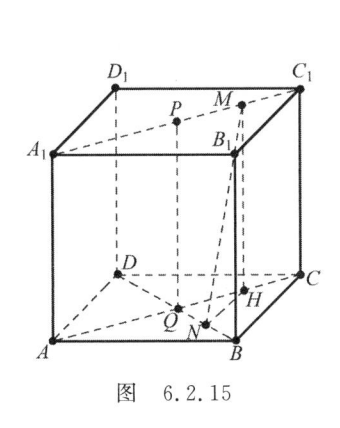

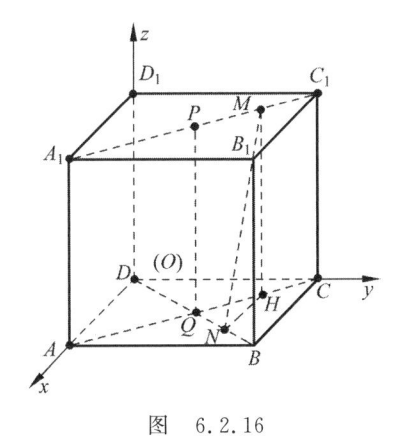

图 6.2.15

图 6.2.16

设$DN=m$，$A_1M=n$，则$N(m\cos 45°, m\sin 45°, 0)$，即$N\left(\dfrac{\sqrt{2}}{2}m, \dfrac{\sqrt{2}}{2}m, 0\right)$，$M(1-n\cos 45°, n\sin 45°, 1)$，即$M\left(1-\dfrac{\sqrt{2}}{2}n, \dfrac{\sqrt{2}}{2}n, 1\right)$。

所以$MN^2=\left[\dfrac{\sqrt{2}}{2}m-\left(1-\dfrac{\sqrt{2}}{2}n\right)\right]^2+\left(\dfrac{\sqrt{2}}{2}m-\dfrac{\sqrt{2}}{2}n\right)^2+1^2=(m^2+n^2)-\sqrt{2}(m+n)+2=$

$$\left(m-\frac{\sqrt{2}}{2}\right)^2+\left(n-\frac{\sqrt{2}}{2}\right)^2+1。$$

故当 $m=n=\frac{\sqrt{2}}{2}$ 时，MN^2 取得最小值 1，即 MN 的最小值为 1。

动态解析

编号：301464，

扫描二维码，打开课件，如图 6.2.17 所示，拖动点 M,N 运动，如图 6.2.18、图 6.2.19 所示，考察 MN 长度的变化，探究 MN 的最小值；点击按钮，显示辅助线，如图 6.2.20 所示；按住屏幕空白处拖动，从不同角度观察。

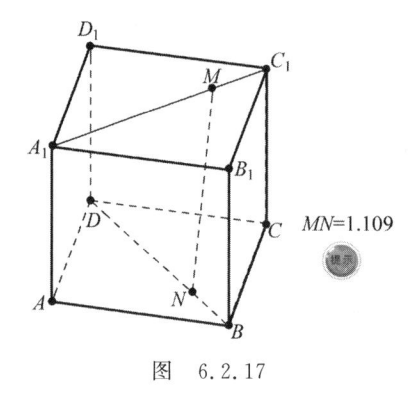

图 6.2.17

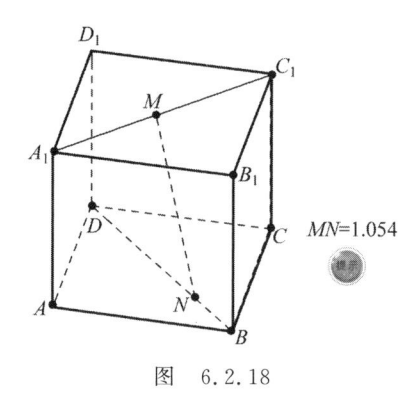

图 6.2.18

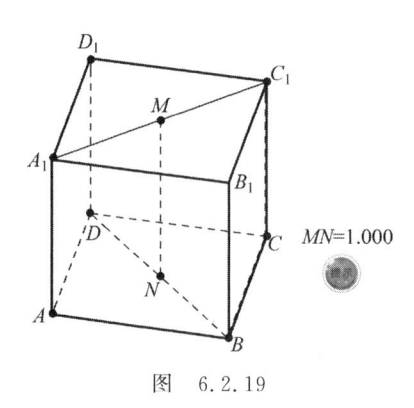

图 6.2.19

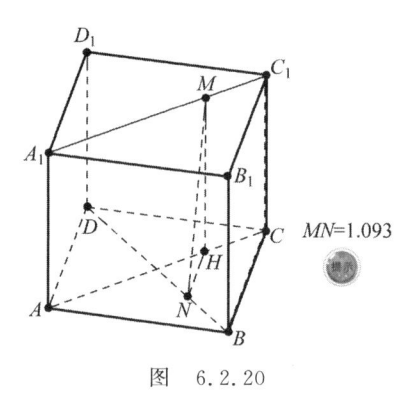

图 6.2.20

例 4 如图 6.2.21 所示，用一边长为 $\sqrt{2}$ 的正方形硬纸，按各边中点垂直折起四个小三角形，做成一个蛋巢，将体积为 $\frac{4\pi}{3}$ 的鸡蛋（视为球体）放入其中，蛋巢形状保持不变，则鸡蛋（视为球体）离蛋巢底面的最短距离为（　　）。

A. $\frac{\sqrt{2}-1}{2}$ B. $\frac{\sqrt{2}+1}{2}$ C. $\frac{\sqrt{6}-1}{2}$ D. $\frac{\sqrt{3}-1}{2}$

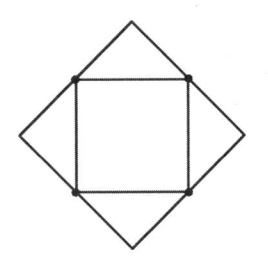

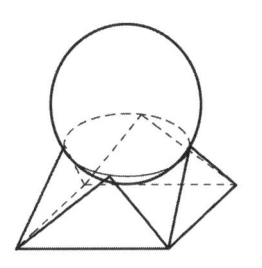

图 6.2.21

【解析】

因为蛋巢的底面是边长为 1 的正方形,所以过四个顶点截鸡蛋所得的截面圆的直径为 1。又因为鸡蛋的体积为 $\dfrac{4\pi}{3}$,所以球的半径为 1,球心到截面的距离 $d=\sqrt{1-\dfrac{1}{4}}=\dfrac{\sqrt{3}}{2}$。

而截面到球体最低点距离为 $1-\dfrac{\sqrt{3}}{2}$,蛋巢的高度为 $\dfrac{1}{2}$,则球体到蛋巢底面的最短距离为 $\dfrac{1}{2}-\left(1-\dfrac{\sqrt{3}}{2}\right)=\dfrac{\sqrt{3}-1}{2}$,故选 D。

动态解析

编号:301471,

扫描二维码,打开课件,如图 6.2.22 所示;点击按钮 动画,硬纸按各边中点垂直折起四个小三角形,形成蛋巢,如图 6.2.23 所示;点击按钮 显示蛋,显示鸡蛋放入蛋巢,如图 6.2.24 所示;点击按钮 辅助线,显示辅助线,如图 6.2.25 所示;可再次点击按钮 显示蛋,隐藏鸡蛋,更利于计算,如图 6.2.26 所示;按住屏幕空白处拖动,可从不同角度观察、理解。

图 6.2.22

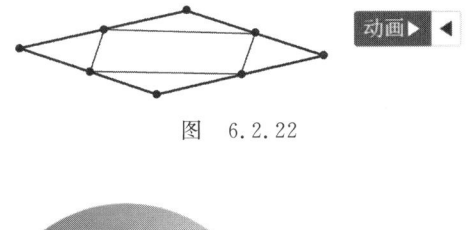

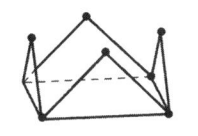

图 6.2.23

图 6.2.24

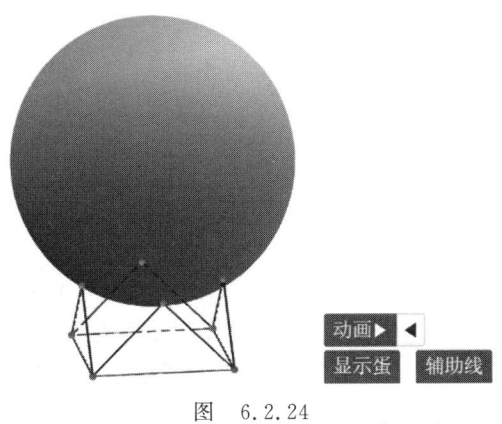

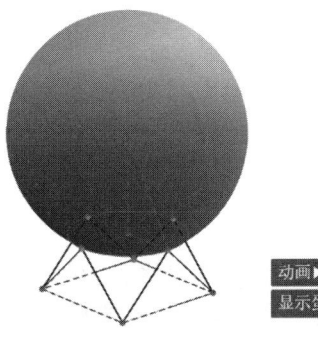

图 6.2.25

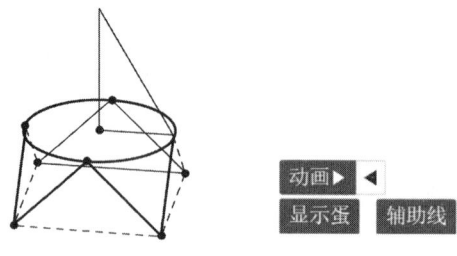

图 6.2.26

6.3 面积的最值问题

例1 半径为2的球 O 内有一个内接正三棱柱,则正三棱柱的侧面积的最大值为(　　)。

A. $9\sqrt{3}$ B. $12\sqrt{3}$ C. $16\sqrt{3}$ D. $18\sqrt{3}$

【解析】

如图 6.3.1 所示,设正三棱柱上下底面的中心分别为 O_1,O_2,两底面边长与高分别为 x,h,则 $O_2A=\dfrac{\sqrt{3}}{3}x$。

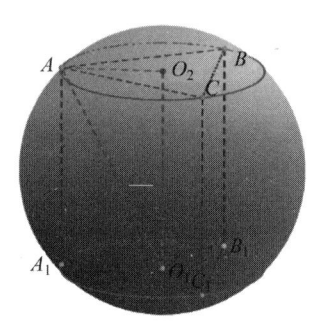

图 6.3.1

在 Rt$\triangle O_1AO_2$ 中,$\dfrac{h^2}{4}+\dfrac{x^2}{3}=4$,化为 $h^2=16-\dfrac{4}{3}x^2$。

因为 $S=3xh$,所以 $S^2=9x^2h^2=12x^2(12-x^2)\leqslant 12\left(\dfrac{x^2+12-x^2}{2}\right)^2=432$。

当且仅当 $x=\sqrt{6}$ 时取等号,此时 $S=12\sqrt{3}$,故选 B。

动态解析

编号:301501,

扫描二维码,打开课件,如图 6.3.2 所示;点击按钮 动画 ,动态展示随着棱柱底面边长及高的变化其表面积的变化情况,如图 6.3.3、图 6.3.4 所示;点击按钮 辅助线 ,显示辅助线,如图 6.3.5 所示;按住屏幕空白处拖动,可从不同角度观察、理解。

图 6.3.2

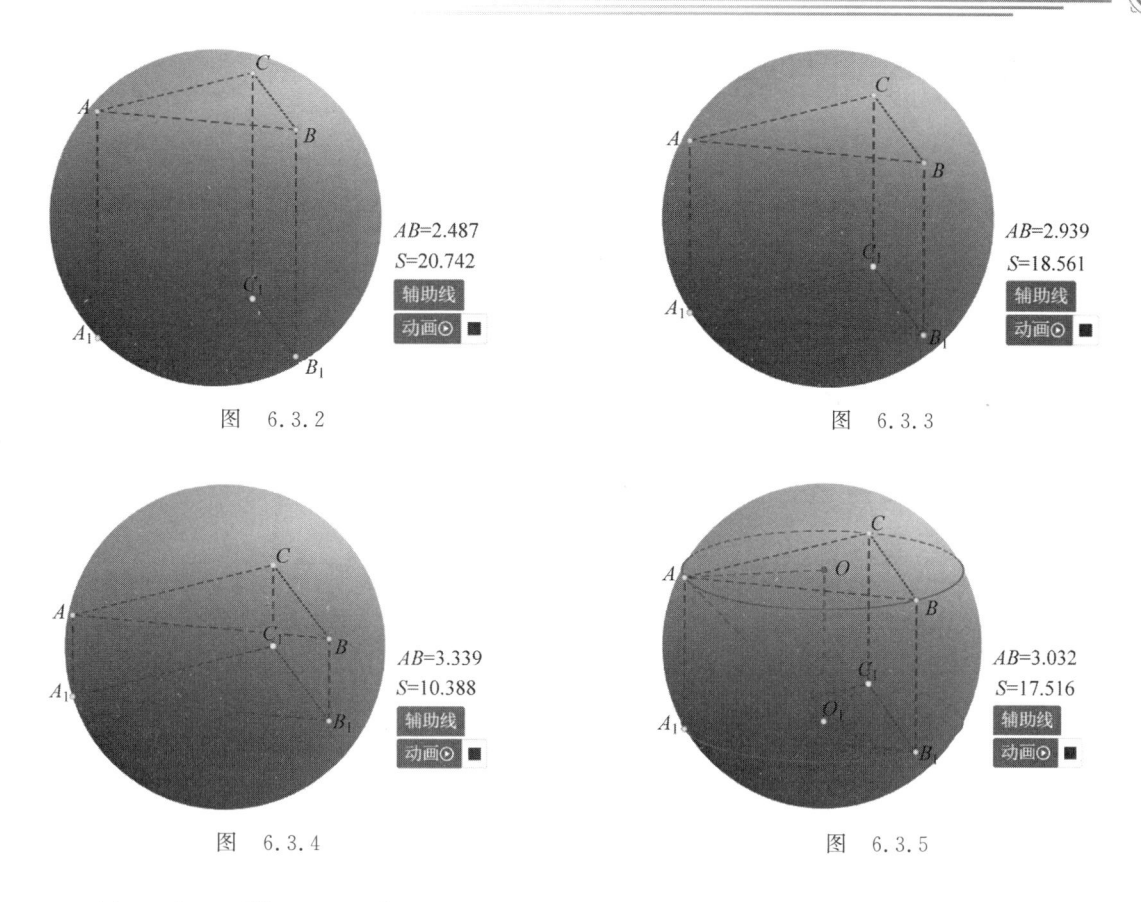

图 6.3.3

图 6.3.4

图 6.3.5

例 2 在四面体 $ABCD$ 中,$AB=BD=AD=CD=3$,$AC=BC=4$,用平行于 AB,CD 的平面截此四面体,得到截面四边形 $EFGH$,则四边形 $EFGH$ 面积的最大值为( )。

A. $\dfrac{4}{3}$　　　　B. $\dfrac{9}{4}$　　　　C. $\dfrac{9}{2}$　　　　D. 3

【解析】

如图 6.3.6 所示,设截面分别与棱 AD,BD,BC,AC 交于点 E,F,G,H。

直线 AB∥平面 $EFGH$,且平面 $ABC\cap$ 平面 $EFGH=GH$,平面 $ABD\cap$ 平面 $EFGH=EF$,得 GH∥AB,EF∥AB,所以 GH∥EF。

同理可证 EH∥FG,所以四边形 $EFGH$ 为平行四边形。

又 $AB=BD=AD=CD=3$,$AC=BC=4$,可证得 $AB\perp CD$,四边形 $EFGH$ 为矩形。

设 $BF:BD=BG:BC=FG:CD=x$,$0<x<1$,则 $FG=3x$,$HG=3(1-x)$。

于是 $S_{EFGH}=FG\cdot HG=9x(1-x)=-9\left(x-\dfrac{1}{2}\right)^2+\dfrac{9}{4}$,又 $0<x<1$,当 $x=\dfrac{1}{2}$ 时,四边形 $EFGH$ 的面积有最大值 $\dfrac{9}{4}$,故选 B。

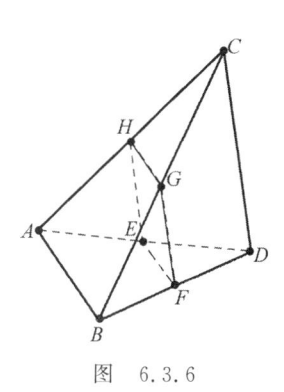

图 6.3.6

动态解析

编号：301511，

扫描二维码，打开课件，如图 6.3.7 所示，拖动点 F 运动，如图 6.3.8～图 6.3.10 所示，考察四边形 $EFGH$ 面积的变化，探究四边形 $EFGH$ 面积的最大值；按住屏幕空白处拖动，可从不同角度观察、理解。

$S=1.259$

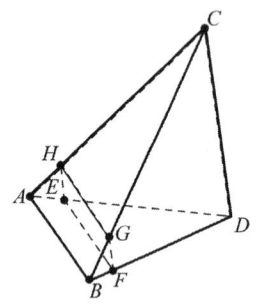

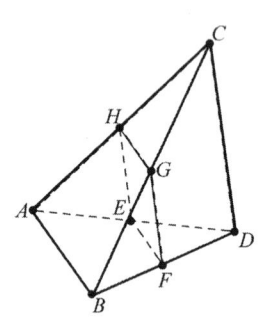

图 6.3.7

$S=2.249$

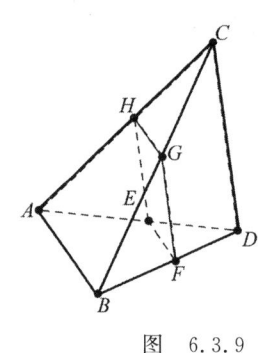

图 6.3.8

$S=2.224$

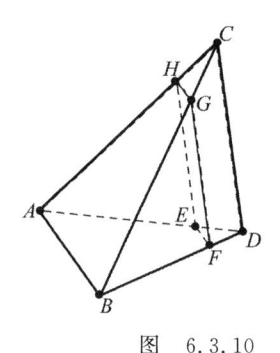

图 6.3.9

$S=1.587$

图 6.3.10

6.4 体积的最值

例1 已知点 A,B,C 在半径为 2 的球面上，满足 $AB=AC=1, BC=\sqrt{3}$，若 S 是球面上任意一点，则三棱锥 $S\text{-}ABC$ 体积的最大值为（　　）。

A. $\dfrac{3+2\sqrt{3}}{12}$ B. $\dfrac{3+2\sqrt{3}}{6}$ C. $\dfrac{2+3\sqrt{3}}{12}$ D. $\dfrac{3+\sqrt{3}}{12}$

【解析】

设 $\triangle ABC$ 外接圆圆心为 O'，三棱锥 $S\text{-}ABC$ 外接球的球心为 O，$AB=AC=1$。

设 D 为 BC 中点，连接 AD，则 $AD \perp BC$，且 O' 在 AD 上，$AD=\sqrt{AB^2-\left(\dfrac{BC}{2}\right)^2}=\dfrac{1}{2}$。

设 $\triangle ABC$ 外接圆半径为 r，$r^2=\left(\dfrac{BC}{2}\right)^2+(AD-r)^2=\dfrac{3}{4}+\left(\dfrac{1}{2}-r\right)^2$，解得 $r=1$，$|OO_1|=$

$\sqrt{2^2-r^2}=\sqrt{3}$。

要使 $S\text{-}ABC$ 的体积最大，需 S 到平面 ABC 距离最大，即 S 为 $O'O$ 的延长线与球面的交点，最大值为 $\sqrt{3}+2$。

所以三棱锥 $S\text{-}ABC$ 体积的最大值为 $\dfrac{1}{3}\times(\sqrt{3}+2)\times S_{\triangle ABC}=\dfrac{1}{3}\times(\sqrt{3}+2)\times\dfrac{1}{2}\times\dfrac{1}{2}\times\sqrt{3}=\dfrac{3+2\sqrt{3}}{12}$，故选 A。

动态解析

编号：301516，

扫描二维码，打开课件，如图 6.4.1 所示，拖动点 S 运动，如图 6.4.2～图 6.4.4 所示，考察三棱锥 $S\text{-}ABC$ 的高及体积变化，探究三棱锥 $S\text{-}ABC$ 体积的最大值；按住屏幕空白处拖动，可从不同角度观察、理解。

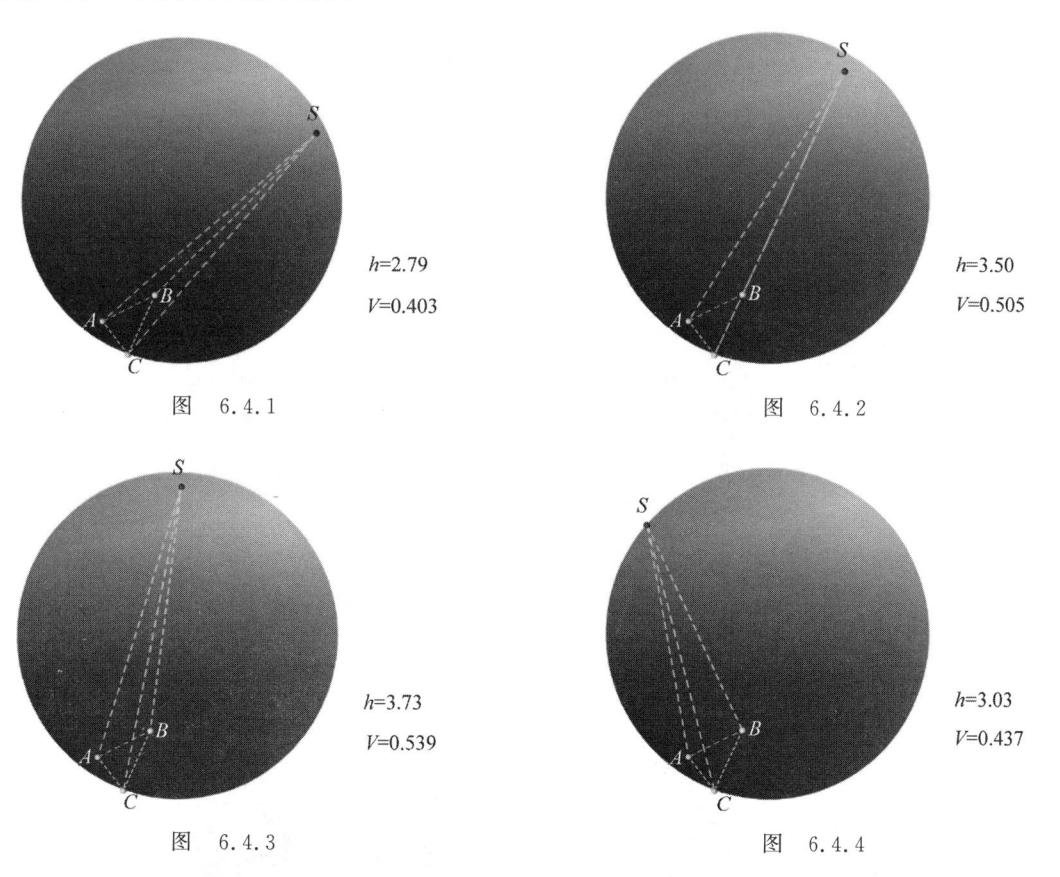

图 6.4.1　$h=2.79$　$V=0.403$

图 6.4.2　$h=3.50$　$V=0.505$

图 6.4.3　$h=3.73$　$V=0.539$

图 6.4.4　$h=3.03$　$V=0.437$

例 2　已知球 O 的半径为 r，则它的外切圆锥体积的最小值为 _____。

【解析】

设圆锥的高为 h，底面半径为 R，在截面图中，$SC=h$，$OC=OD=r$，$BC=R$，根据圆锥与球相切可知，D,C 均为球 O 与外切圆锥的切点，则 $\angle SCB = \angle SDO = \dfrac{\pi}{2}$，又 $\angle OSD = \angle BSC$，则 $\triangle SOD \backsim \triangle SBC$。

又 $\dfrac{BC}{OD} = \dfrac{SC}{SD}$，即 $\dfrac{R}{r} = \dfrac{h}{\sqrt{(h-r)^2 - r^2}}$，所以 $R = \dfrac{hr}{\sqrt{(h-r)^2 - r^2}} = \dfrac{hr}{\sqrt{h^2 - 2hr}}$，故圆锥体积 $V(h) = \dfrac{1}{3}\pi R^2 h = \dfrac{\pi r^2 h^2}{3(h-2r)}$，$V'(h) = \dfrac{\pi r^2 h(h-4r)}{3(h-2r)^2}$。

令 $V'(h) = 0$ 可得 $h = 4r$，则当 $0 < h < 4r$ 时，$V'(h) < 0$；$h > 4r$ 时，$V'(h) > 0$，即 $V(h)$ 在 $(0, 4r)$ 上单调递减，在 $(4r, +\infty)$ 上单调递增，则 $V(h)_{\min} = \dfrac{8}{3}\pi r^3$，故最小值为 $\dfrac{8}{3}\pi r^3$。

动态解析

编号：242757，

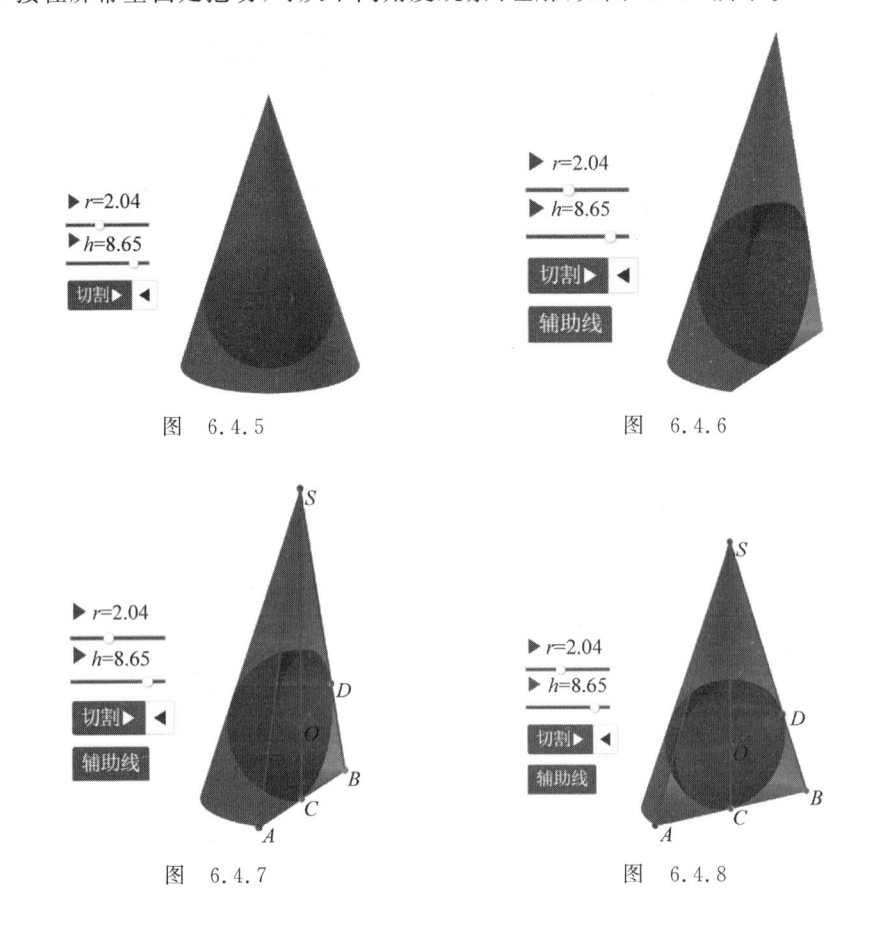

扫描二维码，打开课件，如图 6.4.5 所示，点击按钮 切割，展示将圆锥沿其轴截面切割的动画，如图 6.4.6 所示；点击按钮 辅助线，显示辅助线，如图 6.4.7 所示；拖动变量 r, h 的滑杆改变球的半径及圆锥的高，考察圆锥体积的变化，探究圆锥体积取最大值时，h 与 r 的关系；按住屏幕空白处拖动，可从不同角度观察、理解，如图 6.4.8 所示。

图 6.4.5　　　　图 6.4.6

图 6.4.7　　　　图 6.4.8

练习

1. 在三棱锥 A-BCD 中，$\triangle BCD$ 是边长为 $\sqrt{3}$ 的等边三角形，$\angle BAC = \dfrac{\pi}{3}$，二面角 A-BC-D 的大小为 θ，且 $\cos\theta = \dfrac{2\sqrt{2}}{3}$，则三棱锥 A-BCD 体积的最大值为（　　）。

   A. $\dfrac{3\sqrt{3}}{4}$ B. $\dfrac{\sqrt{3}}{8}$ C. $\dfrac{\sqrt{3}}{32}$ D. $\dfrac{\sqrt{3}}{6}$

   编号：301531，

2. 如图所示，在正方体 $ABCD$-$A_1B_1C_1D_1$ 中，点 O 为线段 BD 的中点。设点 P 在线段 CC_1 上，直线 OP 与平面 A_1BD 所成的角为 α，则 $\sin\alpha$ 的取值范围是（　　）。

   A. $\left[\dfrac{\sqrt{3}}{3}, 1\right]$ B. $\left[\dfrac{\sqrt{6}}{3}, 1\right]$

   C. $\left[\dfrac{\sqrt{6}}{3}, \dfrac{2\sqrt{2}}{3}\right]$ D. $\left[\dfrac{2\sqrt{2}}{3}, 1\right]$

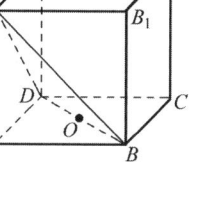

   编号：301533，

3. 在正方体 $ABCD$-$A_1B_1C_1D_1$ 中，点 P 是侧面 B_1C_1CB 内（不包含边界）的一个动点，且 $AP \perp D_1B$，点 H 在棱 D_1D 上运动，则二面角 H-AC-P 的余弦值的取值范围是_____。

   编号：301537，

4. 设点 M 是棱长为 2 的正方体 $ABCD$-$A_1B_1C_1D_1$ 的棱 AD 的中点，点 P 在平面 BCC_1B_1 所在的平面内，若平面 D_1PM 分别与平面 $ABCD$ 和平面 BCC_1B_1 所成的锐二面角相等，则点 P 与点 C_1 间的距离的最小值为_____。

   编号：301538，

5. 已知三棱锥 P-ABC 的顶点 P 在底面的射影 O 为 $\triangle ABC$ 的垂心，若 $S_{\triangle ABC} \cdot S_{\triangle OBC} = S_{\triangle PBC}^2$，且三棱锥 P-ABC 的外接球半径为 3，则 $S_{\triangle PAB} + S_{\triangle PBC} + S_{\triangle PAC}$ 的最大值为_____。

   编号：301585，

6. 如图所示，已知平面四边形 $ABCD$，$AB=BC=3$，$CD=1$，$AD=\sqrt{5}$，$\angle ADC=90°$。沿直线 AC 将 $\triangle ACD$ 折叠成 $\triangle ACD'$，直线 AC 与 BD' 所成角的余弦的最大值是_____。

编号：301589，

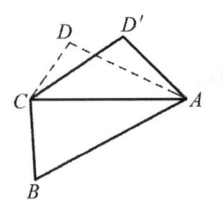

7. 在四棱锥 P-$ABCD$ 中，$AD \parallel BC$，$BC \perp CD$，$\angle ABC=120°$，$AD=4$，$BC=3$，$AB=2$，$CD=\sqrt{3}CE$，$AP \perp ED$。

(1) 求证：$DE \perp$ 平面 PEA；

(2) 已知点 F 为 AB 中点，点 P 在底面 $ABCD$ 上的射影为点 Q，直线 AP 与平面 $ABCD$ 所成角的余弦值为 $\dfrac{\sqrt{3}}{3}$，当三棱锥 P-QDE 的体积最大时，求异面直线 PB 与 QF 所成角的余弦值。

编号：301597，

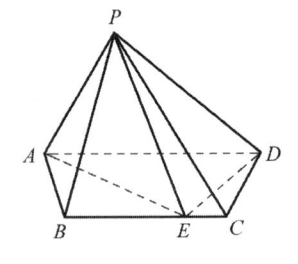

第 7 章

立体几何中的轨迹问题

在立体几何中,某些点、线、面依一定的规则运动,构成各式各样的轨迹。立体几何的轨迹问题,是高中数学教学中的一大难点,常涉及函数、数形结合、建模、化归等数学思想与方法,综合性强,能力要求高,所涉及的题型立意新颖,构思巧妙,集知识的交汇性、综合性、方法的灵活性,能力的迁移性于一体,是近年来高考中常见的题型。

7.1 定义法

在立体几何动点问题中,若动点运动时保持某些距离或角度一定条件不变,求其轨迹,则通常可联想解析几何中有关轨迹定义(例如圆、圆锥曲线、线段的垂直平分线、角平分线、球等),从而转化条件。在很多题中,我们往往会想到用圆锥曲线的定义去解决,关键是要找到有关的定点与相应的定直线,或者是距离之和、差等。

例 1 在棱长为 2 的正方体 $ABCD$-$A_1B_1C_1D_1$ 中,P 是侧面 BB_1C_1C 内一动点,若 P 到直线 DC 与直线 C_1D_1 的距离之和等于 $2\sqrt{2}$,则动点 P 的轨迹所在曲线是(   )。

A. 椭圆　　　　B. 圆
C. 双曲线　　　D. 抛物线

【解析】

P 到直线 C_1D_1 的距离即 P 到点 C_1 的距离,P 到直线 DC 的距离即 P 到点 C 的距离,则在侧面 BB_1C_1C 内,P 到 C,C_1 的距离之和为 $2\sqrt{2}$(常数),由椭圆的第一定义知,点 P 的轨迹是以 C,C_1 为焦点,以 $2\sqrt{2}$ 为长轴的椭圆的一部分,故选 A。

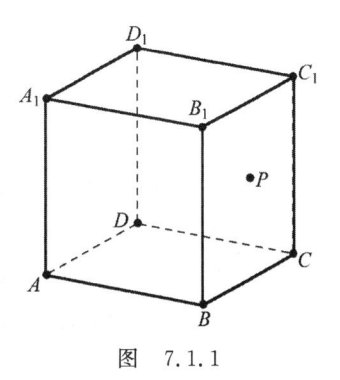

图 7.1.1

动态解析

编号：301743，

扫描二维码,打开课件,如图 7.1.2 所示；拖动点 P 运动或点击按钮 [动画⊙■],如图 7.1.3 所示,考察点 P 的运动规律,探究其轨迹；点击按钮 [点P轨迹],显示点 P 的轨迹,如图 7.1.4 所示,图中红色即为点 P 的轨迹；按住屏幕空白处拖动,可从不同角度观察,如图 7.1.5 所示。

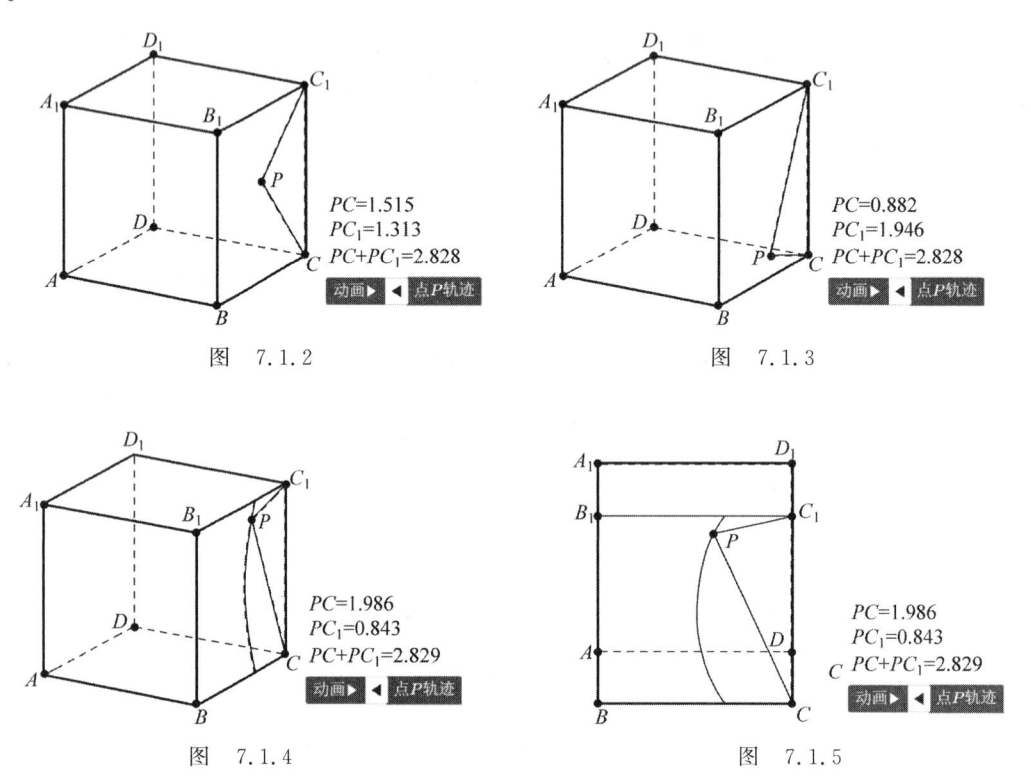

图 7.1.2

图 7.1.3

图 7.1.4

图 7.1.5

例 2 如图 7.1.6 所示,定点 A 和 B 都在平面 α 内,定点 $P \notin \alpha$,$PB \perp \alpha$,C 是 α 内异于 A,B 的动点,且 $PC \perp AC$,动点 C 在平面 α 内的轨迹是( )。

A. 一条线段,但要去掉两个点

B. 一个圆,但要去掉两个点

C. 一个椭圆,但要去掉两个点

D. 半圆,但要去掉两个点

图 7.1.6

【解析】

由 $PC \perp AC$ 且 PC 在 α 内的射影为 BC,所以 $BC \perp AC$,则点 C 的轨迹是以 AB 为直径的圆且去掉 A,B 两个点,故选 B。

动态解析

编号：301781。

扫描二维码，打开课件，如图7.1.7所示；拖动点C运动或点击按钮，如图7.1.8所示，考察点C的运动规律，探究其轨迹；点击按钮，显示点C的轨迹，如图7.1.9所示，图中红色即为点C的轨迹；按住屏幕空白处拖动，可从不同角度观察，如图7.1.10所示。

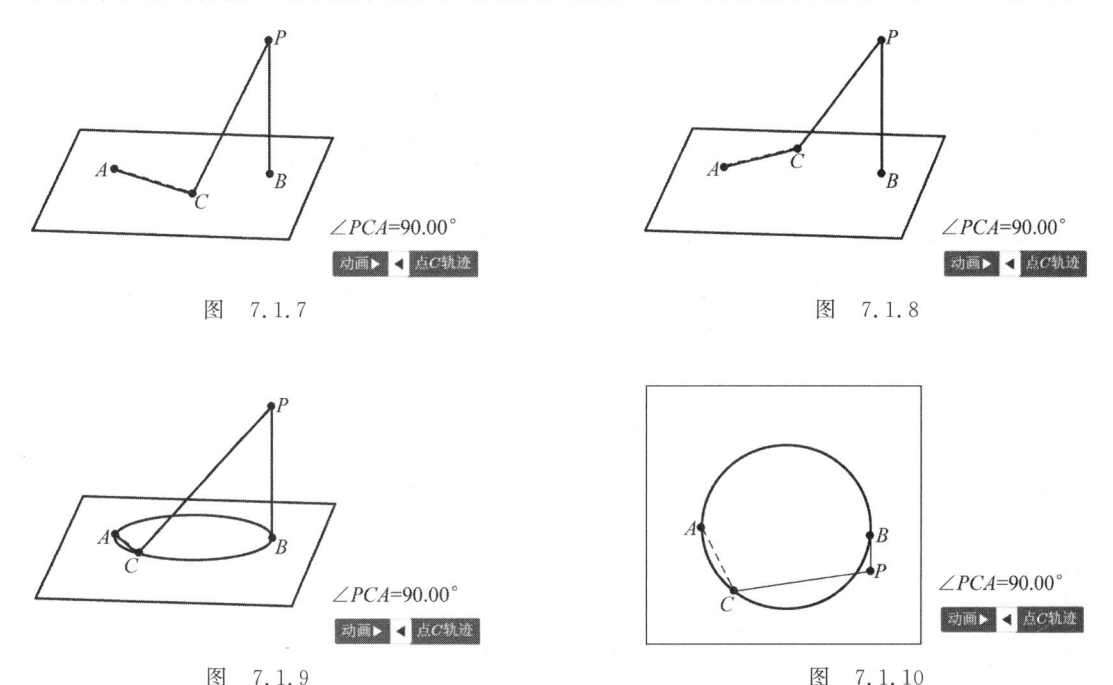

图 7.1.7

图 7.1.8

图 7.1.9

图 7.1.10

例3 正方体$ABCD-A_1B_1C_1D_1$的棱长为6，M是AB的中点，点P是平面$ABCD$上的动点，且P到直线A_1D_1的距离与到M的距离的平方差为36，则动点的轨迹是（　　）。

A. 圆　　　　B. 椭圆　　　　C. 双曲线　　　　D. 抛物线

【解析】

如图7.1.11所示，在正方体$ABCD-A_1B_1C_1D_1$中，作$PQ \perp AD$于Q，则$PQ \perp$平面ADD_1A_1。

过点Q作$QR \perp D_1A_1$于R，则$D_1A_1 \perp$平面PQR。

PR为点P到直线A_1D_1的距离，则$PR^2 - PQ^2 = RQ^2 = 36$。

又已知$PR^2 - PM^2 = 36$，所以$PM = PQ$，即P到点M的距离等于P到AD的距离。

根据抛物线定义可得，点P的轨迹是抛物线，故选D。

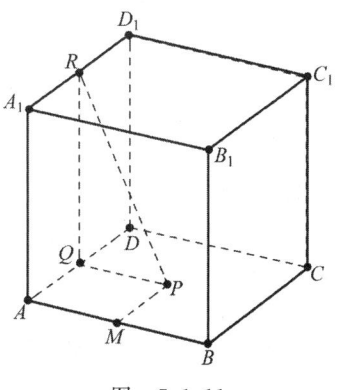

图 7.1.11

动态解析

编号：301907，

扫描二维码，打开课件，如图 7.1.12 所示；点击按钮 [动画▶■]，如图 7.1.13 所示，考察点 P 的运动规律，探究其轨迹；点击按钮 [点F轨迹]，显示点 F 的轨迹，如图 7.1.14 所示，图中红色即为点 F 的轨迹；按住屏幕空白处拖动，可从不同角度观察，如图 7.1.15 所示。

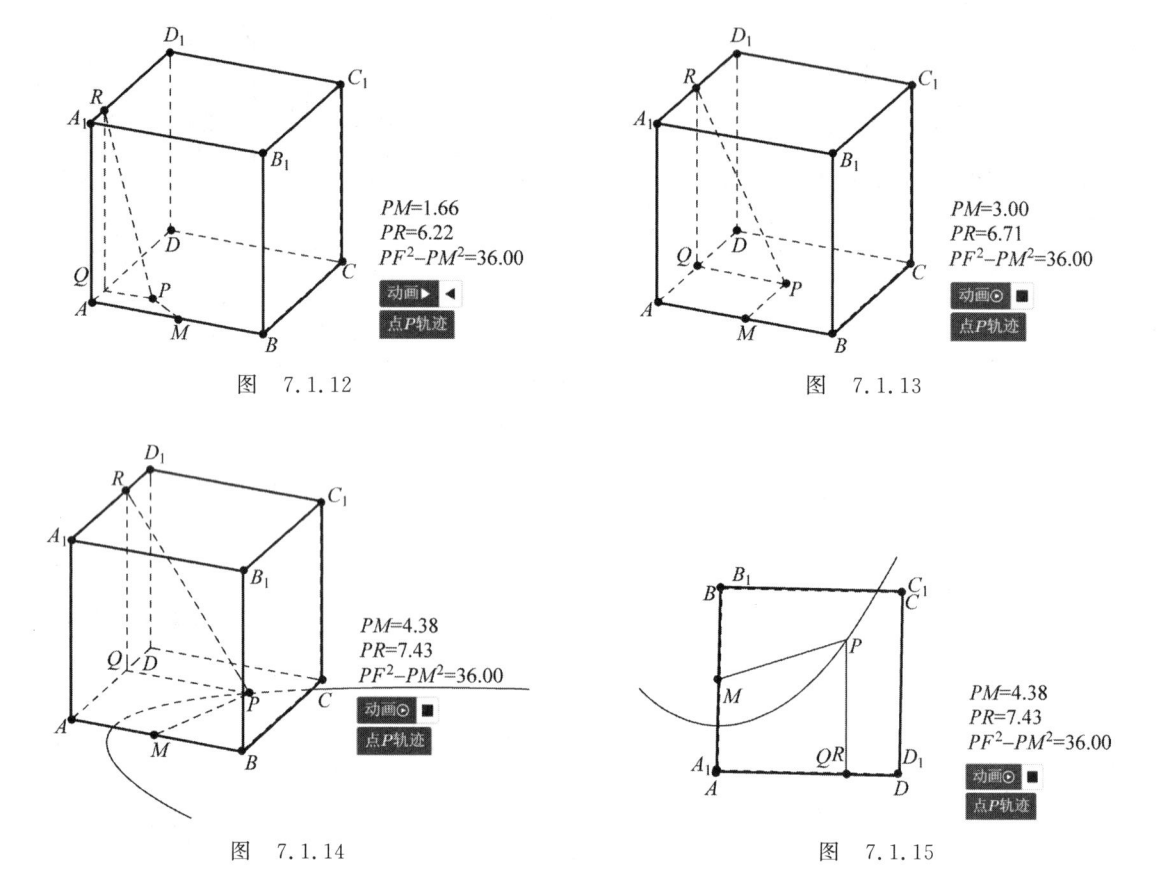

图 7.1.12

$PM=1.66$
$PR=6.22$
$PF^2-PM^2=36.00$

图 7.1.13

$PM=3.00$
$PR=6.71$
$PF^2-PM^2=36.00$

图 7.1.14

$PM=4.38$
$PR=7.43$
$PF^2-PM^2=36.00$

图 7.1.15

$PM=4.38$
$PR=7.43$
$PF^2-PM^2=36.00$

例 4　如图 7.1.16 所示，P 是正四面体 $V\text{-}ABC$ 的平面 VBC 上一点，P 到平面 ABC 的距离与到 V 的距离相等，求动点 P 的轨迹的离心率。

【解析】

设正四面体的棱长为 2，取 AB 中点 E，连接 VE、CE，则 $\angle VEC$ 是二面角 $V\text{-}AB\text{-}C$ 的平面角，$VE=CE=\sqrt{3}$，所以 $\cos\angle VEC=\dfrac{1}{3}$，$\sin\angle VEC=\dfrac{2\sqrt{2}}{3}$。

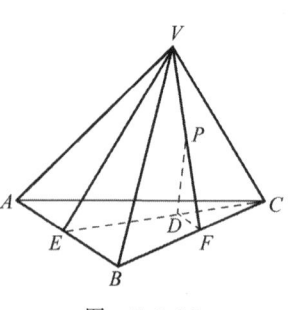

图 7.1.16

在平面 ABC 内，过 P 的射影 D 作 $DF\perp BC$ 于 F，连接 PF。

根据三垂线定理得 $BC\perp PF$，所以 $\angle PFD$ 是二面角 $V\text{-}BC\text{-}A$ 的平面角，$\angle PFD=\angle VEC$，由

此可得 $\sin\angle PFD = \dfrac{PD}{PF} = \dfrac{2\sqrt{2}}{3}$，所以 $\dfrac{PV}{PF} = \dfrac{2\sqrt{2}}{3}$。

所以在平面 VBC 内，动点 P 到定点 V 的距离与 P 到定直线 BC 的距离之比是一个小于 1 的正常数。

根据椭圆的第二定义，动点 P 的轨迹为椭圆的一部分，其离心率为 $\dfrac{2\sqrt{2}}{3}$。

动态解析

编号：301784，

扫描二维码，打开课件，如图 7.1.17 所示；点击按钮 [动画▶■]，如图 7.1.18 所示，考察点 P 的运动规律，探究其轨迹；点击按钮 [点P轨迹]，显示点 C 的轨迹，如图 7.1.19 所示，图中红色即为点 C 的轨迹；按住屏幕空白处拖动，可从不同角度观察，如图 7.1.20 所示。

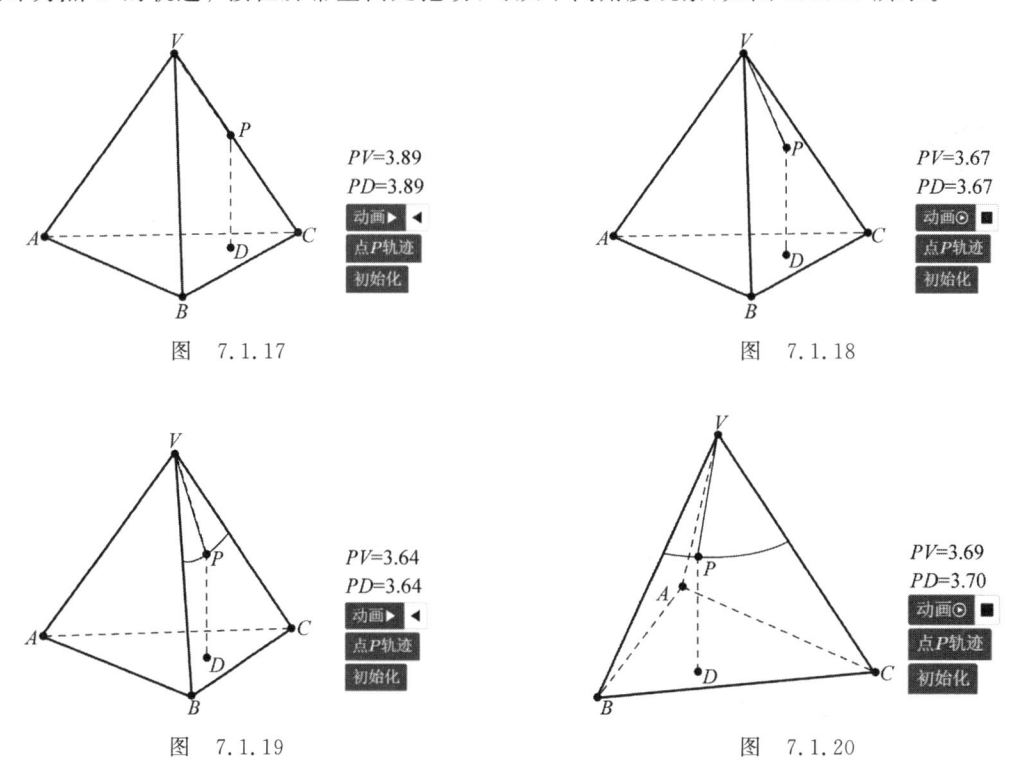

图 7.1.17　　　　　　　图 7.1.18

图 7.1.19　　　　　　　图 7.1.20

7.2　平面几何法

平面几何法就是降维切入，即利用立体几何的相关知识把空间的几何量关系、位置关系等转化到同一平面内，空间问题平面化。平面化思考是求解立体几何中动点轨迹问题非常重要的一种思想。

例1 在正方体 $ABCD$-$A_1B_1C_1D_1$ 中,E 为 AA_1 的中点,点 P 在其对角面 BDD_1B_1 内运动,若 EP 总与直线 AC 成等角,则点 P 的轨迹可能是( )。

A. 圆或圆的一部分 B. 抛物线或其一部分

C. 双曲线或其一部分 D. 椭圆或其一部分

【解析】

如图 7.2.1 所示,设 B_1D 与 BD_1 交点为 O,则 $EO\perp$ 平面 B_1BDD_1 且 $EO//AC$。

当点 P 在平面 B_1BDD_1 内运动时,因为 $\angle PEO$ 是定值,所以 OP 也是定值,P 的轨迹为圆或圆的一部分,故选 A。

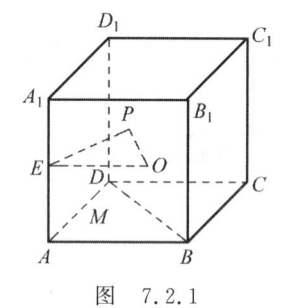

图 7.2.1

动态解析

编号:302192,

扫描二维码,打开课件,如图 7.2.2 所示;点击按钮 动画 或拖动点 P 运动,如图 7.2.3 所示,考察点 P 的运动规律,探究其轨迹;点击按钮 跟踪点P的轨迹,跟踪点 P 的轨迹,图中红色即为跟踪的点 P 的轨迹;变量 α 为直线 EP 与 AC 的夹角,拖动其滑杆改变 α 的值即改变直线 EP 与 AC 的夹角,如图 7.2.4 所示;按住屏幕空白处拖动,可从不同角度观察,如图 7.2.5 所示。

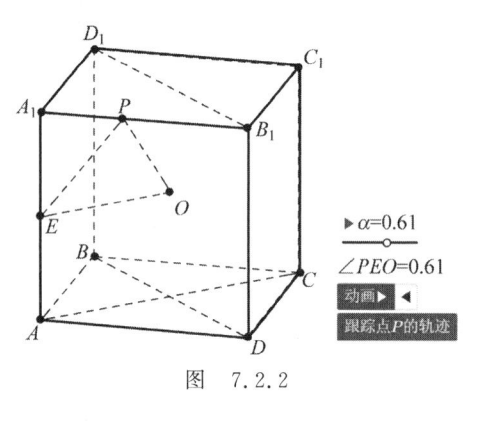

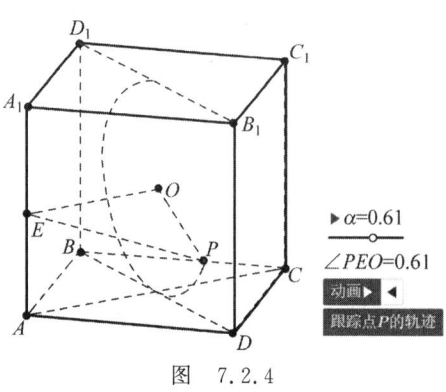

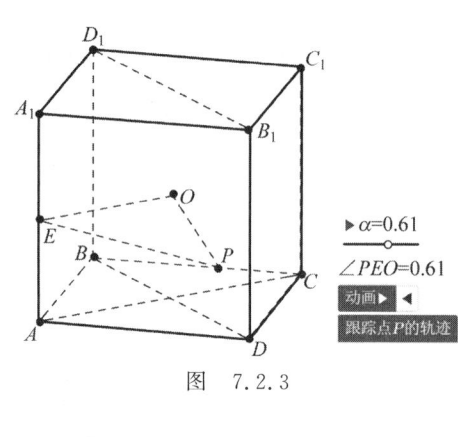

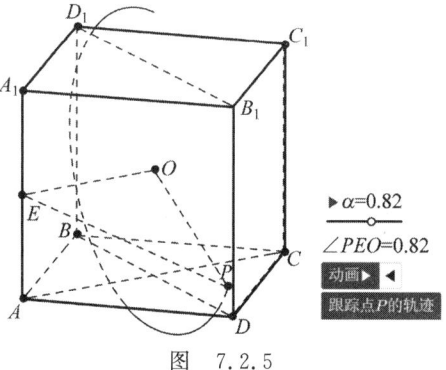

图 7.2.2

图 7.2.3

图 7.2.4

图 7.2.5

例 2 已知正方体 $ABCD\text{-}A_1B_1C_1D_1$ 的棱长为 1，E 是棱 D_1C_1 的中点，点 F 在正方体内部或正方体的表面上，且 EF // 平面 A_1BC_1，则动点 F 的轨迹所形成的区域面积是（　　）。

A. $\dfrac{9}{8}$ B. $\dfrac{\sqrt{3}}{2}$ C. $\dfrac{3\sqrt{3}}{4}$ D. $\sqrt{2}$

【解析】

如图 7.2.6 所示，分别取棱 CC_1，BC，AB，AA_1，A_1D_1 的中点 M，N，G，Q，P，则 PE // A_1C_1 // GN，EM // A_1B // GQ，PQ // BC_1 // MN，平面 $EMNGQP$ // 平面 A_1BC_1。

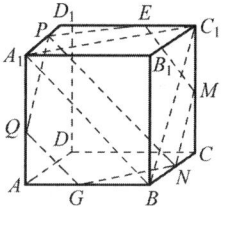

因为点 F 在正方体内部或正方体的表面上，若 EF // 平面 A_1BC_1，则动点 F 的轨迹所形成的区域是平面 $EMNGQP$。

又正方体 $ABCD\text{-}A_1B_1C_1D$ 的棱长为 1，所以 $PE = EM = MN = NG = GQ = PQ = \dfrac{\sqrt{2}}{2}$，$PN = \sqrt{2}$，$E$ 到 PN 的距离 $d = \sqrt{\left(\dfrac{\sqrt{2}}{2}\right)^2 - \left(\dfrac{\sqrt{2}}{4}\right)^2} = \dfrac{\sqrt{6}}{4}$。

图 7.2.6

所以动点 F 的轨迹所形成的区域面积 $S = 2S_{\text{梯形}PNME} = 2 \times \dfrac{\dfrac{\sqrt{2}}{2} + \sqrt{2}}{2} \times \dfrac{\sqrt{6}}{4} = \dfrac{3\sqrt{3}}{4}$，故选 C。

动态解析

编号：301886，

扫描二维码，打开课件，如图 7.2.7 所示；拖动点 P 运动，如图 7.2.8、图 7.2.9 所示，考察点 P 的运动规律，探究其轨迹所形成的区域；点击按钮 点F轨迹，显示点 F 的轨迹，如图 7.2.10 所示，图中蓝色正六边形即为点 F 的轨迹所形成的区域；按住屏幕空白处拖动，可从不同角度观察。

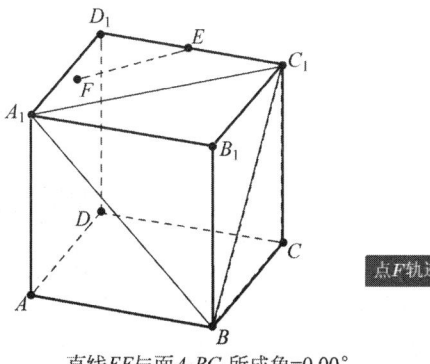

直线 EF 与面 A_1BC_1 所成角 = 0.00°

图 7.2.7

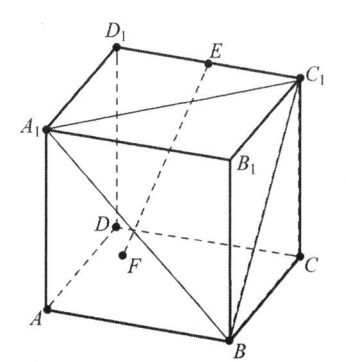

直线 EF 与面 A_1BC_1 所成角 = 0.00°

图 7.2.8

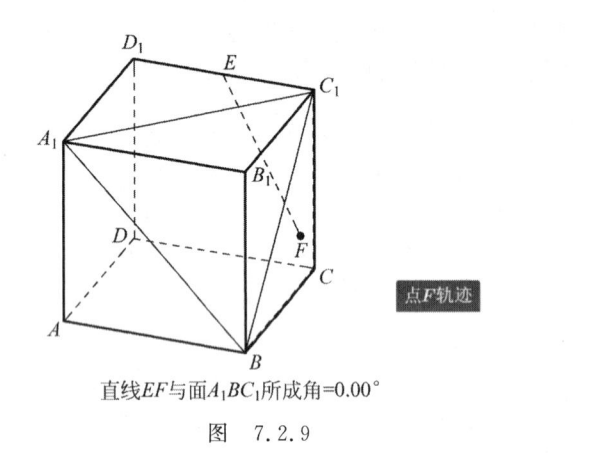

直线EF与面A_1BC_1所成角=0.00°

图 7.2.9

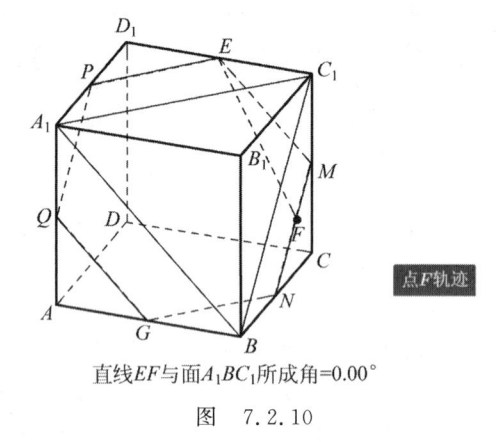

直线EF与面A_1BC_1所成角=0.00°

图 7.2.10

例3 如图 7.2.11 所示,在三棱台 ABC-$A_1B_1C_1$ 中,点 D 在 A_1B_1 上,且 AA_1∥BD,点 M 是 △$A_1B_1C_1$ 内(含边界)的一个动点,且有平面 BDM∥平面 A_1C,则动点 M 的轨迹是( )。

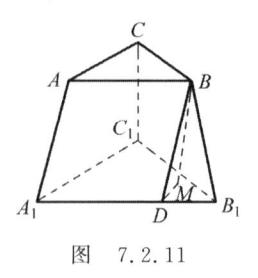

图 7.2.11

A. 平面   B. 直线   C. 线段,但只含1个端点   D. 圆

【解析】

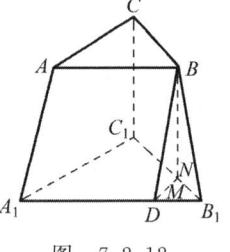

如图 7.2.12 所示,过 D 作 DN∥A_1C_1 交 B_1C_1 于 N,连接 BN,因为在三棱台 $A_1B_1C_1$-ABC 中,点 D 在 A_1B_1 上,且 AA_1∥BD,$AA_1 \cap A_1C_1 = A_1$,$BD \cap DN = D$,所以平面 BDN∥平面 A_1C_1CA。

又点 M 是 △$A_1B_1C_1$ 内(含边界)的一个动点,且有平面 BDM∥平面 A_1C_1CA,则 M 的轨迹是线段 DN,且 M 与 D 不重合。

所以动点 M 的轨迹是线段,但只含1个端点,故选 C。

图 7.2.12

动态解析

编号:301889,

扫描二维码,打开课件,如图 7.2.13 所示;拖动点 M 运动,如图 7.2.14、图 7.2.15 所示,考察点 M 的运动规律,探究其轨迹;点击按钮 点M轨迹 ,显示点 M 的轨迹,如图 7.2.16 所示,图中红线即为点 M 的轨迹;按住屏幕空白处拖动,可从不同角度观察。

面BDM与面AA_1C_1C所成角=0.00°

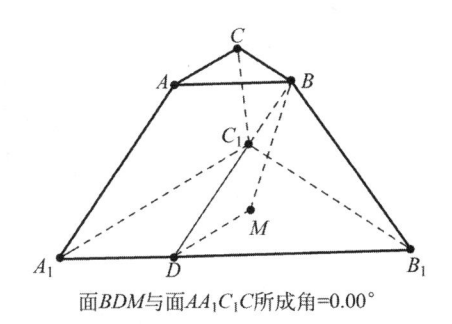

点M轨迹

图 7.2.13

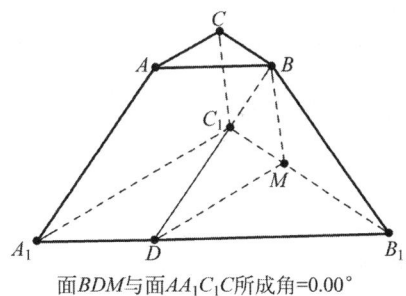

面BDM与面AA_1C_1C所成角=0.00°

点M轨迹

图 7.2.14

面BDM与面AA_1C_1C所成角=?°

点M轨迹

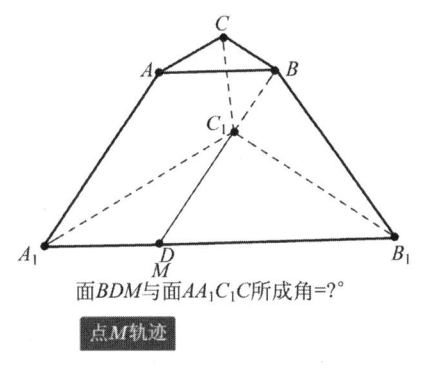

图 7.2.15

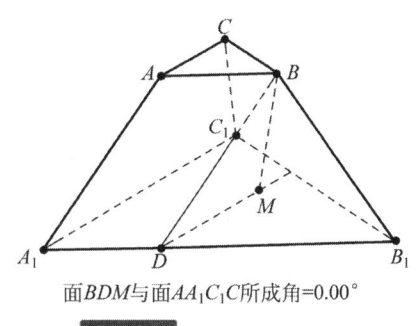

面BDM与面AA_1C_1C所成角=0.00°

点M轨迹

图 7.2.16

7.3 坐标法

用代数方法研究几何问题是解析几何的本质,通过建立直角坐标系,设出动点坐标,将几何问题转化成代数问题来解决,这是探求空间图形中的轨迹问题常用的一种方法。

例1 正方体$ABCD$-$A_1B_1C_1D_1$的棱长为6,点P是平面$ABCD$上的动点,且动点P到直线A_1D_1的距离与动点P到直线AB的距离的平方和为72,则动点的轨迹是( )。

A. 圆   B. 椭圆
C. 双曲线   D. 抛物线

【解析】

以AB为x轴,以AD为y轴建立直角坐标系。

设$P(x,y)$,则$PM=|y|$,作$PN \perp AD$于N,$NG \perp A_1D_1$于G,连接PG,则由面面垂直的性质定理知,$PG \perp A_1D_1$,且$PG = \sqrt{36+x^2}$。

又$PM^2 + PG^2 = 72$,可得$36+x^2+y^2=72$,即$x^2+y^2=36$。

则所求的轨迹是圆$x^2+y^2=36$,故选A。

动态解析

编号：301913，

扫描二维码，打开课件，如图 7.3.1 所示；点击按钮 或拖动点 P 运动，考察点 M 的运动规律，探究其轨迹，如图 7.3.2、图 7.3.3 所示，图中红线即为跟踪的点 P 的轨迹；按住屏幕空白处拖动，可从不同角度观察，如图 7.3.4 所示。

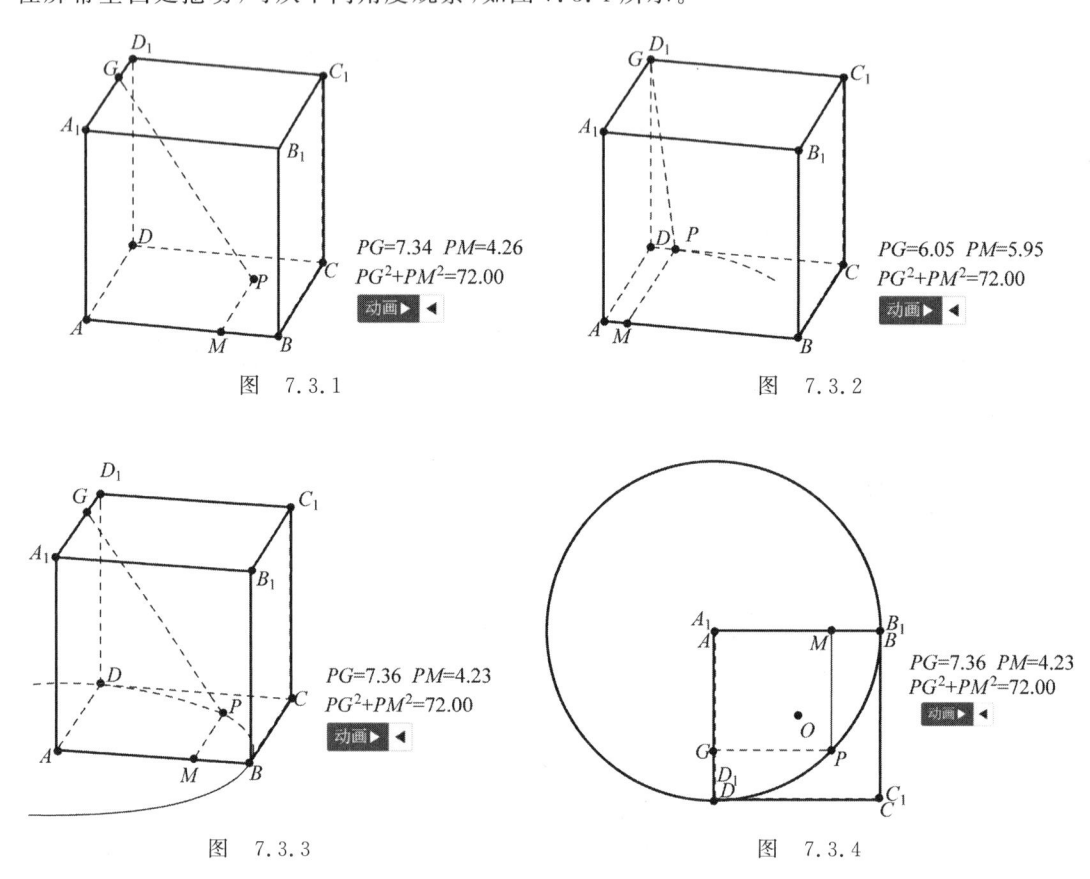

图 7.3.1

图 7.3.2

图 7.3.3

图 7.3.4

本题是以立体几何为背景，考查学生的空间想象力，以及建立适当的坐标系求轨迹方程的能力。这类题通过建立适当的坐标系，把几何的问题转化成代数问题来解决，也使问题变得通俗易懂。

例 2 在正方体 $ABCD$-$A_1B_1C_1D_1$ 中，点 M 是底面正方形 $ABCD$ 内的一个动点，若直线 C_1D，C_1M 所成的角为 $30°$，则以下说法正确的是( )。

A．点 M 的轨迹是圆的一部分   B．点 M 的轨迹是椭圆的一部分

C．点 M 的轨迹是双曲线的一部分   D．点 M 的轨迹是抛物线的一部分

【解析】

如图 7.3.5 所示，以 DA，DC，DD_1 所在的直线为 x，y，z 轴建立空间直角坐标系。

不妨设正方体棱长为 1，则 $D(0,0,0)$，$C_1(0,1,1)$。

设 $M(x,y,0)(0\leqslant x\leqslant 1,0\leqslant y\leqslant 1)$，则 $\overrightarrow{C_1M}=(x,y-1,-1)$，$\overrightarrow{C_1D}=(0,-1,-1)$，直线 C_1D，C_1M 所成的角为 $30°$，

$$\frac{\overrightarrow{C_1M}\cdot\overrightarrow{C_1D}}{|\overrightarrow{C_1M}||\overrightarrow{C_1D}|}=\frac{2-y}{\sqrt{x^2+(y-1)^2+1}\cdot\sqrt{2}}=\frac{\sqrt{3}}{2}。$$

所以 $x^2+\dfrac{(y+1)^2}{3}=1$，其轨迹是椭圆的一部分，故选 B。

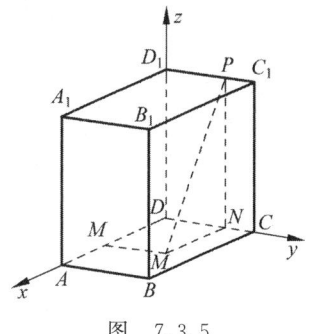

图 7.3.5

动态解析

编号：301922，

扫描二维码，打开课件，如图 7.3.6 所示；点击按钮 动画 或拖动点 M 运动，考察点 M 的运动规律，探究其轨迹，如图 7.3.7 所示，图中红线即为追踪的点 M 的轨迹；点击按钮 M在平面$ABCD$上的轨迹，显示点 M 在平面 $ABCD$ 上的轨迹，如图 7.3.8 所示；按住屏幕空白处拖动，可从不同角度观察，如图 7.3.9 所示。

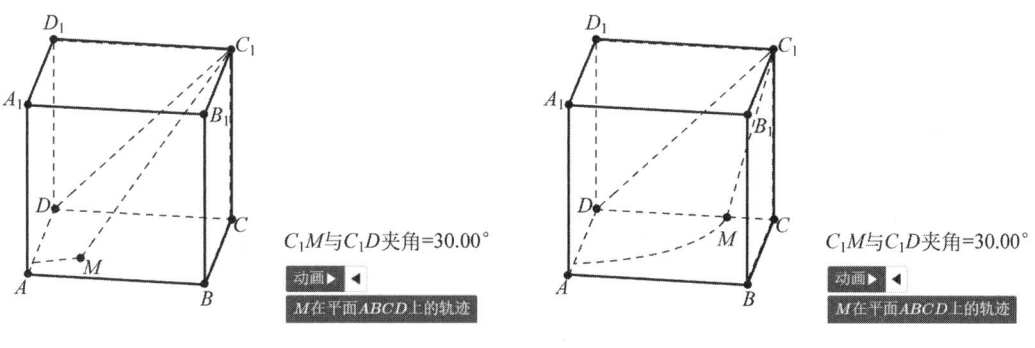

图 7.3.6

图 7.3.7

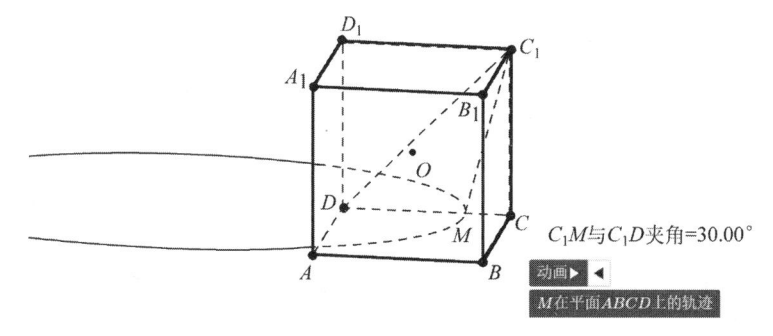

图 7.3.8

图 7.3.9

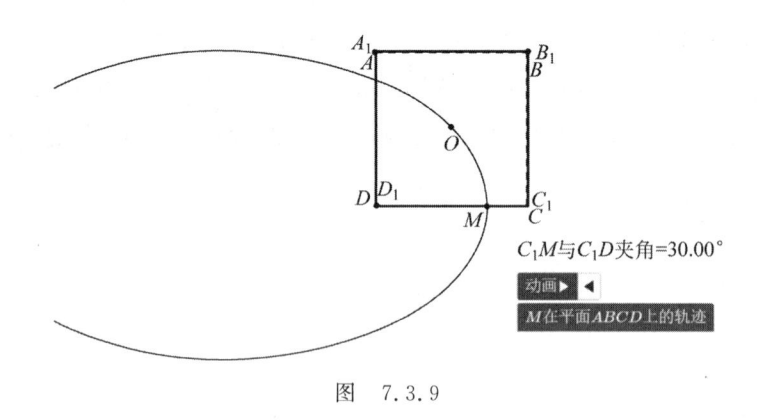

7.4 交轨法

在平面几何、解析几何中已有"交轨法"的运用,若对此有一定的知识迁移能力,则在空间图形轨迹问题中也可涉及这种重要的思考方法——交轨法,即从集合的"交"来确定兼备有关集合特性的元素。

例 1 如图 7.4.1 所示,AB 是平面 α 内的斜线段,A 为斜足,若点 P 在平面 α 内运动,使得 $\triangle ABP$ 的面积为定值,则动点 P 的轨迹是(   )。

A. 圆   B. 椭圆   C. 一条直线   D. 两条平行直线

【解析】

如图 7.4.2 所示,因为 AB 长为定值,要使 $\triangle ABP$ 的面积为定值,即点 P 到直线 AB 的距离为定值,则 PB 的轨迹是以直线 AB 为轴的一个圆柱的侧面。

又 $P \in \alpha$,所以 P 的轨迹是圆柱侧面与平面 α 的交线,因为圆柱的轴与平面 α 斜交,故 P 的轨迹为椭圆。

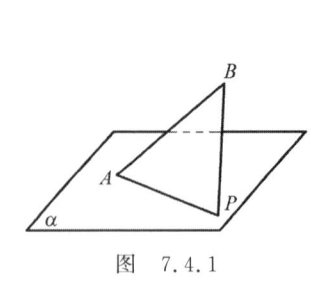

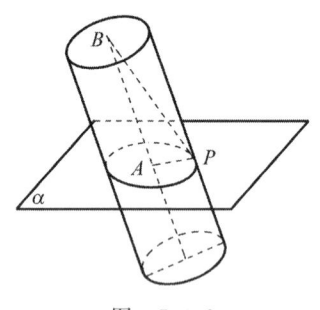

图 7.4.1   图 7.4.2

编号:302142,

扫描二维码,打开课件,如图 7.4.3 所示;点击按钮，如图 7.4.4 所示,考察点 P

的运动规律,探究其轨迹;点击按钮,再次点击按钮 显示过 P 平行于 AB 的直线以 AB 为轴旋转形成圆柱的过程,如图 7.4.5 所示;点击按钮 轨迹 ,显示点 P 的轨迹,如图 7.4.6 所示,红线为圆柱与平面 α 的交线即为点 P 的轨迹;按住屏幕空白处拖动,可从不同角度观察。

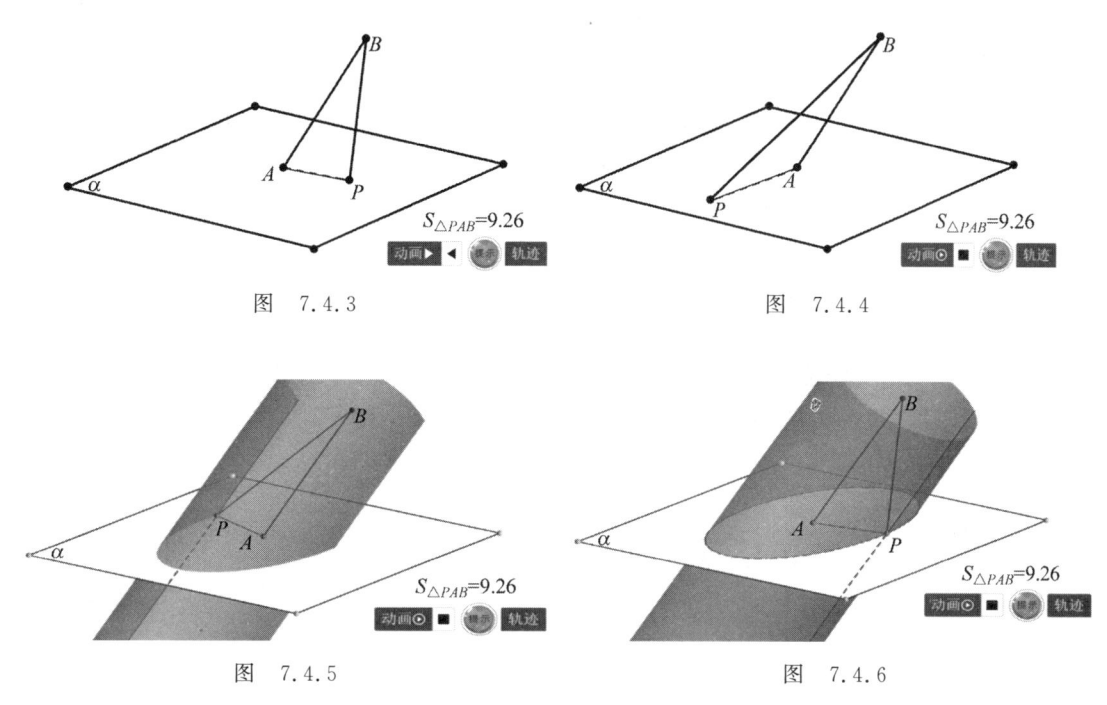

图 7.4.3

图 7.4.4

图 7.4.5

图 7.4.6

例 2 平面 α 的斜线 AB 交 α 于点 B 且与 α 成 $60°$,平面 α 内一动点 C 满足 $\angle BAC = 30°$,则动点 C 的轨迹为( )。

A. 一条直线 B. 一个圆
C. 一个椭圆 D. 双曲线一支

【解析】

因为 $\angle BAC = 30°$,所以 AC 的轨迹是以 AB 为轴的圆锥的侧面。

又 $C \in \alpha$,所以 C 的轨迹是圆锥侧面与平面 α 的交线。

因为圆锥的轴与平面 α 斜交,所以 C 的轨迹为椭圆。

故选 C。

动态解析

编号:305072,

扫描二维码,打开课件,如图 7.4.7 所示;点击按钮 ,如图 7.4.8 所示,动态展示 AC 绕 AB 旋转形成圆锥的过程,考察点 C 的运动规律,探究其轨迹;点击按钮 追踪轨迹 ,再次点击 ,如图 7.4.9、图 7.4.10 所示,动态展示显示点 C 的轨迹形成过程,红线为圆锥与平面 α 的交线,即为点 C 的轨迹;按住屏幕空白处拖动,可从不同角度观察。

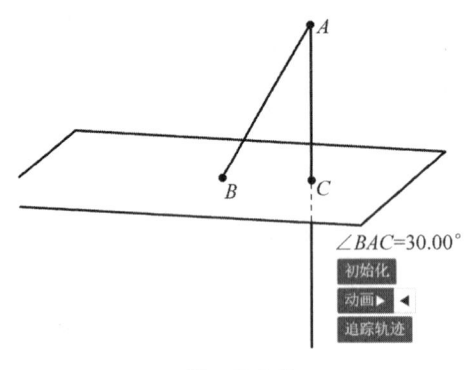

图 7.4.7

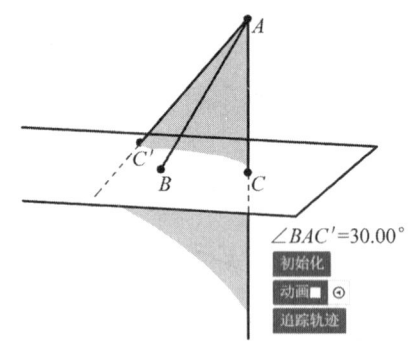

图 7.4.8

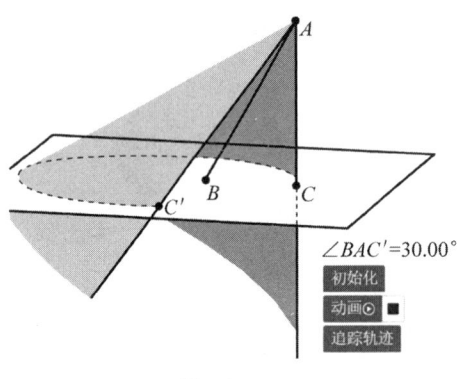

图 7.4.9

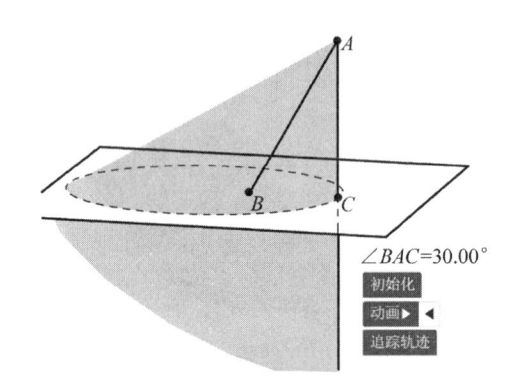

图 7.4.10

例 3 如图 7.4.11 所示,平面 $\alpha // \beta$,且两平面间的距离为 4,点 A,B 在平面 α 内,则平面 β 内到定点 A 的距离为 6 且到直线 AB 的距离为 5 的点的个数为_____。

【解析】

设 AB 在平面 β 内的射影为 A_1B_1,则在平面 β 内到 A 的距离为 6 的点的轨迹是一个以 A 为圆心,以 6 为半径的圆(它是以 A 为球心,6 为半径的球面与平面 β 的交线),而在 β 内到 AB 的距离为 5 的轨迹是两条平行直线(它是以直线 AB 为旋转轴,5 为底面半径的圆柱面与平面 β 的交线)且到 A_1B_1 的距离为 3。

则这两条平行直线与圆有 4 个交点。

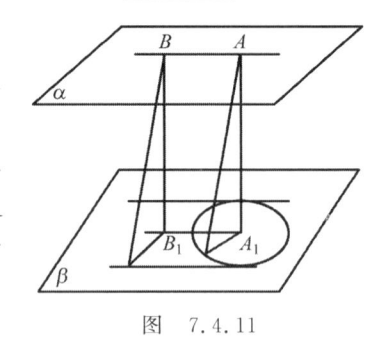

图 7.4.11

动态解析

编号:302186,

扫描二维码,打开课件,如图 7.4.12 所示;点击按钮 到点A距离为6的点的轨迹 ,如图 7.4.13 所示,显示以 A 为球心 6 为半径的球;点击按钮 β内到点A距离为6的点的轨迹 ,显示球与平面 β 的交线,即为 β 内到点 A 距离为 6 的点有轨迹,如图 7.4.14 所示;点击按钮 到点AB距离为5的点的轨迹 ,显示以

AB 为轴,底面半径为 5 的圆柱,如图 7.4.15 所示;再次点击按钮 β内到点AB距离为5的点的轨迹 显示圆柱与 β 的交线,即为 β 内到直线 AB 距离为 5 的点的轨迹,如图 7.4.16 所示;按住屏幕空白处拖动,可从不同角度观察直线与圆的交点个数。

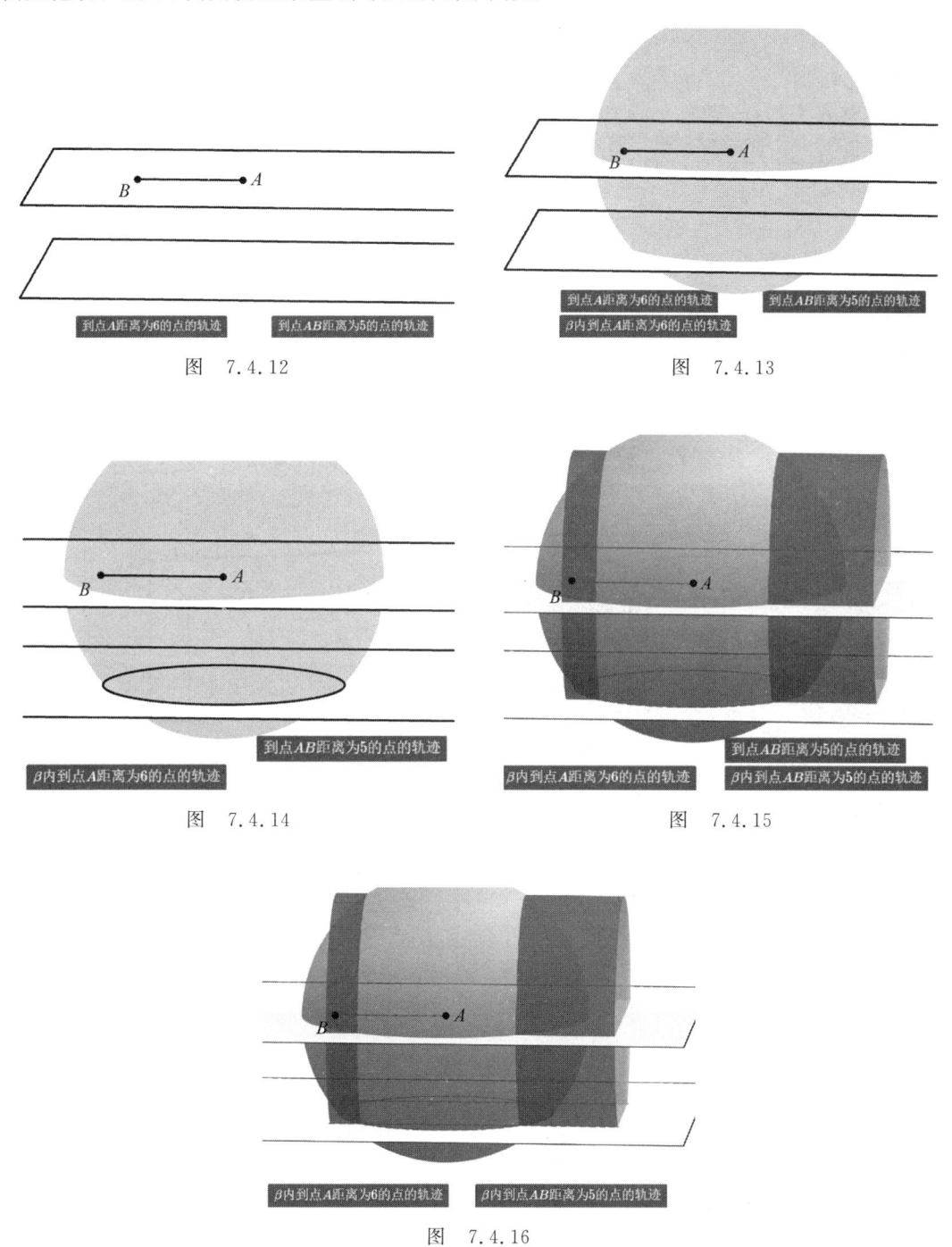

图 7.4.12

图 7.4.13

图 7.4.14

图 7.4.15

图 7.4.16

例 4 已知正方体 $ABCD$-$A_1B_1C_1D_1$ 的棱长为 6,长为 4 的线段 MN 的一个端点在 DD_1 上运动,另一个端点在底面 $ABCD$ 上运动,则 MN 中点 P 的轨迹与正方体的面所围成的几何体的体积为_____。

【解析】

端点 N 在正方形 $ABCD$ 内运动,连接 N 点与 D 点,则 ND,DM,MN 构成一个直角三角形。

设 P 为 MN 的中点,根据直角三角形斜边上的中线长度为斜边的一半,可得无论 $\triangle MDN$ 如何变化,P 点到 D 点的距离始终等于 2。

故 P 点的轨迹是一个以 D 为中心,半径为 1 的球的 $\frac{1}{8}$,其体积 $V = \frac{1}{8} \times \frac{4}{3} \times \pi \times 2^3 = \frac{4}{3}\pi$。

动态解析

编号:305078,

扫描二维码,打开课件,如图 7.4.17 所示;拖动点 M,N 运动,观察 MN,DP 长度的变化,考察点 P 的运动规律,探究其轨迹,如图 7.4.18 所示;点击按钮 轨迹,如图 7.4.19 所示,拖动点 M,N 运动,观察点 P 与球面的关系;按住屏幕空白处拖动,可从不同角度观察,如图 7.4.20 所示。

图 7.4.17

图 7.4.18

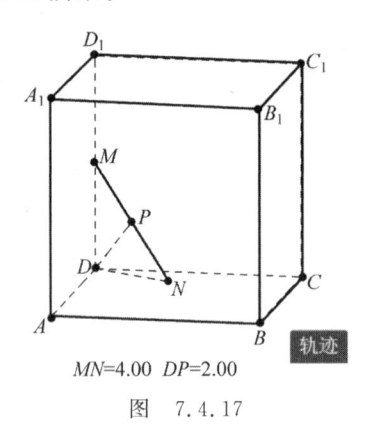

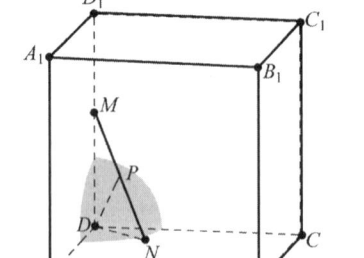

图 7.4.19

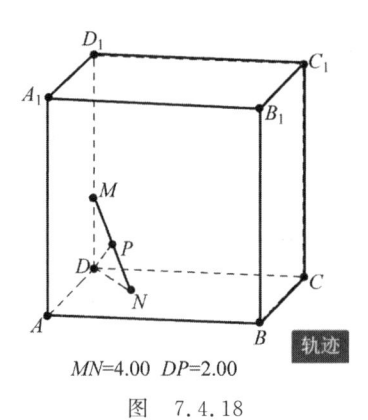

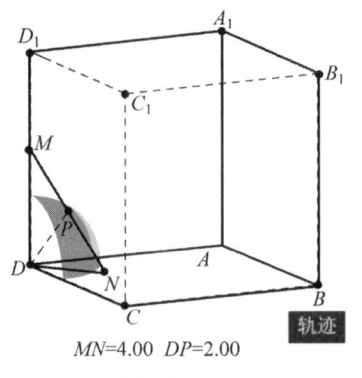

图 7.4.20

练习

1. 已知正方形 $ABCD$-$A_1B_1C_1D_1$ 的棱长为 1，在正方体的表面上与点 A 距离为 $\dfrac{2\sqrt{3}}{3}$ 的点的集合形成一条曲线，则该曲线的长度为_____。

编号：302203，

2. 在正四面体 P-ABC 中，M 为 $\triangle ABC$ 内（含边界）一动点，且点 M 到三个侧面 PAB，PBC，PCA 的距离成等差数列，则点 M 的轨迹是（　　）。

    A. 一条线段   B. 椭圆的一部分
    C. 双曲线的一部分   D. 抛物线的一部分

编号：302207，

3. 到两互相垂直的异面直线的距离相等的点，在过其中一条直线且平行于另一条直线的平面内的轨迹是（　　）。

    A. 直线   B. 椭圆   C. 抛物线   D. 双曲线

编号：302022，

4. 如图所示，在直二面角 α-AB-β 中，$P\in\alpha$，$C\in\beta$，$D\in\beta$，且 $AD\perp AB$，$BC\perp AB$，$AD=5$，$BC=10$，$AB=6$，$\angle APD=\angle CPB$，则点 P 在平面 α 内的轨迹是（　　）。

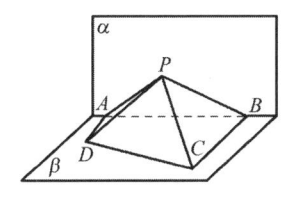

    A. 圆的一部分   B. 椭圆的一部分   C. 一条直线   D. 两条直线

编号：302139，

第 8 章

立体几何中的折叠问题

图像的折叠问题是指将平面图形沿着平面图形中的某条或几条线段,将平面图形折叠,使之变成空间几何体,以此为载体,考查空间的点、线、面之间的相互关系或角度与距离的关系。图像的折叠是立体几何中的一类典型问题,是连接平面几何与空间几何的纽带,成为立体几何中考查考生的分析能力与创新能力的好素材,备受命题者的青睐。

8.1 折叠问题中的点线面位置关系

例 1 如图 8.1.1 所示,已知矩形 $ABCD$,$AB=1$,$BC=\sqrt{2}$。将 $\triangle ABD$ 沿矩形的对角线 BD 所在的直线进行折叠,在折叠过程中(   )。

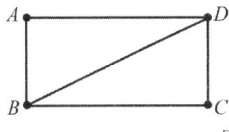

图 8.1.1

A. 存在某个位置,使得直线 AC 与直线 BD 垂直
B. 存在某个位置,使得直线 AB 与直线 CD 垂直
C. 存在某个位置,使得直线 AD 与直线 BC 垂直
D. 对任意位置,三对直线"AC 与 BD""AB 与 CD""AD 与 BC"均不垂直

【解析】

如图 8.1.2 所示,$AE \perp BD$,$CF \perp BD$,依题意得 $AB=1$,$BC=\sqrt{2}$,$AE=CF=\dfrac{\sqrt{6}}{3}$,$BE=EF=FD=\dfrac{\sqrt{3}}{3}$。

图 8.1.2

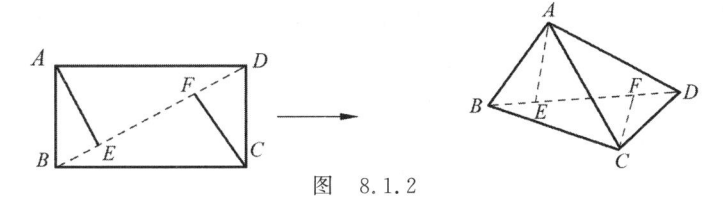

A 选项：若存在某个位置，使得直线 AC 与直线 BD 垂直。因为 $BD \perp AE$，所以 $BD \perp$ 平面 AEC，从而 $BD \perp EC$，这与已知矛盾，排除 A。

B 选项：若存在某个位置，使得直线 AB 与直线 CD 垂直，则 $CD \perp$ 平面 ABC，平面 ABC$\perp$平面 BCD，取 BC 中点 M，连接 ME，则 $ME \perp BD$，$\angle AEM$ 就是二面角 A-BD-C 的平面角，此角显然存在，即当 A 在底面上的射影位于 BC 的中点时，直线 AB 与直线 CD 垂直，故 B 正确。

C 选项：若存在某个位置，使得直线 AD 与直线 BC 垂直，则 $BC \perp$ 平面 ACD，从而平面 $ACD \perp$ 平面 BCD，即 A 在底面 BCD 上的射影应位于线段 CD 上，这是不可能的，排除 C。

D 选项：由上所述，可排除 D。

故选 B。

动态解析

编号：302441，

扫描二维码，打开课件，如图 8.1.3 所示；拖动点 A 运动或点击按钮 折起 ，动态展示 △ABD 沿 BD 折起的过程，理解变与不变的量，观察、探究折起的过程中直线 AC，BD，AB，CD，AD，BC 所成角的变化；如图 8.1.4、图 8.1.5 所示；按住屏幕空白处拖动，可从不同角度观察，如图 8.1.6 所示。

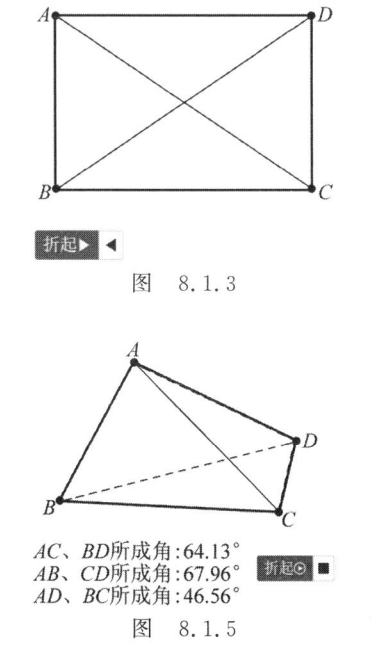

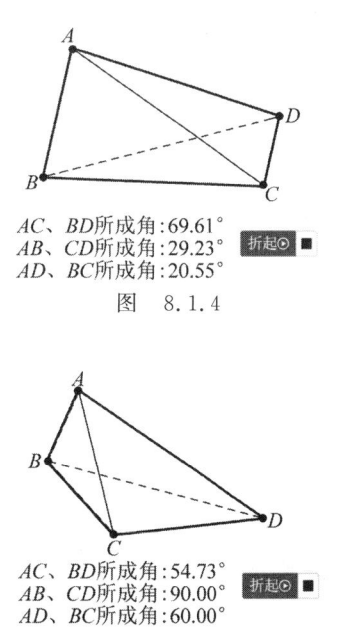

图 8.1.3

图 8.1.4
AC、BD 所成角：69.61°
AB、CD 所成角：29.23°
AD、BC 所成角：20.55°

图 8.1.5
AC、BD 所成角：64.13°
AB、CD 所成角：67.96°
AD、BC 所成角：46.56°

图 8.1.6
AC、BD 所成角：54.73°
AB、CD 所成角：90.00°
AD、BC 所成角：60.00°

例 2 如图 8.1.7(1)所示，在直角梯形 $ABCD$ 中，$AB/\!/DC$，$\angle BAD=90°$，$AB=4$，$AD=2$，$DC=3$，点 E 在 CD 上，且 $DE=2$，将 $\triangle ADE$ 沿 AE 折起，使得平面 $ADE\perp$ 平面 $ABCE$（如图 8.1.7(2)所示），G 为 AE 中点。

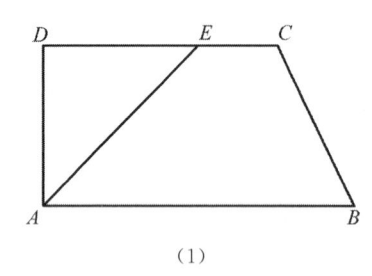

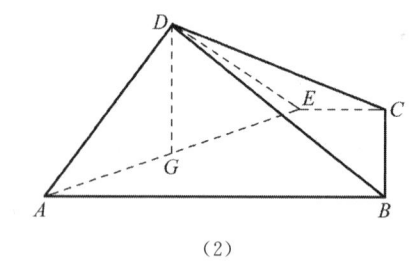

(1)　求证：$DG\perp$ 平面 $ABCE$；

(2)　求四棱锥 D-$ABCE$ 的体积；

(3)　在线段 BD 上是否存在点 P，使得 $CP/\!/$ 平面 ADE？若存在，求 $\dfrac{BP}{BD}$ 的值；若不存在，请说明理由。

【解析】

(1)证明：因为 G 为 AE 中点，$AD=DE=2$，所以 $DG\perp AE$。

因为平面 $ADE\perp$ 平面 $ABCE$，平面 $ADE\cap$ 平面 $ABCE=AE$，$DG\subset$ 平面 ADE，所以 $DG\perp$ 平面 $ABCE$。

(2)在 $\text{Rt}\triangle ADE$ 中，易求 $AE=2\sqrt{2}$，则 $DG=\dfrac{AD\cdot DE}{AE}=\sqrt{2}$。

所以四棱锥 D-$ABCE$ 的体积 $V_{D\text{-}ABCE}=\dfrac{1}{3}\times\dfrac{(1+4)\times 2}{2}\times\sqrt{2}=\dfrac{5}{3}\sqrt{2}$。

(3)如图 8.1.8 所示，过点 C 作 $CF/\!/AE$ 交 AB 于点 F，则 $AF:FB=1:3$。

过点 F 作 $FP/\!/AD$ 交 DB 于点 P，连接 PC，则 $DP:PB=1:3$。

又因为 $CF/\!/AE$，$AE\subset$ 平面 ADE，$CF\not\subset$ 平面 ADE，所以 $CF/\!/$ 平面 ADE，同理 $FP/\!/$ 平面 ADE。

又 $CF\cap PF=F$，所以平面 $CFP/\!/$ 平面 ADE。

又 $CP\subset$ 平面 CFP，则 $CP/\!/$ 平面 ADE。

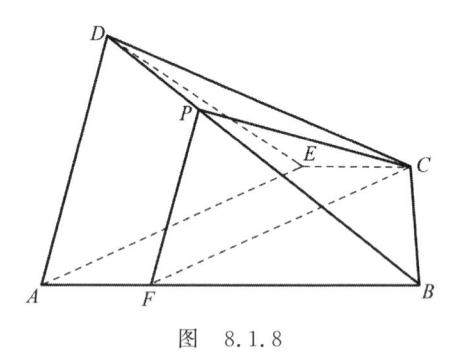

所以在 BD 上存在点 P，使得 $CP/\!/$ 平面 ADE，且 $\dfrac{BP}{BD}=\dfrac{3}{4}$。

图 8.1.8

动态解析

编号：302220，

扫描二维码,打开课件,如图 8.1.9 所示;拖动点 D 运动或点击按钮 折起▶◀,动态展示 $\triangle ADE$ 沿 AE 折起的过程,理解变与不变的量,如图 8.1.10 所示;点击按钮 问题3,如图 8.1.11 所示,图中 $CF/\!/AE$,$EH/\!/AD$,拖动点 P 运动,考察 F,H 重合时 $\dfrac{BP}{BD}$ 的值,如图 8.1.12 所示;按住屏幕空白处拖动,可从不同角度观察。

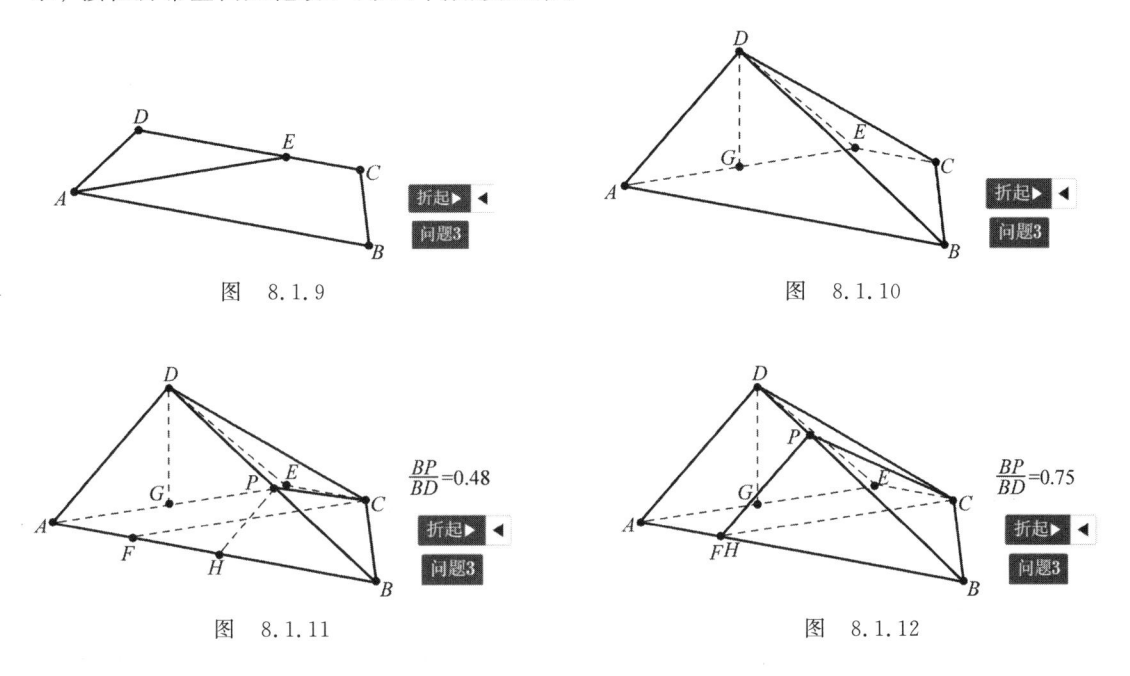

图 8.1.9

图 8.1.10

图 8.1.11

图 8.1.12

8.2 折叠问题中的线面角

例 1 如图 8.2.1 所示,在平面多边形 $ABFCDE$ 中,$ABFE$ 是边长为 2 的正方形,$DCFE$ 为等腰梯形,G 为 CD 的中点,且 $DC=2FE$,$DE=CF=EF$,现将梯形 $DCFE$ 沿 EF 折叠,使平面 $DCFE\perp$ 平面 $ABFE$。

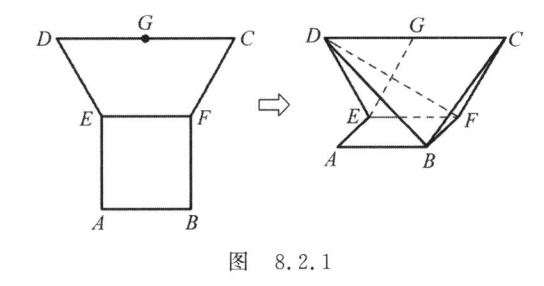

图 8.2.1

(1) 求证:$EG\perp$ 平面 BDF;
(2) 求直线 BD 与平面 CBF 所成角的大小。

【解析】
(1) 如图 8.2.2 所示,连接 GF,由已知得 $DG/\!/EF$,$DG=EF$,$DE=DG=2$,则四边形

$DEFG$ 为菱形,故 $EG \perp DF$。

因为平面 $DCFE \perp$ 平面 $ABFE$,平面 $DCFE \cap$ 平面 $ABFE = EF$,$BF \perp EF$,所以 $BF \perp$ 平面 $DCFE$。又 $EG \subset$ 平面 $DCFE$,则 $BF \perp EG$。又 $BF \cap DF = F$,故 $EG \perp$ 平面 BDF。

(2) 如图 8.2.3 所示,取 EF 的中点 O,连接 GO,则易知 $GO \perp$ 平面 $ABFE$。

过点 O 在平面 $ABFE$ 内作 EF 的垂线 OH,以 OH,OF,OG 所在直线分别为 x,y,z 轴建立如图所示的空间直角坐标系,则 $B(2,1,0),F(0,1,0),C(0,2,\sqrt{3}),D(0,-2,\sqrt{3})$,所以 $\overrightarrow{FB}=(2,0,0),\overrightarrow{FC}=(0,1,\sqrt{3}),\overrightarrow{DB}=(2,3,-\sqrt{3})$。

设平面 CBF 的法向量为 $\boldsymbol{n}=(x,y,z)$,则 $\begin{cases} \boldsymbol{n} \cdot \overrightarrow{FB}=0 \\ \boldsymbol{n} \cdot \overrightarrow{FC}=0 \end{cases}$,即 $\begin{cases} 2x=0 \\ y+\sqrt{3}z=0 \end{cases}$,则 $x=0$,取 $y=-\sqrt{3}$,则 $z=1$,故 $\boldsymbol{n}=(0,-\sqrt{3},1)$ 为平面 CBF 的一个法向量。

设直线 BD 与平面 CBF 所成的角为 θ,则 $\sin\theta = |\cos\langle \overrightarrow{DB}, \boldsymbol{n}\rangle| = \left|\dfrac{\overrightarrow{DB}\cdot \boldsymbol{n}}{|\overrightarrow{DB}||\boldsymbol{n}|}\right| = \dfrac{4\sqrt{3}}{4\times 2} = \dfrac{\sqrt{3}}{2}$,从而直线 BD 与平面 CBF 所成的角为 $60°$。

动态解析

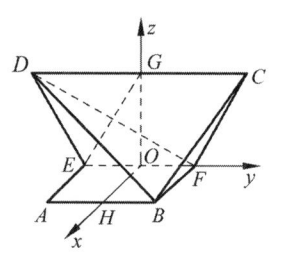

编号:246848,

扫描二维码,打开课件,如图 8.2.4 所示;点击按钮 折起▶◀,动态展示梯形 $DEFC$ 沿 EF 折起的过程,理解图中变与不变的量,如图 8.2.5 所示;按住屏幕空白处拖动,可从不同视觉观察折叠后的立体图形,如图 8.2.6、图 8.2.7 所示。

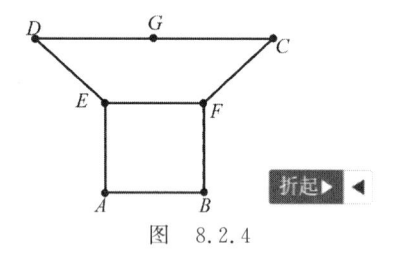

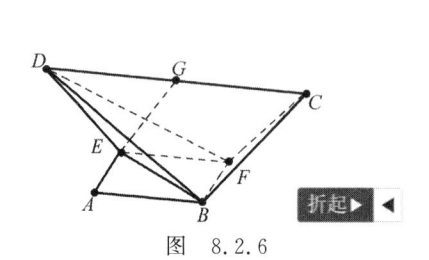

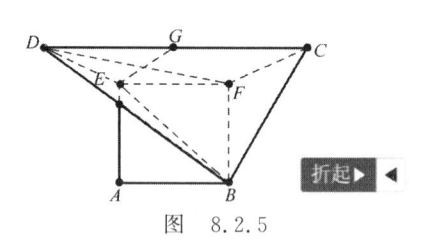

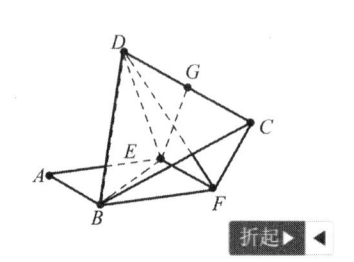

例 2 如图 8.2.8(1)所示,在平行四边形 $ABCD$ 中,$AB=4$,$AD=2$,$\angle ABC=\dfrac{\pi}{3}$,$E$ 为 CD 中点。将 $\triangle ADE$ 沿 AE 折起,得到如图 8.2.8(2)所示的四棱锥 $P\text{-}ABCE$。

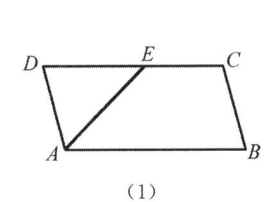

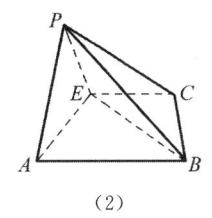

图 8.2.8

(1) 求证:平面 $PAE \perp$ 平面 PBE;
(2) 求直线 PB 与平面 PCE 所成角的正弦值。

【解析】

(1) 证明:在图 8.2.8(1)中,连接 BE,因为 $AB=4$,$AD=2$,$\angle ABC=\dfrac{\pi}{3}$,$E$ 为 CD 中点,则 $\triangle ADE$ 为等边三角形,可得 $AE=AD=2$;在 $\triangle BCE$ 中,由余弦定理可得 $BE^2 = EC^2 + BC^2 - 2EC \cdot BC \cdot \cos 120° = 4 + 4 - 2 \times 2 \times 2 \times \left(-\dfrac{1}{2}\right) = 12$,解得 $BE = 2\sqrt{3}$。

又 $AB=4$,故可得 $BE^2 + AE^2 = AB^2$,即 $BE \perp AE$,在图 8.2.8(2)中,因为平面 $APE \perp$ 平面 $ABCE$,且平面 $APE \cap$ 平面 $ABCE = AE$,所以 $BE \perp$ 平面 PAE,又 $BE \subset$ 平面 PBE,则平面 $PAE \perp$ 平面 PBE。

(2) 如图 8.2.9 所示,以 E 为坐标原点,EA 为 x 轴,EB 为 y 轴,过点 E 垂直于平面 $ABCE$ 的直线为 z 轴,建立如图所示的空间直角坐标系。

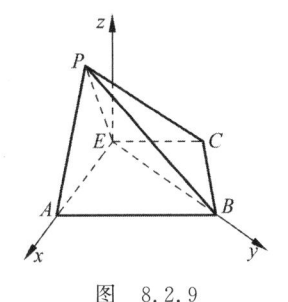

则 $E(0,0,0)$,$A(2,0,0)$,$B(0,2\sqrt{3},0)$,$C(-1,\sqrt{3},0)$,$P(1,0,\sqrt{3})$,故可得 $\overrightarrow{PB}=(-1,2\sqrt{3},-\sqrt{3})$,$\overrightarrow{EP}=(1,0,\sqrt{3})$,$\overrightarrow{EC}=(-1,\sqrt{3},0)$。

设平面 PCE 的一个法向量 $\boldsymbol{m}=(x,y,z)$,由 $\boldsymbol{m} \perp \overrightarrow{EP}$,$\boldsymbol{m} \perp \overrightarrow{EC}$,则 $\begin{cases} x+\sqrt{3}z=0 \\ -x+\sqrt{3}y=0 \end{cases}$,令 $x=\sqrt{3}$,可得 $\boldsymbol{m}=(\sqrt{3},1,-1)$。

图 8.2.9

设直线 PB 与平面 PCE 所成角的正弦值为 θ,则 $\sin\theta = |\cos\langle \overrightarrow{PB},\boldsymbol{m}\rangle| = \dfrac{|\overrightarrow{PB} \cdot \boldsymbol{m}|}{|\overrightarrow{PB}||\boldsymbol{m}|} = \dfrac{2\sqrt{3}}{\sqrt{16}\times\sqrt{5}} = \dfrac{\sqrt{15}}{10}$。

故直线 PB 与平面 PCE 所成角的正弦值为 $\dfrac{\sqrt{15}}{10}$。

动态解析

编号：302455，

扫描二维码，打开课件，如图 8.2.10 所示；点击按钮 折起▶◀，动态展示梯形 DEFC 沿 EF 折起的过程，理解图中变与不变的量，如图 8.2.11 所示；按住屏幕空白处拖动，可从不同角度观察折叠后的立体图形。

图 8.2.10

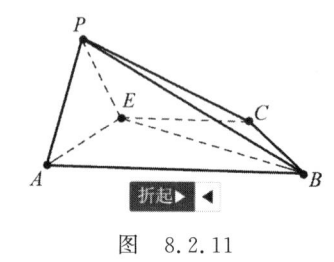

图 8.2.11

8.3 折叠问题中的体积

例 1 如图 8.3.1 所示，已知在梯形 ABCD 中，$AD \parallel BC$，$\angle ABC = \dfrac{\pi}{2}$，$G$ 是 BC 的中点。$AB = BC = 2AD = 4$，E，F 分别是 AB，CD 上的动点，且 $EF \parallel BC$，设 $AE = x$（$x \in [0, 4]$），沿 EF 将梯形 $AEFD$ 折叠，使平面 $AEFD \perp$ 平面 $EBCF$，如图 8.3.2 所示。

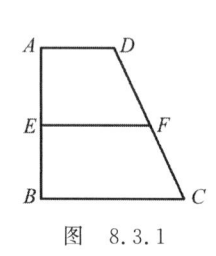

图 8.3.1

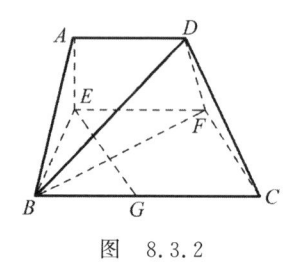

图 8.3.2

(1) 当 $x = 2$ 时，求证：$DB \perp EG$；

(2) 若以 B，C，D，F 为顶点的三棱锥的体积记为 $f(x)$，求 $f(x)$ 的最大值；

(3) 当 $f(x)$ 取得最大值时，求二面角 D-BF-C 的余弦值。

【解析】

(1) 如图 8.3.3 所示，$DH \perp EF$ 于 H，连接 HG，HB。

平面 $AEFD \perp$ 平面 $EBCF$，$DH \perp EF$，故 $DH \perp$ 平面 $EBCF$，$EG \subset$ 平面 $EBCF$，$DH \perp EG$。

易知 $EBGH$ 为正方形，则 $EG \perp BH$，$BH \cap DH = H$，即 $EG \perp$ 平面 DBH，$DB \subset$ 平面 DBH，故 $DB \perp EG$。

(2) $f(x) = V_{D-BCF} = \dfrac{1}{3} S_{\triangle BCF} \cdot DH = \dfrac{1}{3} \times \dfrac{1}{2} \times 4 \cdot (4-x)x = -\dfrac{2}{3}(x-2)^2 + \dfrac{8}{3}$，故 $f(x)_{\max} = f(2) = \dfrac{8}{3}$。

(3) 如图 8.3.3 所示，以 EB, EF, EA 为 x, y, z 轴建立空间直角坐标系，则 $B(2,0,0), C(2,4,0), D(0,2,2), F(0,3,0)$。

易知平面 BCF 的一个法向量为 $\boldsymbol{n}_1 = (0,0,1)$，设平面 DBF 的一个法向量为 $\boldsymbol{n}_2 = (x,y,z)$，则 $\begin{cases} \boldsymbol{n}_2 \cdot \overrightarrow{BF} = 0 \\ \boldsymbol{n}_2 \cdot \overrightarrow{DF} = 0 \end{cases}$，即 $\begin{cases} -2x+3y=0 \\ y-2z=0 \end{cases}$，取 $y=2$，得到 $\boldsymbol{n}_2 = (3,2,1)$，故 $\cos\langle \boldsymbol{n}_1, \boldsymbol{n}_2 \rangle = \dfrac{\boldsymbol{n}_1 \cdot \boldsymbol{n}_2}{|\boldsymbol{n}_1||\boldsymbol{n}_2|} = \dfrac{\sqrt{14}}{14}$，观察知二面角 $D-BF-C$ 的平面角为钝角，故余弦值为 $-\dfrac{\sqrt{14}}{14}$。

图 8.3.3

动态解析

编号：302417，

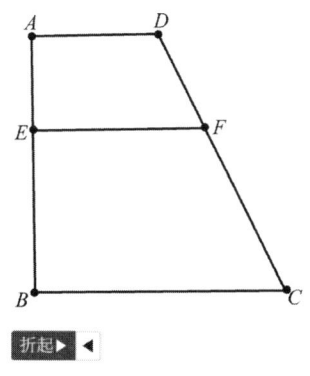

扫描二维码，打开课件，如图 8.3.4 所示；按住屏幕空白处拖动，改变观察角度，点击按钮 `折起▶◀`，动态展示梯形 $ADFE$ 沿 EF 折起的过程，理解图中变与不变的量，如图 8.3.5 所示；点击按钮 `第(1)问`，此时 $x=2$，按住屏幕空白处拖动，可从不同角度观察折叠后的立体图形，探究图中的垂直关系，如图 8.3.6 所示；点击按钮 `第(2)问`，如图 8.3.7 所示，拖动点 E 运动，观察三棱锥 $D-BCF$ 体积变化，探究其最大值及取得最大值的条件。

图 8.3.4

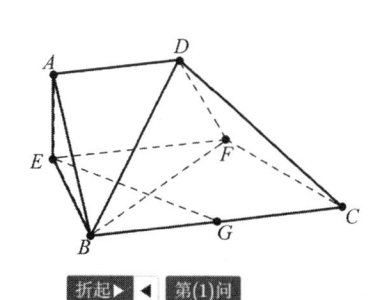

图 8.3.5

图 8.3.6

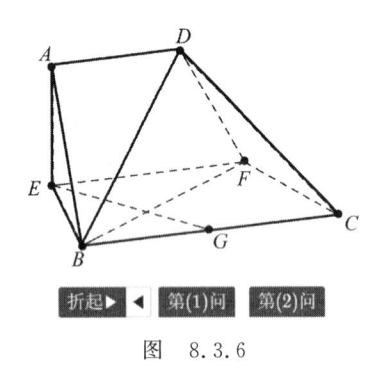

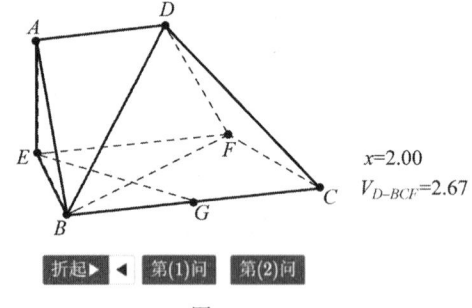

图 8.3.7

例2 如图 8.3.8(1)所示,已知菱形 $AECD$ 的对角线 AC,DE 交于点 F,点 E 为线段 AB 的中点,$AB=2$,$\angle BAD=60°$,将三角形 ADE 沿线段 DE 折起到三角形 PDE 的位置,$PC=\dfrac{\sqrt{6}}{2}$,如图 8.3.8(2)所示。

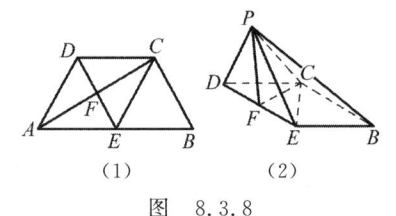

(1) 证明:平面 $PBC \perp$ 平面 PCF;
(2) 求三棱锥 E-PBC 的体积。

图 8.3.8

【解析】

(1) 折叠前,因为四边形 $AECD$ 为菱形,所以 $AC \perp DE$。折叠后,$DE \perp PF$,$DE \perp CF$。又 $PF \cap CF = F$,PF,$CF \subset$ 平面 PCF,所以 $DE \perp$ 平面 PCF。

因为四边形 $AECD$ 为菱形,所以 $AE \parallel DC$,$AE = DC$。

又点 E 为线段 AB 的中点,所以 $EB \parallel DC$,$EB = DC$,则四边形 $DEBC$ 为平行四边形,$CB \parallel DE$。

又 $DE \perp$ 平面 PCF,所以 $BC \perp$ 平面 PCF。

因为 $BC \subset$ 平面 PBC,所以平面 $PBC \perp$ 平面 PCF。

(2) 如图 8.3.8(1)中,由已知得 $AF = CF = \dfrac{\sqrt{3}}{2}$,$BC = BE = 1$,$\angle CBE = 60°$,所以如图 8.3.8(2)中,$PF = CF = \dfrac{\sqrt{3}}{2}$。

又 $PC = \dfrac{\sqrt{6}}{2}$,所以 $PF^2 + CF^2 = PC^2$,则 $PF \perp CF$,又 $BC \perp$ 平面 PCF,所以 $BC \perp PF$。

因为 $BC \cap CF = C$,BC,$CF \subset$ 平面 $BCDE$,所以 $PF \perp$ 平面 $BCDE$。

$V_{E\text{-}PBC} = V_{P\text{-}BCE} = \dfrac{1}{3} \times S_{\triangle BCE} \times PF = \dfrac{1}{3} \times \dfrac{1}{2} \times 1 \times 1 \times \sin 60° \times \dfrac{\sqrt{3}}{2} = \dfrac{1}{8}$。

故三棱锥 E-PBC 的体积为 $\dfrac{1}{8}$。

动态解析

编号：302228，

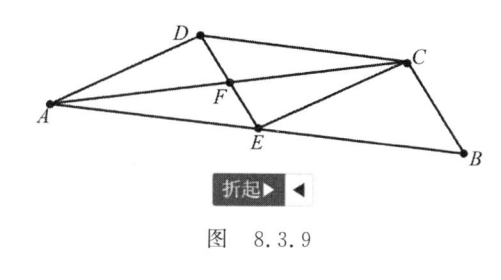

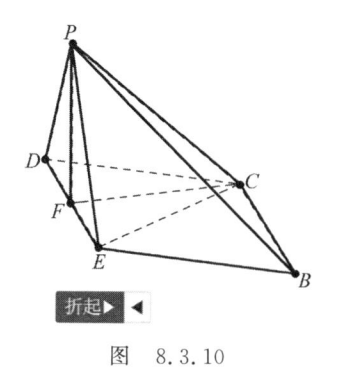

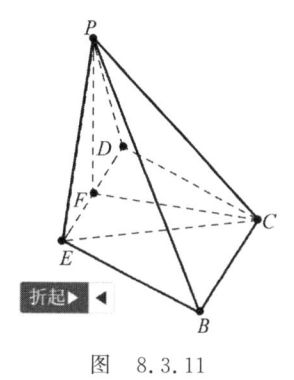

扫描二维码，打开课件，如图 8.3.9 所示；点击按钮 折起▶◀，动态展示△ADE 沿 DE 折起的过程，理解变与不变的量，如图 8.3.10 所示；按住屏幕空白处拖动，可从不同角度观察、探究图中的垂直关系，如图 8.3.11 所示。

图 8.3.9

图 8.3.10

图 8.3.11

8.4 折叠问题中的二面角

例 1 如图 8.4.1 所示，在矩形 ABCD 中，$AD=4$，$AB=2\sqrt{2}$，点 F，E 分别是 BC，CD 的中点，现沿 AE 将△AED 折起，使点 D 至点 M 的位置，且 $ME \perp MF$。

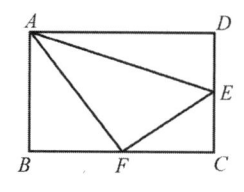

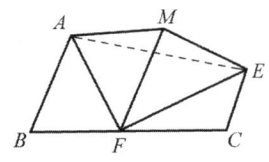

图 8.4.1

(1) 证明：$AF \perp$ 平面 MEF；

(2) 求二面角 M-AE-F 的大小。

【解析】

(1) 证明：由题设知 $AM \perp ME$。

又 $ME \perp MF, AM \cap MF = M, AM, MF \subset$ 平面 AMF,所以 $ME \perp$ 平面 AMF,$AF \subset$ 平面 AMF,$AF \perp ME$。

在矩形 $ABCD$ 中,$AD = 4, AB = 2\sqrt{2}$,E, F 为中点,所以 $AE^2 = 4^2 + 2 = 18, EF^2 = 2^2 + 2 = 6, AF^2 = 8 + 2^2 = 12$,即 $AE^2 = EF^2 + AF^2$,所以 $AF \perp EF$。

又因为 $ME, EF \subset$ 平面 MEF,所以 $AF \perp$ 平面 MEF。

(2) 以 F 为原点,FE 为 x 轴,FA 为 y 轴建立如图 8.4.2 所示的空间坐标系。

在 $Rt\triangle MFE$ 中,过 M 作 $MN \perp EF$ 于 N。$ME = \sqrt{2}$,$EF = \sqrt{6}, MF = 2$,所以 $MN = \dfrac{2\sqrt{2}}{\sqrt{6}} = \dfrac{2\sqrt{3}}{3}, FN = MF \cdot \cos\angle MFE = 2 \times \dfrac{2}{\sqrt{6}} = \dfrac{2\sqrt{6}}{3}$,即 $A(0, 2\sqrt{3}, 0), E(\sqrt{6}, 0, 0), F(0,0,0), M\left(\dfrac{2\sqrt{6}}{3}, 0, \dfrac{2\sqrt{3}}{3}\right)$。

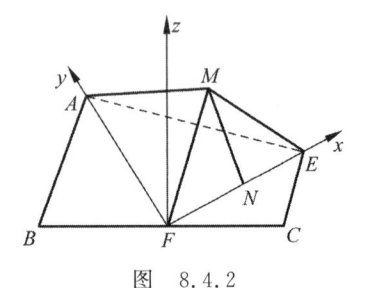

图 8.4.2

平面 AFE 的一个法向量为 $\boldsymbol{n} = (0, 0, 1)$,设平面 AME 的一个法向量为 $\boldsymbol{m} = (x, y, z)$,$\overrightarrow{EM} = \left(-\dfrac{\sqrt{6}}{3}, 0, \dfrac{2\sqrt{3}}{3}\right)$,$\overrightarrow{AE} = (\sqrt{6}, -2\sqrt{3}, 0)$。

又 $\begin{cases} \overrightarrow{EM} \cdot \boldsymbol{m} = 0 \\ \overrightarrow{AE} \cdot \boldsymbol{m} = 0 \end{cases}$,即 $\begin{cases} -\dfrac{\sqrt{6}}{3}x + \dfrac{2\sqrt{3}}{3}z = 0 \\ \sqrt{6}x - 2\sqrt{3}y = 0 \end{cases}$。

令 $x = 1$,则 $y = \dfrac{\sqrt{2}}{2}, z = \dfrac{\sqrt{2}}{2}$,所以 $\boldsymbol{m} = \left(1, \dfrac{\sqrt{2}}{2}, \dfrac{\sqrt{2}}{2}\right)$。

所以 $\cos\langle \boldsymbol{m}, \boldsymbol{n} \rangle = \dfrac{\dfrac{\sqrt{2}}{2}}{1 \times \sqrt{2}} = \dfrac{1}{2}$,则 $\langle \boldsymbol{m}, \boldsymbol{n} \rangle = \dfrac{\pi}{3}$,即二面角 M-AE-F 的大小为 $\dfrac{\pi}{3}$。

动态解析

编号:302413,

扫描二维码,打开课件,如图 8.4.3 所示;点击按钮 折起 ,动态展示 $\triangle ADE$ 沿 AE 折起的过程,理解变与不变的量,如图 8.4.4 所示;按住屏幕空白处拖动,改变观察角度,再次点击按钮 折起 观察折起过程,如图 8.4.5、图 8.4.6 所示。

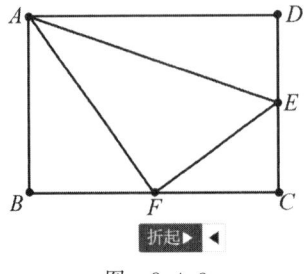

图 8.4.3

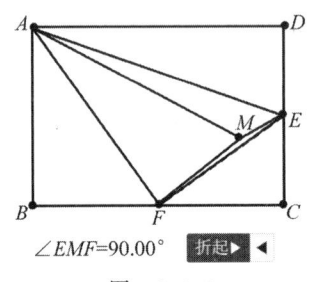

图 8.4.4

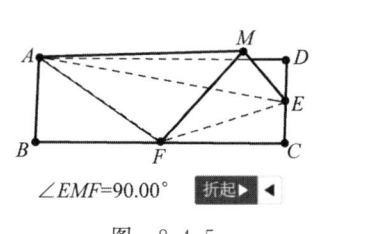

图 8.4.5

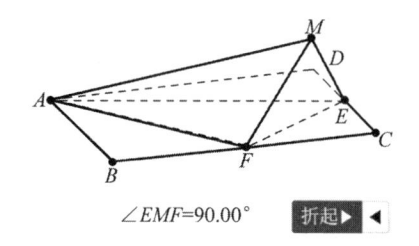

图 8.4.6

例 2 如图 8.4.7 所示，在 △ABC 中，AB=BC=4，∠ABC=90°，E，F 分别为 AB，AC 边的中点，以 EF 为折痕把 △AEF 折起，使点 A 到达点 P 的位置，且 PB=BE。

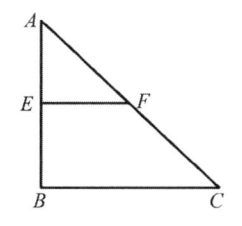

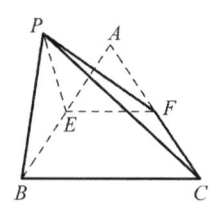

图 8.4.7

(1) 证明：BC⊥平面 PBE；

(2) 求平面 PBE 与平面 PCF 所成锐二面角的余弦值。

【解析】

(1) 因为 E，F 分别为 AB，AC 边的中点，所以 EF∥BC。

因为 ∠ABC=90°，所以 EF⊥BE，EF⊥PE。

又 BE∩PE=E，所以 EF⊥平面 PBE。

故 BC⊥平面 PBE。

(2) 取 BE 的中点 O，连接 PO。由(1)知 BC⊥平面 PBE，BC⊂平面 BCFE，所以平面 PBE⊥平面 BCFE。

因为 PB=BE=PE，所以 PO⊥BE。

又 PO⊂平面 PBE，平面 PBE∩平面 BCFE=BE，所以 PO⊥平面 BCFE。

如图 8.4.8 所示，过 O 作 OM∥BC 交 CF 于 M，分别以 OB，OM，OP 所在直线为 x，y，z 轴建立空间直角坐标系，则 $P(0,0,\sqrt{3})$，$C(1,4,0)$，$F(-1,2,0)$，$\overrightarrow{PC}=(1,4,-\sqrt{3})$，$\overrightarrow{PF}=(-1,2,-\sqrt{3})$。

设平面 PCF 的法向量为 $\boldsymbol{m}=(x,y,z)$，则 $\begin{cases}\overrightarrow{PC}\cdot\boldsymbol{m}=0\\\overrightarrow{PF}\cdot\boldsymbol{m}=0\end{cases}$，即

$\begin{cases}x+4y-\sqrt{3}z=0\\-x+2y-\sqrt{3}z=0\end{cases}$，则 $\boldsymbol{m}=(-1,1,\sqrt{3})$，易知 $\boldsymbol{n}=(0,1,0)$ 为平面 PBE 的一个法向量。

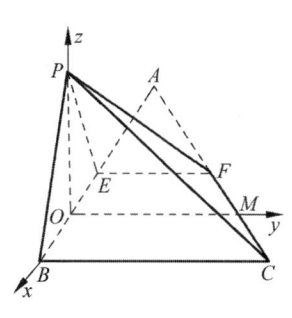

图 8.4.8

$$\cos\langle \boldsymbol{m},\boldsymbol{n}\rangle = \frac{-1\times 0+1\times 1+\sqrt{3}\times 0}{\sqrt{(-1)^2+1^2+(\sqrt{3})^2}} = \frac{1}{\sqrt{5}} = \frac{\sqrt{5}}{5}$$，所以平面 PBE 与平面 PCF 所成锐二面角的余弦值为 $\frac{\sqrt{5}}{5}$。

动态解析

编号：302410，

扫描二维码，打开课件，如图 8.4.9 所示；点击按钮 折起▶◀，动态展示 △AEF 沿 EF 折起的过程，理解变与不变的量，如图 8.4.10 所示；按住屏幕空白处拖动，改变观察角度，再次点击按钮 折起▶◀ 观察折起过程，如图 8.4.11、图 8.4.12 所示。

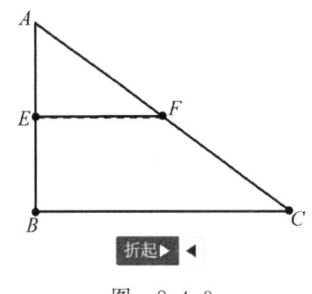

图 8.4.9

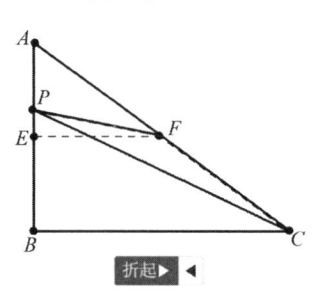

图 8.4.10

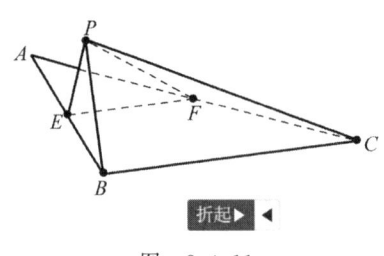

图 8.4.11

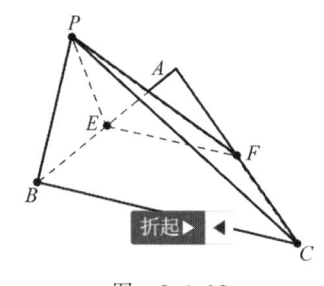

图 8.4.12

练习

1. (2019 新课标全国)图(1)是由矩形 $ADEB$，Rt△ABC 和菱形 $BFGC$ 组成的一个平面图形，其中 $AB=1$，$BE=BF=2$，$\angle FBC=60°$，将其沿 AB，BC 折起使得 BE 与 BF 重合，连接 DG，如图(2)所示。

(1) 证明：图(2)中的 A,C,G,D 四点共面，且平面 $ABC \perp$ 平面 $BCGE$；

(2) 求图(2)中的二面角 B-CG-A 的大小。

图(1)　　　　图(2)

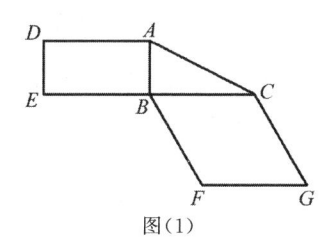

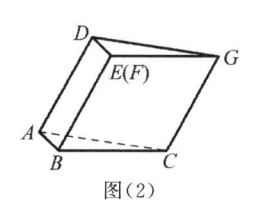

编号：302461，

2. （2018新课标全国）如图所示，四边形 $ABCD$ 为正方形，E,F 分别为 AD,BC 的中点，以 DF 为折痕把 $\triangle DFC$ 折起，使点 C 到达点 P 的位置，且 $PF \perp BF$。
(1) 证明：平面 $PEF \perp$ 平面 $ABFD$；
(2) 求 DP 与平面 $ABFD$ 所成角的正弦值。

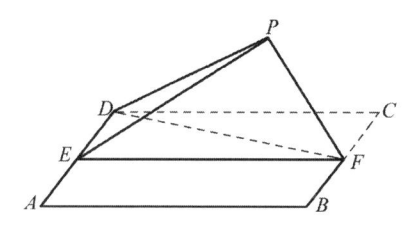

编号：302516，

3. （2016新课标全国）如图所示，菱形 $ABCD$ 的对角线 AC 与 BD 交于点 O，$AB=5$，$AC=6$，点 E,F 分别在 AD,CD 上，$AE=CF=\dfrac{5}{4}$，EF 交 BD 于点 H。将 $\triangle DEF$ 沿 EF 折到 $\triangle D'EF$ 的位置，$OD'=\sqrt{10}$。
(1) 证明：$D'H \perp$ 平面 $ABCD$；
(2) 求二面角 B-$D'A$-C 的正弦值。

编号：302521，

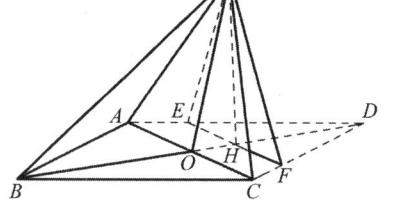

4. （2015陕西）如图(1)所示，在直角梯形 $ABCD$ 中，$AD \parallel BC$，$\angle BAD=\dfrac{\pi}{2}$，$AB=BC=1$，$AD=2$，$E$ 是 AD 的中点，O 是 AC 与 BE 的交点。将 $\triangle ABE$ 沿 BE 折起到 $\triangle A_1BE$ 的位置，如图(2)所示。

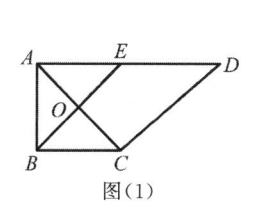

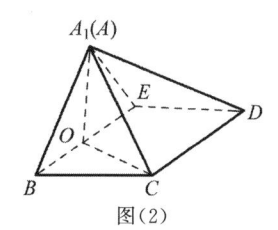

图(1)　　　　图(2)

(1) 证明：$CD \perp$ 平面 A_1OC；

(2) 若平面 $A_1BE \perp$ 平面 $BCDE$，求平面 A_1BC 与平面 A_1CD 夹角的余弦值。

编号：302522，

5. (2014 福建) 在平行四边形 $ABCD$ 中，$AB = BD = CD = 1$，$AB \perp BD$，$CD \perp BD$，将 $\triangle ABD$ 沿 BD 折起，使得平面 $ABD \perp$ 平面 BCD，如图所示。

(1) 求证：$AB \perp CD$；

(2) 若 M 为 AD 中点，求直线 AD 与平面 MBC 所成角的正弦值。

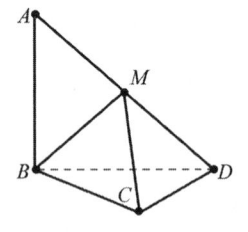

编号：302526，

6. (2013 广东) 如图(1)所示，在等腰直角三角形 ABC 中，$A = 90°$，$BC = 6$，D，E 分别是 AC，AB 上的点，$CD = BE = \sqrt{2}$，O 为 BC 的中点，将 $\triangle ADE$ 沿 DE 折起，得到如图(2)所示的四棱锥 $A'\text{-}BCDE$，其中 $A'O = \sqrt{3}$。

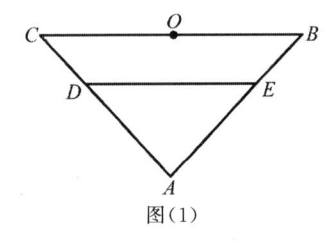

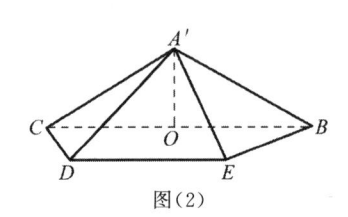

图(1)
图(2)

(1) 证明：$A'O \perp$ 平面 $BCDE$；

(2) 求二面角 $A'\text{-}CD\text{-}B$ 的平面角的余弦值。

编号：302531，

7. (2010 浙江) 如图所示，在平行四边形 $ABCD$ 中，$AB = 2BC$，$\angle ABC = 120°$，E 为线段 AB 的中点，将 $\triangle ADE$ 沿直线 DE 折叠成 $\triangle A'DE$，使平面 $A'DE \perp$ 平面 BCD，F 为线段 $A'C$ 的中点。

(1) 求证：$BF /\!/$ 平面 $A'DE$；

(2) 设 M 为线段 DE 的中点，求直线 FM 与平面 $A'DE$ 所成角的余弦值。

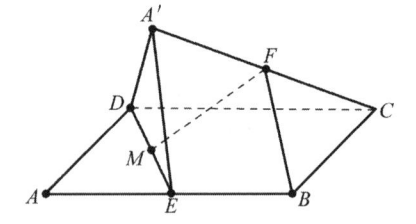

编号：302533，

第 9 章

立体几何中探索性问题

在立体几何试题中,探索性问题是一种具有开放性和发散性的问题,是高中数学最难掌握的一类问题。立体几何探索性问题立意新颖,形式多样,它既能突出以能力立意为核心的命题原则,又能开发学生的思维和提高解决问题的能力;既能够考查同学们的空间想象力,又可以考查同学们的意志力和探究创新意识,逐步成为近几年高考命题的热点之一,体现了"开放探索,考查探究精神"的高考命题指导思想与命题原则。

9.1 平行的探索

例 1 如图 9.1.1(1)所示,在直角梯形 $ABCD$ 中,$AB/\!/CD$,$AB\perp BC$,$AB=2CD=2BC$,BD 为梯形对角线,将梯形中的 $\triangle ABD$ 部分沿 AB 折叠至 ABE 位置,使 $\triangle ABE$ 所在平面与原梯形所在平面垂直(如图 9.1.1(2)所示)。

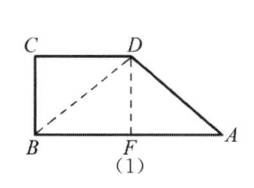

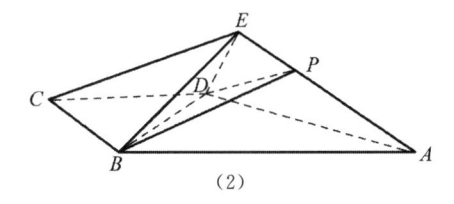

图 9.1.1

(1) 求证:平面 $AED\perp$ 平面 BCE;

(2) 探究线段 EA 上是否存在点 P,使 $EC/\!/$ 平面 PBD? 若存在,求出 $\dfrac{EP}{EA}$;若不存在说明理由。

【解析】

(1) 如图 9.1.2 所示,取 AB 中点 F,连接 DF,则 $DF=BF=FA$,故 $\angle BDA=90°$。

又平面 $ABCD\perp$ 平面 AEB，且平面 $ABCD\cap$ 平面 $ABE=AB,BC\perp AB,BC\subset$ 平面 $ABCD$。

则 $BC\perp$ 平面 ABE，又 $AE\subset$ 平面 ABE，所以 $BC\perp AE$。

又 $AE\perp BE,BC\cap BE=B$，则 $AE\perp$ 平面 BCE，又 $AE\subset$ 平面 ADE，故平面 $ADE\perp$ 平面 BCE。

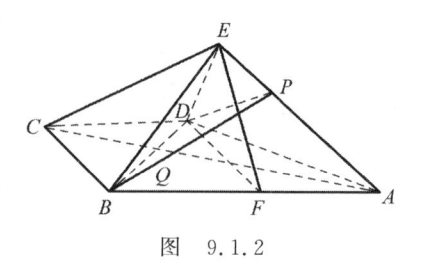

(2) 存在点 P，且 $\dfrac{EP}{EA}=\dfrac{1}{3}$ 时，有 $EC//$ 平面 PBD。

连接 AC 交 BD 于 Q，由 $CD//AB$ 知 $\dfrac{CQ}{QA}=\dfrac{CD}{AB}=\dfrac{1}{2}$，又 $\dfrac{EP}{PA}=\dfrac{1}{2}=\dfrac{CQ}{QA}$，则 $CE//PQ$，又 $CE\subset$ 平面 $PBD,PQ\subset$ 平面 PBD，故 $CE//$ 平面 PBD。

动态解析

编号：303498，

扫描二维码，打开课件，如图 9.1.3 所示；点击按钮 折起▶，动态展示 △ABD 沿 AB 折起；点击按钮 动画▶ 或拖动点 P 在线段 AE 上运动，如图 9.1.4 所示，动态显示直线 CE 与面 BDP 所成角及 $\dfrac{EP}{EA}$ 的值；点击按钮 辅助线，如图 9.1.5 所示，点 Q 是直线 BD 与 AC 交点，QG//CE，点击按钮 动画▶ 或拖动点 P 在线段 AE 上运动考察直线 CE 与平面 BDP 所成角的变化；探究直线 CE 与平面 BDP 所成角是否可以为 0°，以及此时点 P 与点 G 的位置关系，如图 9.1.6 所示。

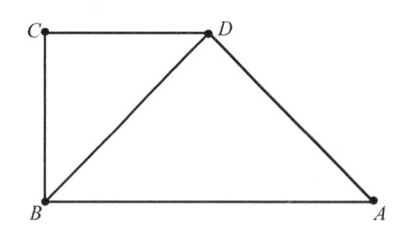

图 9.1.3

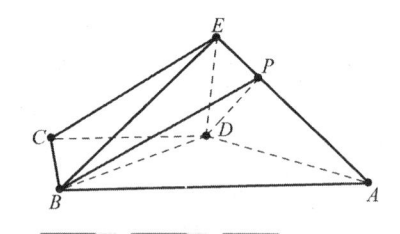

$\dfrac{EP}{EA}=0.27$ 直线CE与平面BDM所成角:3.70°
图 9.1.4

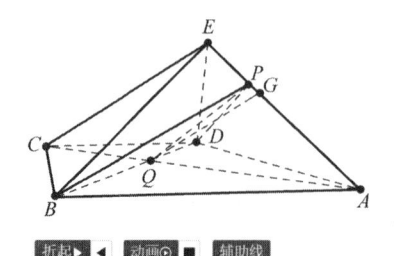

$\dfrac{EP}{EA}=0.27$ 直线CE与平面BDM所成角:3.60°
图 9.1.5

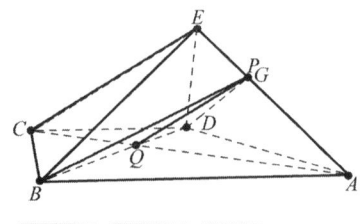

$\dfrac{EP}{EA}=0.33$ 直线CE与平面BDM所成角:0.00°
图 9.1.6

例2 如图 9.1.7 所示，在四棱柱 $ABCD\text{-}A_1B_1C_1D_1$ 中，侧棱 $A_1A\perp$ 底面 $ABCD$，$AB\perp AC$，$AB=1$，$AC=AA_1=2$，$AD=CD=\sqrt{5}$，点 E 为线段 AA_1 上的点，且 $AE=\dfrac{1}{2}$。

(1) 求证：$BE\perp$ 平面 ACB_1；

(2) 求二面角 $D_1\text{-}AC\text{-}B_1$ 的余弦值；

(3) 判断棱 A_1B_1 上是否存在点 F，使得直线 DF // 平面 ACB_1，若存在，求线段 A_1F 的长；若不存在，说明理由。

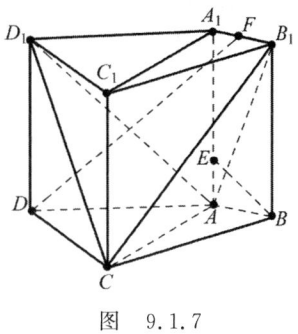

图 9.1.7

【解析】

(1) 因为 $A_1A\perp$ 底面 $ABCD$，所以 $A_1A\perp AC$。

又 $AB\perp AC$，所以 $AC\perp$ 平面 ABB_1A_1；$BE\subset$ 平面 ABB_1A_1，所以 $AC\perp BE$。

因为 $\dfrac{AE}{AB}=\dfrac{1}{2}=\dfrac{AB}{BB_1}$，$\angle EAB=\angle ABB_1=90°$，所以 $\text{Rt}\triangle ABE\sim\text{Rt}\triangle BB_1A$，则 $\angle ABE=\angle AB_1B$。

而 $\angle BAB_1+\angle AB_1B=90°$，所以 $\angle BAB_1+\angle ABE=90°$，即 $BE\perp AB_1$。

又 $AC\cap AB_1=A$，所以 $BE\perp$ 平面 ACB_1。

(2) 如图 9.1.8 所示，以 A 为原点建立空间直角坐标系。

依题意可得，$A(0,0,0)$，$B(0,1,0)$，$C(2,0,0)$，$D(1,-2,0)$，$A_1(0,0,2)$，$B_1(0,1,2)$，$C_1(2,0,2)$，$D_1(1,-2,2)$，$E\left(0,0,\dfrac{1}{2}\right)$。

由(1)知，$\overrightarrow{EB}=\left(0,1,-\dfrac{1}{2}\right)$ 为平面 ACB_1 的一个法向量，设 $\boldsymbol{n}=(x,y,z)$ 为平面 ACD_1 的法向量。

因为 $\overrightarrow{AD_1}=(1,-2,2)$，$\overrightarrow{AC}=(2,0,0)$，则 $\begin{cases}\boldsymbol{n}\cdot\overrightarrow{AD_1}=0\\ \boldsymbol{n}\cdot\overrightarrow{AC}=0\end{cases}$，

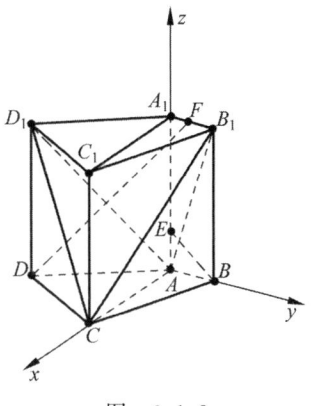

即 $\begin{cases}x-2y+2z=0\\ 2x=0\end{cases}$。

图 9.1.8

不妨设 $z=1$，可得 $\boldsymbol{n}=(0,1,1)$，因此 $\cos\langle\boldsymbol{n},\overrightarrow{EB}\rangle=\dfrac{\boldsymbol{n}\cdot\overrightarrow{EB}}{|\boldsymbol{n}||\overrightarrow{EB}|}=\dfrac{\sqrt{10}}{10}$。

因为二面角 $D_1\text{-}AC\text{-}B_1$ 为锐角，所以二面角 $D_1\text{-}AC\text{-}B_1$ 的余弦值为 $\dfrac{\sqrt{10}}{10}$。

(3) 设 $A_1F=a$，则 $F(0,a,2)$，$\overrightarrow{DF}=(-1,a+2,2)$。

$\overrightarrow{DF}\cdot\overrightarrow{EB}=(-1,a+2,2)\cdot\left(0,1,-\dfrac{1}{2}\right)=a+2-1=0$，所以 $a=-1$（舍去），即直线 DF 的方向向量与平面 ACB_1 的法向量不垂直。

故棱 A_1B_1 上不存在点 F，使直线 DF // 平面 ACB_1。

动态解析

编号：303232。

扫描二维码，打开课件，如图 9.1.9 所示；点击按钮 动画▶ ◀ 或拖动点 F 在线段 A_1B_1 上运动，如图 9.1.10～图 9.1.12 所示，考察直线 DF 与平面 ACB_1 所成角的变化；探究直线 DF 与平面 ACB_1 所成角是否可以为 $0°$。

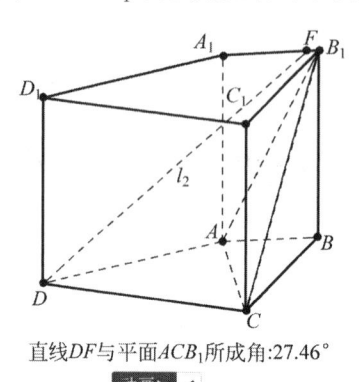

直线DF与平面ACB₁所成角:27.46°

图 9.1.9

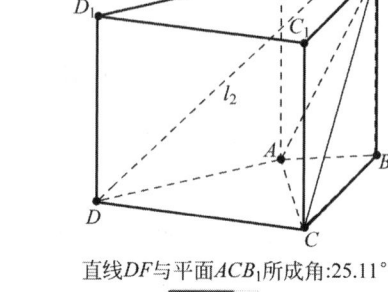

直线DF与平面ACB₁所成角:25.11°

图 9.1.10

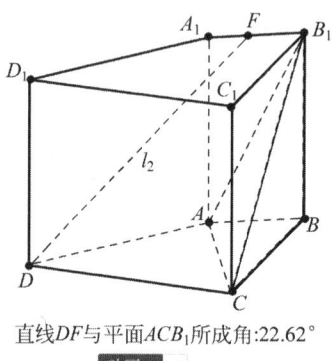

直线DF与平面ACB₁所成角:22.62°

图 9.1.11

直线DF与平面ACB₁所成角:19.90°

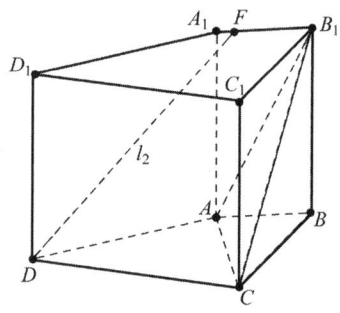

图 9.1.12

简要评注

本题主要考查线面垂直与平行以及二面角的问题，熟记线面垂直的判定定理以及空间向量的方法求二面角即可，属于常考题型。

（1）根据线面垂直的判定定理，直接证明，即可得出结论成立。

（2）以 A 为原点建立空间直角坐标系，由（1）得到 $\overrightarrow{EB}=\left(0,1,-\dfrac{1}{2}\right)$ 为平面 ACB_1 的一个法向量，再求出平面 ACD_1 的一个法向量，求两向量夹角的余弦值，即可得出结果。

(3) 先设 $A_1F=a$，用向量的方法，由 $\overrightarrow{DF} \cdot \overrightarrow{EB}=0$ 求出 a 的值，结合题意，即可判断出结论。

例3 如图9.1.13所示，在四棱锥 $P\text{-}ABCD$ 中，平面 $PAD \perp$ 平面 $ABCD$，$PD \perp PA$，$PA=PD$，$AB \perp AD$，$AB=1$，$AD=2$，$AC=CD=\sqrt{5}$。

(1) 求证：$PD \perp$ 平面 PAB；

(2) 求直线 PB 与平面 PCD 所成角的正弦值；

(3) 在棱 PA 上是否存在点 M，使得 $BM /\!/$ 平面 PCD？若存在，求 $\dfrac{AM}{AP}$ 的值；若不存在，说明理由。

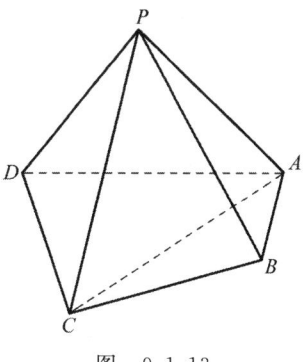

图 9.1.13

【解析】

(1) 因为平面 $PAD \cap$ 平面 $ABCD=AD$，平面 $PAD \perp$ 平面 $ABCD$，$AB \perp AD$，$AB \subset$ 平面 $ABCD$，所以 $AB \perp$ 平面 PAD。

而 $PD \subset$ 平面 PAD，所以 $AB \perp PD$。又 $PD \perp PA$，故 $PD \perp$ 平面 PAB。

(2) 取 AD 中点为 O，连接 CO，PO。

因为 $CD=AC=\sqrt{5}$，所以 $CO \perp AD$，又 $PA=PD$，则 $PO \perp AD$。

以 O 为原点，如图9.1.14所示建系，易知 $P(0,0,1)$，$B(1,1,0)$，$D(0,-1,0)$，$C(2,0,0)$，

则 $\overrightarrow{PB}=(1,1,-1)$，$\overrightarrow{PD}=(0,-1,-1)$，$\overrightarrow{PC}=(2,0,-1)$，$\overrightarrow{CD}=(-2,-1,0)$。

设 $\boldsymbol{n}$ 为平面 PDC 的法向量，令 $\boldsymbol{n}=(x_0, y_0, 1)$，则
$\begin{cases} \boldsymbol{n} \cdot \overrightarrow{PD}=0 \\ \boldsymbol{n} \cdot \overrightarrow{PC}=0 \end{cases} \Rightarrow \boldsymbol{n}=\left(\dfrac{1}{2}, -1, 1\right)$。

则 PB 与平面 PCD 有夹角 θ，$\sin\theta=|\cos\langle \boldsymbol{n}, \overrightarrow{PB} \rangle|=$

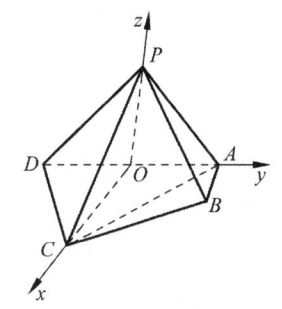

图 9.1.14

$\left| \dfrac{\boldsymbol{n} \cdot \overrightarrow{PB}}{|\boldsymbol{n}||\overrightarrow{PB}|} \right| = \left| \dfrac{\frac{1}{2}-1-1}{\sqrt{\frac{1}{4}+1+1} \times \sqrt{3}} \right| = \dfrac{\sqrt{3}}{3}$。

(3) 假设存在 M 点使得 $BM /\!/$ 平面 PCD。

设 $\dfrac{AM}{AP}=\lambda$，$M(0, y', z')$。由(2)知 $A(0,1,0)$，$P(0,0,1)$，$\overrightarrow{AP}=(0,-1,1)$，$B(1,1,0)$，$\overrightarrow{AM}=(0, y'-1, z')$，有 $\overrightarrow{AM}=\lambda\overrightarrow{AP} \Rightarrow M(0, 1-\lambda, \lambda)$，则 $\overrightarrow{BM}=(-1, -\lambda, \lambda)$。

因为 $BM /\!/$ 平面 PCD，$\boldsymbol{n}$ 为平面 PCD 的法向量，所以 $\overrightarrow{BM} \cdot \boldsymbol{n}=0$，即 $-\dfrac{1}{2}+\lambda+\lambda=0$，$\lambda=\dfrac{1}{4}$。

综上所述，存在 M 点使得 $BM /\!/$ 平面 PCD，当 $\dfrac{AM}{AP}=\dfrac{1}{4}$ 时，M 点即为所求。

动态解析

编号：303331，

扫描二维码,打开课件,如图 9.1.15 所示；点击按钮 辅助线 ,如图 9.1.16 所示,图中 $BE \parallel CD$, $MF \parallel PD$；点击按钮 动画▶◀ 或拖动点 M 在线段 PA 上运动,如图 9.1.17、图 9.1.18 所示,考察直线 BM 与平面 PCD 所成角的变化；探究当 $BM \parallel$ 平面 PCD 时,点 E, F 是否能够重合。

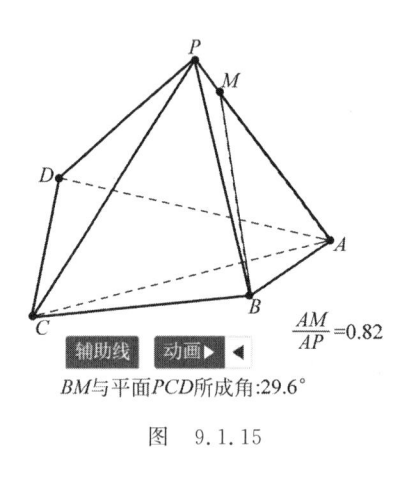

$\dfrac{AM}{AP}=0.82$
BM 与平面 PCD 所成角:29.6°
图 9.1.15

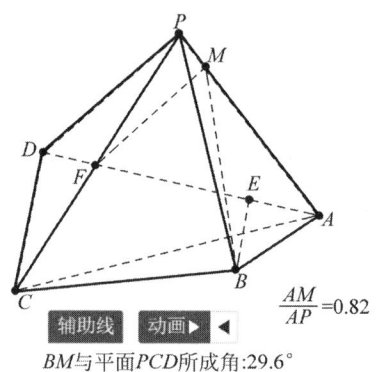

$\dfrac{AM}{AP}=0.82$
BM 与平面 PCD 所成角:29.6°
图 9.1.16

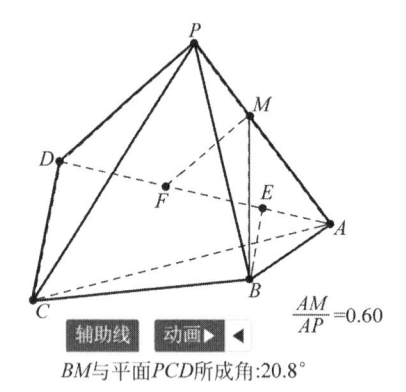

$\dfrac{AM}{AP}=0.60$
BM 与平面 PCD 所成角:20.8°
图 9.1.17

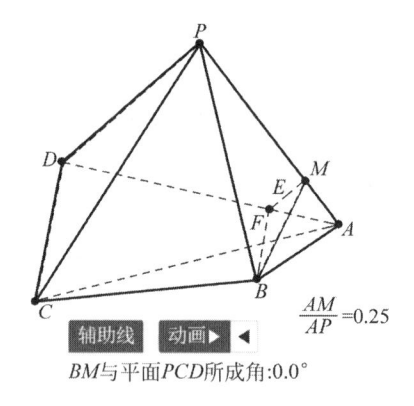

$\dfrac{AM}{AP}=0.25$
BM 与平面 PCD 所成角:0.0°
图 9.1.18

简要评注

本题突出考查空间线、面的位置关系,证明直线与平面垂直、用向量法求直线与平面所成的角的正弦值以及开放性的存在性问题,尤其注意线面角正弦值与 $\langle \boldsymbol{n}, \overrightarrow{PB} \rangle$ 的余弦值之间的关系,考查逻辑推理、数学计算能力。

9.2 位置的探索

例1 如图9.2.1所示，已知在直角梯形 $ABCD$ 中，$AB/\!/CD$，$AB\perp BC$，$AB=1$，$BC=2$，$CD=1+\sqrt{3}$，过 A 作 $AE\perp CD$，垂足为 E，现将 $\triangle ADE$ 沿 AE 折叠，使得 $DE\perp EC$。

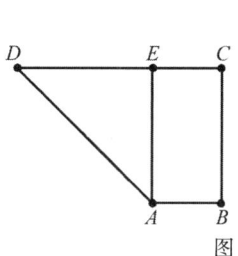

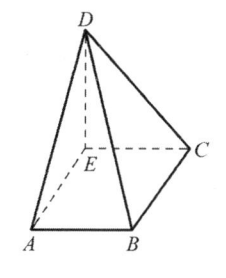

图 9.2.1

(1) 求证：$BC\perp$ 平面 CDE；
(2) 在线段 AE 上找出点 R，使得平面 $BDR\perp$ 平面 DCB，并说明理由。

【解析】

(1) 由已知得 $DE\perp AE$，$DE\perp EC$，AE，$EC\subset$ 平面 $ABCE$，$AE\cap EC=E$。所以 $DE\perp$ 平面 $ABCE$，即 $DE\perp BC$。
又 $BC\perp CE$，DE，$CE\subset$ 平面 DCE，$DE\cap CE=E$，故 $BC\perp$ 平面 DCE。

(2) 当 R 点满足 $AR=\dfrac{1}{4}AE$ 时，平面 $BDR\perp$ 平面 BDC，理由如下：

如图9.2.2所示，取 BD 中点 Q，连接 DR，BR，CR，CQ，RQ。

容易计算 $CD=2$，$BD=2\sqrt{2}$，$CR=\dfrac{\sqrt{13}}{2}$，$DR=\dfrac{\sqrt{21}}{2}$，$CQ=\sqrt{2}$。

在 $\triangle BDR$ 中，因为 $BR=\dfrac{\sqrt{5}}{2}$，$DR=\dfrac{\sqrt{21}}{2}$，$BD=2\sqrt{2}$。

由平行四边形性质得 $2(DR^2+BR^2)=BD^2+4RQ^2$，所以 $2\left(\dfrac{21}{4}+\dfrac{5}{4}\right)=(2\sqrt{2})^2+4RQ^2$，从而 $RQ=\dfrac{\sqrt{5}}{2}$，则在 $\triangle CRQ$ 中，$CQ^2+RQ^2=CR^2$，即 $CQ\perp RQ$。

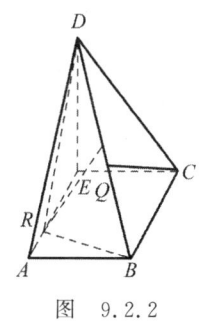

又在 $\triangle CBD$ 中，$CD=CB$，Q 为 BD 中点，所以 $CQ\perp BD$。

因为 BD，$RQ\subset$ 平面 BDR，$BD\cap RQ=Q$，所以 $CQ\perp$ 平面 BDR。因为 $CQ\subset$ 平面 BDC，故平面 $BDC\perp$ 平面 BDR。

图 9.2.2

动态解析

编号：303564，

扫描二维码，打开课件，如图9.2.3所示；点击按钮 折起▶，动态展示 $\triangle ADE$ 沿 AE 折起，按住屏幕空白处拖动，转到合适的角度便于观察，如图9.2.4所示；点击按钮 第(2)问，如

图 9.2.5 所示,显示点 R 及二面角 C-DB-R 的大小;点击按钮 动画▶◀,如图 9.2.6 所示,动态展示点 R 在 AE 上运动及相应的二面角 C-DB-R 的大小;观察二面角 C-DB-R 的大小的变化,探究二面角 C-DB-R 的大小为 $90°$ 时点 R 的位置。

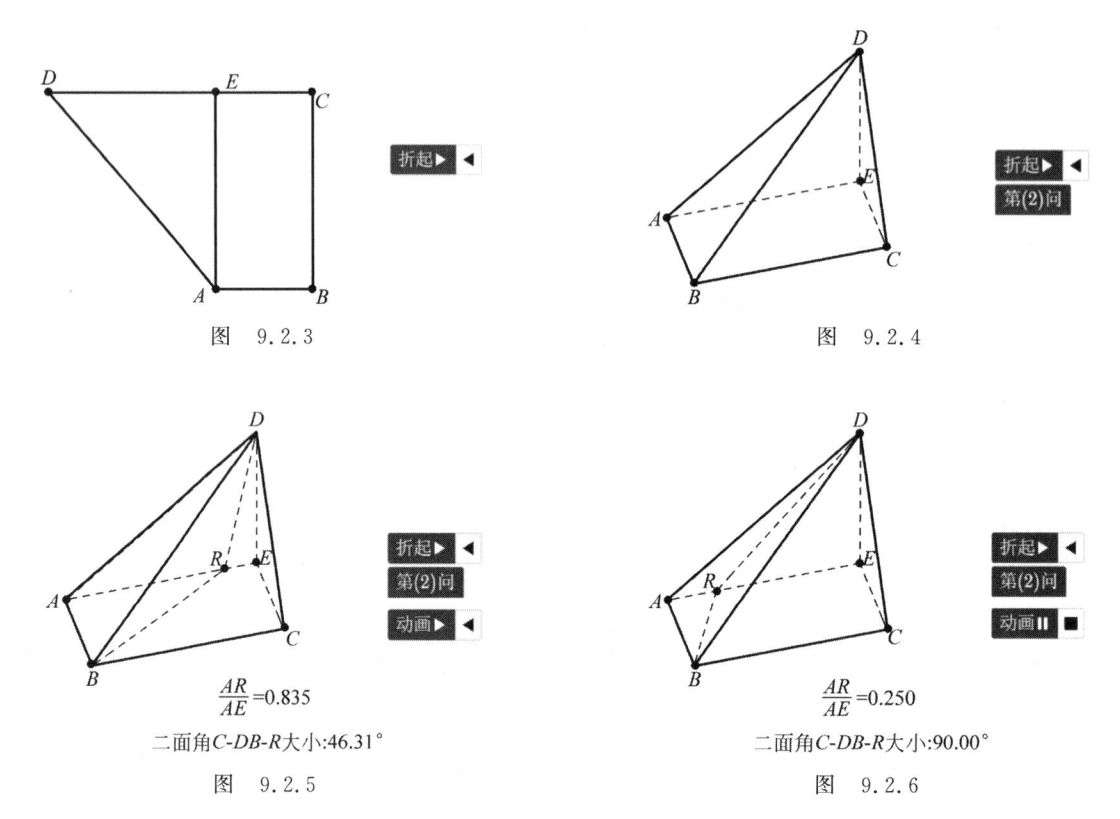

图 9.2.3

图 9.2.4

$\dfrac{AR}{AE}=0.835$

二面角 C-DB-R 大小:$46.31°$

图 9.2.5

$\dfrac{AR}{AE}=0.250$

二面角 C-DB-R 大小:$90.00°$

图 9.2.6

例 2 如图 9.2.7 所示,在三棱柱 ABC-$A_1B_1C_1$ 中,各个侧面均是边长为 2 的正方形,D 为线段 AC 的中点。

(1) 求证:直线 AB_1∥平面 BC_1D;

(2) 求直线 C_1B 与平面 ACC_1A_1 所成角的余弦值;

(3) 设 M 为线段 C_1B 上任意一点,在 $\triangle BC_1D$ 内的平面区域(包括边界)作出点 E,使 $CE \perp DM$。

【解析】

(1) 如图 9.2.8 所示,设 BC_1 与 B_1C 的交点为 O,显然 O 为 B_1C 中点。

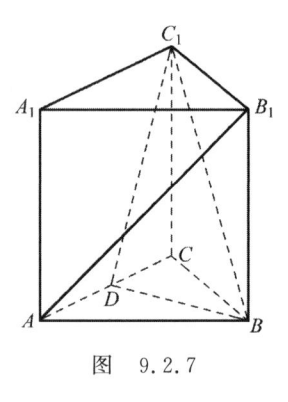

图 9.2.7

又点 D 为线段 AC 的中点,所以 $AB_1 \parallel DO$。

因为 $DO \subset$ 平面 BC_1D,$AB_1 \not\subset$ 平面 BC_1D,所以 $AB_1 \parallel$ 平面 BC_1D。

(2) 因为 $CC_1 \perp$ 平面 ACB,$BD \subset$ 平面 ACB,所以 $CC_1 \perp BD$。

又 $BD \perp AC$,$AC \subset$ 平面 ACC_1A_1,$CC_1 \subset$ 平面 ACC_1A_1,所以 $BD \perp$ 平面 ACC_1A_1,点 B 在平面 ACC_1A_1 上的投影为点 D,直线 C_1B 与平面 ACC_1A_1 所成的角为 $\angle BC_1D$,又 $BD=\sqrt{3}$,$BC_1=2\sqrt{2}$,$C_1D=\sqrt{5}$。

故 $\cos\angle BC_1D = \dfrac{8+5-3}{2\times\sqrt{5}\times 2\sqrt{2}} = \dfrac{\sqrt{10}}{4}$。

(3) 过点 C 作 $CE\perp DC_1$，又因为 $BD\perp$ 平面 ACC_1A_1，$CE\subset$ 平面 ACC_1A_1，所以 $CE\perp BD$。

又 $BD\subset$ 平面 BC_1D，$C_1D\subset$ 平面 BC_1D，则 $CE\perp$ 平面 BC_1D。

故 $CE\perp DM$，所以存在点 E，使 $CE\perp DM$。

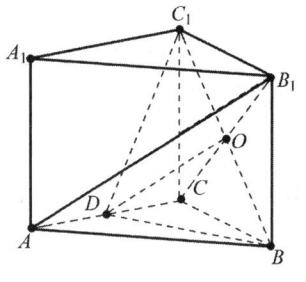

图 9.2.8

动态解析

编号：303554，

扫描二维码，打开课件，如图 9.2.9 所示；点击按钮 动画▶◀ 或拖动点 M 运动，考察 DM 的轨迹；点击按钮 跟踪线段DM，如图 9.2.10 所示，动态展示 DM 的轨迹；点击按钮 辅助线，如图 9.2.11 所示，$CE\perp C_1D$，点击按钮 动画▶◀ 或拖动点 M 运动，观察 CE 与 DM 所成角的大小是否会发生变化，如图 9.2.12 所示；按住屏幕空白处拖动，从不同角度观察、理解要使 $CE\perp DM$，即是要 $CE\perp$ 平面 BC_1D。

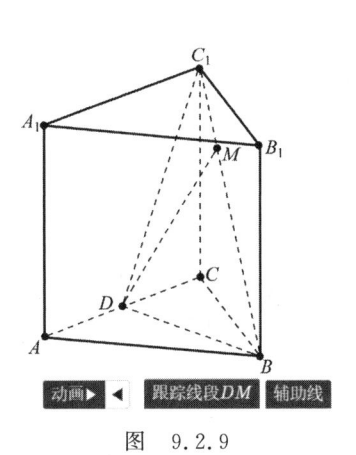

图 9.2.9

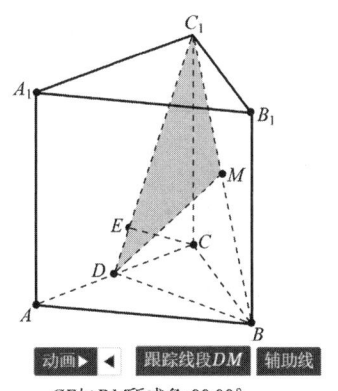

图 9.2.10

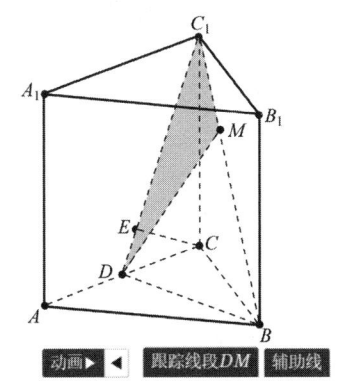

图 9.2.11

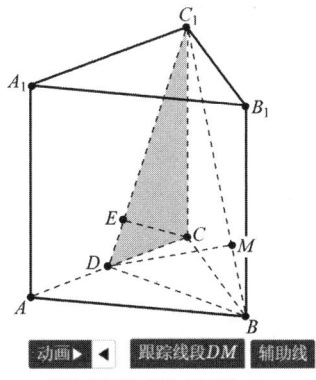

图 9.2.12

9.3 角的探索

例 1 如图 9.3.1 所示，在三棱柱 $ABC\text{-}A_1B_1C_1$ 中，$A_1A \perp$ 底面 ABC，点 D 是棱 B_1C_1 的中点。

(1) 求证：$AC_1 //$ 平面 A_1BD；

(2) 若 $AB = AC = \sqrt{2}$，$BC = BB_1 = 2$，在棱 AC 上是否存在点 M，使二面角 $B\text{-}A_1D\text{-}M$ 的大小为 $45°$，若存在，求出 $\dfrac{AM}{AC}$ 的值；若不存在，说明理由。

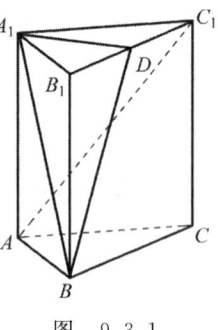

图 9.3.1

【解析】

(1) 如图 9.3.2 所示，连接 A_1B，与 AB_1 相交于点 O，连接 OD。

因为点 D 是棱 B_1C_1 的中点，所以 $AC_1 // OD$，且 $AC_1 \not\subset$ 平面 A_1BD，$OD \subset$ 平面 A_1BD，所以 $AC_1 //$ 平面 A_1BD。

(2) 因为 $AB = AC = \sqrt{2}$，$BC = BB_1 = 2$，所以 $AB \perp AC$，又因为 $A_1A \perp$ 底面 ABC，建立如图 9.3.3 所示空间直角坐标系。

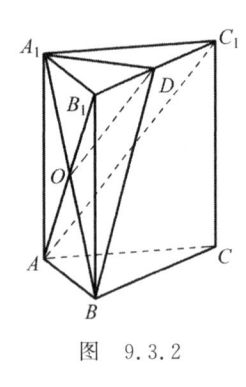

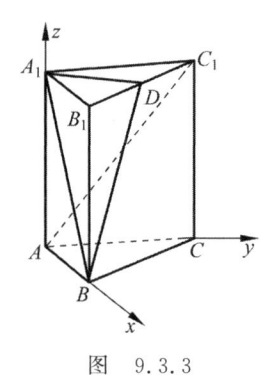

图 9.3.2

图 9.3.3

设 $\dfrac{AM}{AC} = \lambda$，即 $\overrightarrow{AM} = \lambda \overrightarrow{AC}$，则 $A(0,0,0)$，$B(\sqrt{2},0,0)$，$C(0,\sqrt{2},0)$，$A_1(0,0,2)$，$D\left(\dfrac{\sqrt{2}}{2}, \dfrac{\sqrt{2}}{2}, 2\right)$，$\overrightarrow{A_1B} = (\sqrt{2}, 0, -2)$，$\overrightarrow{A_1D} = \left(\dfrac{\sqrt{2}}{2}, \dfrac{\sqrt{2}}{2}, 0\right)$，$\overrightarrow{AC} = (0, \sqrt{2}, 0)$；$\overrightarrow{A_1M} = \overrightarrow{A_1A} + \overrightarrow{AM} = \overrightarrow{A_1A} + \lambda \overrightarrow{AC} = (0, \sqrt{2}\lambda, -2)$。

设平面 BA_1D 的一个法向量为 $\boldsymbol{n}_1 = (x_1, y_1, z_1)$，则 $\begin{cases} \boldsymbol{n}_1 \cdot \overrightarrow{A_1B} = 0 \\ \boldsymbol{n}_1 \cdot \overrightarrow{A_1D} = 0 \end{cases}$，所以 $\begin{cases} \sqrt{2}x_1 - 2z_1 = 0 \\ \dfrac{\sqrt{2}}{2}x_1 + \dfrac{\sqrt{2}}{2}y_1 = 0 \end{cases}$。

取 $z_1 = 1$，则 $\boldsymbol{n}_1 = (\sqrt{2}, -\sqrt{2}, 1)$。

设平面 MA_1D 的一个法向量为 $\boldsymbol{n}_2 = (x_2, y_2, z_2)$，则 $\begin{cases} \boldsymbol{n}_2 \cdot \overrightarrow{A_1M} = 0 \\ \boldsymbol{n}_2 \cdot \overrightarrow{A_1D} = 0 \end{cases}$，所

以 $\begin{cases} \sqrt{2}\lambda y_2 - 2z_2 = 0 \\ \dfrac{\sqrt{2}}{2}x_2 + \dfrac{\sqrt{2}}{2}y_2 = 0 \end{cases}$。

取 $x_2=-2$，则 $\boldsymbol{n}_2=(-2,2,\sqrt{2}\lambda)$，因为二面角 $B\text{-}A_1D\text{-}M$ 的大小为 $45°$，所以 $\cos 45°=\dfrac{|\boldsymbol{n}_1 \cdot \boldsymbol{n}_2|}{|\boldsymbol{n}_1||\boldsymbol{n}_2|}=\dfrac{|\sqrt{2}\lambda-4\sqrt{2}|}{\sqrt{5}\cdot\sqrt{8+2\lambda^2}}=\dfrac{\sqrt{2}}{2}$，即 $3\lambda^2+16\lambda-12=0$，解得 $\lambda=\dfrac{2}{3}$ 或 $\lambda=-6$（舍去）。

所以存在点 M，使二面角 $B\text{-}A_1D\text{-}M$ 的大小为 $45°$，$\dfrac{AM}{AC}$ 的值为 $\dfrac{2}{3}$。

动态解析

编号：303203，

扫描二维码，打开课件，如图 9.3.4 所示；点击按钮 **第(1)问**，如图 9.3.5 所示，显示解决问题(1)的辅助线，按住屏幕空白处拖动，可从不同角度观察；点击按钮 **第(2)问**，如图 9.3.6 所示，显示 $\dfrac{AM}{AC}$ 的值及二面角 $B\text{-}A_1D\text{-}M$ 的大小，拖动点 M 在线段 AC 上运动，考察二面角 $B\text{-}A_1D\text{-}M$ 大小的变化；探究二面角 $B\text{-}A_1D\text{-}M$ 大小为 $45°$ 时点 M 的大致位置，如图 9.3.7 所示。

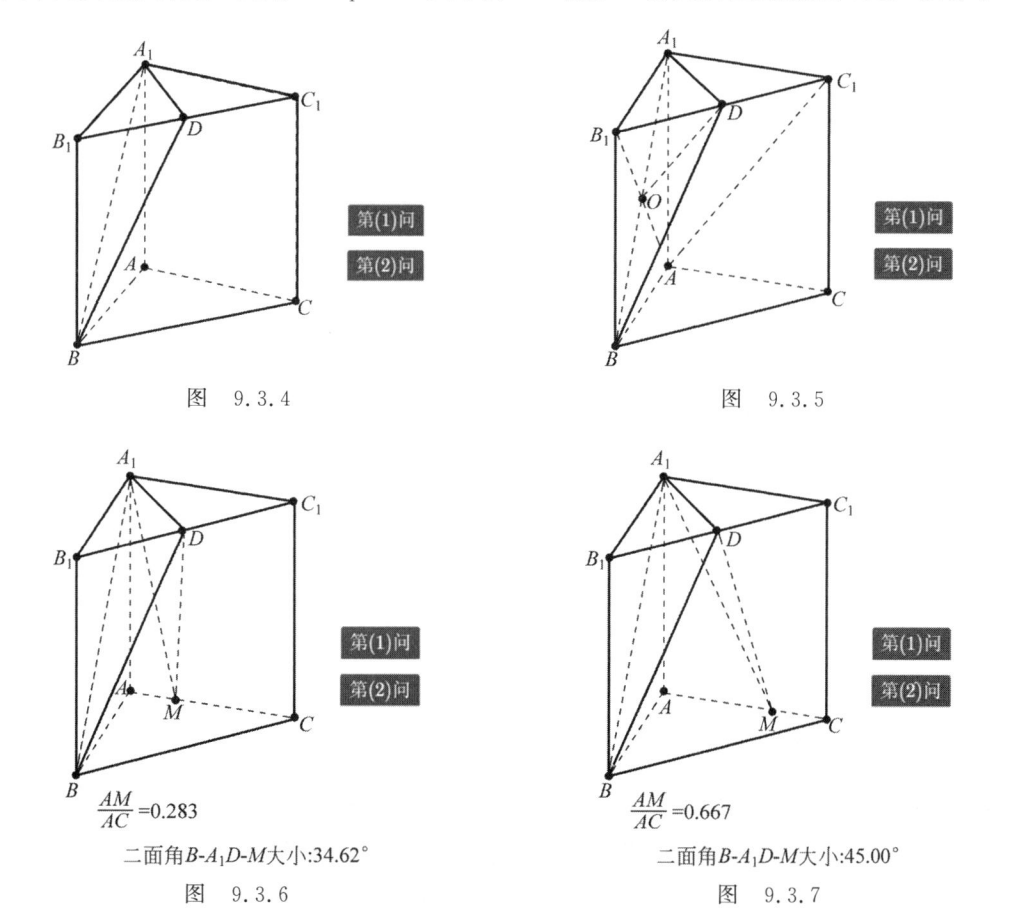

图 9.3.4

图 9.3.5

$\dfrac{AM}{AC}=0.283$

二面角 $B\text{-}A_1D\text{-}M$ 大小：$34.62°$

图 9.3.6

$\dfrac{AM}{AC}=0.667$

二面角 $B\text{-}A_1D\text{-}M$ 大小：$45.00°$

图 9.3.7

简要评注

本题主要考查线面平行的判定定理、二面角的应用,还考查了转化化归的思想和运算求解的能力。

例2 如图9.3.8所示,在三棱柱 $ABC\text{-}A_1B_1C_1$ 中,侧面 BB_1C_1C 为菱形,A 在侧面 BB_1C_1C 上的投影恰为 B_1C 的中点 O,E 为 AB 的中点。

(1) 证明:OE∥平面 ACC_1A_1;

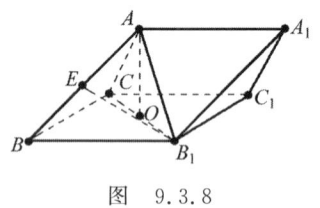

(2) 若 $\angle CBB_1=60°$,$\cos\angle ACC_1=\dfrac{\sqrt{2}}{4}$,在线段 C_1A_1 上是否存在点 F(F 不与 C_1,A_1 重合)使得直线 EF 与平面 ACC_1A_1 成角的正弦值为 $\dfrac{\sqrt{3}}{7}$。若存在,求出 $\dfrac{C_1F}{C_1A_1}$ 的值;若不存在,说明理由。

图 9.3.8

【解析】

(1) 如图 9.3.9 所示,连接 BC_1,AC_1,因为 O,E 分别为 BC_1,AB 中点,所以 OE∥AC_1。

又 $OE\not\subset$ 平面 ACC_1A_1,$AC_1\subset$ 平面 ACC_1A_1,所以 OE∥平面 ACC_1A_1。

(2) 因为 $AO\perp$ 平面 BB_1C_1C,BB_1C_1C 为菱形,如图 9.3.10 所示建立空间直角坐标系 $O\text{-}xyz$,设 $BC=2$。

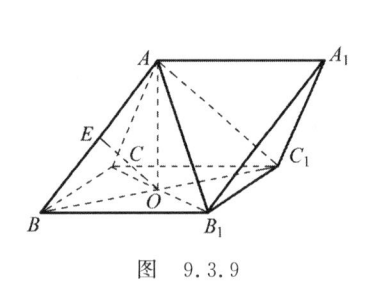

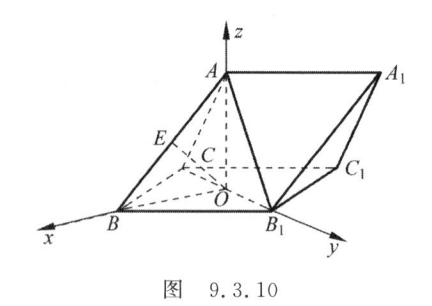

图 9.3.9

图 9.3.10

因为 $\angle CBB_1=60°$,$\cos\angle ACC_1=\cos\angle ACO\cdot\cos\angle OCC_1$,所以 $\cos\angle ACO=\dfrac{\sqrt{2}}{2}$,$AO=1$,即 $B(\sqrt{3},0,0)$,$C(0,-1,0)$,$C_1(-\sqrt{3},0,0)$,$A(0,0,1)$,$A_1(-\sqrt{3},1,1)$,则 $E\left(\dfrac{\sqrt{3}}{2},0,\dfrac{1}{2}\right)$。

设 $\overrightarrow{CF_1}=\lambda\overrightarrow{C_1A_1}$ $(0<\lambda<1)$,所以 $F(-\sqrt{3},\lambda,\lambda)$,$\overrightarrow{EF}=\left(-\dfrac{3\sqrt{3}}{2},\lambda,\lambda-\dfrac{1}{2}\right)$。

设平面 AA_1CC_1 的法向量 $\boldsymbol{n}=(x,y,z)$,因为 $\overrightarrow{CA}=(0,1,1)$,$\overrightarrow{CC_1}=(-\sqrt{3},1,0)$,所以 $\begin{cases}y+z=0\\-\sqrt{3}x+y=0\end{cases}$,$\boldsymbol{n}$ 的一组解为 $\boldsymbol{n}=(1,\sqrt{3},-\sqrt{3})$。

又直线 EF 与平面 ACC_1A_1 成角的正弦值为 $\dfrac{\sqrt{3}}{7}$。所以 $\sin\theta = \dfrac{\sqrt{3}}{7} = \dfrac{|\overrightarrow{EF}\cdot \boldsymbol{n}|}{|\overrightarrow{EF}||\boldsymbol{n}|} =$

$\dfrac{\sqrt{3}}{\sqrt{7}\sqrt{\dfrac{27}{4}+\lambda^2+\left(\lambda-\dfrac{1}{2}\right)^2}}$，解得 $\lambda = \dfrac{1}{2}$ 或 $\lambda = 0$（舍去）。

故 $\dfrac{C_1F}{C_1A_1}$ 的值为 $\dfrac{1}{2}$。

动态解析

编号：303217，

扫描二维码，打开课件，如图 9.3.11 所示；点击按钮 动画▶◀ 或拖动点 F 在线段 C_1A_1 上运动，如图 9.3.12~图 9.3.14 所示，考察直线 EF 与平面 ACC_1A_1 所成角正弦值的变化；探究直线 EF 与平面 ACC_1A_1 所成角正弦值为 $\dfrac{\sqrt{3}}{7} \approx 0.2474$ 时，点 F 的大致位置，如图 9.3.7 所示。

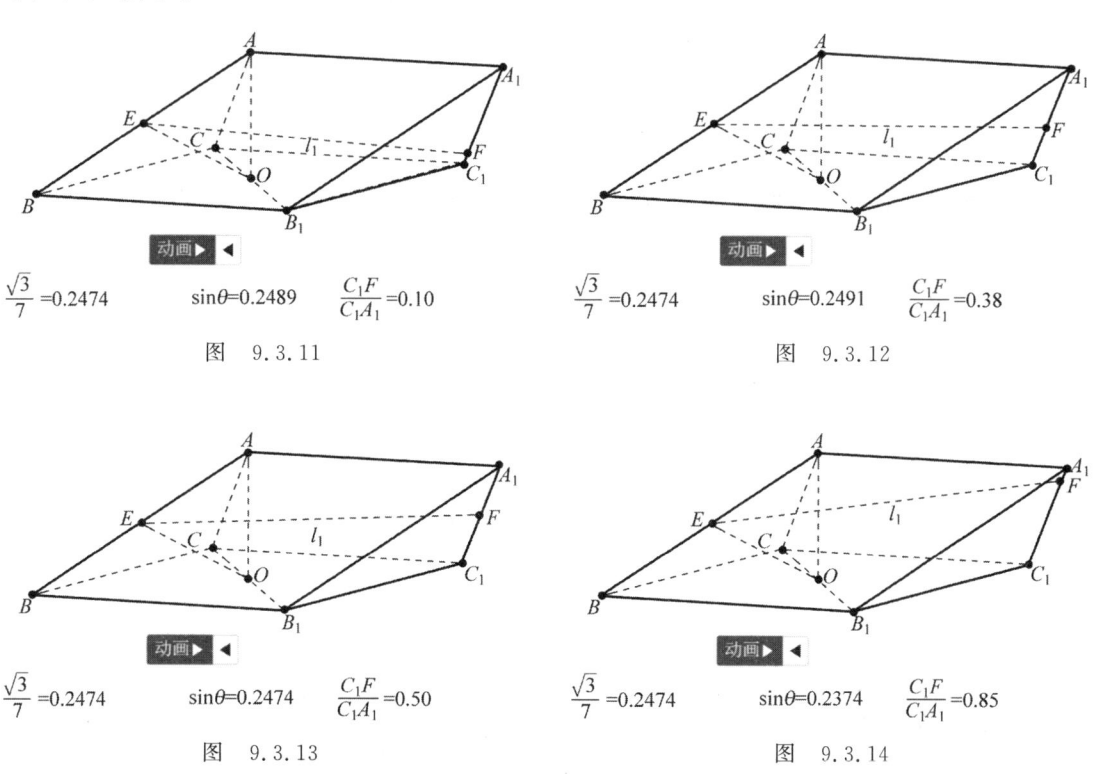

$\dfrac{\sqrt{3}}{7} = 0.2474$ $\sin\theta = 0.2489$ $\dfrac{C_1F}{C_1A_1} = 0.10$

图 9.3.11

$\dfrac{\sqrt{3}}{7} = 0.2474$ $\sin\theta = 0.2491$ $\dfrac{C_1F}{C_1A_1} = 0.38$

图 9.3.12

$\dfrac{\sqrt{3}}{7} = 0.2474$ $\sin\theta = 0.2474$ $\dfrac{C_1F}{C_1A_1} = 0.50$

图 9.3.13

$\dfrac{\sqrt{3}}{7} = 0.2474$ $\sin\theta = 0.2374$ $\dfrac{C_1F}{C_1A_1} = 0.85$

图 9.3.14

简要评注

本题考查了线面平行的证明方法以及利用空间向量方法求线面角的正弦值。

9.4 垂直探索

例1 如图9.4.1所示,在三棱柱 ABC-$A_1B_1C_1$ 中,AA_1C_1C 是边长为4的正方形,平面 ABC⊥平面 AA_1C_1C,$AB=3$,$BC=5$。

(1) 求二面角 A_1-BC_1-B_1 的余弦值;

(2) 在线段 BC_1 上是否存在点 D,使得 $AD\perp A_1B$?若存在,求出 $\dfrac{BD}{BC_1}$ 的值;若不存在,请说明理由。

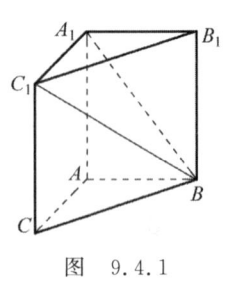

图 9.4.1

【解析】

方法1:

(1) 如图9.4.2所示,过 A_1 作 $A_1O\perp B_1C_1$ 于 O,过 A_1 作 $A_1F\perp BC_1$ 于 F,连接 OF。

由题意得,平面 $A_1B_1C_1$⊥平面 BB_1C_1C,所以 $A_1O\perp$平面 BCC_1B_1,$BC_1\perp A_1O$,又 $BC_1\perp A_1F$,所以 $BC_1\perp$平面 A_1OF,则 $OF\perp BC_1$,$\angle A_1FO$ 为二面角 A_1-BC_1-B_1 的平面角。

在 $\triangle B_1A_1C_1$ 中,$A_1C_1=4$,$A_1B_1=3$,$B_1C_1=5$,则 $A_1O=\dfrac{12}{5}$;在 Rt$\triangle BA_1C_1$ 中,$\angle BA_1C_1=90°$,$A_1B=5$,所以 $A_1F=\dfrac{20}{\sqrt{41}}$。

又 $\sin\angle A_1FO=\dfrac{3\sqrt{42}}{25}$,所以 $\cos\angle A_1FO=\dfrac{16}{25}$。

(2) 假设存在满足条件的点 D,过 D 作 DE∥A_1C_1 于 E,连接 AE,如图9.4.3所示,$A_1B\perp DE$。

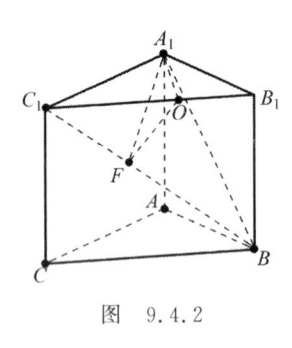

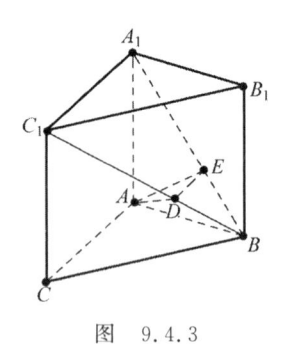

图 9.4.2　　图 9.4.3

又 $AD\perp A_1B$,所以 $A_1B\perp$平面 ADE,则 $A_1B\perp AE$。

在 Rt$\triangle A_1AB$ 中,$AA_1=4$,$AB=3$,则 $BE=\dfrac{9}{5}$。

$\dfrac{BE}{BA_1}=\dfrac{9}{25}$,故 $\dfrac{BD}{BC_1}=\dfrac{BE}{BA_2}=\dfrac{9}{25}$。

方法2:

(1) 因为 AA_1C_1C 为正方形,所以 $AA_1\perp AC$。

又平面 $ABC\perp$ 平面 AA_1C_1C,且 AA_1 垂直于这两个平面的交线 AC,所以 $AA_1\perp$ 平面 ABC。

由题知 $AB=3,BC=5,AC=4$,所以 $AB\perp AC$。

如图 9.4.4 所示,以 A 为原点建立空间直角坐标系 $A\text{-}xyz$,则 $B(0,3,0),A_1(0,0,4),B_1(0,3,4),C_1(4,0,4)$。

设平面 A_1BC_1 的法向量为 $\boldsymbol{n}=(x,y,z)$,则 $\begin{cases}\boldsymbol{n}\cdot\overrightarrow{A_1B}=0\\\boldsymbol{n}\cdot\overrightarrow{A_1C_1}=0\end{cases}$,

即 $\begin{cases}3y-4z=0\\4x=0\end{cases}$。

令 $z=3$,则 $x=0,y=4$,所以 $\boldsymbol{n}=(0,4,3)$。

同理可得,平面 BB_1C_1 的法向量为 $\boldsymbol{m}=(3,4,0)$,则 $\cos\langle\boldsymbol{n},\boldsymbol{m}\rangle=\dfrac{\boldsymbol{n}\cdot\boldsymbol{m}}{|\boldsymbol{n}||\boldsymbol{m}|}=\dfrac{16}{25}$。

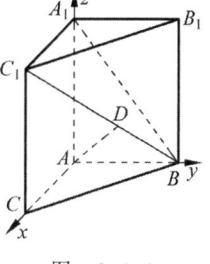

图 9.4.4

由题知二面角 $A_1\text{-}BC_1\text{-}B_1$ 为锐角,所以二面角 $A_1\text{-}BC_1\text{-}B_1$ 的余弦值为 $\dfrac{16}{25}$。

(2) 存在。设 $D(x,y,z)$ 是直线 BC_1 上一点,且 $\overrightarrow{BD}=\lambda\overrightarrow{BC_1}$。

所以 $(x,y-3,z)=\lambda(4,-3,4)$,解得 $x=4\lambda,y=3-3\lambda,z=4\lambda$,即 $\overrightarrow{AD}=(4\lambda,3-3\lambda,4\lambda)$。

由 $\overrightarrow{AD}\cdot\overrightarrow{A_1B}=0$,即 $9-25\lambda=0$,解得 $\lambda=\dfrac{9}{25}$。

因为 $\dfrac{9}{25}\in[0,1]$,所以在线段 BC_1 上存在点 D,使得 $AD\perp A_1B$,此时 $\dfrac{BD}{BC_1}=\lambda=\dfrac{9}{25}$。

动态解析

编号:303087,

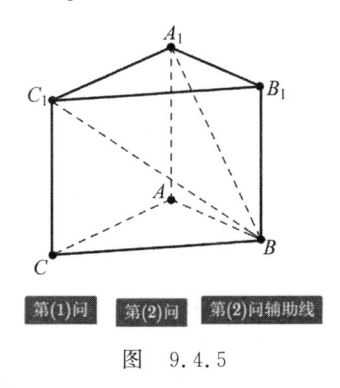

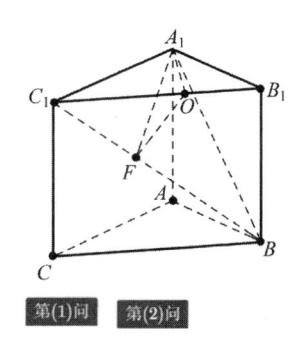

扫描二维码,打开课件,如图 9.4.5 所示;点击按钮 第(1)问,如图 9.4.6 所示,图中 $A_1O\perp B_1C_1,A_1F\perp BC_1$;点击按钮 第(2)问,如图 9.4.7 所示,拖动点 D 在线段 BC_1 上运动,考察直线 AD 与 A_1B 所成角的变化,如图 9.4.8 所示;点击按钮 第(2)问辅助线,如图 9.4.9 所示,图中点 E 是过 D 平行于 A_1C_1 的直线与 A_1B 的交点;拖动点 D 在线段 BC_1 上运动,考察直线 DE 与 A_1B 的关系,如图 9.4.10 所示;按住屏幕空白处拖动,可从不同角度观察。

图 9.4.5

图 9.4.6

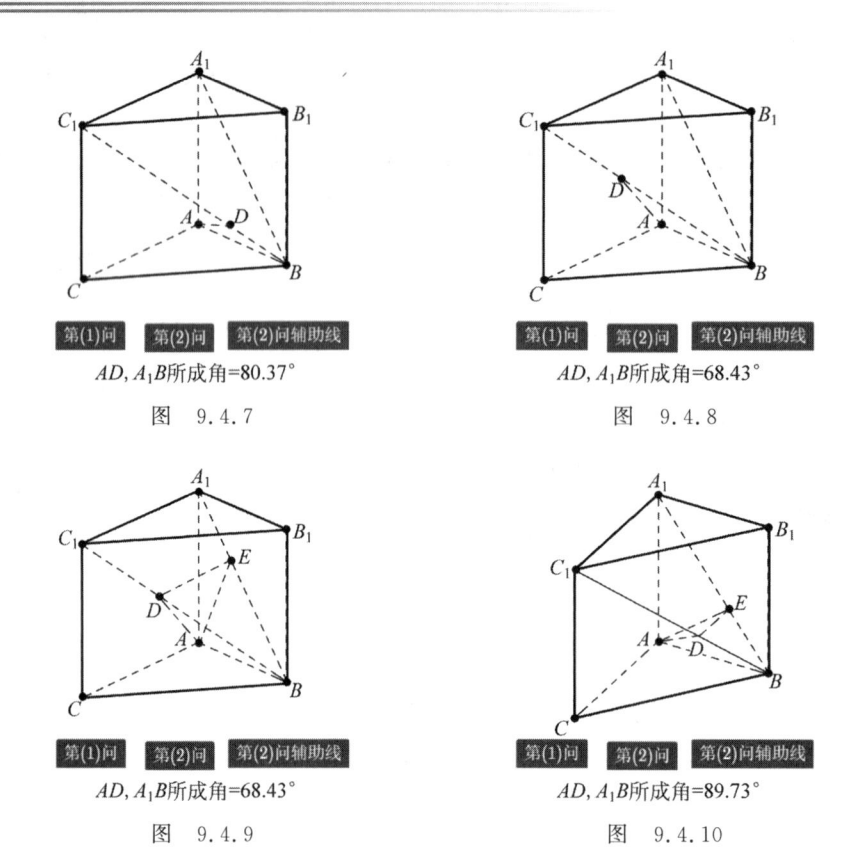

第(1)问 第(2)问 第(2)问辅助线
AD, A_1B 所成角=80.37°

图 9.4.7

第(1)问 第(2)问 第(2)问辅助线
AD, A_1B 所成角=68.43°

图 9.4.8

第(1)问 第(2)问 第(2)问辅助线
AD, A_1B 所成角=68.43°

图 9.4.9

第(1)问 第(2)问 第(2)问辅助线
AD, A_1B 所成角=89.73°

图 9.4.10

简要评注

本小题主要考查面面角的求法,考查探究线线垂直的条件,考查空间想象能力和逻辑推理能力。

例2 如图 9.4.11 所示,在长方体 $ABCD$-$A_1B_1C_1D_1$ 中,平面 BMD_1N 与棱 CC_1, AA_1 分别交于点 M, N,且 M, N 均为中点。

(1) 求证:AC∥平面 BMD_1N;

(2) 若 $AD=CD=2, DD_1=2\sqrt{2}$,O 为 AC 的中点,BD_1 上是否存在动点 F,使得 OF⊥平面 BMD_1N?若存在,求出点 F 的位置,并加以证明;若不存在,说明理由。

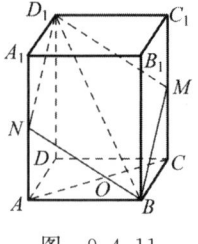

图 9.4.11

【解析】

(1) 连接 MN,因为 M, N 均为中点,所以 $AN=\frac{1}{2}AA_1, CM=\frac{1}{2}CC_1$。

因为 AA_1∥CC_1,且 $AA_1=CC_1$,所以 AN∥CM,且 $AN=CM$,则四边形 $ACMN$ 为平行四边形,AC∥MN。

又 $MN \subset$ 平面 $BMD_1N, AC \not\subset$ 平面 BMD_1N,所以 AC∥平面 BMD_1N。

(2) 当点 F 满足 $D_1F=3BF$ 时,平面 ACF⊥平面 BD_1E。

证明如下:

连接 BD 交 AC 于 O,则 BD 经过点 O。取 BD_1 中点 G,连接 OF, DG,如图 9.4.12 所

示,则 OF 为三角形 BDG 边 DG 上的中位线,所以 $OF \parallel DG$。

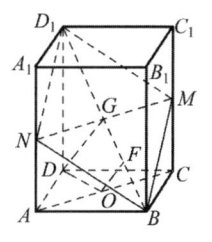

因为 $BD_1 = 2\sqrt{2} = DD_1$,且 G 为 BD_1 的中点,所以 $BD_1 \perp DG$,$BD_1 \perp OF$。

又底面 $ABCD$ 为正方形,所以 $AC \perp BD$；$DD_1 \perp$ 底面 $ABCD$,所以 $AC \perp DD_1$；

又 $BD \cap DD_1 = D$,所以 $AC \perp$ 平面 BDD_1。

因为 $OF \subset$ 平面 BDD_1,所以 $AC \perp OF$。

由第(1)问知 $AC \parallel MN$,所以 $MN \perp OF$,MN,BD_1 是平面四边形 BMD_1N 的对角线,所以它们必相交,即 $OF \perp$ 平面 BMD_1N。

图 9.4.12

动态解析

编号：303847,

扫描二维码,打开课件,如图 9.4.13 所示；点击按钮 第(2)问,如图 9.4.10 所示,显示点 F 在线段 BD_1 上的位置及此时直线 OF 与平面 BMD_1N 所成的角；点击按钮 动画▶◀ 或拖动点 F 运动,如图 9.4.15 所示,考察直线 OF 与平面 BMD_1N 所成角的变化；探究直线 OF 与平面 BMD_1N 垂直的条件,如图 9.4.16 所示；按住屏幕空白处拖动,可从不同角度观察。

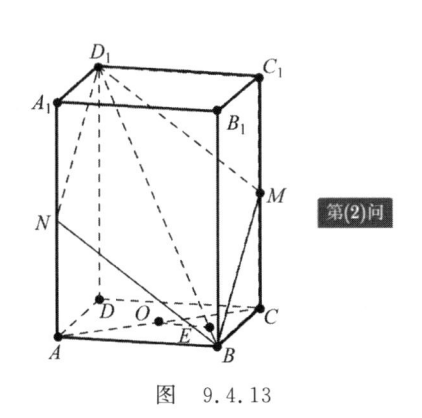

图 9.4.13

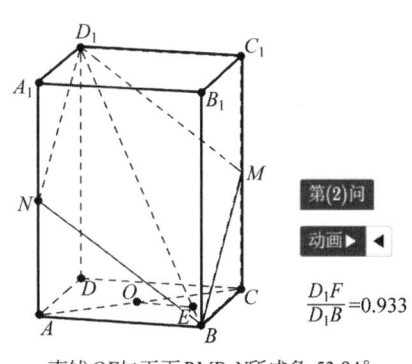

$\dfrac{D_1F}{D_1B} = 0.933$

直线 OF 与平面 BMD_1N 所成角：$53.84°$

图 9.4.14

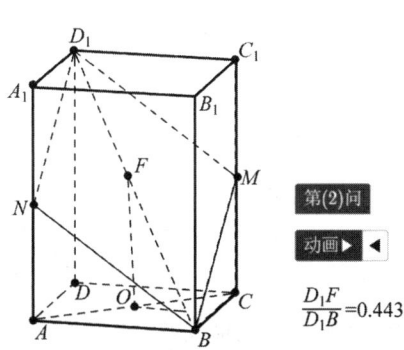

$\dfrac{D_1F}{D_1B} = 0.443$

直线 OF 与平面 BMD_1N 所成角：$39.17°$

图 9.4.15

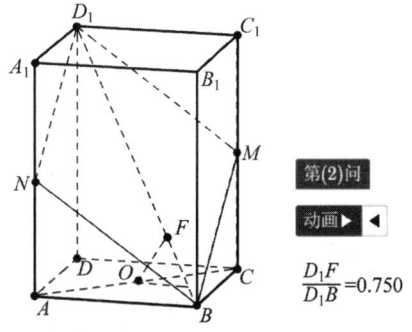

$\dfrac{D_1F}{D_1B} = 0.750$

直线 OF 与平面 BMD_1N 所成角：$90.00°$

图 9.4.16

例 3 如图 9.4.17 所示,在正三棱柱 ABC-$A_1B_1C_1$ 中,点 D 是 AB 的中点,M 是 AA_1 上一点,$AM=tAA_1$。

(1) 求证:$BC_1 //$ 平面 A_1CD;

(2) 若 $3AB=2AA_1$,当 t 为何值时,$B_1M \perp$ 平面 A_1CD。

图 9.4.17

【解析】

(1) 如图 9.4.18 所示,连接 AC_1,交 A_1C 于点 O,那么点 O 是 AC_1 的中点。

连接 OD,由点 D 是 AB 的中点,可得 $BC_1 // OD$。

$BC_1 \not\subset$ 平面 A_1CD,$OD \subset$ 平面 A_1CD,则 $BC_1 //$ 平面 A_1CD。

(2) 因为 $\dfrac{AD}{AA_1}=\dfrac{1}{3}$,所以当 $\dfrac{A_1M}{A_1B_1}=\dfrac{1}{3}$ 时,此时 $t=\dfrac{AM}{AA_1}=\dfrac{7}{9}$。

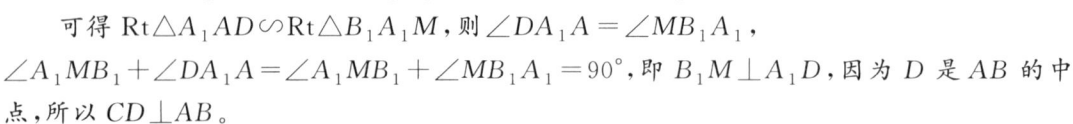

图 9.4.18

可得 $\text{Rt}\triangle A_1AD \sim \text{Rt}\triangle B_1A_1M$,则 $\angle DA_1A=\angle MB_1A_1$,$\angle A_1MB_1+\angle DA_1A=\angle A_1MB_1+\angle MB_1A_1=90°$,即 $B_1M \perp A_1D$,因为 D 是 AB 的中点,所以 $CD \perp AB$。

又 $CD \perp AA_1$,$AB \cap AA_1=A$,所以 $CD \perp$ 平面 AA_1B_1B,因为 $B_1M \subset$ 平面 AA_1B_1B,则 $CD \perp B_1M$。

$CD \cap A_1D=D$,则 $B_1M \perp$ 平面 A_1CD,即当 $t=\dfrac{7}{9}$ 时,$B_1M \perp$ 平面 A_1CD。

动态解析

编号:303868,

扫描二维码,打开课件,如图 9.4.19 所示;点击按钮 第(2)问,如图 9.4.20 所示,显示点 M 在线段 AA_1 上的位置及此时直线 B_1M 与平面 A_1DC 所成的角;点击按钮 动画▶ 或拖动点 M 运动,如图 9.4.21 所示,考察直线 B_1M 与平面 A_1DC 所成角的变化;探究直线 B_1M 与平面 A_1DC 所成角垂直的条件,如图 9.4.22 所示;按住屏幕空白处拖动,可从不同角度观察。

图 9.4.19

$\dfrac{AM}{AA_1}=0.193$

B_1M 与平面 A_1CD 所成角:57.99°

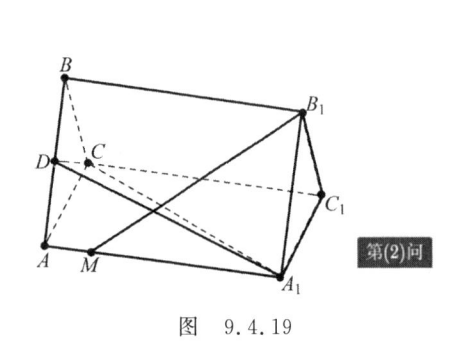

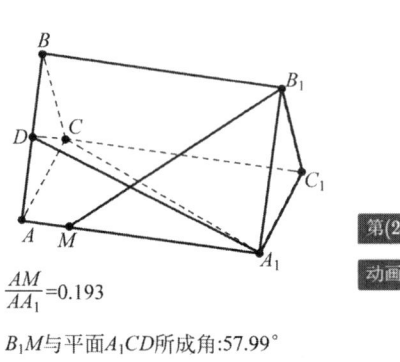

图 9.4.20

$\dfrac{AM}{AA_1}=0.552$

B_1M 与平面 A_1CD 所成角:74.55°

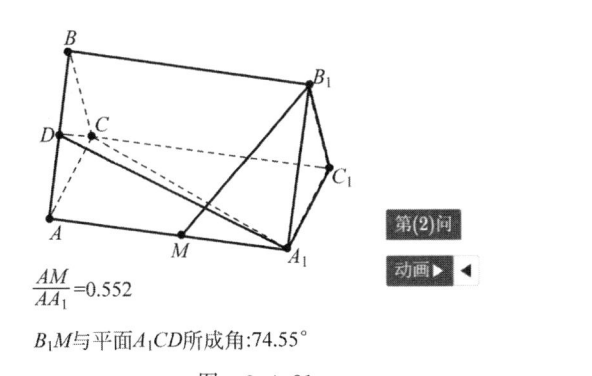

图 9.4.21

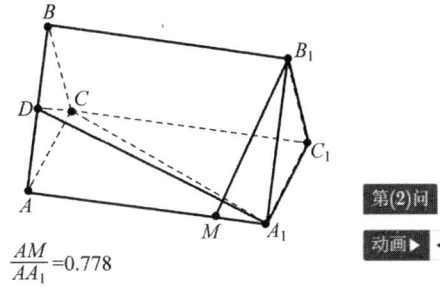

$\dfrac{AM}{AA_1}=0.778$

B_1M 与平面 A_1CD 所成角:90.00°

图 9.4.22

9.5 距离的探索

例 1 如图 9.5.1 所示,在梯形 $ABCD$ 中,$AD/\!/BC$,$\angle ABC=\dfrac{\pi}{2}$,$AB=BC=a$,$\cos\angle ADC=\dfrac{2\sqrt{5}}{5}$,$PA\perp$ 平面 $ABCD$ 且 $PA=a$。

(1) 求直线 AD 到平面 PBC 的距离;

(2) 在线段 AD 上是否存在一点 F 使点 A 到平面 PCF 的距离为 $\dfrac{\sqrt{6}}{3}a$。

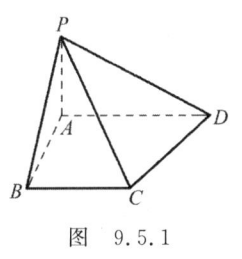

图 9.5.1

【解析】

(1) 因为 $BC/\!/AD$,$BC\subset$ 平面 PBC,所以 $AD/\!/$ 平面 PBC,从而 AD 与 PC 间的距离就是直线 AD 与平面 PBC 间的距离。

过 A 作 $AE\perp PB$,又 $AE\perp BC$,则 $AE\perp$ 平面 PBC,AE 即为所求。

在等腰直角三角形 PAB 中,$PA=AB=a$,故 $AE=\dfrac{\sqrt{2}}{2}a$。

(2) 作 $CM/\!/AB$,由已知 $\cos\angle ADC=\dfrac{2}{5}\sqrt{5}$,则 $\tan ADC=\dfrac{1}{2}$,即 $CM=\dfrac{1}{2}DM$,则 $ABCM$ 为正方形,$AC=\sqrt{2}a$,$PC=\sqrt{3}a$。

过 A 作 $AH\perp PC$,在 $\text{Rt}\triangle PAC$ 中,$AH=\dfrac{\sqrt{6}}{3}$。

在 AD 上找一点 F,使 $PC\perp CF$,取 MD 中点 F,$\triangle ACM$,$\triangle FCM$ 均为等腰直角三角形,则 $\angle ACM+\angle FCM=45°+45°=90°$,即 $FC\perp AC$,$FC\perp PC$。

故在 AD 上存在满足条件的点 F 使点 A 到平面 PCF 的距离为 $\dfrac{\sqrt{6}}{3}a$。

动态解析

编号:303892,

扫描二维码,打开课件,如图 9.5.2 所示;点击按钮 第(2)问,如图 9.5.3 所示,图中 $AH\perp PC, PO\perp$ 平面 PCF;点击按钮 动画▶ 或拖动点 F 运动,如图 9.5.4 所示,动态显示点 A 到平面 PCF 的距离与 a 的比值;探究点 A 到平面 PCF 的距离与 a 的比等于 $\frac{\sqrt{6}}{3}$ 时, O 与 H 的位置关系,如图 9.5.5 所示;按住屏幕空白处拖动,可从不同角度观察。

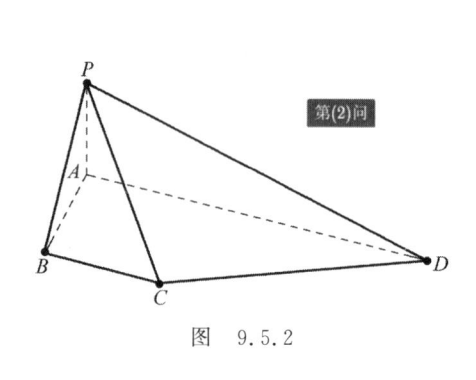

图 9.5.2

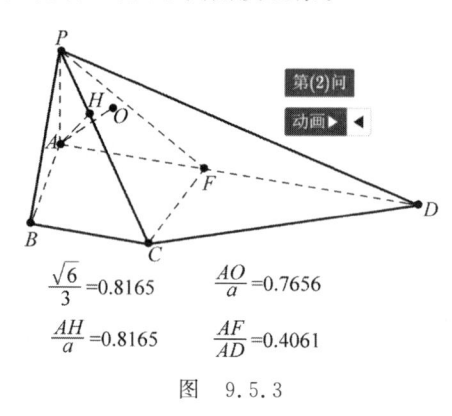

$\frac{\sqrt{6}}{3}=0.8165$ $\frac{AO}{a}=0.7656$

$\frac{AH}{a}=0.8165$ $\frac{AF}{AD}=0.4061$

图 9.5.3

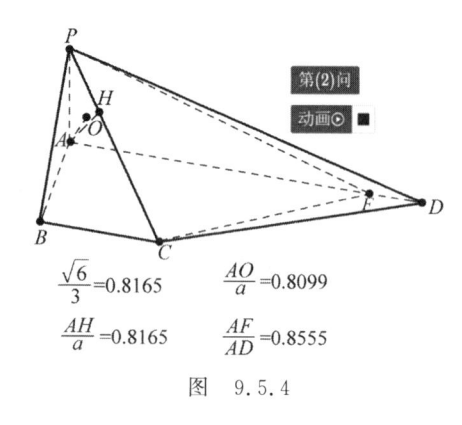

$\frac{\sqrt{6}}{3}=0.8165$ $\frac{AO}{a}=0.8099$

$\frac{AH}{a}=0.8165$ $\frac{AF}{AD}=0.8555$

图 9.5.4

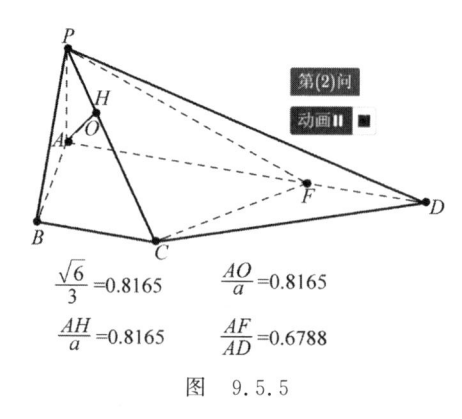

$\frac{\sqrt{6}}{3}=0.8165$ $\frac{AO}{a}=0.8165$

$\frac{AH}{a}=0.8165$ $\frac{AF}{AD}=0.6788$

图 9.5.5

例 2 如图 9.5.6 所示,三棱柱 ABC-$A_1B_1C_1$ 的所有棱长都是 2, $A_1A\perp$ 平面 ABC, D, E 分别是 AC, CC_1 的中点。

(1) 求证:平面 $BAE\perp$ 平面 A_1BD;

(2) 求平面 DBA_1 和平面 BAA_1 夹角的余弦值;

(3) 在线段 B_1B(含端点)上是否存在点 M,使点 M 到平面 A_1BD 的距离为 $\frac{2\sqrt{5}}{5}$;请说明理由。

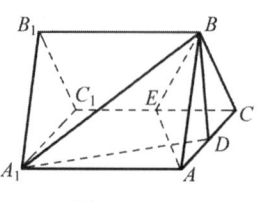

图 9.5.6

【解析】

方法 1:(1)由条件得四边形 ACC_1A_1 是正方形。

又 D,E 分别是 AC,CC_1 的中点,所以 $AE \perp A_1D$。

因为 $AA_1 \perp$ 平面 ABC,所以平面 $AC_1 \perp$ 平面 ABC。

又 $BD \perp AC$,所以 $BD \perp$ 平面 AC_1,$AE \perp BD$,即 $AE \perp$ 平面 A_1BD。

故平面 $BAE \perp$ 平面 A_1BD。

(2) 如图 9.5.7 所示,过 D 作 $DG \perp AB$ 于 G,$DG \perp$ 平面 ABA_1,过 G 作 $GH \perp A_1B$ 于 H,连接 DH,即 $\angle DHG$ 为二面角 $A\text{-}A_1B\text{-}D$ 的平面角。

在 $\text{Rt}\triangle ADB$ 中,$AB=2$,$AD=2$,$\angle ADB=90°$,则 $DG=\dfrac{\sqrt{3}}{2}$。

在 $\text{Rt}\triangle A_1DB$ 中,$A_1D=\sqrt{5}$,$BD=\sqrt{3}$,$\angle A_1DB=90°$,则 $DH=\dfrac{\sqrt{15}}{8}$。

所以 $\cos\angle DHG=\dfrac{HG}{HD}=\dfrac{\sqrt{15}}{5}$。

(3) 如图 9.5.8 所示,过 B 作直线 $BN /\!/ A_1D$,过 M 作 $MF \perp BN$ 于 F。

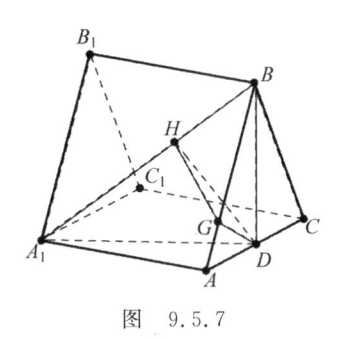

图 9.5.7   图 9.5.8

因为 $BN /\!/ A_1D$,$BB_1 /\!/ AA_1$,所以平面 $BB_1N /\!/$ 平面 AA_1C_1C。

$BD \perp$ 平面 AA_1C_1C,所以平面 $A_1BD \perp$ 平面 BB_1N。

又 $MF \perp BN$,所以 $MF \perp$ 平面 A_1BD,则 MF 即为点 M 到平面 A_1BD 的距离,$\sin\angle MBF=\sin\angle AA_1D=\dfrac{1}{\sqrt{5}}$。

设 $MF=\dfrac{2\sqrt{5}}{5}$,则 $MB=\dfrac{MF}{\sin\angle AA_1D}=2$,故在线段 B_1B 上存在点 M(端点处),使点 M 到平面 ABD 的距离为 $\dfrac{2\sqrt{5}}{5}$。

方法 2:取 A_1C_1 的中点 O,连接 OB_1,OD,则 $OB_1 \perp A_1C_1$,$OD /\!/ AA_1$。

又 $AA_1 \perp$ 平面 ABC,所以 $OD \perp$ 平面 ABC,即 OA_1,OD,OB_1 两两垂直。

如图 9.5.9 所示,以 O 为原点,OA_1,OD,OB_1 所在直线分别为 x 轴,y 轴,z 轴建立空间直角坐标系,则 $A(1,2,0)$,$B(0,2,\sqrt{3})$,$D(0,2,0)$,$A_1(1,0,0)$,$E(-1,1,0)$。

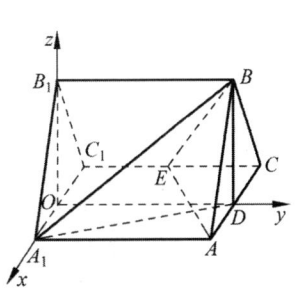

图 9.5.9

(1) $\overrightarrow{A_1D}=(-1,2,0)$, $\overrightarrow{A_1B}=(-1,2,\sqrt{3})$, $\overrightarrow{BA}=(1,0,-\sqrt{3})$, $\overrightarrow{BE}=(-1,-1,-\sqrt{3})$。

设 $\boldsymbol{n}_1=(x_1,y_1,z_1)$, $\boldsymbol{n}_2=(x_2,y_2,z_2)$ 分别为平面 A_1BD 和平面 BAE 的法向量，由 $\overrightarrow{AD}\cdot\boldsymbol{n}_1=0$, $\overrightarrow{A_1B}\cdot\boldsymbol{n}_1=0$ 得 $\begin{cases}-x_1+2y_1=0\\-x_1+2y_1+\sqrt{3}z_1=0\end{cases}$。令 $y_1=1$，则 $x_1=2, z_1=0$，则 $\boldsymbol{n}_1=(2,1,0)$ 是平面 ABD 的一个法向量。

由 $\overrightarrow{BA}\cdot\boldsymbol{n}_2=0$, $\overrightarrow{BE}\cdot\boldsymbol{n}_2=0$ 得 $\begin{cases}x_2-\sqrt{3}z_2=0\\-x_2-y_2-\sqrt{3}z_2=0\end{cases}$。

令 $z_2=1$，则 $x_2=\sqrt{3}, y_2=-2\sqrt{3}$，则 $\boldsymbol{n}_2=(\sqrt{3},-2\sqrt{3},1)$ 是平面 BAE 的一个法向量。

故 $\boldsymbol{n}_2\cdot\boldsymbol{n}_1=2\times\sqrt{3}-2\sqrt{3}+0=0$，所以平面 $BAE\perp$ 平面 ABD。

(2) $\overrightarrow{A_1A}=(0,2,0)$，设平面 A_1AB 的法向量为 $\boldsymbol{m}=(x,y,z)$。

由 $\overrightarrow{A_1A}\cdot\boldsymbol{m}=0$, $\overrightarrow{A_1B}\cdot\boldsymbol{m}=0$ 得 $\begin{cases}2y=0\\-x+2y+\sqrt{3}z=0\end{cases}$。

令 $z=1$，则 $x=\sqrt{3}, y=0$, $\boldsymbol{m}=(\sqrt{3},0,1)$ 平面 AAB 的一个法向量。

设平面 DBA_1 和平面 BAA_1 的夹角为 θ，由图可知 θ 为锐角，则 $\cos\theta=\dfrac{|\boldsymbol{n}_1\cdot\boldsymbol{m}|}{|\boldsymbol{n}_1||\boldsymbol{m}|}=\dfrac{2\sqrt{3}}{\sqrt{5}\times 2}=\dfrac{\sqrt{15}}{5}$，即平面 DBA_1 和平面 BAA_1 夹角的余弦值为 $\dfrac{\sqrt{15}}{5}$。

(3) 假设在线段 B_1B（含端点）上存在点 M，使点 M 到平面 A_1BD 的距离为 $\dfrac{2\sqrt{5}}{5}$。

设 $M(0,a,\sqrt{3})(0\leqslant a\leqslant 2)$，则 $\overrightarrow{BM}=(0,a,-2,0)$，由 $\dfrac{2\sqrt{5}}{5}=\dfrac{|\overrightarrow{M}\cdot\boldsymbol{n}||\boldsymbol{n}|}{|\overrightarrow{M}_2|}=\dfrac{|a-2|}{\sqrt{5}}$ 解得 $a=4$（舍去）或 $a=0$，故在线段 B_1B 上存在点 M（端点处），使点 M 到平面 ABD 的距离为 $\dfrac{2\sqrt{5}}{5}$。

动态解析

编号：304022，

扫描二维码，打开课件，如图 9.5.10 所示；点击按钮 第(3)问，如图 9.5.11 所示，图中 $MN\parallel A_1D$, $MF\perp MN$；点击按钮 动画 ◀ 或拖动点 M 运动，如图 9.5.12 所示，动态显示点 M 到平面 A_1BD 的距离；观察点 M 到平面 A_1BD 的距离的变化，探究点 M 到平面 A_1BD 的距离等于 $\dfrac{2\sqrt{5}}{5}$ 时点 M 的位置，如图 9.5.13 所示；按住屏幕空白处拖动，可从不同角度观察。

图 9.5.10

图 9.5.11

图 9.5.12

图 9.5.13

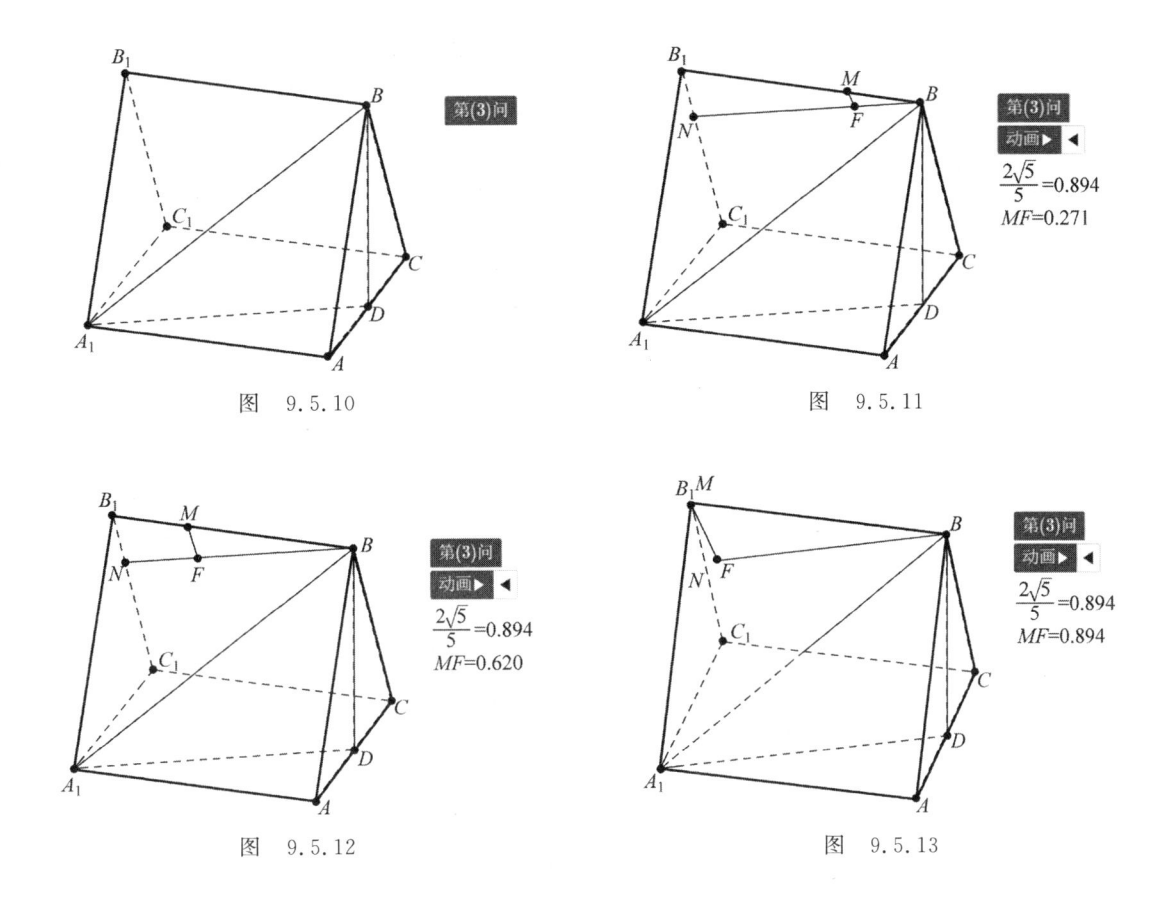

练习

1. 如图所示,在多面体 $ABCDEF$ 中,平面 $ADEF \perp$ 平面 $ABCD$,四边形 $ADEF$ 为正方形,四边形 $ABCD$ 为梯形,且 $AD \parallel BC$,$\angle BAD = 90°$,$AB = AD = \dfrac{1}{2}BC$。

(1) 求证:$AD \parallel$ 平面 $BCEF$;

(2) 求证:$BD \perp$ 平面 CDE;

(3) 在线段 BD 上是否存在点 M,使得 $CE \parallel$ 平面 AMF?若存在,求出 $\dfrac{BM}{DM}$ 的值;若不存在,请说明理由。

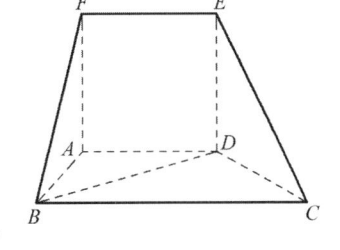

编号:303483,

2. 如图所示,在直三棱柱 $ABC - A_1B_1C_1$ 中,点 D 是棱 BC 的中点,点 F 在棱 CC_1 上,已知 $AB = AC$,$AA_1 = 3$,$BC = CF = 2$。

(1) 若点 M 在棱 BB_1 上,且 $BM = 1$,求证:平面 $CAM \perp$ 平面 ADF;

（2）棱 AB 上是否存在一点 E，使得 C_1E∥平面 ADF，证明你的结论。

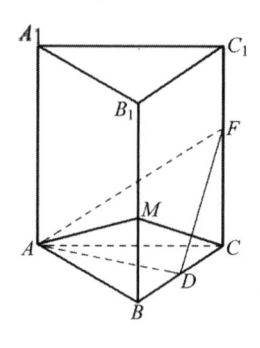

编号：303524，

3. 如图所示，在长方体 $ABCD$-$A_1B_1C_1D_1$ 中，$AB=\sqrt{2}AD$，E，F 分别为棱 AB，A_1D_1 的中点。

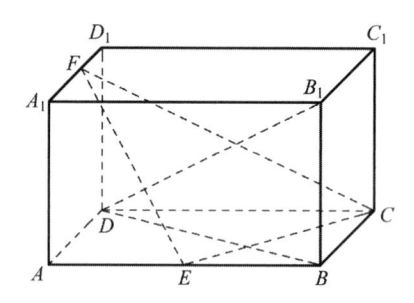

（1）求证：平面 EFC⊥平面 BB_1D；
（2）画出直线 DB_1 与平面 EFC 的交点 O（保留必要的辅助线），写出画法，并说明理由。

编号：303539，

4. 在如图所示的几何体中，PD 垂直于梯形 $ABCD$ 所在的平面，$\angle ADC=\angle BAD=\dfrac{\pi}{2}$，$F$ 为 PA 的中点，$PD=\sqrt{2}$，$AB=AD=\dfrac{1}{2}CD=1$，四边形 $PDCE$ 为矩形，线段 PC 交 DE 于点 N。

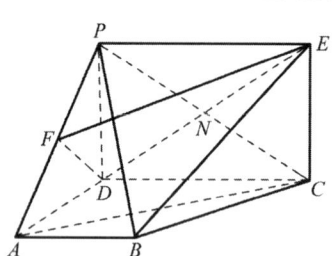

（1）求证：AC∥平面 DEF；
（2）求二面角 A-PB-C 的正弦值；
（3）在线段 EF 上是否存在一点 Q，使得 BQ 与平面 BCP 所成角的大小为 $\dfrac{\pi}{6}$？若存在，求出 FQ 的长；若不存在，请说明理由。

编号：303805，

5. 如图所示，AB 为圆 O 的直径，点 E，F 在圆 O 上，$AB/\!/EF$，矩形 $ABCD$ 所在的平面与圆 O 所在的平面互相垂直。已知 $AB=2$，$EF=1$。

(1) 求证：平面 $DAF \perp$ 平面 CBF；

(2) 求直线 AB 与平面 CBF 所成角的大小；

(3) 当 AD 的长为何值时，平面 DFC 与平面 FCB 所成的锐二面角的大小为 $60°$？

编号：303837，

6. 如图所示，在四棱锥 $P\text{-}ABCD$ 中，底面 $ABCD$ 是正方形，平面 $PAD \perp$ 平面 $ABCD$，E，F 分别为 PA，BD 中点，$PA=PD=AD=2$。

(1) 求证：$EF/\!/$ 平面 PBC；

(2) 求二面角 $F\text{-}ED\text{-}P$ 的正弦值；

(3) 在棱 PC 上是否存在一点 G，使 $GF \perp$ 平面 EDF？若存在，指出点 G 的位置；若不存在，请说明理由。

编号：303876，

7. 如图所示，在棱长为 2 的正方体 $ACBD\text{-}A_1C_1B_1D_1$ 中，M 是线段 AB 上的动点。

(1) 证明：$AB/\!/$ 平面 A_1B_1C；

(2) 若点 M 是 AB 中点，求二面角 $M\text{-}A_1B_1\text{-}C$ 的余弦值；

(3) 判断点 M 到平面 A_1B_1C 的距离是否为定值？若是，求出定值；若不是，请说明理由。

编号：304054，

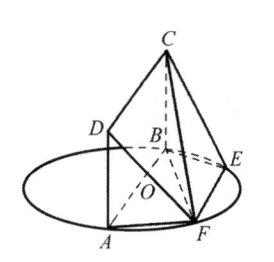

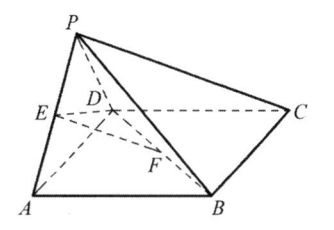

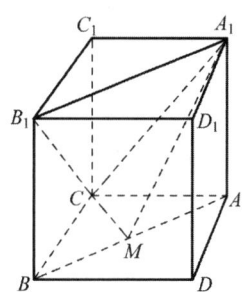

第10章

外接球内切球问题

球是特殊的几何体,具有多方位的对称性,从而具有很多特殊的性质。在高考以空间几何体为载体的外接球和内切球问题中,因多面体有外接球或内切球是唯一的,而唯一性使得外接球问题成为高考的热点和难点,以考查学生空间想象能力为主线,结合边角关系、位置关系、面积与体积的计算,从而达到培养学生直观想象的核心素养要求。这类问题对学生而言比较抽象,较难找到解题的切入点和突破口。

10.1 球的性质应用

例1 已知三棱锥 S-ABC 的顶点都在球 O 的球面上,$\triangle ABC$ 是边长为 6 的正三角形,SC 为球 O 的直径,且 $SC=8$,则此三棱锥的体积为( )。

A. $4\sqrt{3}$ B. $6\sqrt{3}$ C. $12\sqrt{3}$ D. $16\sqrt{3}$

【解析】

因为 $\triangle ABC$ 是边长为 6 的正三角形,所以 $\triangle ABC$ 外接圆的半径 $r=2\sqrt{3}$。

SC 为球 O 的直径,且 $SC=8$,球 O 半径 $R=4$,所以点 O 到平面 ABC 的距离 $d=\sqrt{R^2-r^2}=\sqrt{4^2-(2\sqrt{3})^2}=2$。

又 SC 为球 O 的直径,点 S 到平面 ABC 的距离为 $2d=4$。

此棱锥的体积 $V=\dfrac{1}{3}S_{\triangle ABC}\times 2d=\dfrac{1}{3}\times\dfrac{1}{2}\times 6\times 6\times\dfrac{\sqrt{3}}{2}\times 4=12\sqrt{3}$,故选 C。

▶ 动态解析

编号:302582,

扫描二维码，打开课件，如图 10.1.1 所示，点 O 为球的球心，O_1 为截面圆圆心；按住屏幕空白处拖动，可从不同角度观察，如图 10.1.2 所示，理解 OO_1 与平面 ABC 的垂直关系；点击按钮 辅助线 ，显示辅助线 O_1C，如图 10.1.3、图 10.1.4 所示。

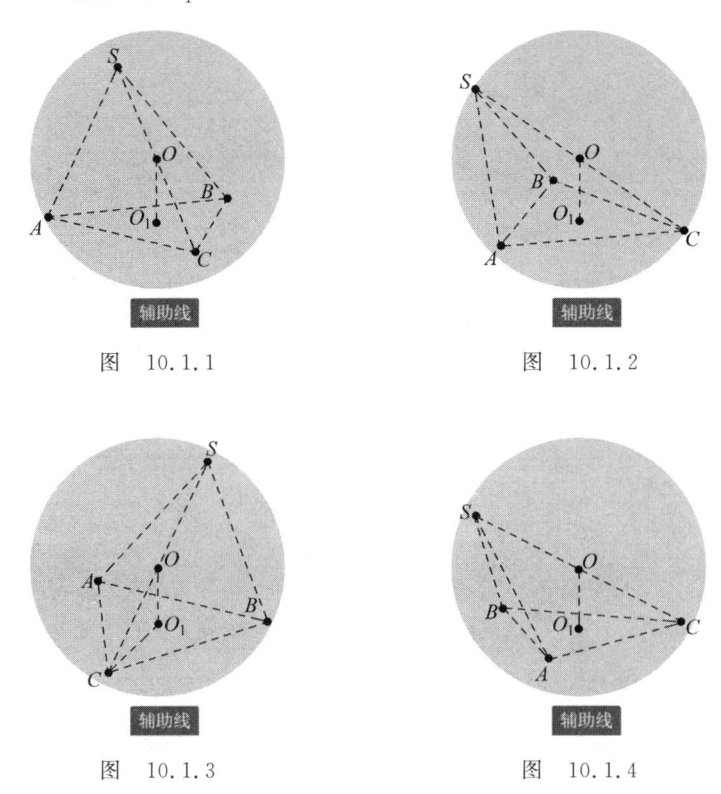

图 10.1.1

图 10.1.2

图 10.1.3

图 10.1.4

例 2 已知在三棱锥 $P\text{-}ABC$ 中，$PA=4$，$AB=AC=2\sqrt{3}$，$BC=6$，$PA\perp$ 平面 ABC，则此三棱锥的外接球的表面积为（ ）。

A. 16π　　　　　B. 32π　　　　　C. 64π　　　　　D. 128π

【解析】

因为在底面 $\triangle ABC$ 中，$AB=AC=2$，$BC=6$，所以 $\cos\angle BAC=-\dfrac{1}{2}$，$\sin\angle BAC=\dfrac{\sqrt{3}}{2}$，则 $\triangle ABC$ 的外接圆半径 $r=\dfrac{1}{2}\times\dfrac{6}{\dfrac{\sqrt{3}}{2}}=2\sqrt{3}$。

又 $PA\perp$ 平面 ABC，则三棱锥外接球的半径 $R^2=r^2+\left(\dfrac{PA}{2}\right)^2=(2\sqrt{3})^2+2^2=16$，所以三棱锥 $P\text{-}ABC$ 外接球的表面积 $S=4\pi R^2=64\pi$，故选 C。

动态解析

编号：302598，

扫描二维码,打开课件,如图 10.1.5 所示,点 O 为球的球心;按住屏幕空白处拖动,从不同角度观察,如图 10.1.6 所示;点击按钮 辅助线,如图 10.1.7 所示,显示辅助线 OH,OA,OD,AH,其中 H 为截面圆圆心,D 为线段 PA 中点;按住屏幕空白处拖动,从不同角度观察,理解 OO_1 与平面 ABC 的垂直关系,如图 10.1.8 所示。

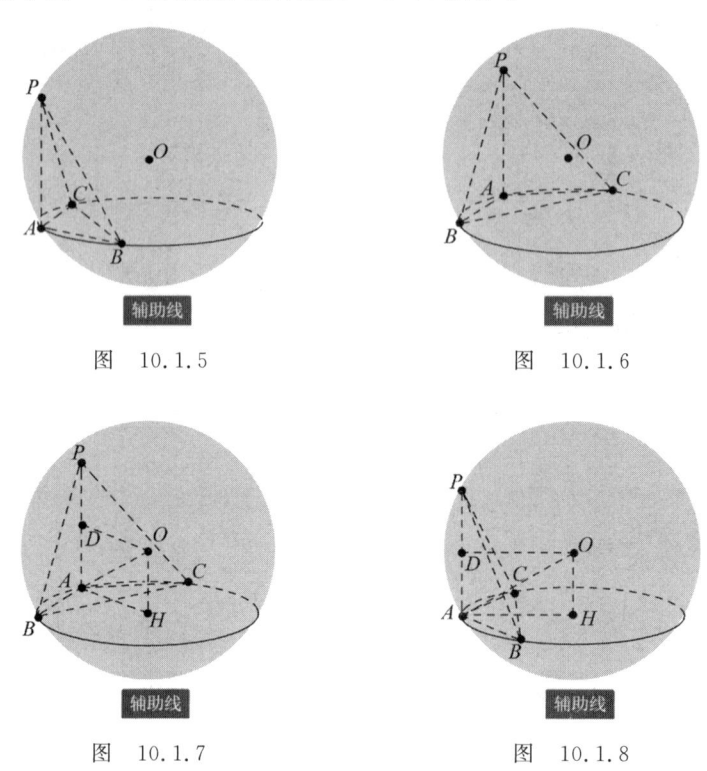

图 10.1.5

图 10.1.6

图 10.1.7

图 10.1.8

10.2 球的截面问题

例 1 已知三棱锥 $S\text{-}ABC$ 的所有顶点在球 O 的球面上,$SA \perp$ 平面 ABC,$\triangle ABC$ 是等腰直角三角形,$SA = AB = AC = 2$,D 是 BC 的中点,过点 D 作球 O 的截面,则截面面积的最小值是 _____。

【解析】

如图 10.2.1 所示,点 D 是 $\mathrm{Rt}\triangle ABC$ 的外心,过点 D 作 $DO \perp$ 平面 ABC,使 $DO = \dfrac{1}{2}SA = 1$。

O 是外接球球心,半径设为 R,$OA = OS = R$。

在直角梯形 $SADO$ 中,$SA = 2$,$OD = 1$,$AD = \sqrt{2}$,可得 $R = \sqrt{3}$,过点 D 作球 O 的截面,当 $OD \perp$ 截面时,截面面积最小,此时截面圆的半径为 $\sqrt{R^2 - OD^2} = \sqrt{2}$。

所以截面面积的最小值是 2π。

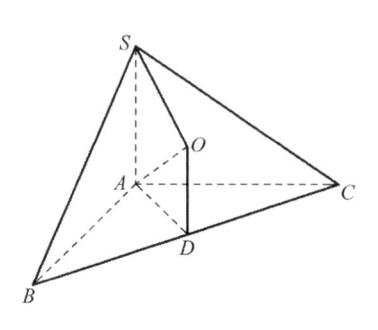

图 10.2.1

动态解析

编号:302665,

扫描二维码,打开课件,如图 10.2.2 所示,点 O 为球的球心;点击按钮 [辅助线],如图 10.2.3 所示,黄色圆是过点 D 的球 O 的截面圆;拖动点 O_1 或点击按钮 [动画],动态展示过点 D 的球 O 的截面圆,观察截面面积的变化及取得最小值时的条件;如图 10.2.4、图 10.2.5 所示;按住屏幕空白处拖动,可从不同角度进行观察。

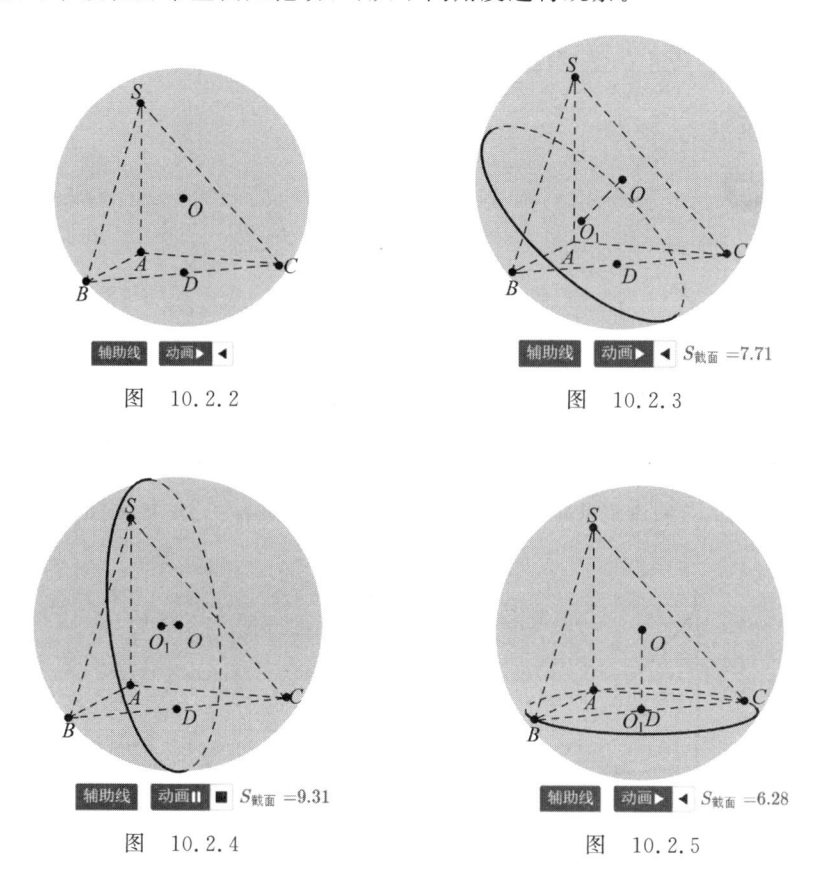

图 10.2.2

图 10.2.3

图 10.2.4

图 10.2.5

例 2 在四面体 A-BCD 中,已知 $DA=DB=DC=1$,且 DA,DB,DC 两两相互垂直,在该四面体表面上与点 A 距离为 $\dfrac{2\sqrt{3}}{3}$ 的点形成一条曲线,则这条曲线的长度是( )。

A. $\dfrac{\sqrt{3}}{3}\pi$ B. $\dfrac{\sqrt{3}}{2}\pi$ C. $\dfrac{5\sqrt{3}}{6}\pi$ D. $\sqrt{3}\pi$

【解析】

如图 10.2.6 所示,在四面体表面上与点 A 距离为 $\dfrac{2\sqrt{3}}{3}$ 的点形成一条曲线,曲线分别与 AB,BD,AC,CD 交于 E,H,F,G。

在 Rt△ADH 中，$\cos\angle DAH = \dfrac{AD}{AH} = \dfrac{1}{\dfrac{2\sqrt{3}}{3}} = \dfrac{\sqrt{3}}{2}$，则 $\angle DAH = \dfrac{\pi}{6}$，$DH = \dfrac{1}{2}AH = \dfrac{\sqrt{3}}{3}$，$\angle HAE = \dfrac{\pi}{4} - \dfrac{\pi}{6} = \dfrac{\pi}{12}$。

同理，$\angle GAF = \dfrac{\pi}{12}$。

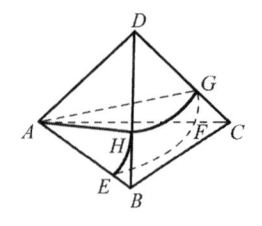

图 10.2.6

所以 $\overset{\frown}{FG} = \overset{\frown}{HE} = \dfrac{\pi}{12} \times \dfrac{2\sqrt{3}}{3} = \dfrac{\sqrt{3}}{18}\pi$，$\overset{\frown}{EF} = \dfrac{\pi}{3} \times \dfrac{2\sqrt{3}}{3} = \dfrac{2\sqrt{3}}{9}\pi$，$\overset{\frown}{GH} = \dfrac{\pi}{2} \times \dfrac{\sqrt{3}}{3} = \dfrac{\sqrt{3}}{6}\pi$，则 $\overset{\frown}{EF} + \overset{\frown}{FG} + \overset{\frown}{GH} + \overset{\frown}{HE} = 2 \times \dfrac{\sqrt{3}}{18}\pi + \dfrac{2\sqrt{3}}{9}\pi + \dfrac{\sqrt{3}}{6}\pi = \dfrac{\sqrt{3}}{2}\pi$。

故选 B。

动态解析

编号：302673，

扫描二维码，打开课件，如图 10.2.7 所示；点击按钮 显示球 ，如图 10.2.8 所示，图中的球是以点 A 为球心，$\dfrac{2\sqrt{3}}{3}$ 为半径的球；点击按钮 显示曲线 ，如图 10.2.9 所示，图中的红线即为球 A 与四面体各面的交线；点击按钮 隐藏球 ，如图 10.2.10 所示，图中的红线即为四面体表面上与点 A 距离为 $\dfrac{2\sqrt{3}}{3}$ 的点形成一条曲线；按住屏幕空白处拖动，可从不同角度进行观察。

图 10.2.7

图 10.2.8

图 10.2.9

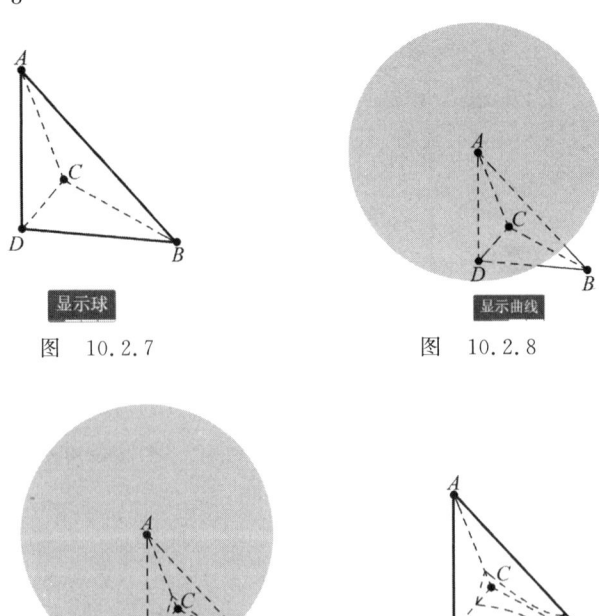

图 10.2.10

10.3 与外接球有关的体积问题

解答已知几何体的顶点都在同一球面上,几何体满足一定的条件,求球的体积的问题的基本方法是:①根据几何体底面的几何图形,确定底面多边形的外接圆的圆心 O_1;②过底面外接圆的圆心作底面的垂线,在所作垂线上确定几何体外接球的球心 O;③构造以外接球半径为斜边,OO_1 为一直角边的直角三角形;④在构造的直角三角形中求出外接球的半径 R;⑤由公式:$V_{球O} = \dfrac{4\pi R^3}{3}$ 求出外接球的体积。

例 1 表面积为 20π 的球面上有四点,S,A,B,C 且 $\triangle ABC$ 是边长为 $2\sqrt{3}$ 的等边三角形,若平面 $SAB \perp$ 平面 ABC,则三棱锥 $S\text{-}ABC$ 体积的最大值是_____。

【解析】

因为 $S_{\triangle ABC} = \dfrac{1}{2} \times 2\sqrt{3} \times 2\sqrt{3} \times \sin 60° = 3\sqrt{3}$,故当 S 到平面 ABC 的距离最大时,三棱锥 $S\text{-}ABC$ 的体积最大。

由图 10.3.1 可知当 $SE \perp AB$,E 为 AB 中点时,三棱锥 $S\text{-}ABC$ 的体积最大。作 $OH \perp SE$,$OD \perp$ 平面 ABC,连接 DE。

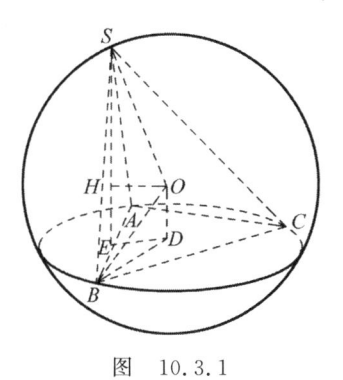

图 10.3.1

由 $S_球 = 20\pi$ 得 $OS = R = \sqrt{5}$;由 $AB = 2\sqrt{3}$ 得 $CE = 3$,故 $CD = \dfrac{2}{3}CE = 2$,$OH = DE = 1$。

$SH = \sqrt{SO^2 - OH^2} = 2$,$HE = OD = 1$,$SE = 3$,$V_{S\text{-}ABC} = \dfrac{1}{3} \times 3\sqrt{3} \times 3 = 3\sqrt{3}$。

故三棱锥 $S\text{-}ABC$ 体积的最大值为 $3\sqrt{3}$。

动态解析

编号:302685,

扫描二维码,打开课件,如图 10.3.2 所示,点 O 为球的球心,黄线为 $\triangle ABC$ 外接圆;点击按钮 辅助线,如图 10.3.3 所示,绿色圆是过 AB 与平面 ABC 垂直的球 O 的截面圆;拖动点 S 运动或点击按钮 动画,动态展示随着点 S 的运动三棱锥 $S\text{-}ABC$ 体积的变化,探究其体积取得最大值时的条件；如图 10.3.4、图 10.3.5 所示；按住屏幕空白处拖动,可从不同角度进行观察。

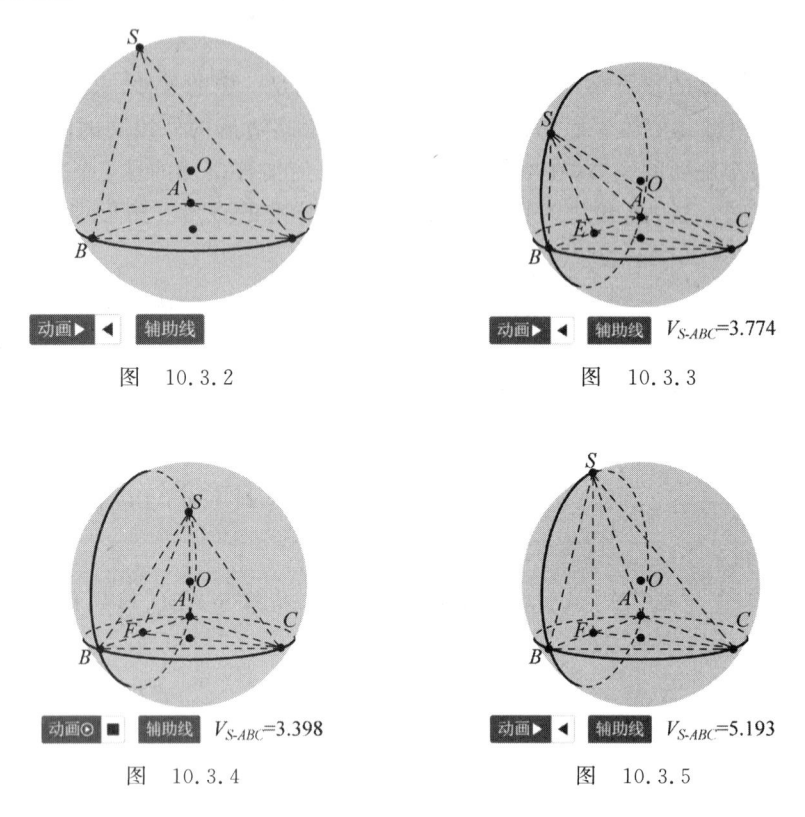

图 10.3.2

图 10.3.3

图 10.3.4

图 10.3.5

例 2 已知 $\triangle ABC$ 的三个顶点落在半径为 R 的球 O 的表面上,三角形有一个角为 $\dfrac{\pi}{3}$ 且其对边长为 3,球心 O 到 $\triangle ABC$ 所在的平面的距离恰好等于半径 R 的一半,点 P 为球面上任意一点,则 $P\text{-}ABC$ 三棱锥的体积的最大值为(　　)。

A. $\dfrac{8\sqrt{3}}{3}$　　　　B. $\dfrac{7\sqrt{3}}{3}$　　　　C. $\dfrac{9\sqrt{3}}{4}$　　　　D. $\dfrac{7\sqrt{3}}{4}$

【解析】

如图 10.3.6 所示,设 $\triangle ABC$ 外接圆的圆心为 O_1,则 $OO_1\perp$ 平面 ABC,所以 $OO_1=\dfrac{R}{2}$。

设 $\triangle ABC$ 外接圆的半径为 r, $AB=c=3$, $\angle C=\dfrac{\pi}{3}$。

由正弦定理可得 $\dfrac{3}{\sin\dfrac{\pi}{3}}=2r$,解得 $r=\sqrt{3}$。

由球的截面圆性质可得 $R^2=OO_1^2+r^2=\left(\dfrac{R}{2}\right)^2+3$,解得 $R=2$。

所以点 P 到平面 ABC 的距离的最大值为 $R+OO_1=3$。

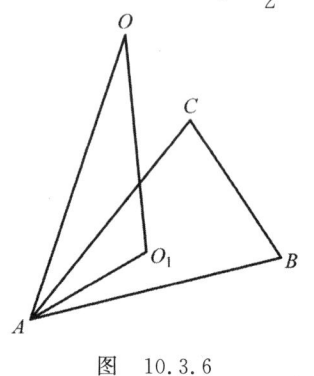

图 10.3.6

在 $\triangle ABC$ 中,由余弦定理可得 $3^2=a^2+b^2-2ab\cos C=a^2+b^2-ab\geqslant 2ab-ab=ab$,当且仅当 $a=b=3$ 时,等号成立,所以 $(ab)_{\max}=9$。

所以 $S_{\triangle ABC}=\dfrac{1}{2}ab\sin\dfrac{\pi}{3}\leqslant\dfrac{9\sqrt{3}}{4}$,当且仅当 $a=b=3$ 时,等号成立。

当三棱锥 $P\text{-}ABC$ 的底面面积最大,高最大时,其体积最大,所以三棱锥 $P\text{-}ABC$ 的体积的最大值 $V_{P\text{-}ABC}=\dfrac{1}{3}\times\dfrac{9\sqrt{3}}{4}\times 3=\dfrac{9\sqrt{3}}{4}$,故选 C。

动态解析

编号:302697,

扫描二维码,打开课件,如图 10.3.7 所示,点 O 为球的球心;点击按钮 辅助线,如图 10.3.8 所示,黄线为点 A 的轨迹,点 P 是 O_1O 延长线与球 O 的交点,此时点 P 到平面 ABC 距离最大;拖动点 A 运动或点击按钮 动画,动态展示随着点 A 的运动 $\triangle ABC$ 面积的变化,探究其取得最大值时条件;如图 10.3.9、图 10.3.10 所示;按住屏幕空白处拖动,可从不同角度进行观察。

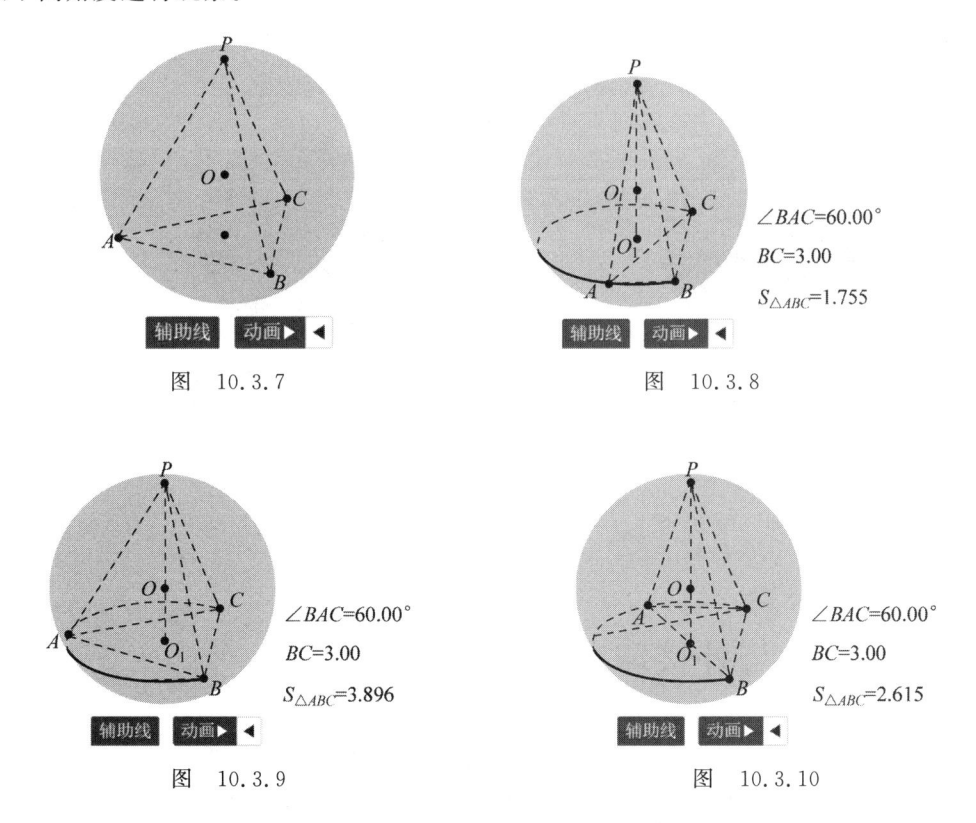

图 10.3.7

图 10.3.8

图 10.3.9

图 10.3.10

例 3 如图 10.3.11 所示,有一个水平放置的透明无盖的正方体容器,容器高 8cm,将一个球放在容器口,再向容器内注水,当球面恰好接触水面时测得水深为 6cm,如果不计容器的厚度,则球的体积为(   )。

A. $\dfrac{500\pi}{3}\text{cm}^3$ B. $\dfrac{866\pi}{3}\text{cm}^3$

C. $\dfrac{1372\pi}{3}\text{cm}^3$ D. $\dfrac{2048\pi}{3}\text{cm}^3$

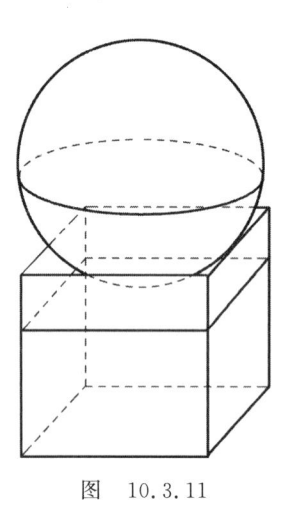

【解析】

设球的半径为 R cm。

根据已知条件知,正方体的上底面与球相交所得截面圆的半径为 4cm,球心到截面圆的距离为 $OO_1=R-2$,所以由 $4^2+(R-2)^2=R^2$ 得,$R=5$。

所以球的体积 $V=\dfrac{4}{3}\pi R^3=\dfrac{4}{3}\pi\times5^3=\dfrac{500\pi}{3}$,故选 A。

图 10.3.11

动态解析

编号：302714,

扫描二维码,打开课件,如图 10.3.12 所示,点 O 为球的球心；点击按钮 辅助线 ,如图 10.3.13 所示,红线为正方体的上底面与球相交所得截面圆,O_1 为截面圆圆心,点 A 为球与水面的接触点；按住屏幕空白处拖动,可从不同角度进行观察。

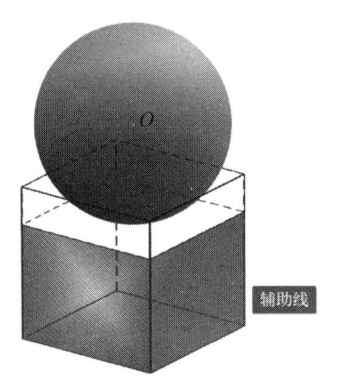

图 10.3.12 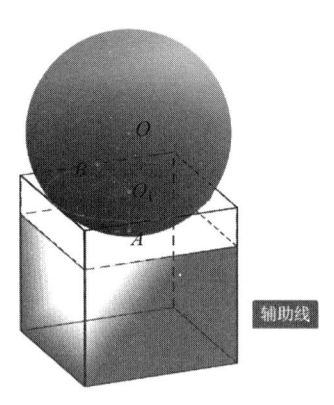   图 10.3.13

10.4 与外接球有关的面积问题

已知几何体的顶点都在同一球面上,几何体满足一定的条件,求球的表面积,解答这类问题的基本方法是：①根据几何体底面的几何图形,确定底面多边形的外接圆的圆心 O_1；②过底面外接圆的圆心作底面的垂线,在所作垂线上确定几何体外接球的球心 O；③构造以外接球半径为斜边,OO_1 为一直角边的直角三角形；④在构造的直角三角形中求出外接球的半径 R；⑤由公式：$S_{球O}=4\pi R^2$ 求出外接球的表面积。

例1 如图 10.4.1 所示,在底面为矩形的四棱锥 $E\text{-}ABCD$ 中,$DE \perp$ 平面 $ABCD$,F,G 分别为棱 DE,AB 上一点。已知 $CD = DE = 3$,$BC = 4$,$DF = 1$,且 $FG //$ 平面 BCE,四面体 $ADFG$ 的每个顶点都在球 O 的表面上,则球 O 的表面积为( )。

A. 12π B. 16π C. 18π D. 20π

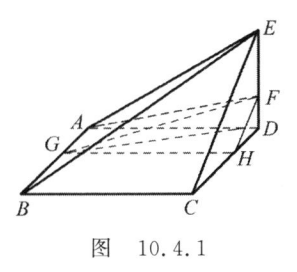

图 10.4.1

【解析】

如图 10.4.2 所示,在棱 CD 上取一点 H,使得 $HD = 1$。

因为 $CD = DE$,所以 $FH // CE$,则 $FH //$ 平面 BCE。

又 $FG //$ 平面 BCE,$FG \cap FH = F$,则平面 $FGH //$ 平面 BCE。

又平面 $FGH \cap$ 平面 $ABCD = GH$,平面 $BCE \cap$ 平面 $ABCD = BC$,则 $BC // GH$,$AG = HD = 1$。

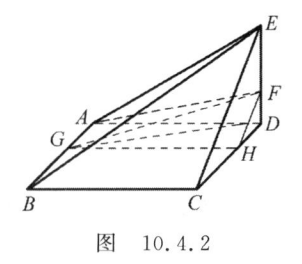

图 10.4.2

故四面体 $ADFG$ 可以补成一个长方体,且长、宽、高分别为 $4,1,1$,所以球 O 的表面积为 $4\pi \left(\dfrac{\sqrt{1^2 + 1^2 + 4^2}}{2} \right)^2 = 18\pi$,故选 C。

动态解析

编号:302938,

扫描二维码,打开课件,如图 10.4.3 所示;点击按钮 隐藏四棱锥,如图 10.4.4 所示,隐藏四棱锥显示四面体 $ADFG$;点击按钮 补成长方体,如图 10.4.5 所示,将四面体 $ADFG$ 补成长方体;点击按钮 显示外接球,如图 10.4.6 所示,显示长方体外接球亦即四面体 $ADFG$ 的外接球;按住屏幕空白处拖动,可从不同角度进行观察。

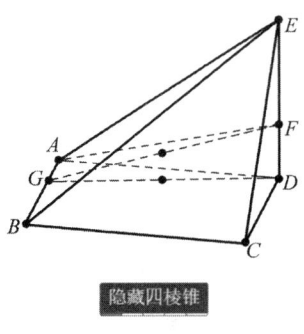

图 10.4.3 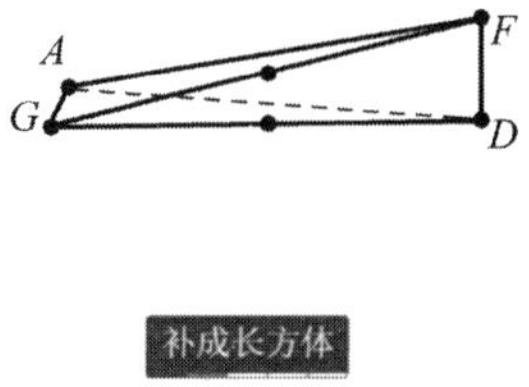 图 10.4.4

图 10.4.5 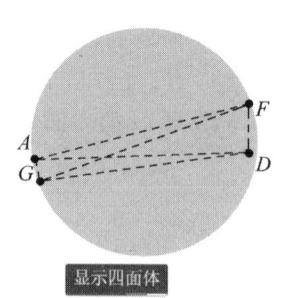　　　　　　　　　　　图 10.4.6

例 2　如图 10.4.7 所示，在三棱锥 $P\text{-}ABC$ 中，$AB \perp BC$，$AB=3$，$BC=2$，点 P 在平面 ABC 内的投影 D 恰好落在 AB 上，且 $AD=1$，$PD=2$，则三棱锥 $P\text{-}ABC$ 外接球的表面积为（　　）。

A. 9π　　　　　　B. 10π　　　　　　C. 12π　　　　　　D. 14π

【解析】

由已知可得 $PD \perp$ 平面 ABC，则平面 $PAB \perp$ 平面 ABC。

又因为 $AB \perp BC$，则 $BC \perp$ 平面 PAB，可构造直三棱柱 $PAB\text{-}MNC$，如图 10.4.8 所示，直三棱柱 $PAB\text{-}MNC$ 的外接球就是三棱锥 $P\text{-}ABC$ 的外接球，且球心 O 为直三棱柱上下底面三角形外接圆圆心连线的中点。

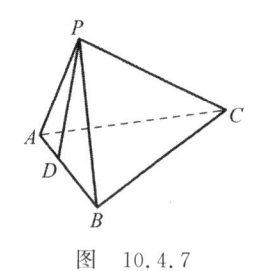

图 10.4.7 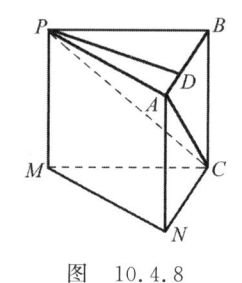　　　　　　　　　　　图 10.4.8

在 $\triangle PAB$ 中，由正弦定理可求得外接圆半径为 $\dfrac{\sqrt{5}}{2\sin\dfrac{\pi}{4}}=\dfrac{\sqrt{10}}{2}$，则外接球半径为

$\sqrt{\left(\dfrac{\sqrt{10}}{2}\right)^2+1}=\dfrac{\sqrt{14}}{2}$。

三棱锥 $P\text{-}ABC$ 外接球的表面积为 $4\pi\left(\dfrac{\sqrt{14}}{2}\right)^2=14\pi$，故选 D。

动态解析

编号：302960，

扫描二维码，打开课件，如图 10.4.9 所示；点击按钮 补成三棱柱，如图 10.4.10 所示，将三棱锥 $P\text{-}ABC$ 补成三棱柱；按住屏幕空白处拖动，可从不同角度进行观察，如图 10.4.11、

图 10.4.12 所示；点击按钮 初始化 隐藏三棱柱，显示三棱锥 P-ABC；拖动点 B 可改变图形的位置。

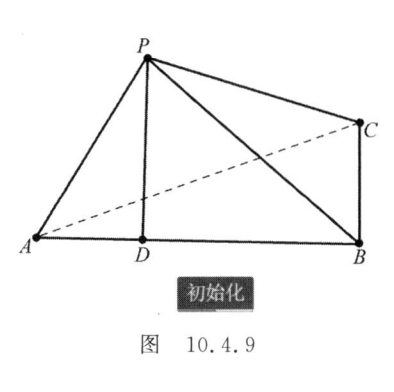

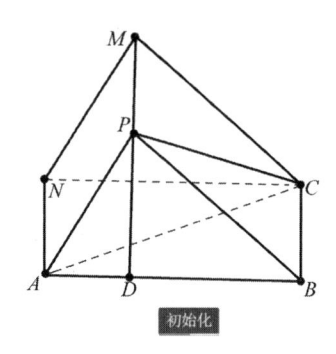

图 10.4.9

图 10.4.10

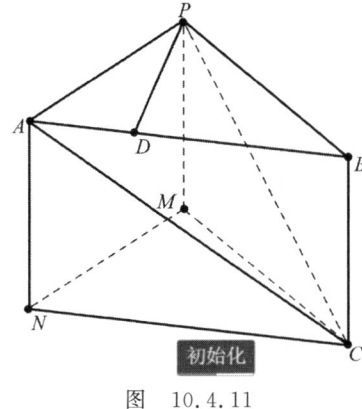

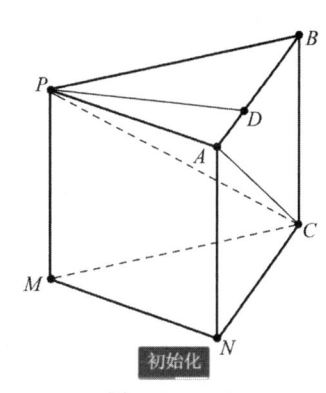

图 10.4.11

图 10.4.12

例 3 已知二面角 P-AB-C 的大小为 $120°$，且 $\angle PAB=\angle ABC=90°$，$AB=AP$，$AB+BC=6$。若点 P,A,B,C 都在同一个球面上，则该球的表面积的最小值为（　　）。

A. 45π　　　　B. $\dfrac{288\pi}{7}$　　　　C. $\dfrac{144\pi}{7}$　　　　D. $\dfrac{72\pi}{7}$

【解析】

设 $AB=x(0<x<6)$，则 $BC=6-x$。

由题意知三棱锥外接球的球心是过 $\triangle PAB$ 和 $\triangle ABC$ 的外心 E,H，且分别垂直这两个三角形所在平面的垂线的交点 O。

OB 为三棱锥外接球半径，取 AB 的中点为 G，如图 10.4.13 所示。

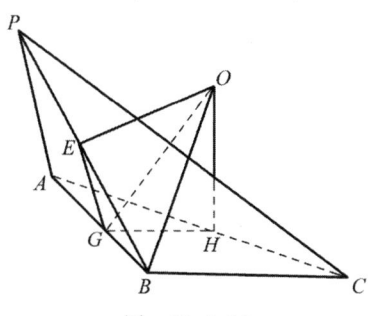

图 10.4.13

由条件知 $EG=\dfrac{x}{2}$,$GH=3-\dfrac{x}{2}$,$GB=\dfrac{x}{2}$。

在△EGH中,由余弦定理可得 $EH^2=\left(\dfrac{x}{2}\right)^2+\left(3-\dfrac{x}{2}\right)^2-2\times\dfrac{x}{2}\times\left(3-\dfrac{x}{2}\right)\cos\dfrac{2\pi}{3}=\dfrac{x^2}{4}-\dfrac{3}{2}x+9$,则△EGH的外接圆直径 $OG=\dfrac{EH}{\sin\dfrac{2\pi}{3}}=\dfrac{2}{\sqrt{3}}\cdot\sqrt{\dfrac{x^2}{4}-\dfrac{3}{2}x+9}$,$OB^2=OG^2+GB^2=\dfrac{4}{3}\left(\dfrac{x^2}{4}-\dfrac{3}{2}x+9\right)+\left(\dfrac{x}{2}\right)^2=\dfrac{7}{12}\left(x-\dfrac{12}{7}\right)^2+\dfrac{72}{7}$。

当 $x=\dfrac{12}{7}$ 时,OB^2 的最小值为 $\dfrac{72}{7}$,则该球的表面积的最小值为 $4\pi\cdot OB^2=\dfrac{288\pi}{7}$。

故选B。

动态解析

编号:302969,

扫描二维码,打开课件,如图10.4.14所示;拖动变量 x 的滑杆,可改变 x 的值即线段 AB,BC 的长度,如图10.4.15所示;点击按钮 寻找球心 ,显示球心寻找辅助线,如图10.4.16所示;点击按钮 显示球 ,显示三棱锥外接球及球的表面面积,如图10.4.17所示;拖动变量 x 的滑杆,改变 x 的值,考察球的表面积的变化,探究球的表面积取得最小值的条件;按住屏幕空白处拖动,可从不同角度进行观察。

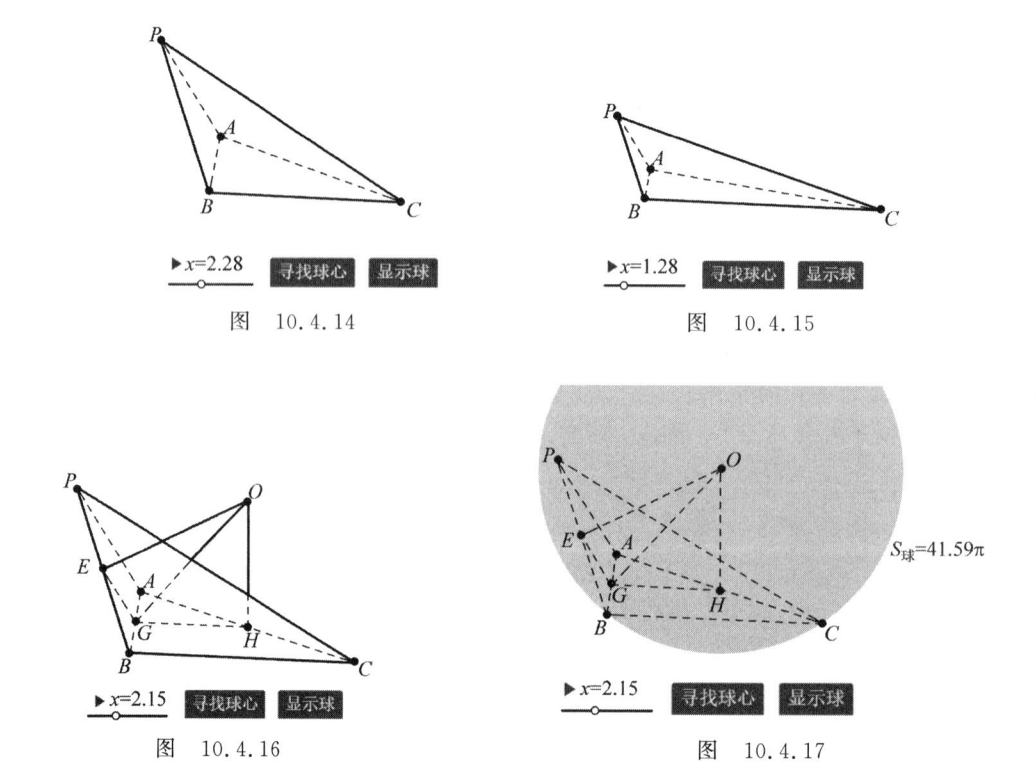

图 10.4.14

图 10.4.15

图 10.4.16

图 10.4.17

10.5 内切球问题

已知几何体内切球，几何体满足一定的条件，求内切球的体积（或表面积）。解答这类问题的基本方法是：①设几何体内切球的球心为 O，半径为 R；②以几何体的各个面为底面，球心 O 为顶点，把原几何体分割成几个以内切球半径为高的棱锥；③根据各个棱锥体积之和等于原几何体的体积得到关于内切球半径 R 的方程；④求解方程求出内切球的半径 R；⑤由公式：$V_{球O} = \dfrac{4\pi R^3}{3}$（或 $S_{球O} = 4\pi R^2$）求出内切球的体积（或表面积）。

例 1 （2017 江苏）如图 10.5.1 所示，在圆柱 O_1O_2 内有一个球 O，该球与圆柱的上、下底面及母线均相切。记圆柱 O_1O_2 的体积为 V_1，球 O 的体积为 V_2，则 $\dfrac{V_1}{V_2}$ 的值是_____。

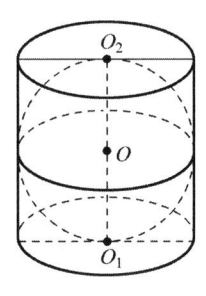

【解析】

设球半径为 r，则 $\dfrac{V_1}{V_2} = \dfrac{\pi r^2 \cdot 2r}{\dfrac{4}{3}\pi r^3} = \dfrac{3}{2}$。

图 10.5.1

动态解析

编号：303049，

扫描二维码，打开课件，如图 10.5.2 所示；点击按钮 轴截面，如图 10.5.3 所示，圆 O 为球的轴截面，正方形为圆柱的轴截面，通过轴截面理解球与圆柱的上、下底面及母线均相切，即圆 O 与正方形各边相切；拖动变量 R 的滑杆，改变球的半径，考察圆柱与球体积的变化，探究体积的比；按住屏幕空白处拖动，可从不同角度进行观察。

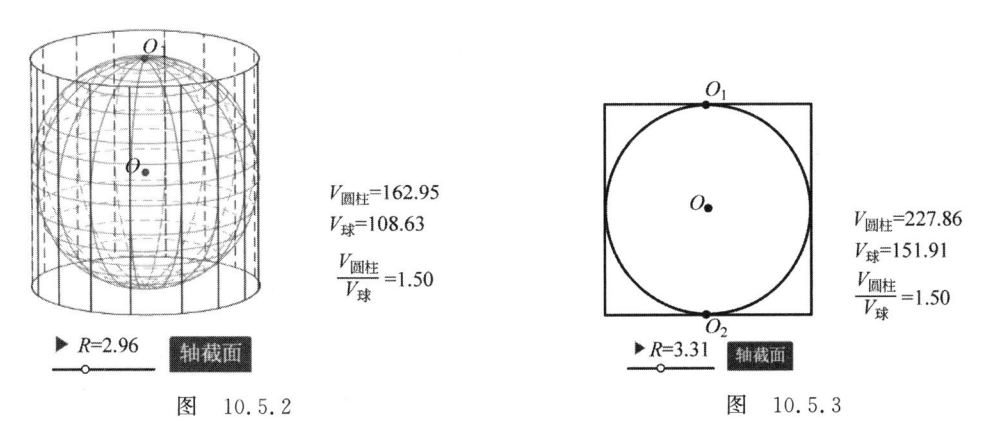

图 10.5.2

图 10.5.3

例 2 如图 10.5.4 所示，已知球 O 是棱长为 1 的正方体 $ABCD\text{-}A_1B_1C_1D_1$ 的内切球，则平面 ACD_1 截球 O 的截面面积为_____。

【解析】

由题意可知截面是 $\triangle ACD_1$ 的内切圆,而 $\triangle ACD_1$ 是边长为 $\sqrt{2}$ 的等边三角形。

所以内切圆半径 $r = \dfrac{1}{3} \times \dfrac{\sqrt{6}}{2} = \dfrac{\sqrt{6}}{6}$。

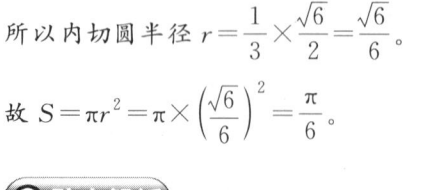

故 $S = \pi r^2 = \pi \times \left(\dfrac{\sqrt{6}}{6}\right)^2 = \dfrac{\pi}{6}$。

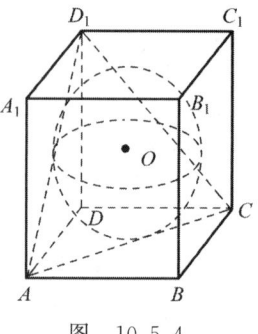

图 10.5.4

动态解析

编号:303057,

扫描二维码,打开课件,如图 10.5.5 所示;点击按钮 截面圆 ,如图 10.5.6 所示,黄色圆 O 为平面 ACD_1 截球 O 的截面;按住屏幕空白处拖动,从不同角度进行观察,理解截面圆为 $\triangle ACD_1$ 的内切圆。

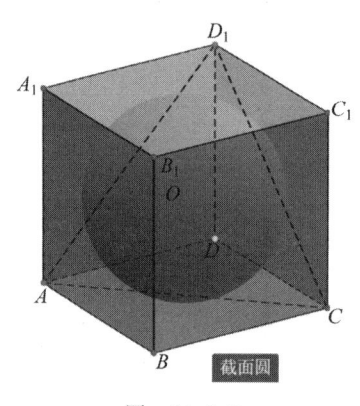

图 10.5.5 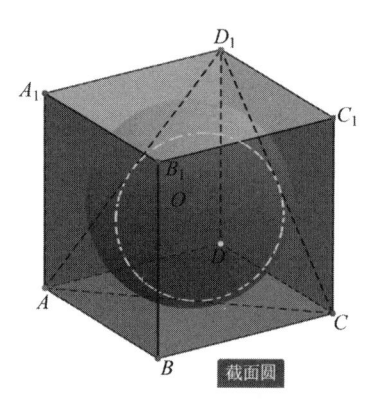   图 10.5.6

例 3 如图 10.5.7(1) 所示是棱长为 1 的正方体,若正方体内有两个球外切且又分别与正方体的三个面相切,则两球半径之和为_____。

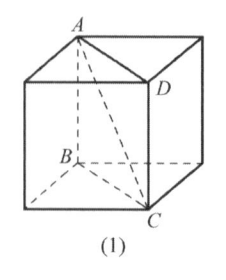

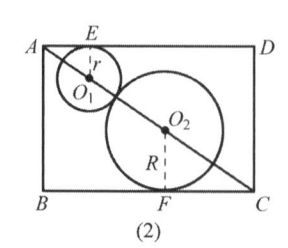

图 10.5.7

【解析】

如图 10.5.7(2) 所示,作出正方体的体对角面,易知球心 O_1 和 O_2 在 AC 上。过点 O_1, O_2 分别作 AD, BC 的垂线,垂足分别为 E, F。

设球 O_1 的半径为 r，球 O_2 的半径为 R。

由 $AB=1$，$AC=\sqrt{3}$ 得，$AO_1=\sqrt{3}r$，$O_2C=\sqrt{3}R$，则 $r+R+\sqrt{3}(r+R)=\sqrt{3}$，$R+r=\dfrac{\sqrt{3}}{\sqrt{3}+1}=\dfrac{3-\sqrt{3}}{2}$。

故两球半径之和为 $\dfrac{3-\sqrt{3}}{2}$。

动态解析

编号：303061，

扫描二维码，打开课件，如图 10.5.8 所示；拖动变量 r 的滑杆改变球的半径，如图 10.5.9 所示；点击按钮 对角面 ，如图 10.5.10 所示，矩形 $ABCD$ 是正方体的对角面，两个圆即为对角面 $ABCD$ 截两个球所得截面；按住屏幕空白处拖动，从不同角度进行观察，理解截面圆与对角面间的位置关系；拖动变量 r 的滑杆改变球的半径，如图 10.5.11 所示，理解截面圆半径与对角面间的数量关系。

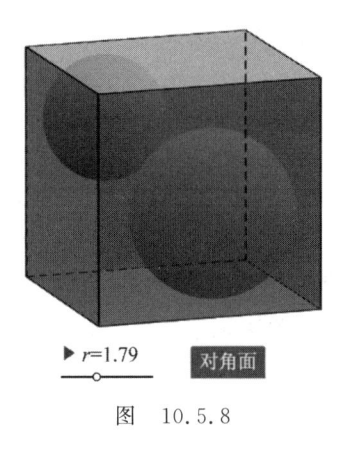

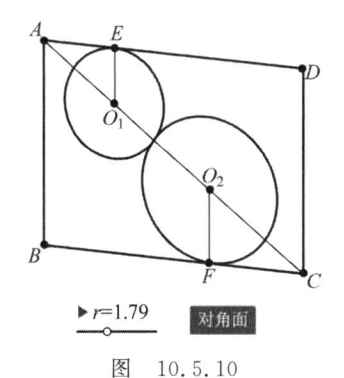

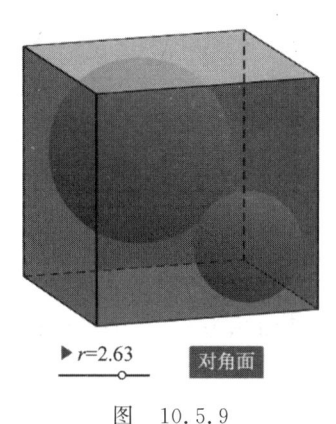

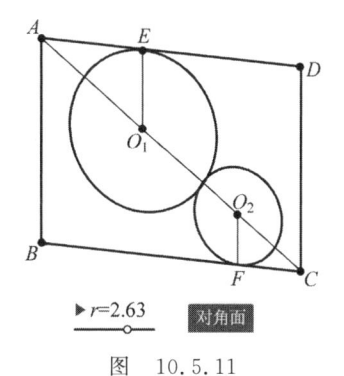

图 10.5.8

图 10.5.9

图 10.5.10

图 10.5.11

练习

1. 在三棱锥 $O\text{-}ABC$ 中，A,B,C 三点在以 O 为球心的球面上，若 $AB=BC=2$，$\angle ABC=120°$，且三棱锥 $O\text{-}ABC$ 的体积为 $\sqrt{3}$，则球 O 的表面积为（　　）。

A. $\dfrac{32\pi}{3}$ B. 16π C. 52π D. 64

编号：302593，

2. 如图所示，正四面体 $A\text{-}BCD$ 的棱长为 a，点 E,F 分别是棱 BD,BC 的中点，则平面 AEF 截该正四面体的内切球所得截面的面积为_____。

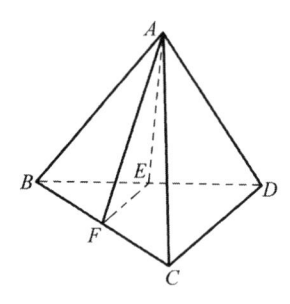

编号：302656，

3. （2018 新课标全国）设 A,B,C,D 是同一个半径为 4 的球的球面上四点，$\triangle ABC$ 为等边三角形且其面积为 $9\sqrt{3}$，则三棱锥 $D\text{-}ABC$ 体积的最大值为（　　）。

A. $12\sqrt{3}$ B. $18\sqrt{3}$

C. $24\sqrt{3}$ D. $54\sqrt{3}$

编号：302782，

4. （2019 新课标全国）如图所示，三棱锥 $P\text{-}ABC$ 的四个顶点在球 O 的球面上，$PA=PB=PC$，$\triangle ABC$ 是边长为 2 的正三角形，E,F 分别是 PA,AB 的中点，$\angle CEF=90°$，则球 O 的体积为（　　）。

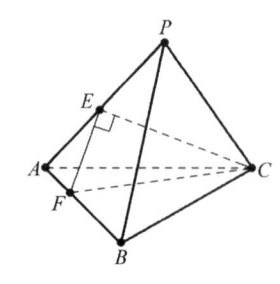

A. $8\sqrt{6}\pi$ B. $4\sqrt{6}\pi$ C. $2\sqrt{6}\pi$ D. $\sqrt{6}\pi$

编号：302784，

5. 等腰三角形 ABC 的腰 $AB=AC=5$，$BC=3$，将它沿高 AD 折叠，使二面角 B-AD-C 成 $60°$，此时四面体 $ABCD$ 外接球的体积为（　　）。

A. 7π B. 28π C. $\dfrac{19\sqrt{19}}{6}\pi$ D. $\dfrac{28\sqrt{7}}{3}\pi$

编号：302973，

6. 在三棱锥 P-ABC 中，$PA\perp$ 底面 ABC，$AB\perp AC$，$AB=6$，$AC=8$，D 是线段 AC 上一点，且 $AD=3DC$。三棱锥 P-ABC 的各个顶点都在球 O 表面上，过点 D 作球 O 的截面，若所得截面圆的面积的最大值与最小值之差为 16π，则球 O 的表面积为（　　）。

A. 72π B. 86π C. 112π D. 128π

编号：303043，

练习参考答案

第1章

1. 【解析】

圆 $C_1: x^2+y^2-2ax-2ay+2a^2-4=0$ 的圆心 $C_1(a,a)$,半径 $r_1=2$;圆 $C_2: x^2+y^2=4$ 的圆心 $C_2(0,0)$,半径 $r_2=2$。由题意得 $0<|C_1C_2|<4$,即 $0<\sqrt{2}|a|<4$,所以 $0<a<2\sqrt{2}$ 或 $-2\sqrt{2}<a<0$。

2. 【解析】

以 A 为圆心、1 为半径画圆 A,以 B 为圆心、3 为半径画圆 B。

因为与点 $A(2,2)$ 的距离为 1 且与点 $B(m,0)$ 的距离为 3 的直线恰有 4 条,所以两圆外离,即 $|AB|>4$,所以 $\sqrt{(m-2)^2+4}>4$,解得 $m>2+2\sqrt{3}$ 或 $m<2-2\sqrt{3}$。

3. 【解析】

以原点为圆心,1 为半径画圆 O。因为圆 $C:(x-a)^2+(y-a)^2=1$ 上总存在两个点到原点的距离为 1,圆 O 与圆 C 相交,即 $0<|OC|<2$,则 $0<|\sqrt{2}a|<2$,解得 $0<a<\sqrt{2}$ 或 $-\sqrt{2}<a<0$。

4. 【解析】

因为 $x+(a^2+1)y+1=0$ 可化为 $y=-\dfrac{1}{a^2+1}x-\dfrac{1}{a^2+1}$,所以 $k=-\dfrac{1}{a^2+1}\in[-1,0)$,由于 $k=\tan\alpha$,可知 $\alpha\in\left[\dfrac{3\pi}{4},\pi\right)$。

5. 【解析】

因为直线 l 恒过点 $M(0,-\sqrt{3})$,直线 $2x+3y-6=0$ 与 x 轴的正半轴交于点 $A(3,0)$,与 y 轴的正半轴交于点 $B(0,2)$,且 $k_{MA}=\dfrac{-\sqrt{3}-0}{0-3}=\dfrac{\sqrt{3}}{3}$,$k_{MB}$ 不存在,因此 $k>\dfrac{\sqrt{3}}{3}$,故直线 l 的倾斜角的取值范围是 $\left(\dfrac{\pi}{6},\dfrac{\pi}{2}\right)$。

6. 【解析】

将圆的方程化为标准方程得 $(x+2)^2+y^2=9$,所以圆心坐标为 $(-2,0)$,半径 $r=3$,令 $x=0$,则 $y=\pm\sqrt{5}$。

设 $A(0,\sqrt{5})$,又 $M(-1,0)$,所以 $k_{MA}=\sqrt{5}$。

又因为直线过第一象限且过点 $(-1,0)$,所以 $k>0$;又直线与圆在第一象限内有交点,所以 $k<\dfrac{\sqrt{5}-0}{0+1}=\sqrt{5}$,则 k 的取值范围是 $(0,\sqrt{5})$。

7.【解析】

(1) 显然直线的斜率存在,设其方程为 $y-1=k(x-2)$,则 $A\left(2-\dfrac{1}{k},0\right),B(0,1-2k)$,

由 $2-\dfrac{1}{k}>0$ 及 $1-2k>0$ 得,$k<0$,所以 $|PA||PB|=\sqrt{\left(\dfrac{1}{k^2}+1\right)(4+4k^2)}=$

$\sqrt{8+4\left(k^2+\dfrac{1}{k^2}\right)}\geqslant 4$,当且仅当 $k^2=\dfrac{1}{k^2}$,即 $k=-1$ 时取等号,所以 $|PA||PB|$ 的最小值为 4。

(2) 设直线的方程为 $\dfrac{x}{a}+\dfrac{y}{b}=1(a>0,b>0)$,则 $\dfrac{2}{a}+\dfrac{1}{b}=1$。

又 $ab=2b+a\geqslant 2\sqrt{2ab}$,当且仅当 $2b=a$,即 $a=4,b=2$ 时取等号,故 $|OA||OB|=ab\geqslant 8$,即 $|OA||OB|$ 的最小值为 8。

8.【解析】

设直线 l 的方程为 $\dfrac{x}{a}+\dfrac{y}{b}=1$,则 $A(a,0),B(0,b)$,其中 $a>0,b>0$。

因为直线 l 过点 $P(2,1)$。所以 $\dfrac{2}{a}+\dfrac{1}{b}=1,1=\dfrac{2}{a}+\dfrac{1}{b}\geqslant 2\sqrt{\dfrac{2}{ab}}$,从而 $ab\geqslant 8$。

$S_{\triangle AOB}=\dfrac{1}{2}ab\leqslant 4$,当且仅当 $a=4,b=2$ 时等号成立。

此时直线 l 的方程为 $\dfrac{x}{4}+\dfrac{y}{2}=1$,即 $x+2y-4=0$。

9.【解析】

设直线方程为 $\dfrac{x}{a}+\dfrac{y}{b}=1$,则两截距分别为 a,b 且 $a+b=12$ ①。

因为直线过点 $(-3,4)$,所以 $\dfrac{-3}{a}+\dfrac{4}{b}=1$ ②。

联立式①②得 $\begin{cases}a=9\\b=3\end{cases}$ 或 $\begin{cases}a=-4\\b=16\end{cases}$,所以直线方程为 $x+3y-9=0$ 或 $4x-y+16=0$。

10.【解析】

因为 $y=\sqrt{(x-2)^2+(0+3)^2}+\sqrt{(x-5)^2+(0-1)^2}$,所以 y 就是 x 轴上一点 $P(x,0)$ 到 $A(2,-3)$ 和 $B(5,1)$ 的距离之和。

若 P,A,B 共线且 P 在 AB 之间时,$PA+PB$ 最小值就是 AB 的长度。

又因为 $AB=\sqrt{(5-2)^2+(1+3)^2}=5$,所以 $y_{\min}=5$。

11.【解析】

令 $x'=x-1,y'=y-1$,问题转化为已知 $|x'|+|y'|=2$,求 $(x'+1)^2+(y'+1)^2$ 的最大值。满足 $|x'|+|y'|=2$ 的点在正方形上,(x',y') 到点 $(-1,-1)$ 距离的最大值为 $\sqrt{10}$,所以 x^2+y^2 的最大值是 10。

12.【解析】

点 $P(x,y)$ 在直线 $x-y-1=0$ 上运动,则 $(x-2)^2+(x-2)^2$ 的最小值点 $(2,2)$ 到直

线 $x-y-1=0$ 的距离为 $\left(\dfrac{|2-2-1|}{\sqrt{2}}\right)^2=\dfrac{1}{2}$。

13.【解析】

过点 P 作曲线 $y=\ln x$ 的切线 m,当 m 与 l 平行时,点 P 到 l 的距离最小。设 $P(x_0,y_0)$,则 $k=\dfrac{1}{x_0}=1$,所以 $x_0=1,y_0=0$,则切线 $m:y=x-1$。所以所求最小距离 $d=\dfrac{|-1-2|}{\sqrt{2}}=\dfrac{3\sqrt{2}}{2}$。

14.【解析】

因为 A,B 两点在直线 l 的同侧,所以设点 A 关于 l 的对称点 A' 的坐标为 (x_1,y_1),则有 $\begin{cases}\dfrac{x_1+2}{2}-y_1+8=0\\ \dfrac{y_1}{x_1-2}\cdot\dfrac{1}{2}=-1\end{cases}$,解得 $\begin{cases}x_1=-2\\ y_1=8\end{cases}$,故 $A'(-2,8)$。

当 P 为直线 $A'B$ 与直线 l 的交点时,$|PA|+|PB|$ 最小,此时 $|PA|+|PB|=|PA'|+|PB|=|A'B|=12$;当 P 为直线 AB 与直线 l 的交点时,$||PA|-|PB||$ 最大,此时 $||PA|-|PB||=|AB|=\sqrt{(2+2)^2+(0+4)^2}=4\sqrt{2}$。

15.【解析】

A 关于 x 轴的对称点 $A'(-3,-2)$,又已知 $B(2,8)$,P 点在直线 $A'B:2x-y+4=0$ 上,将 $y=0$ 代入有 $x=-2$,即 $m=-2$。

16.【解析】

根据题意设 $P(x,0),A(-3,8),B(2,2)$,则 $|PA|=\sqrt{(x+3)^2+64}$,$|PB|=\sqrt{(x-2)^2+4}$,函数 $y=\sqrt{(x+3)^2+64}-\sqrt{(x-2)^2+4}$ 表示动点 $P(x,0)$ 到点 $A(-3,8)$ 和 $B(2,2)$ 的距离之差,延长 AB 交 x 轴于点 P',$|PA|-|PB|\leqslant|AB|$,也就是说 P 移动到与 P' 重合时取最大值。

$|AB|=\sqrt{(-3-2)^2+(8-2)^2}=\sqrt{25+36}=\sqrt{61}$,所以 $|PA|-|PB|$ 最大值是 $\sqrt{61}$,即 $y=\sqrt{(x+3)^2+64}-\sqrt{(x-2)^2+4}$ 的最大值为 $\sqrt{61}$。

17.【解析】

因为圆的方程为 $x^2+y^2-4x+2y+a=0$,所以 $(x-2)^2+(y+1)^2=5-a$。

设圆心 $O(2,-1)$,$r^2=5-a>0$,因为 $M(2,1)$ 与圆恒有公共点,所以 M 到圆心 $(2,-1)$ 的距离小于半径,$|MO|^2\leqslant 5-a$,$|MO|^2=(2-2)^2+(1+1)^2=4$,则 $4\leqslant 5-a$,$a\leqslant 1$。

故实数 a 的取值范围为 $(-\infty,1]$。

18.【解析】

以 M 为圆心,2 为半径的圆与圆 C 总有公共点,只要求点 C 在弦的中点上满足,其他的点都满足,即圆心 C 到直线的距离 $d+2\geqslant 3$,所以 $\dfrac{|k+2|}{\sqrt{k^2+1}}+2\geqslant 3$,则 $k\geqslant-\dfrac{3}{4}$。

故实数 k 的取值范围为 $\left[-\dfrac{3}{4},+\infty\right)$。

19.【解析】

连接 OP,$OP \perp l$,OP 与 MA 平行,OP 是中位线,则 $MA=2$,所以 M 点的轨迹为圆 $(x+1)^2+y^2=4$,圆心到直线 $x+2y-9=0$ 的距离为 $2\sqrt{5}$,所以点 M 到直线 $x+2y-9=0$ 的距离最大值为 $2\sqrt{5}+2$。

20.【解析】

设 $A(x_0,0)$,$B(0,y_0)$,所以 $C\left(\dfrac{x_0}{2},\dfrac{y_0}{2}\right)$,圆 C 的半径 $R=\sqrt{x_0^2+y_0^2}$,所以点 O 到直线 $2x+y-4=0$ 的距离为 R,$\dfrac{\left|x_0+\dfrac{y_0}{2}-4\right|}{\sqrt{5}}=R=\dfrac{1}{2}\sqrt{x_0^2+y_0^2}$(*)。

由柯西不等式知 $(x_0^2+y_0^2)\left(1+\dfrac{1}{4}\right)\geqslant\left(x_0+\dfrac{y_0}{2}\right)^2$,设 $T=x_0+\dfrac{y_0}{2}$,所以 $T^2\leqslant\dfrac{5}{4}\times(2R)^2=5R^2$。(*)式可化为 $|T-4|=\sqrt{5}R$,因为 $T\leqslant\sqrt{5}R$,所以 $T-4<\sqrt{5}R$,$T-4=-\sqrt{5}R$。由 $T^2\leqslant5R^2$ 得,$16\leqslant8\sqrt{5}R$,所以 $R\geqslant\dfrac{2\sqrt{5}}{5}$,$S=\pi R^2\geqslant\dfrac{4}{5}\pi$。综上所述,故选 A。

21.【解析】

因为直线 $x+y+2=0$ 分别与 x 轴,y 轴交于 A,B 两点,所以 $A(-2,0)$,$B(0,-2)$,则 $|AB|=2\sqrt{2}$。

因为点 P 在圆 $(x-2)^2+y^2=2$ 上,圆心为 $C(2,0)$,所以圆心到直线 $x+y+2=0$ 的距离 $d_1=\dfrac{|2+0+2|}{\sqrt{2}}=2\sqrt{2}$,故点 P 到直线 $x+y+2=0$ 的距离 d_2 的范围为 $[\sqrt{2},3\sqrt{2}]$,则 $S_{\triangle ABP}=\dfrac{1}{2}|AB|d_2=\sqrt{2}d_2\in[2,6]$,故选 A。

22.【解析】

由 $\begin{cases}y=x+m\\(x-2)^2+y^2=4\end{cases}$,消去 y 整理得 $2x^2+2(m-2)x+m^2=0$。

因为直线 $y=x+m$ 与圆 C 相交于 M,N 两点,所以 $\Delta=4(m-2)^2-8m^2>0$,解得 $-2-2\sqrt{2}<m<-2+2\sqrt{2}$。

设 $M(x_1,y_1)$,$N(x_2,y_2)$,则 $x_1+x_2=2-m$,$x_1x_2=\dfrac{m^2}{2}$,$\overrightarrow{PM}=(x_1,y_1-1)$,$\overrightarrow{PN}=(x_2,y_2-1)$。

依题意得,$\overrightarrow{PM}\cdot\overrightarrow{PN}=x_1x_2+(y_1-1)(y_2-1)=x_1x_2+(x_1+m-1)(x_2+m-1)=2x_1x_2+(m-1)(x_1+x_2)+(m-1)^2>0$,所以 $m^2+(m-1)(2-m)+(m-1)^2>0$,整理得 $m^2+m-1>0$,解得 $m<\dfrac{-1-\sqrt{5}}{2}$ 或 $m>\dfrac{-1+\sqrt{5}}{2}$。

又 $-2-2\sqrt{2}<m<-2+2\sqrt{2}$,所以 $-2-2\sqrt{2}<m<\dfrac{-1-\sqrt{5}}{2}$ 或 $\dfrac{-1+\sqrt{5}}{2}<m<-2+2\sqrt{2}$。

故实数 m 的取值范围是 $\left(-2-2\sqrt{2},\dfrac{-1-\sqrt{5}}{2}\right)\cup\left(\dfrac{-1+\sqrt{5}}{2},-2+2\sqrt{2}\right)$。

第 2 章

1.【解析】

(1) 设椭圆的长半轴长为 a，短半轴长为 b，半焦距为 c，则 $\begin{cases}2c=2\\2b=2\sqrt{3}\\a^2=b^2+c^2\end{cases}$，解得 $\begin{cases}a=2\\b=\sqrt{3}\end{cases}$。

故椭圆 C 的标准方程为 $\dfrac{x^2}{4}+\dfrac{y^2}{3}=1$。

(2) 由方程组 $\begin{cases}\dfrac{x^2}{4}+\dfrac{y^2}{3}=1\\y=kx+m\end{cases}$ 消去 y 得 $(3+4k^2)x^2+8kmx+4m^2-12=0$。

由题意 $\Delta=(8km)^2-4(3+4k^2)(4m^2-12)>0$，整理得 $3+4k^2-m^2>0$ ①。

设 $M(x_1,y_1)$、$N(x_2,y_2)$，则 $x_1+x_2=-\dfrac{8km}{3+4k^2}$，$x_1x_2=\dfrac{4m^2-12}{3+4k^2}$。

由已知，$AM\perp AN$，且椭圆的右顶点为 $A(2,0)$，则 $(x_1-2)(x_2-2)+y_1y_2=0$，即 $(1+k^2)x_1x_2+(km-2)(x_1+x_2)+m^2+4=0$，$(1+k^2)\cdot\dfrac{4m^2-12}{3+4k^2}+(km-2)\cdot\dfrac{-8km}{3+4k^2}+m^2+4=0$，整理得 $7m^2+16mk+4k^2=0$，解得 $m=-2k$ 或 $m=-\dfrac{2k}{7}$，均满足式①。

当 $m=-2k$ 时，直线 l 的方程为 $y=kx-2k$，过定点 $(2,0)$，不符合题意舍去；当 $m=-\dfrac{2k}{7}$ 时，直线 l 的方程为 $y=k\left(x-\dfrac{2}{7}\right)$，过定点 $\left(\dfrac{2}{7},0\right)$。

故直线 l 过定点，且定点的坐标为 $\left(\dfrac{2}{7},0\right)$。

编号：308501，

2.【解析】

(1) 设椭圆方程为 $\dfrac{x^2}{a^2}+\dfrac{y^2}{b^2}=1(a>b>0)$，由题意知 $b=1$，则 $\dfrac{\sqrt{a^2-b^2}}{a}=\dfrac{2}{\sqrt{5}}\Rightarrow a^2=5$，故椭圆方程为 $\dfrac{x^2}{5}+y^2=1$。

(2) 由(1)得 $F(2,0)$，所以 $0\leqslant m\leqslant 2$，设 l 的方程为 $y=k(x-2)(k\neq 0)$，代入 $\dfrac{x^2}{5}+y^2=1$，得 $(5k^2+1)x^2-20k^2x+20k^2-5=0$。

设 $A(x_1,y_1)$，$B(x_2,y_2)$，则 $x_1+x_2=\dfrac{20k^2}{5k^2+1}$，$x_1x_2=\dfrac{20k^2-5}{5k^2+1}$，所以 $y_1+y_2=$

$k(x_1+x_2-4)$,$y_1-y_2=k(x_1-x_2)$。

$\overrightarrow{MA}+\overrightarrow{MB}=(x_1-m,y_1)+(x_2-m,y_2)=(x_1+x_2-2m,y_1+y_2)$,$\overrightarrow{AB}=(x_2-x_1,y_2-y_1)$,又$(\overrightarrow{MA}+\overrightarrow{MB})\perp\overrightarrow{AB}$,则$(\overrightarrow{MA}+\overrightarrow{MB})\cdot\overrightarrow{AB}=0$,即$(x_1+x_2-2m)(x_2-x_1)+(y_2-y_1)(y_1+y_2)=0$。

$\dfrac{20k^2}{5k^2+1}-2m-\dfrac{4k^2}{5k^2+1}=0$,即$(8-5m)k^2-m=0$。

由 $k^2=\dfrac{m}{8-5m}>0$,$0<m<\dfrac{8}{5}$,故当 $0<m<\dfrac{8}{5}$ 时,有$(\overrightarrow{MA}+\overrightarrow{MB})\perp\overrightarrow{AB}$ 成立。

(3) 方法1:在 x 轴上存在定点 $N\left(\dfrac{5}{2},0\right)$,使得 C,B,N 三点共线。

依题意知 $C(x_1,-y_1)$,直线 BC 的方程为 $y+y_1=\dfrac{y_2+y_1}{x_2-x_1}(x-x_1)$,令 $y=0$,则 $x=\dfrac{y_1(x_2-x_1)}{y_2+y_1}+x_1=\dfrac{y_1x_2+y_2x_1}{y_2+y_1}$。

因为 l 的方程为 $y=k(x-2)$,A,B 在直线 l 上,所以 $y_1=k(x_1-2)$,$y_2=k(x_2-2)$,

$x=\dfrac{k(x_1-2)x_2+k(x_2-2)x_1}{k(x_1+x_2)-4k}=\dfrac{2kx_1x_2-2k(x_1+x_2)}{k(x_1+x_2)-4k}=\dfrac{2k\cdot\dfrac{20k^2-5}{5k^2+1}-2k\cdot\dfrac{20k^2}{5k^2+1}}{k\dfrac{20k^2}{5k^2+1}-4k}=\dfrac{5}{2}$,即在 x 轴上存在定点 $N\left(\dfrac{5}{2},0\right)$,使得 C,B,N 三点共线。

方法2:在 x 轴上存在定点 $N\left(\dfrac{5}{2},0\right)$,使得 C,B,N 三点共线。

设存在 $N(t,0)$,使得 C,B,N 三点共线,则 $\overrightarrow{CB}//\overrightarrow{CN}$。

因为 $\overrightarrow{CB}=(x_2-x_1,y_2+y_1)$,$\overrightarrow{CN}=(t-x_1,y_1)$,所以 $(x_2-x_1)y_1-(t-x_1)(y_1+y_2)=0$,即 $(x_2-x_1)k(x_1-2)-(t-x_1)k(x_1+x_2-4)=0$,$2x_1x_2-(t+2)(x_1+x_2)+4t=0$。

又 $2\cdot\dfrac{20k^2-5}{5k^2+1}-(t+2)\dfrac{20k^2}{5k^2+1}+4t=0$,则 $t=\dfrac{5}{2}$。故存在 $N\left(\dfrac{5}{2},0\right)$,使得 C,B,N 三点共线。

编号:308505。

3.【解析】

(1) 依题意有 $\begin{cases}\dfrac{4}{a^2}+\dfrac{1}{b^2}=1\\\dfrac{c}{a}=\dfrac{\sqrt{2}}{2}\end{cases}$,解得 $\begin{cases}a^2=6\\b^2=3\end{cases}$,所以椭圆 C 的方程为 $\dfrac{x^2}{6}+\dfrac{y^2}{3}=1$。

(2) 证明:易知直线 AB 的斜率存在,故设直线 AB 的方程为 $y=kx+m$。

由 $\begin{cases}y=kx+m\\\dfrac{x^2}{6}+\dfrac{y^2}{3}=1\end{cases}$ 得 $(2k^2+1)x^2+4mkx+2m^2-6=0$。

设 $A(x_1,y_1), B(x_2,y_2)$，则 $x_1+x_2=-\dfrac{4mk}{2k^2+1}, x_1x_2=\dfrac{2m^2-6}{2k^2+1}$，由 $\overrightarrow{PA}\cdot\overrightarrow{PB}=0$ 得, $(x_1-2)(x_2-2)+(y_1-1)(y_2-1)=0$，即 $(x_1-2)(x_2-2)+(kx_1+m-1)(kx_2+m-1)=0$，$(k^2+1)x_1x_2+(km-k-2)(x_1+x_2)+m^2-2m+5=0$，则 $3m^2+8mk+4k^2-2m-1=0$，$(3m+2k+1)(m+2k-1)=0$。

由直线 AB 不过点 P 知，$m+2k-1\neq 0$，故 $3m+2k+1=0$。

所以直线 AB 过定点 $\left(\dfrac{2}{3},-\dfrac{1}{3}\right)$。

编号：308529，

4.【解析】

(1) 由题意知椭圆的一个焦点为 $F(1,0)$，则 $c=1$。

由 $e=\dfrac{c}{a}=\dfrac{\sqrt{2}}{2}$ 得，$a=\sqrt{2}$，所以 $b=1$。

故椭圆 C 的方程为 $\dfrac{x^2}{2}+y^2=1$。

(2) 由(1)知 $A(0,1)$，当直线 BC 的斜率不存在时，设 $BC: x=x_0$，设 $B(x_0,y_0)$，则 $C(x_0,-y_0)$。

$k_{AB}\cdot k_{AC}=\dfrac{y_0-1}{x_0}\cdot\dfrac{-y_0-1}{x_0}=\dfrac{1-y_0^2}{x_0^2}=\dfrac{\frac{1}{2}x_0^2}{x_0^2}=\dfrac{1}{2}\neq\dfrac{1}{4}$，不合题意。故直线 BC 的斜率存在。

设直线 BC 的方程为 $y=kx+m (m\neq 1)$，并代入椭圆方程，得 $(1+2k^2)x^2+4kmx+2(m^2-1)=0$ ①。

由 $\Delta=(4km)^2-8(1+2k^2)(m^2-1)>0$ 得，$2k^2-m^2+1>0$ ②。

设 $B(x_1,y_1), C(x_2,y_2)$，则 x_1,x_2 是方程①的两根。

由根与系数的关系得 $x_1+x_2=-\dfrac{4km}{1+2k^2}, x_1x_2=\dfrac{2(m^2-1)}{1+2k^2}$。

由 $k_{AB}\cdot k_{AC}=\dfrac{y_1-1}{x_1}\cdot\dfrac{y_2-1}{x_2}=\dfrac{1}{4}$ 得 $4y_1y_2-4(y_1+y_2)+4=x_1x_2$，即 $(4k^2-1)\cdot x_1x_2+4k(m-1)(x_1+x_2)+4(m-1)^2=0$，整理得 $(m-1)(m-3)=0$。

又因为 $m\neq 1$，所以 $m=3$，此时直线 BC 的方程为 $y=kx+3$。

故直线 BC 恒过一定点 $(0,3)$。

编号：308509，

第 3 章

1.【解析】

设动圆的半径为 R，由两圆外切的条件可得 $|PM_1|=R+5$，$|PM_2|=R+1$，则 $|PM_1|-5=|PM_2|-1$，$|PM_1|-|PM_2|=4$。

动圆圆心 P 的轨迹是以 M_1,M_2 为焦点的双曲线的右支，$c=4,a=2,b^2=12$。

故所求轨迹方程为 $\dfrac{x^2}{4}-\dfrac{y^2}{12}=1(x\geqslant 2)$。

2.【解析】

令动圆半径为 R，则有 $\begin{cases}|MO|=R+1\\|MC|=R-1\end{cases}$，即 $|MO|-|MC|=2$，满足双曲线定义。

故选 D。

3.【解析】

$|BC|+|CA|=4>2$，由椭圆的定义可知，点 C 的轨迹是以 A,B 为焦点的椭圆，其长轴为 4，焦距为 2，短轴长为 $2\sqrt{3}$，所以椭圆方程为 $\dfrac{x^2}{4}+\dfrac{y^2}{3}=1$。

又 $a>b$，点 C 在 y 轴左侧，必有 $x<0$，而 C 点在 x 轴上时不能构成三角形，故 $x\neq -2$。

因此点 C 的轨迹方程是 $\dfrac{x^2}{4}+\dfrac{y^2}{3}=1(-2<x<0)$。

4.【解析】

由已知得 $l:y=k(x+1)$，代入抛物线 $C:y^2=4x$ 的方程，消 x 得 $\dfrac{k}{4}y^2-y+k=0$。

因为直线 l 交抛物线 C 于两点 P,Q，所以 $\begin{cases}\dfrac{k}{4}\neq 0\\ \Delta=1-k^2>0\end{cases}$，解得 $-1<k<0$ 或 $0<k<1$。

设 $P(x_1,y_1),Q(x_2,y_2),R(x,y),M$ 是 PQ 的中点，则由韦达定理可知 $y_M=\dfrac{y_1+y_2}{2}=\dfrac{2}{k}$，将其代入直线 l 的方程，得 $\begin{cases}x_M=\dfrac{2}{k^2}-1\\ y_M=\dfrac{2}{k}\end{cases}$。

因为四边形 $PFQR$ 是平行四边形，所以 RF 中点也是 PQ 中点 M，即 $\begin{cases}x=2x_M-x_F=\dfrac{4}{k^2}-3\\ y=2y_M=\dfrac{4}{k}\end{cases}$。

又因为 $k\in(-1,0)\cup(0,1)$，所以 $x_M\in(1,+\infty)$。

故点 R 的轨迹方程为 $y^2=4(x+3)(x>1)$。

5.【解析】

设点 $P(x,y)$，且设点 $B(x_0,y_0)$，则有 $y_0^2=x_0+1$。

因为 $BP:PA=1:2$，$\begin{cases}x=\dfrac{2x_0+3}{3}\\y=\dfrac{2y_0+1}{3}\end{cases}$，所以 $\begin{cases}x_0=\dfrac{3}{2}(x-1)\\y_0=\dfrac{1}{2}(3y-1)\end{cases}$。

将此式代入 $y_0^2=x_0+1$ 中，并整理得 $x=\dfrac{3}{2}y^2-y+\dfrac{1}{2}$，即为所求轨迹的方程，它是一条抛物线。

6.【解析】

设 AB 的中点为 R，坐标为 (x,y)，则在 Rt△ABP 中，$|AR|=|PR|$。

又因为 R 是弦 AB 的中点，根据垂径定理可得在 Rt△OAR 中，$|AR|^2=|AO|^2-|OR|^2=36-(x^2+y^2)$。

又 $|AR|=|PR|=\sqrt{(x-4)^2+y^2}$，所以有 $(x-4)^2+y^2=36-(x^2+y^2)$，即 $x^2+y^2-4x-10=0$。

因此点 R 在一个圆上，而当 R 在此圆上运动时，Q 点即在所求的轨迹上运动。

设 $Q(x,y)$，$R(x_1,y_1)$，因为 R 是 PQ 的中点，所以 $x_1=\dfrac{x+4}{2}$，$y_1=\dfrac{y+0}{2}$，代入方程 $x^2+y^2-4x-10=0$ 得，$\left(\dfrac{x+4}{2}\right)^2+\left(\dfrac{y}{2}\right)^2-4\times\dfrac{x+4}{2}-10=0$，整理得 $x^2+y^2=56$，这就是所求的轨迹方程。

7.【解析】

设 $P(x,y)$ 及 $M(x_1,y_1)$，$N(x_1,-y_1)$。又 $A_1(-a,0)$，$A_2(a,0)$，可得直线 A_1M 的方程为 $y=\dfrac{y_1}{x_1+a}(x+a)$ ①。

直线 A_2N 的方程为 $y=\dfrac{-y_1}{x_1-a}(x-a)$ ②。

①×②得 $y^2=\dfrac{-y_1^2}{x_1^2-a^2}(x^2-a^2)$ ③。

又因为 $\dfrac{x_1^2}{a^2}-\dfrac{y_1^2}{b^2}=1$，所以 $-y_1^2=\dfrac{b^2}{a^2}(a^2-x_1^2)$，代入式③得 $y^2=-\dfrac{b^2}{a^2}(x^2-a^2)$，化简得 $\dfrac{x^2}{a^2}+\dfrac{y^2}{b^2}=1$，此即点 P 的轨迹方程。

当 $a=b$ 时，点 P 的轨迹是以原点为圆心，a 为半径的圆；当 $a\neq b$ 时，点 P 的轨迹是椭圆。

第 4 章

1.【解析】

在椭圆 $\dfrac{x^2}{9}+\dfrac{y^2}{5}=1$ 中，$c=\sqrt{9-5}=2$，故 A,B 是其左、右焦点，则有 $|PA|+|PB|=6$。

又 $|PA|=x$，则 $|PB|=6-x$，且 $x\in[1,5]$。

故 $\dfrac{1}{|PA|}+\dfrac{1}{|PB|}=\dfrac{1}{x}+\dfrac{1}{6-x}=\dfrac{6}{6x-x^2}=\dfrac{6}{-(x-3)^2+9}\in\left[\dfrac{2}{3},\dfrac{6}{5}\right]$，故选 D。

2.【解析】

由于 P 到准线的距离 d 等于 P 到焦点 F 的距离，$F(0,-1)$，则 $d+|PA|=|PF|+|PA|\geqslant|AF|=\sqrt{2}$，故选 D。

3.【解析】

椭圆右焦点为 $F_2(1,0)$，由椭圆定义得 $|MF_1|+|MF_2|=4$，故 $|MA|-|MF_1|=|MA|-4+|MF_2|\geqslant|AF_2|-4=3\sqrt{2}-4$。

当 M 是线段 AF_2 与椭圆的交点时，$|MA|-|MF_1|$ 取最小值 $3\sqrt{2}-4$。

4.【解析】

由题意得，圆心 $C_1(-5,0)$，$C_2(5,0)$ 恰为双曲线 E 的左、右焦点，因此有 $|MP|-|MQ|\leqslant(|MC_1|+1)-(|MC_2|-1)\leqslant||MC_1|-|MC_2||+2=2\times4+2=10$。

故 $|MP|-|MQ|$ 的最大值为 10。

5.【解析】

如图所示，因为 $|PF|-|PF'|=4$（F' 为右焦点），所以 $|PF|=4+|PF'|$，$|PF|+|PA|=|PF'|+|PA|+4$，当 A，P，F' 三点共线时，$|PA|+|PF'|$ 最小，最小值为 5，所以 $|PF|+|PA|$ 最小值为 9。

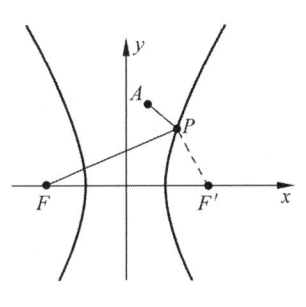

6.【解析】

将直线 l 与抛物线联立 $\begin{cases}y^2=4x\\x-y+1=0\end{cases}$，可得 $(x-1)^2=0$，即直线 l 与抛物线相切且切点为 $(1,2)$。

又 P 是 l 上一点，当点 P 为切点 $(1,2)$ 时，$Q(0,1)$，$F(1,0)$，此时 $\triangle PQF$ 为直角三角形，且外接圆的半径为 1，故圆的面积为 π；当点 P 不为切点时，设点 $P(x_0,x_0+1)$，切线斜率为 k。

则切线方程为 $y-(x_0+1)=k(x-x_0)$，即 $kx-y-kx_0+x_0+1=0$。

将切线方程与抛物线方程联立 $\begin{cases}y^2=4x\\kx-y-kx_0+x_0+1=0\end{cases}$，可得 $\dfrac{ky^2}{4}-y-kx_0+x_0+1=0$，其中 $\Delta=(k-1)(kx_0-1)=0$。

则 $k_{PQ}=\dfrac{1}{x_0}$，此时切线方程化简得 $y=\dfrac{1}{x_0}x+x_0$。

此时点 $Q(0,x_0)$，可得 $k_{FQ}=-x_0$，即 $\triangle PQF$ 为直角三角形，PF 中点 $M\left(\dfrac{1+x_0}{2},\dfrac{1+x_0}{2}\right)$ 即为外接圆的圆心。

则 $r^2=|MQ|^2=\left(\dfrac{1+x_0}{2}\right)^2+\left(\dfrac{1-x_0}{2}\right)^2=\dfrac{x_0^2+1}{2}$，面积为 $\pi r^2=\dfrac{x_0^2+1}{2}\pi$，当 $x_0=0$ 时面积取到最小值为 $\dfrac{\pi}{2}$。

综上所述,面积最小值为 $\dfrac{\pi}{2}$,故选 A。

7.【解析】

(1) 由题意知 $\begin{cases} 2b=2 \\ \dfrac{c}{a}=\dfrac{\sqrt{2}}{2} \\ a^2=b^2+c^2 \end{cases}$,解得 $\begin{cases} a=\sqrt{2} \\ b=1 \\ c=1 \end{cases}$,故椭圆的标准方程为 $\dfrac{x^2}{2}+y^2=1$。

(2) ① 设 AB 的直线方程为 $y=k(x-1)$。

联立 $\begin{cases} y=k(x-1) \\ \dfrac{x^2}{2}+y^2=1 \end{cases}$,消元 y 并整理得 $(1+2k^2)x^2-4k^2x+2k^2-2=0$。

所以 $x_1+x_2=\dfrac{4k^2}{1+2k^2}$,$x_1x_2=\dfrac{2k^2-2}{1+2k^2}$。

于是 $AB=\sqrt{1+k^2}\,|x_1-x_2|=\sqrt{1+k^2}\cdot\sqrt{(x_1+x_2)^2-4x_1x_2}=\dfrac{2\sqrt{2}+2\sqrt{2}k^2}{1+2k^2}$,同理

$CD=\dfrac{2\sqrt{2}+2\sqrt{2}\left(-\dfrac{1}{2k}\right)^2}{1+2\left(-\dfrac{1}{2k}\right)^2}=\dfrac{4\sqrt{2}k^2+\sqrt{2}}{2k^2+1}$。

则 $AB+CD=\dfrac{2\sqrt{2}+2\sqrt{2}k^2}{1+2k^2}+\dfrac{\sqrt{2}+4\sqrt{2}k^2}{1+2k^2}=3\sqrt{2}$。

② 由 ① 知 $x_M=\dfrac{2k^2}{1+2k^2}$,$y_M=\dfrac{-k}{1+2k^2}$,$x_N=\dfrac{1}{1+2k^2}$,$y_N=\dfrac{k}{1+2k^2}$,所以 $M\left(\dfrac{2k^2}{1+2k^2},\dfrac{-k}{1+2k^2}\right)$,$N\left(\dfrac{1}{1+2k^2},\dfrac{k}{1+2k^2}\right)$,则 MN 的中点为 $T\left(\dfrac{1}{2},0\right)$。

于是 $S_{\triangle OMN}=\dfrac{1}{2}OT\,|y_M-y_N|=\dfrac{1}{4}\left|\dfrac{2k}{1+2k^2}\right|=\dfrac{1}{2}\times\dfrac{|k|}{1+2k^2}=\dfrac{1}{2}\times\dfrac{1}{\dfrac{1}{|k|}+2|k|}\leqslant\dfrac{\sqrt{2}}{8}$。

当且仅当 $2|k|=\dfrac{1}{|k|}$,即 $k=\pm\dfrac{\sqrt{2}}{2}$ 时取等号,所以 $\triangle OMN$ 面积的最大值为 $\dfrac{\sqrt{2}}{8}$。

8.【解析】

(1) 由题意得以椭圆 C 的右焦点为圆心,以椭圆的长半轴长为半径的圆的方程为 $(x-c)^2+y^2=a^2$,则圆心到直线 $x+y+1=0$ 的距离 $d=\dfrac{|c+1|}{\sqrt{2}}=a$。

因为椭圆 $C:\dfrac{x^2}{a^2}+\dfrac{y^2}{b^2}=1(a>b>0)$ 的两焦点与短轴的一个端点的连线构成等腰直角三角形,$b=c$。$a=\sqrt{2}b=\sqrt{2}c$ 代入得 $b=c=1$,所以 $a=\sqrt{2}b=\sqrt{2}$。

故所求椭圆方程为 $\dfrac{x^2}{2}+y^2=1$。

（2）由题意知直线 l 的斜率存在，设直线 l 方程为 $y=k(x-2)$，设 $P(x_0,y_0)$。

将直线方程代入椭圆方程得 $(1+2k^2)x^2-8k^2x+8k^2-2=0$，则 $\Delta=64k^4-4(1+2k^2)(8k^2-2)=-16k^2+8>0$，即 $k^2<\dfrac{1}{2}$。

设 $S(x_1,y_1),T(x_2,y_2)$，则 $x_1+x_2=\dfrac{8k^2}{1+2k^2}$，$x_1x_2=\dfrac{8k^2-2}{1+2k^2}$。

当 $k=0$ 时，直线 l 的方程为 $y=0$，此时 $t=0$，$\overrightarrow{OS}+\overrightarrow{OT}=t\overrightarrow{OP}$ 成立，故 $t=0$ 符合题意。

当 $t\neq 0$ 时，可得 $\begin{cases} tx_0=x_1+x_2=\dfrac{8k^2}{1+2k^2} \\ ty_0=y_1+y_2=k(x_1+x_2-4)=\dfrac{-4k}{1+2k^2} \end{cases}$，则 $x_0=\dfrac{1}{t}\cdot\dfrac{8k^2}{1+2k^2}$，$y_0=\dfrac{1}{t}\cdot\dfrac{-4k}{1+2k^2}$。

将上式代入椭圆方程得 $\dfrac{32k^4}{t^2(1+2k^2)^2}+\dfrac{16k^2}{t^2(1+2k^2)^2}=1$，整理得 $t^2=\dfrac{16k^2}{1+2k^2}$，由 $k^2<\dfrac{1}{2}$ 知 $0<t^2<4$，所以 $t\in(-2,2)$。

第 5 章

1.【作法】

如图所示。

（1）连接 QR 并延长交 DA 延长线于点 I。

（2）在平面 $ABCD$ 内连接 PI 交 AB 于点 M。

（3）连接 QP，RM，则四边形 $PQRM$ 即为所求。

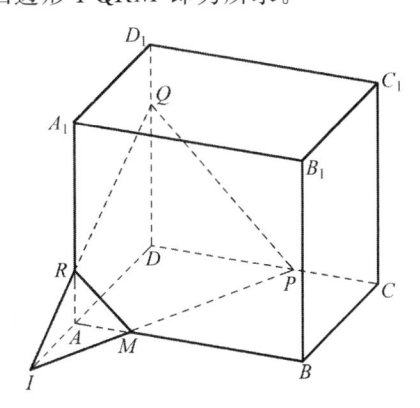

2.【作法】

如图所示。

（1）连接 QP，QR 并延长，分别交 CB，CD 的延长线于 E，F。

（2）连接 EF 交 AB 于 T，交 AD 于 S。

（3）连接 RS，TP，则多边形 $PQRST$ 即为所求截面。

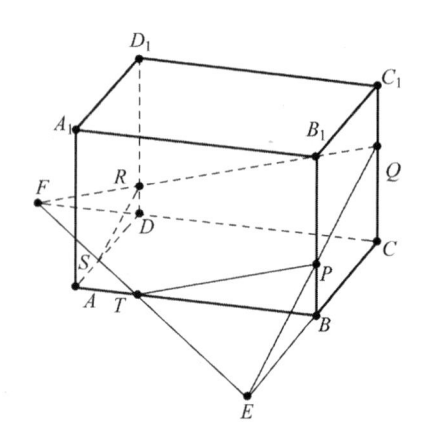

3. 【解析】

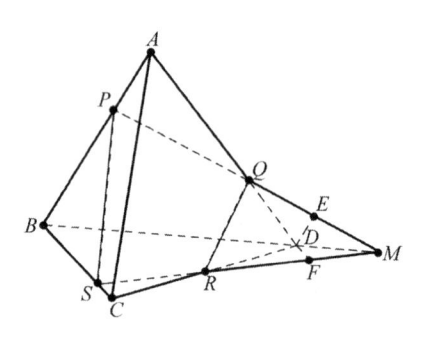

如图所示，作直线 PQ 与 BD 延长线交于点 M，连接 MR，延长交 BC 于 S。

过 D 作 $DE/\!/AB$ 交 PM 于 E，作 $DF/\!/BC$ 交 MS 于 F，则 $\triangle APQ \sim \triangle DEQ$。

因为 P 是线段 AB 上靠近 A 的三等分点，Q 是线段 AD 上靠近 D 的三等分点，所以 $\dfrac{DE}{AP}=\dfrac{DQ}{QA}=\dfrac{1}{2}$。

由 $\triangle MDE \sim \triangle MBP$ 得 $\dfrac{MD}{MB}=\dfrac{DE}{BP}=\dfrac{1}{4}$；由 $\triangle MDF \sim \triangle MBS$ 得 $\dfrac{DF}{BS}=\dfrac{MD}{MB}=\dfrac{1}{4}$；由 $\triangle DRF \sim \triangle CRS$，$R$ 为 CD 中点，可得 $\dfrac{DF}{SC}=\dfrac{DR}{CR}=1$，所以 $\dfrac{SC}{BS}=\dfrac{DF}{BS}=\dfrac{1}{4}$。

故 S 是线段 BC 上的靠近点 C 的五等分点。

4. 【解析】

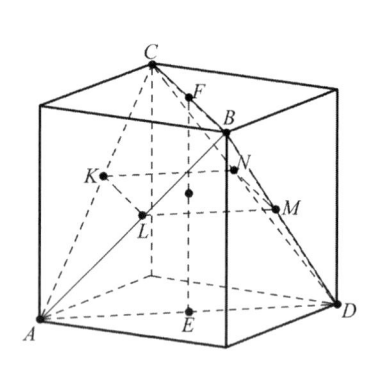

将正四面体补成正方体，如图所示，且正方体边长为 $2\sqrt{2}$，由于 $EF \perp \alpha$，故截面为平行四边形 $MNKL$，且 $KL+KN=4$。

又 $KL/\!/BC$，$KN/\!/AD$，且 $AD \perp BC$，所以 $KN \perp KL$，即 $S_{\square MNKL}=KN \cdot KL \leqslant \left(\dfrac{KN+KL}{2}\right)^2=4$，当且仅当 $KL=KN=2$ 时取等号。

故选 B。

5. 【解析】

首先利用正方体的棱是 3 组，每组有互相平行的 4 条棱，所以与 12 条棱所成角相等，只需与从同一个顶点出发的三条棱所成角相等即可，从而判断出面的位置，截正方体所得的截面为一个正六边形，且边长是面的对角线的一半，应用面积公式求得结果。

根据相互平行的直线与平面所成的角是相等的，所以在正方体 $ABCD$-$A_1B_1C_1D_1$ 中，

平面 AB_1D_1 与线 AA_1,A_1B_1,A_1D_1 所成的角是相等的。

所以平面 AB_1D_1 与正方体的每条棱所在的直线所成角都是相等的。

同理平面 C_1BD 也满足与正方体的每条棱所在的直线所成角都相等。

要求截面面积最大,则截面的位置为夹在两个面 AB_1D_1 与 C_1BD 中间的,且过棱的中点的正六边形,且边长为 $\frac{\sqrt{2}}{2}$。

所以其面积 $S=6\times\frac{\sqrt{3}}{4}\times\left(\frac{\sqrt{2}}{2}\right)^2=\frac{3\sqrt{3}}{4}$,故选 A。

第 6 章

1. 【解析】

设 $AB=x$,$AC=y$,$\angle BAC=\frac{\pi}{3}$。

由余弦定理得 $BC^2=x^2+y^2-2xy\cos\frac{\pi}{3}=x^2+y^2-xy\geqslant 2xy-xy=xy$,当且仅当 $x=y$ 时取等号。又 $BC=\sqrt{3}$,则 $xy\leqslant 3$。

过 A 作 $AO\perp$ 平面 BCD,作 $AE\perp BC$,连接 OE,如图所示。

又 $\frac{1}{2}BC\cdot AE=\frac{1}{2}xy\cdot\sin\frac{\pi}{3}$,则 $AE=\frac{1}{2}xy$。

易知 $\angle AEO$ 为二面角 $A\text{-}BC\text{-}D$ 的平面角,大小为 θ,所以 $AO=AE\sin\theta=\frac{1}{2}\sqrt{1-\left(\frac{2\sqrt{2}}{3}\right)^2}xy=\frac{1}{6}xy\leqslant\frac{1}{2}$。

$V_{A\text{-}BCD}=\frac{1}{3}S_{\triangle BCD}\cdot AO\leqslant\frac{1}{3}\times\frac{\sqrt{3}}{4}\times 3\times\frac{1}{2}=\frac{\sqrt{3}}{8}$,即三棱锥 $A\text{-}BCD$ 体积的最大值为 $\frac{\sqrt{3}}{8}$。

故选 B。

2. 【解析】

设正方体的棱长为 1,则 $A_1C_1=\sqrt{2}$,$A_1C=\sqrt{3}$,$A_1O=OC_1=\sqrt{1+\frac{1}{2}}=\sqrt{\frac{3}{2}}$,$OC=\sqrt{\frac{1}{2}}$,所以 $\cos\angle A_1OC_1=\frac{\frac{3}{2}+\frac{3}{2}-2}{2\times\frac{3}{2}}=\frac{1}{3}$,$\sin\angle A_1OC_1=\frac{2\sqrt{2}}{3}$,$\cos\angle A_1OC=\frac{\frac{3}{2}+\frac{1}{2}-3}{2\times\frac{\sqrt{3}}{2}}=-\frac{\sqrt{3}}{3}$,$\sin\angle A_1OC=\frac{\sqrt{6}}{3}$。

又直线与平面所成的角小于等于 $90°$，而 $\angle A_1OC$ 为钝角，所以 $\sin\alpha$ 的范围为 $\left[\dfrac{\sqrt{6}}{3},1\right]$，故选 B。

3.【解析】

连接 AC,BD 交于点 O，连接 AB_1,CB_1，如图所示。

在正方体 $ABCD\text{-}A_1B_1C_1D_1$ 中，$AC\perp$ 平面 BDD_1，所以 $AC\perp BD_1$，同理 $AB_1\perp BD_1$。

所以 $BD_1\perp$ 平面 AB_1C，即点 P 在线段 B_1C 上（不含端点），平面 ACP 即为平面 AB_1C。

连接 B_1O,HO,HA,HC，则 $B_1O\perp AC$，$HO\perp AC$，所以 $\angle B_1OH$ 即为二面角 $H\text{-}AC\text{-}P$ 的平面角。

当 H 与点 D_1 重合时，$\angle B_1OH$ 最小，连接 D_1O,D_1B_1。

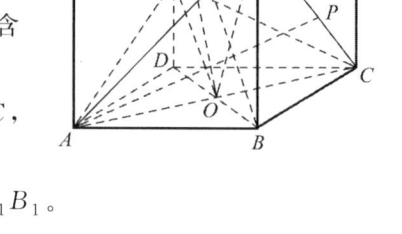

设正方体 $ABCD\text{-}A_1B_1C_1D_1$ 的棱长为 1，则 $D_1B_1=\sqrt{2}$，$D_1O=B_1O=\dfrac{\sqrt{6}}{2}$，所以 $\angle B_1OD_1=\dfrac{B_1O^2+OD_1^2-D_1B_1^2}{2B_1O\cdot OD_1}=\dfrac{1}{3}$。

当 H 与点 D 重合时，$\angle B_1OH$ 最大，$\cos\angle B_1OD=-\cos\angle B_1OB=-\dfrac{BO}{OB_1}=-\dfrac{\dfrac{\sqrt{2}}{2}}{\dfrac{\sqrt{6}}{2}}=-\dfrac{\sqrt{3}}{3}$，所以二面角 $H\text{-}AC\text{-}P$ 的余弦值的取值范围是 $\left[-\dfrac{\sqrt{3}}{3},\dfrac{1}{3}\right]$。

4.【解析】

如图所示，设 P 在平面 $ABCD$ 上的射影为 P'，M 在平面 BB_1C_1C 上的射影为 M'，平面 D_1PM 与平面 $ABCD$ 和平面 BCC_1B_1 成的锐二面角分别为 α,β，则 $\cos\alpha=\dfrac{S_{\triangle DP'M}}{S_{\triangle D_1PM}}$，$\cos\beta=\dfrac{S_{\triangle PM'C_1}}{S_{\triangle D_1PM}}$。

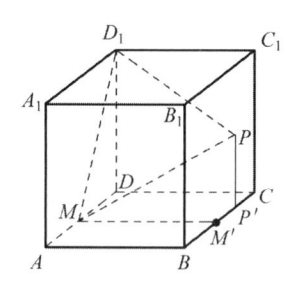

因为 $\cos\alpha=\cos\beta$，所以 $S_{\triangle DP'M}=S_{\triangle PM'C_1}$。

设 P 到 C_1M' 距离为 d，则 $\dfrac{1}{2}\times\sqrt{5}\cdot d=\dfrac{1}{2}\times 1\times 2$，$d=\dfrac{2\sqrt{5}}{5}$，即点 P 在与直线 C_1M' 平行且与直线距离为 $\dfrac{2\sqrt{5}}{5}$ 的直线上，P 到 C_1 的最短距离 $d=\dfrac{2\sqrt{5}}{5}$。

5.【解析】

连接 AO 交 BC 于 D，顶点 P 在底面的射影 O 为 $\triangle ABC$ 的垂心，$AD\perp BC$。

又 $PO\perp$ 平面 ABC，则 $PO\perp BC$，$PO\cap AD=O$，$BC\perp$ 平面 PAD，$BC\perp PA$，$BC\perp PD$。同理可证 $PC\perp AB$，$PB\perp AC$。

由 $S_{\triangle ABC} \cdot S_{\triangle OBC} = S_{\triangle PBC}^2$ 得 $AD \cdot OD = PD^2$, $\dfrac{AD}{PD} = \dfrac{PD}{OD}$, $\angle PDO = \angle PDA$。

则 $\triangle POD \sim \triangle APD$, $\angle APD = \angle POD = 90°$, 即 $PA \perp PD$, 又 $PA \perp BC$, $BC \cap PD = D$, $PA \perp$ 平面 PBC, $PA \perp PB$, $PA \perp PC$, 又 $PC \perp AB$, $PA \cap AB = A$, 所以 $PC \perp$ 平面 PAB, 即 $PC \perp PB$, PA, PB, PC 两两互相垂直, 则三棱锥 $P-ABC$ 的外接球为以 PA, PB, PC 为棱的长方体的外接球。

又三棱锥 $P-ABC$ 的外接球半径为 3, 所以 $PA^2 + PB^2 + PC^2 = (2 \times 3)^2 = 36$, $S_{\triangle PAB} + S_{\triangle PBC} + S_{\triangle PAC} = \dfrac{1}{2}PA \cdot PB + \dfrac{1}{2}PB \cdot PC + \dfrac{1}{2}PC \cdot PA \leqslant \dfrac{(PA^2+PB^2)+(PB^2+PC^2)+(PC^2+PA^2)}{4} = 18$, 当且仅当 $PA = PB = PC = 2\sqrt{3}$ 时, 等号成立。

故答案为 18。

6.【解析】

设直线 AC 与 BD' 所成角为 θ, 设 O 是 AC 中点, 由已知得 $AC = \sqrt{6}$, 以 OB 为 x 轴, OA 为 y 轴, 过 O 与平面 ABC 垂直的直线为 z 轴, 建立空间直角坐标系, 有 $A\left(0, \dfrac{\sqrt{6}}{2}, 0\right)$, $B\left(\dfrac{\sqrt{30}}{2}, 0, 0\right)$, $C\left(0, -\dfrac{\sqrt{6}}{2}, 0\right)$, 作 $DH \perp AC$ 于 H, 折叠过程中, $D'H$ 始终与 AC 垂直, $CH = \dfrac{CD^2}{CA} = \dfrac{1}{\sqrt{6}} = \dfrac{\sqrt{6}}{6}$。

则 $OH = \dfrac{\sqrt{6}}{3}$, $DH = \dfrac{1 \times \sqrt{5}}{\sqrt{6}} = \dfrac{\sqrt{30}}{6}$, 令射线 AD' 与 x 轴的正方向所成角为 α, 因此可设 $D'\left(\dfrac{\sqrt{30}}{6}\cos\alpha, -\dfrac{\sqrt{6}}{3}, \dfrac{\sqrt{30}}{6}\sin\alpha\right)$, 则 $\overrightarrow{BD'} = \left(\dfrac{\sqrt{30}}{6}\cos\alpha - \dfrac{\sqrt{30}}{2}, -\dfrac{\sqrt{6}}{3}, \dfrac{\sqrt{30}}{6}\sin\alpha\right)$, 与 $\overrightarrow{CA}$ 平行的单位向量为 $\boldsymbol{n} = (0, 1, 0)$。

所以 $\cos\theta = |\cos\langle\overrightarrow{BD'}, \boldsymbol{n}\rangle| = \left|\dfrac{\overrightarrow{BD'} \cdot \boldsymbol{n}}{|\overrightarrow{BD'}||\boldsymbol{n}|}\right| = \dfrac{\dfrac{\sqrt{6}}{3}}{\sqrt{9-5\cos\alpha}}$, 所以 $\cos\alpha = 1$ 时, $\cos\theta$ 取最大值 $\dfrac{\sqrt{6}}{6}$。

7.【解析】

(1) 证明: $AD \parallel BC$, $BC \perp CD$, $\angle ABC = 120°$, $AD = 4$, $BC = 3$, $AB = 2$, 则 $CD = \sqrt{2^2 - (4-3)^2} = \sqrt{3}$, 又 $CD = \sqrt{3}CE$, 故 $CE = 1$, $CD = \sqrt{3}$, $BE = 2$。

由余弦定理得 $AE = \sqrt{BE^2 + AB^2 - 2BE \cdot B\cos120°} = \sqrt{2^2 + 2^2 - 2 \times 2 \times 2 \times \left(-\dfrac{1}{2}\right)} = 2\sqrt{3}$, 又 $DE = \sqrt{CD^2 + CE^2} = \sqrt{(\sqrt{3})^2 + 1^2} = 2$, 即 $DE^2 + AE^2 = AD^2$, 则 $AE \perp DE$。

因为 $AP \perp DE$，又 $AP \cap AE = A, AP, AE \subset$ 平面 APE，所以 $DE \perp$ 平面 APE。

(2) 由(1)得 $DE \perp$ 平面 APE，$DE \subset$ 平面 $ABCD$，则平面 $ABCD \perp$ 平面 PAE，所以 Q 点在 AE 上，$\angle PAQ$ 为直线 AP 与平面 $ABCD$ 所成的角，$\cos\angle PAQ = \dfrac{AQ}{AP} = \dfrac{\sqrt{3}}{3}$。

设 $AQ = x(0 < x \leqslant 2\sqrt{3})$，则 $PQ = \sqrt{2}x, QE = 2\sqrt{3} - x, S_{\triangle QDE} = \dfrac{1}{2} \times 2 \times (2\sqrt{3} - x) = 2\sqrt{3} - x, V_{P\text{-}QDE} = \dfrac{1}{3}PQ \cdot S_{\triangle QDE} = -\dfrac{\sqrt{2}}{3}(x^2 - 2\sqrt{3}x) = -\dfrac{\sqrt{2}}{3}(x - \sqrt{3})^2 + \sqrt{2} \leqslant \sqrt{2}$，当且仅当 $x = \sqrt{3}$ 时等号成立。

则当 $V_{P\text{-}QDE}$ 最大时，$AQ = \sqrt{3}$，所以 Q 为 AE 中点。

又 F 为 AB 中点，则 $FQ // BC$，$\angle PBE$ 为异面直线 PB 与 QF 所成角（或补角），$QB = 1, QE = \sqrt{3}$，则由 $PQ \perp$ 平面 $ABCD$ 得 $PE = 3, PB = \sqrt{7}$。

又 $BE = 2$，则 $\cos\angle PBE = \dfrac{PB^2 + BE^2 - PE^2}{2PB \cdot BE} = \dfrac{\sqrt{7}}{14}$。

故异面直线 PB 与 QF 所成角的余弦值为 $\dfrac{\sqrt{7}}{14}$。

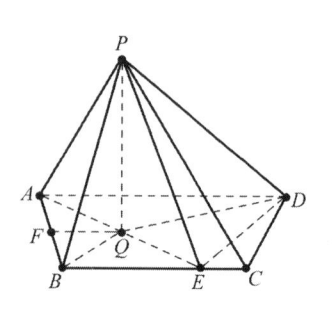

第7章

1.【解析】

如图所示，当 P 点在平面 AA_1D_1D 内时，由于 $1 < PA < AD_1 = \sqrt{2}$，所以点 P 的轨迹为平面 AA_1D_1D 上以 A 为圆心，$\dfrac{2\sqrt{3}}{3}$ 为半径的一段圆弧 $\overset{\frown}{P_1P_2}$。

当 P 点在平面 $A_1B_1C_1D_1$ 内时，点 P 的轨迹为以 A_1 为圆心的 $\overset{\frown}{P_2P_3}$，其半径为 $A_1P = \sqrt{PA^2 - AA_1^2} = \dfrac{\sqrt{3}}{3}$。

由对称性知，P 在正方体表面的轨迹是由 6 段圆弧组成的封闭曲线 $P_1P_2P_3P_4P_5P_6$，其中，$\overset{\frown}{P_1P_2} = \overset{\frown}{P_3P_4} = \overset{\frown}{P_5P_6}$，所在圆的半径为 $\dfrac{2\sqrt{3}}{3}$；$\overset{\frown}{P_2P_3} = \overset{\frown}{P_4P_5} = \overset{\frown}{P_1P_6}$，所在圆的半径为 $\dfrac{\sqrt{3}}{3}$。

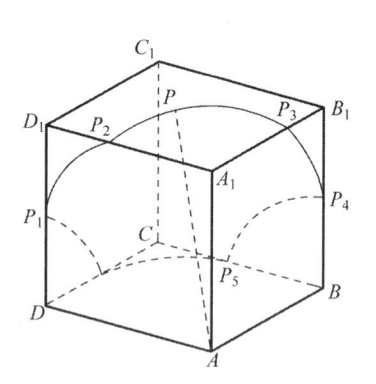

所以曲线的总长度为 $3 \times \left(\dfrac{2\sqrt{3}}{3} \times \dfrac{\pi}{6}\right) + 3 \times \left(\dfrac{\sqrt{3}}{3} \times \dfrac{\pi}{2}\right) = \dfrac{5\sqrt{3}}{6}\pi$。

2. 【解析】

设 M 到三个侧面 PAB,PBC,PCA 的距离分别为 h_1,h_2,h_3，则 $h_1+h_3=2h_2$。

又 $V_{M\text{-}PAB}=\dfrac{1}{3}S_{\triangle PAB}\cdot h_1, V_{M\text{-}PBC}=\dfrac{1}{3}S_{\triangle PBC}\cdot h_2, V_{M\text{-}PCA}=\dfrac{1}{3}S_{\triangle PCA}\cdot h_3$，且 $S_{\triangle PAB}=S_{\triangle PBC}=S_{\triangle PCA}$。

设 A 到侧面 PBC 的距离为 h，则 $V_{P\text{-}ABC}=V_{M\text{-}PAB}+V_{M\text{-}PBC}+V_{M\text{-}PCA}=\dfrac{1}{3}S_{\triangle PBC}\cdot(h_1+h_2+h_3)=\dfrac{1}{3}S_{\triangle ABC}\cdot h$，所以 $h=h_1+h_2+h_3=3h_2$，即 M 到侧面 PBC 的距离为点 A 到侧面 PBC 的距离的 $\dfrac{1}{3}$。

过点 A 作 $AG\perp$ 平面 PBC 于 G，在线段 AG 上取点 H，使 $GH=\dfrac{1}{3}AG$，过点 H 作与平面 PBC 平行的平面 FDE，且平面 DEF 与平面 ABC 交线为 DE，则 DE 为所求的点 M 的轨迹，故选 A。

3. 【解析】

在长方体 $ABCD\text{-}A_1B_1C_1D_1$ 中，以 DA,DC,DD_1 所在的直线为 x,y,z 轴建立空间直角坐标系，则直线 AD 与 D_1C_1 是两互相垂直的异面直线。

过直线 AD 且与 D_1C_1 平行的平面是平面 $ABCD$。

设在平面 $ABCD$ 内的动点 $M(x,y)$ 满足到直线 AD 与 D_1C_1 的距离相等。

作 $MM_1\perp AD$ 于 M_1，$MN\perp CD$ 于 N，$NP\perp D_1C_1$ 于 P，连接 MP，易知 $MN\perp$ 平面 CDD_1C_1，$MP\perp D_1C_1$。

设两异面直线 AD 与 D_1C_1 的距离为 a，则有 $MM_1=MP$，$y^2=x^2+a^2$，即 $y^2-x^2=a^2$。

故 M 的轨迹是双曲线，故选 D。

4. 【解析】

如图所示，以 AB 所在直线为 x 轴，AB 的中垂线为 y 轴，建立平面直角坐标系，设点 $P(x,y)$，$A(-3,0)$，$B(3,0)$，因为 $AD\perp AB$，$BC\perp AB$，则 $AD\perp\alpha$，$BC\perp\alpha$，$AD=5$，$BC=10$，$AB=6$，$\angle APD=\angle CPB$，所以 $\mathrm{Rt}\triangle APD\sim\mathrm{Rt}\triangle CPB$，$\dfrac{AP}{BP}=\dfrac{\sqrt{(x+3)^2+y^2}}{\sqrt{(x-3)^2+y^2}}=\dfrac{AD}{BC}=\dfrac{5}{10}=\dfrac{1}{2}$，即 $(x-3)^2+y^2=4[(x+3)^2+y^2]$，整理得 $(x+5)^2+y^2=16$，故点 P 的轨迹是圆的一部分，故选 A。

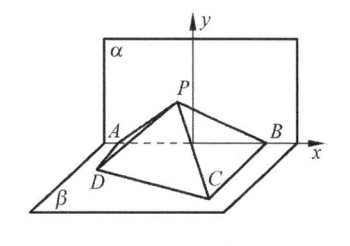

第 8 章

1. 【解析】

(1) 由已知得 $AD/\!/BE$，$CG/\!/BE$，所以 $AD/\!/CG$，AD,CG 确定一个平面，从而 A,C,G,D 四点共面。

由已知得 $AB\perp BE$，$AB\perp BC$，故 $AB\perp$ 平面 $BCGE$。

又因为$AB \subset$平面ABC,所以平面$ABC \perp$平面$BCGE$。

(2) 作$EH \perp BC$,垂足为H。

因为$EH \subset$平面$BCGE$,平面$BCGE \perp$平面ABC,所以$EH \perp$平面ABC。

由已知,菱形$BCGE$的边长为2,$\angle EBC=60°$,可求得$BH=1$,$EH=\sqrt{3}$。

以H为坐标原点,$\overrightarrow{HC}$的方向为x轴的正方向,建立空间直角坐标系$H\text{-}xyz$,则$A(-1,1,0)$,$C(1,0,0)$,$G(2,0,\sqrt{3})$,$\overrightarrow{CG}=(1,0,\sqrt{3})$,$\overrightarrow{AC}=(2,-1,0)$。

设平面$ACGD$的法向量为$\boldsymbol{n}=(x,y,z)$,则$\begin{cases}\overrightarrow{CG}\cdot\boldsymbol{n}=0\\\overrightarrow{AC}\cdot\boldsymbol{n}=0\end{cases}$,即$\begin{cases}x+\sqrt{3}z=0\\2x-y=0\end{cases}$,所以可取$\boldsymbol{n}=(3,6,-\sqrt{3})$。

又平面$BCGE$的法向量可取为$\boldsymbol{m}=(0,1,0)$,所以$\cos\langle\boldsymbol{n},\boldsymbol{m}\rangle=\dfrac{\boldsymbol{n}\cdot\boldsymbol{m}}{|\boldsymbol{n}||\boldsymbol{m}|}=\dfrac{\sqrt{3}}{2}$,因此二面角$B\text{-}CG\text{-}A$的大小为$30°$。

2.【解析】

(1) 由已知可得$BF \perp PF$,$BF \perp EF$,所以$BF \perp$平面PEF。

又$BF \subset$平面$ABFD$,所以平面$PEF \perp$平面$ABFD$。

(2) 作$PH \perp EF$,垂足为H。由(1)得$PH \perp$平面$ABFD$。

以H为坐标原点,$\overrightarrow{HF}$的方向为y轴正方向、$|\overrightarrow{BF}|$为单位长,建立如图所示的空间直角坐标系。

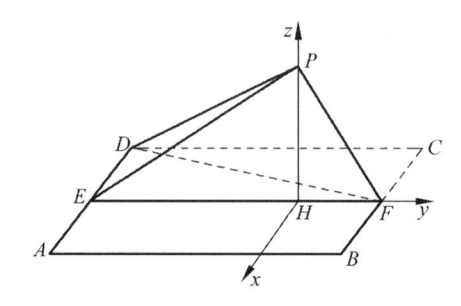

由(1)可得,$DE \perp PE$,又$DP=2$,$DE=1$,所以$PE=\sqrt{3}$。

又$PF=1$,$EF=2$,故$PE \perp PF$,可得$PH=\dfrac{\sqrt{3}}{2}$,$EH=\dfrac{3}{2}$,则$H(0,0,0)$,$P\left(0,0,\dfrac{\sqrt{3}}{2}\right)$,$D\left(-1,-\dfrac{3}{2},0\right)$,$\overrightarrow{DP}=\left(1,\dfrac{3}{2},\dfrac{\sqrt{3}}{2}\right)$,$\overrightarrow{HP}=\left(0,0,\dfrac{\sqrt{3}}{2}\right)$为平面$ABFD$的法向量。

设DP与平面$ABFD$所成角为θ,则$\sin\theta=\left|\dfrac{\overrightarrow{HP}\cdot\overrightarrow{DP}}{|\overrightarrow{HP}||\overrightarrow{DP}|}\right|=\dfrac{\frac{3}{4}}{\sqrt{3}}=\dfrac{\sqrt{3}}{4}$。

故DP与平面$ABFD$所成角的正弦值为$\dfrac{\sqrt{3}}{4}$。

3.【解析】

(1) 证明:因为$AE=CF=\dfrac{5}{4}$,所以$\dfrac{AE}{AD}=\dfrac{CF}{CD}$,$EF/\!/AC$。

因为四边形 $ABCD$ 是菱形,所以 $AC\perp BD$,$EF\perp BD$,$EF\perp DH$,$EF\perp D'H$,又 $AC=6$,所以 $AO=3$。

$AB=5$,$AO\perp OB$,所以 $OB=4$,$\dfrac{DH}{OH}=\dfrac{DE}{AE}=\dfrac{3}{1}$,$OD=OB=4$,则 $OH=1$,$DH=D'H=3$。

所以 $|OD'|^2=|OH|^2+|D'H|^2$,$D'H\perp OH$,又 $OH\cap EF=H$,故 $D'H\perp$ 平面 $ABCD$。

(2)建立如图所示的坐标系,$B(5,0,0)$,$C(1,3,0)$,$D'(0,0,3)$,$A(1,-3,0)$,$\overrightarrow{AB}=(4,3,0)$,$\overrightarrow{AD'}=(-1,3,3)$,$\overrightarrow{AC}=(0,6,0)$。

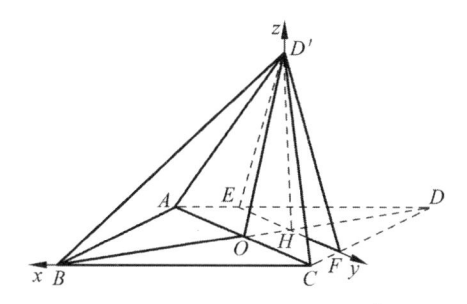

设平面 ABD 法向量 $\boldsymbol{n}_1=(x,y,z)$,由 $\begin{cases}\boldsymbol{n}_1\cdot\overrightarrow{AB}=0\\\boldsymbol{n}_1\cdot\overrightarrow{AD'}=0\end{cases}$ 可得 $\begin{cases}4x+3y=0\\-x+3y+3z=0\end{cases}$,取 $\begin{cases}x=3\\y=-4,\\z=5\end{cases}$ 则 $\boldsymbol{n}_1=(3,-4,5)$。

同理可得平面 $AD'C$ 的法向量 $\boldsymbol{n}_2=(3,0,1)$。

设二面角 $B\text{-}D'A\text{-}C$ 的平面角为 θ,故 $|\cos\theta|=\dfrac{|\boldsymbol{n}_1\cdot\boldsymbol{n}_2|}{|\boldsymbol{n}_1||\boldsymbol{n}_2|}=\dfrac{|9+5|}{5\sqrt{2}\cdot\sqrt{10}}=\dfrac{7\sqrt{5}}{25}$,

$\sin\theta=\dfrac{2\sqrt{95}}{25}$。

4.【解析】

(1)在图(1)中,因为 $AB=BC=1$,$AD=2$,E 是 AD 的中点,$\angle BAD=\dfrac{\pi}{2}$,所以 $BE\perp AC$,即在图(2)中,$BE\perp OA_1$,$BE\perp OC$,从而 $BE\perp$ 平面 A_1OC。

又 $CD/\!/BE$,所以 $CD\perp$ 平面 A_1OC。

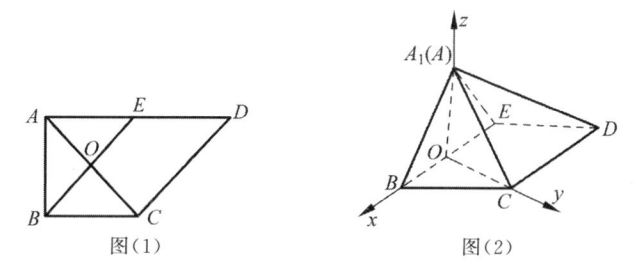

(2)由已知,平面 $A_1BE\perp$ 平面 $BCDE$,又由(1)知 $BE\perp OA_1$,$BE\perp OC$。

所以 $\angle A_1OC$ 为二面角 A_1-BE-C 的平面角,$\angle A_1OC = \dfrac{\pi}{2}$。

如图(2)所示,以 O 为原点,建立空间直角坐标系。

因为 $A_1B = A_1E = BC = ED = 1$,$BC \mathbin{/\!/} ED$,所以 $B\left(\dfrac{\sqrt{2}}{2},0,0\right)$,$E\left(-\dfrac{\sqrt{2}}{2},0,0\right)$,$A_1\left(0,0,\dfrac{\sqrt{2}}{2}\right)$,$C\left(0,\dfrac{\sqrt{2}}{2},0\right)$,得 $\overrightarrow{BC} = \left(-\dfrac{\sqrt{2}}{2},\dfrac{\sqrt{2}}{2},0\right)$,$\overrightarrow{A_1C} = \left(0,\dfrac{\sqrt{2}}{2},-\dfrac{\sqrt{2}}{2}\right)$,$\overrightarrow{CD} = \overrightarrow{BE} = (-\sqrt{2},0,0)$。

设平面 A_1BC 的法向量 $\boldsymbol{n}_1 = (x_1,y_1,z_1)$,平面 A_1CD 的法向量 $\boldsymbol{n}_2 = (x_2,y_2,z_2)$,平面 A_1BC 与平面 A_1CD 夹角为 θ,则由 $\begin{cases} \boldsymbol{n}_1 \cdot \overrightarrow{BC} = 0 \\ \boldsymbol{n}_1 \cdot \overrightarrow{A_1C} = 0 \end{cases}$ 可得 $\begin{cases} -x_1 + y_1 = 0 \\ y_1 - z_1 = 0 \end{cases}$,取 $x_1 = 1$,得 $\begin{cases} y_1 = 1 \\ z_1 = 1 \end{cases}$,$\boldsymbol{n}_1 = (1,1,1)$,同理得 $\boldsymbol{n}_2 = (0,1,1)$,从而 $\cos\theta = |\cos\langle \boldsymbol{n}_1,\boldsymbol{n}_2\rangle| = \dfrac{2}{\sqrt{3}\times\sqrt{2}} = \dfrac{\sqrt{6}}{3}$,即平面 A_1BC 与平面 A_1CD 夹角的余弦值为 $\dfrac{\sqrt{6}}{3}$。

5.【解析】

(1) 因为平面 $ABD \perp$ 平面 BCD,平面 $ABD \cap$ 平面 $BCD = BD$,$AB \subset$ 平面 ABD,$AB \perp BD$,所以 $AB \perp$ 平面 BCD。

又 $CD \subset$ 平面 BCD,所以 $AB \perp CD$。

(2) 过点 B 在平面 BCD 内作 $BE \perp BD$,如图所示。

由(1)知 $AB \perp$ 平面 BCD,$BE \subset$ 平面 BCD,所以 $AB \perp BE$,$AB \perp BD$。

以 B 为坐标原点,分别以 $\overrightarrow{BE}$,$\overrightarrow{BD}$,$\overrightarrow{BA}$ 的方向为 x 轴,y 轴,z 轴的正方向建立空间直角坐标系。

依题意得,$B(0,0,0)$,$C(1,1,0)$,$D(0,1,0)$,$A(0,0,1)$,$M\left(0,\dfrac{1}{2},\dfrac{1}{2}\right)$,则 $\overrightarrow{BC} = (1,1,0)$,$\overrightarrow{BM} = \left(0,\dfrac{1}{2},\dfrac{1}{2}\right)$,$\overrightarrow{AD} = (0,1,-1)$。

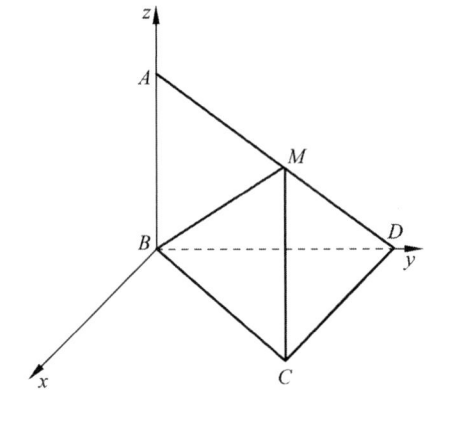

设平面 MBC 的法向量 $\boldsymbol{n} = (x_0,y_0,z_0)$,则 $\begin{cases} \boldsymbol{n} \cdot \overrightarrow{BC} = 0 \\ \boldsymbol{n} \cdot \overrightarrow{BM} = 0 \end{cases}$,即 $\begin{cases} x_0 + y_0 = 0 \\ y_0 + z_0 = 0 \end{cases}$。取 $z_0 = 1$,得平面 MBC 的一个法向量 $\boldsymbol{n} = (1,-1,1)$。

设直线 AD 与平面 MBC 所成角为 θ,则 $\sin\theta = |\cos\langle \boldsymbol{n},\overrightarrow{AD}\rangle| = \dfrac{|\boldsymbol{n} \cdot \overrightarrow{AD}|}{|\boldsymbol{n}||\overrightarrow{AD}|} = \dfrac{\sqrt{6}}{3}$,即直线 AD 与平面 MBC 所成角的正弦值为 $\dfrac{\sqrt{6}}{3}$。

6. 【解析】

(1) 在图(1)中,易得 $OC=3, AC=3\sqrt{2}, AD=2\sqrt{2}$。

连接 OD, OE,在 $\triangle OCD$ 中,由余弦定理可得 $OD=\sqrt{OC^2+CD^2-2OC \cdot CD\cos 45°}=\sqrt{5}$,由折叠不变性可知 $A'D=2\sqrt{2}$,所以 $A'O^2+OD^2=A'D^2, A'O \perp OD$。

同理可证 $A'O \perp OE$,又 $OD \cap OE=O$。

所以 $A'O \perp$ 平面 $BCDE$。

(2) 传统法:过 O 作 $OH \perp CD$ 交 CD 的延长线于 H,连接 $A'H$。

因为 $A'O \perp$ 平面 $BCDE$,所以 $A'H \perp CD$,$\angle A'HO$ 为二面角 $A'-CD-B$ 的平面角。

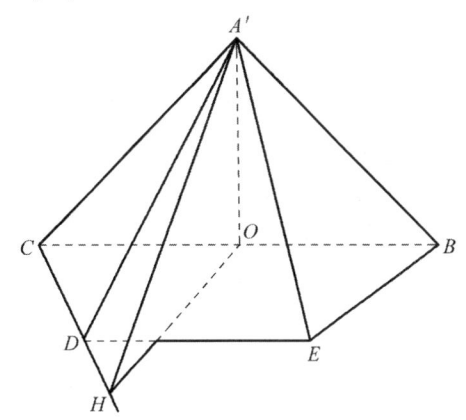

结合图(1)可知,H 为 AC 中点,故 $OH=\dfrac{3\sqrt{2}}{2}$,从而 $A'H=\sqrt{OH^2+OA'^2}=\dfrac{\sqrt{30}}{2}$,所以 $\cos \angle A'HO=\dfrac{OH}{A'H}=\dfrac{\sqrt{15}}{5}$。

故二面角 $A'-CD-B$ 的平面角的余弦值为 $\dfrac{\sqrt{15}}{5}$。

向量法:以 O 点为原点,建立如图所示的空间直角坐标系,则 $A'(0,0,\sqrt{3}), C(0,-3,0), D(1,-2,0)$,所以 $\overrightarrow{CA'}=(0,3,\sqrt{3}), \overrightarrow{DA'}=(-1,2,\sqrt{3})$。

设 $\boldsymbol{n}=(x,y,z)$ 为平面 $A'CD$ 的法向量,则由 $\begin{cases}\boldsymbol{n} \cdot \overrightarrow{CA'}=0 \\ \boldsymbol{n} \cdot \overrightarrow{DA'}=0\end{cases}$ 可得 $\begin{cases}3y+\sqrt{3}z=0 \\ -x+2y+\sqrt{3}z=0\end{cases}$,取 $x=1$,得 $\begin{cases}y=-1 \\ z=\sqrt{3}\end{cases}$,则 $\boldsymbol{n}=(1,-1,\sqrt{3})$。

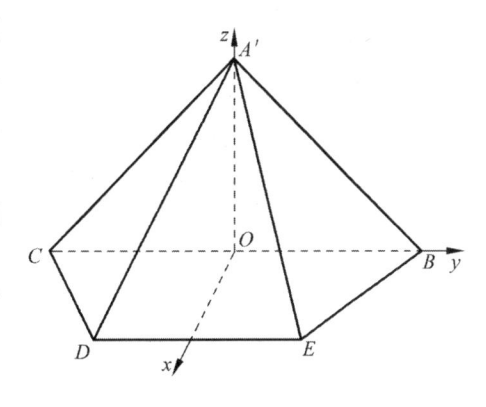

由(1)知,$\overrightarrow{OA'}=(0,0,\sqrt{3})$ 为平面 CDB 的一个法向量,所以 $\cos\langle \boldsymbol{n}, \overrightarrow{OA'}\rangle=\dfrac{\boldsymbol{n} \cdot \overrightarrow{OA'}}{|\boldsymbol{n}||\overrightarrow{OA'}|}=\dfrac{3}{\sqrt{3}\times\sqrt{5}}=\dfrac{\sqrt{15}}{5}$,即二面角 $A'-CD-B$ 的平面角的余弦值为 $\dfrac{\sqrt{15}}{5}$。

7. 【解析】

(1) 取 $A'D$ 的中点 G,连接 GF。

由条件易知 $FG // CD, FG=\dfrac{1}{2}CD, BE // CD, BE=\dfrac{1}{2}CD$,所以 $FG // BE, FG=BE$。

故四边形 $BEGF$ 为平行四边形,所以 $BF // GE$。

因为 $EG \subset$ 平面 $A'DE, BF \not\subset$ 平面 $A'DE$,所以 $BF //$ 平面 $A'DE$。

(2) 在平行四边形 $ABCD$ 中,设 $BC=a$,则 $AB=CD=2a$,$AD=AE=EB=a$,连接 CE。

因为 $\angle ABC=120°$,在 $\triangle BCE$ 中,可得 $CE=\sqrt{3}a$;在 $\triangle ADE$ 中,可得 $DE=a$。

在 $\triangle CDE$ 中,因为 $CD^2=CE^2+DE^2$,所以 $CE\perp DE$。

在正三角形 $A'DE$ 中,M 为 DE 中点,所以 $A'M\perp DE$。

由平面 $A'DE\perp$ 平面 BCD,可知 $A'M\perp$ 平面 BCD,$A'M\perp CE$。

如图所示,取 $A'E$ 的中点 N,连接 NM,NF,所以 $NF\perp DE$,$A'M\perp NF$。

因为 DE 交 $A'M$ 于 M,所以 $NF\perp$ 平面 $A'DE$,则 $\angle FMN$ 为直线 FM 与平面 $A'DE$ 所成角。

在 $Rt\triangle FMN$ 中,$NF=\dfrac{\sqrt{3}}{2}a$,$NM=\dfrac{1}{2}a$,$FM=a$,则 $\cos\angle FMN=\dfrac{1}{2}$。

故直线 FM 与平面 $A'DE$ 所成角的余弦值为 $\dfrac{1}{2}$。

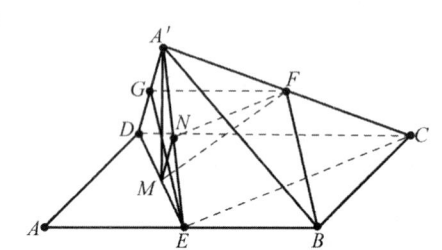

第9章

1.【解析】

(1) 因为四边形 $ADEF$ 为正方形,所以 $AD/\!/EF$。

由于 $EF\subset$ 平面 $BCEF$,$AD\not\subset$ 平面 $BCEF$,所以 $AD/\!/$ 平面 $BCEF$。

(2) 因为四边形 $ADEF$ 为正方形,所以 $DE\perp AD$,平面 $ADEF\perp$ 平面 $ABCD$。

又平面 $ADEF\cap$ 平面 $ABCD=AD$,所以 $DE\perp$ 平面 $ABCD$,则 $DE\perp BD$。

取 BC 中点 N,连接 DN。

由 $BN/\!/AD$,$BN=AD$,$\angle BAD=90°$,可得四边形 $ABND$ 为正方形,所以 $DN=AB$,即 $DN=\dfrac{1}{2}BC$,则 $BD\perp CD$。

因为 $CD\cap DE=D$,所以 $BD\perp$ 平面 CDE。

(3) 存在。当 M 为 BD 的中点时,$CE/\!/$ 平面 AMF,此时 $\dfrac{BM}{DM}=1$。

证明如下:

如图所示,连接 AN 交 BD 于点 M,由于四边形 $ABND$ 为正方形,所以 M 是 BD 的中点,同时也是 AN 的中点。

因为 $NC=AD$,$NC/\!/AD$。

又四边形 $ADEF$ 为正方形,所以 $NC=FE$,$NC/\!/FE$。

连接 NF,所以四边形 $NCEF$ 为平行四边形,则 $CE/\!/NF$,又因为 $NF\subset$ 平面 AMF,$CE\not\subset$ 平面 AMF,所以 $CE/\!/$

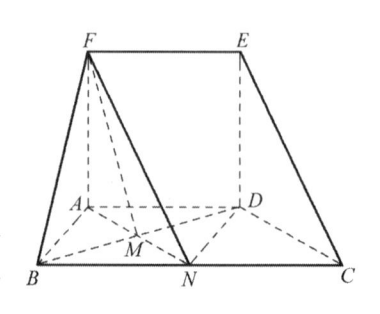

平面 AMF。

2.【解析】

(1) 在直三棱柱 $ABC\text{-}A_1B_1C_1$ 中,由于 $B_1B\perp$ 平面 ABC,$BB_1\subset$ 平面 B_1BCC_1,所以平面 $B_1BCC_1\perp$ 平面 ABC。(或者得出 $AD\perp BB_1$)

由于 $AB=AC$,D 是 BC 中点,所以 $AD\perp BC$,平面 $B_1BCC_1\cap$ 平面 $ABC=BC$,$AD\subset$ 平面 ABC,所以 $AD\perp$ 平面 B_1BCC_1,而 $CM\subset$ 平面 B_1BCC_1,则 $AD\perp CM$。

因为 $BM=CD=1$,$BC=CF=2$,所以 $\text{Rt}\triangle CBM\cong\text{Rt}\triangle FCD$,即 $CM\perp DF$。

又 DF 与 AD 相交,所以 $CM\perp$ 平面 ADF,$CM\subset$ 平面 CAM,故平面 $CAM\perp$ 平面 ADF。

(2) E 为棱 AB 的中点时,使得 $C_1E/\!/$ 平面 ADF。

证明:如图所示,连接 CE 交 AD 于 O,连接 OF。

因为 CE,AD 为 $\triangle ABC$ 中线,所以 O 为 $\triangle ABC$ 的重心,$\dfrac{CF}{CC_1}=\dfrac{CO}{CE}=\dfrac{2}{3}$,从而 $OF/\!/C_1E$。

又 $OF\subset$ 面 ADF,$C_1E\not\subset$ 平面 ADF,所以 $C_1E/\!/$ 平面 ADF。

3.【解析】

(1) 证明:在长方体 $ABCD\text{-}A_1B_1C_1D_1$ 中。$AB=\sqrt{2}AD$,E,F 分别为棱 AB,A_1D_1 的中点,所以 $BB_1\perp$ 平面 $ABCD$,则 $BB_1\perp EC$。

在 $\text{Rt}\triangle DCB$ 中,$\tan\angle DBC=\dfrac{DC}{BC}=\dfrac{AB}{AD}=\dfrac{\sqrt{2}AD}{AD}=\sqrt{2}$;在 $\text{Rt}\triangle EBC$ 中,$\tan\angle BEC=\dfrac{BC}{BE}=\dfrac{AD}{\frac{1}{2}\cdot AB}=\dfrac{AD}{\frac{\sqrt{2}}{2}AD}=\sqrt{2}$,所以 $\angle DBC=\angle BEC$。

因为在 $\text{Rt}\triangle EBC$ 中,$\angle BEC+\angle ECB=90°$,所以 $\angle DBC+\angle ECB=90°$,$CE\perp BD$。

又因为 $BB_1\cap BD=B$,所以 $EC\perp$ 平面 BB_1D;$EC\subset$ 平面 EFC,所以平面 $EFC\perp$ 平面 BB_1D。

(2) 如图所示,设 $BD\cap CE=M$,连接 DB_1,过点 M 作 EF 的平行线 l,交 DB_1 于点 O,则 O 即为直线 DB_1 和平面 EFC 的交点。

理由如下:

$BD\cap CE=M$,则 $M\in$ 平面 EFC,$l/\!/EF$,$M\in l$,所以 $l\subset$ 平面 EFC。

$l\cap DB_1=O$,所以 $O\in OB_1$,$O\in$ 平面 EFC,故 O 为直线 DB_1 和平面 EFC 的交点。

4.【解析】

(1) 因为四边形 $PDCE$ 为矩形,所以 N 为 PC 的中点。如图(1)所示,连接 FN。

在 $\triangle PAC$ 中,F,N 分别为 PA,PC 的中点,所以 $FN/\!/AC$。

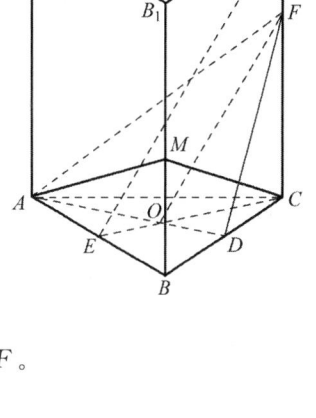

因为 $FN \subset$ 平面 DEF, $AC \not\subset$ 平面 DEF, 所以 $AC //$ 平面 DEF。

(2) 易知 DA, DC, DP 两两垂直, 以 D 为原点, 分别以 DA, DC, DP 所在直线为 x, y, z 轴, 建立如图(2)所示的空间直角坐标系。

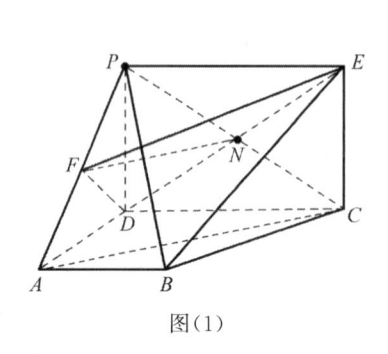

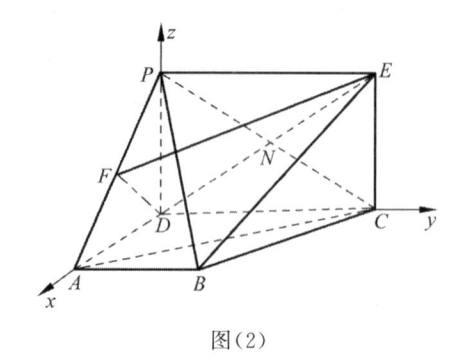

图(1)　　图(2)

则 $P(0,0,\sqrt{2}), A(1,0,0), B(1,1,0), C(0,2,0)$, 所以 $\overrightarrow{PB}=(1,1,-\sqrt{2}), \overrightarrow{BC}=(-1,1,0)$。

设平面 PBC 的法向量为 $\boldsymbol{m}=(x,y,z)$, 则 $\begin{cases} \boldsymbol{m} \cdot \overrightarrow{PB}=(x,y,z) \cdot (1,1,-\sqrt{2})=0 \\ \boldsymbol{m} \cdot \overrightarrow{BC}=(x,y,z) \cdot (-1,1,0)=0 \end{cases}$, 即 $\begin{cases} x+y-\sqrt{2}z=0 \\ -x+y=0 \end{cases}$, 解得 $\begin{cases} y=x \\ z=\sqrt{2}x \end{cases}$。

令 $x=1$, 得 $\begin{cases} y=1 \\ z=\sqrt{2} \end{cases}$, 所以平面 PBC 的一个法向量为 $\boldsymbol{m}=(1,1,\sqrt{2})$。

设平面 ABP 的法向量为 $\boldsymbol{n}=(x,y,z)$, 则 $\begin{cases} \boldsymbol{n} \cdot \overrightarrow{AB}=(x,y,z) \cdot (0,1,0)=0 \\ \boldsymbol{n} \cdot \overrightarrow{PB}=(x,y,z) \cdot (1,1,-\sqrt{2})=0 \end{cases}$, 据此可得 $\begin{cases} x=\sqrt{2} \\ y=0 \\ z=1 \end{cases}$。

则平面 ABP 的一个法向量为 $\boldsymbol{n}=(\sqrt{2},0,1)$, $\cos\langle \boldsymbol{m},\boldsymbol{n} \rangle = \dfrac{\sqrt{2}+\sqrt{2}}{\sqrt{1+1+2} \cdot \sqrt{2+1}} = \dfrac{\sqrt{6}}{3}$, 于是 $\sin\langle \boldsymbol{m},\boldsymbol{n} \rangle = \dfrac{\sqrt{3}}{3}$。

故二面角 A-PB-C 的正弦值为 $\dfrac{\sqrt{3}}{3}$。

(3) 设存在点 Q 满足条件。

由 $F\left(\dfrac{1}{2},0,\dfrac{\sqrt{2}}{2}\right)$, $E(0,2,\sqrt{2})$。设 $\overrightarrow{FQ}=\lambda\overrightarrow{FE}(0 \leqslant \lambda \leqslant 1)$, 整理得 $Q\left(\dfrac{1-\lambda}{2}, 2\lambda, \dfrac{\sqrt{2}(1+\lambda)}{2}\right)$, 则 $\overrightarrow{BQ}=\left(-\dfrac{1+\lambda}{2}, 2\lambda-1, \dfrac{\sqrt{2}(1+\lambda)}{2}\right)$。

因为直线 BQ 与平面 BCP 所成角的大小为 $\dfrac{\pi}{6}$，所以 $\sin\dfrac{\pi}{6}=|\cos\langle\overrightarrow{BQ},\boldsymbol{m}\rangle|=$
$\left|\dfrac{\overrightarrow{BQ}\cdot\boldsymbol{m}}{|\overrightarrow{BQ}||\boldsymbol{m}|}\right|=\dfrac{|5\lambda-1|}{2\sqrt{19\lambda^2-10\lambda+7}}=\dfrac{1}{2}$，解得 $\lambda^2=1$。

由 $0\leqslant\lambda\leqslant1$ 知 $\lambda=1$，即点 Q 与 E 重合。

故在线段 EF 上存在一点 Q，且 $FQ=EF=\dfrac{\sqrt{19}}{2}$。

5. 【解析】

(1) 证明：因为平面 $ABCD\perp$ 平面 $ABEF$，$CB\perp AB$，平面 $ABCD\cap$ 平面 $ABEF=AB$，所以 $CB\perp$ 平面 $ABEF$。

因为 $AF\subset$ 平面 $ABEF$，所以 $AF\perp CB$。又 AB 为圆 O 的直径，则 $AF\perp BF$，即 $AF\perp$ 平面 CBF。

又 $AF\subset$ 平面 ADF，所以平面 $DAF\perp$ 平面 CBF。

(2) 根据(1)的证明，有 $AF\perp$ 平面 CBF，所以 FB 为 AB 在平面 CBF 内的射影，因此 $\angle ABF$ 为直线 AB 与平面 CBF 所成的角。

因为 $AB\parallel EF$，所以四边形 $ABEF$ 为等腰梯形。

过点 F 作 $FH\perp AB$，交 AB 于 H。

$AB=2,EF=1$，则 $AH=\dfrac{AB-EF}{2}=\dfrac{1}{2}$。

在 $\mathrm{Rt}\triangle AFB$ 中，根据射影定理 $AF^2=AH\cdot AB$，可得 $AF=1$，$\sin\angle ABF=\dfrac{AF}{AB}=\dfrac{1}{2}$，则 $\angle ABF=30°$。

故直线 AB 与平面 CBF 所成角的大小为 $30°$。

(3) 设 EF 中点为 G，以 O 为坐标原点，OA，OG，AD 方向分别为 x 轴，y 轴，z 轴方向建立空间直角坐标系(如图所示)。设 $AD=t(t>0)$，则点 D 的坐标为 $(1,0,t)$，则 $C(-1,0,t)$，又 $A(1,0,0)$，$B(-1,0,0)$，$F\left(\dfrac{1}{2},\dfrac{\sqrt{3}}{2},0\right)$，所以 $\overrightarrow{CD}=(2,0,0)$；$\overrightarrow{FD}=\left(\dfrac{1}{2},-\dfrac{\sqrt{3}}{2},t\right)$。

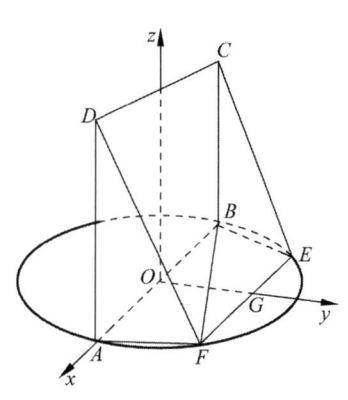

设平面 DCF 的法向量为 $\boldsymbol{n}_1=(x,y,z)$，则 $\boldsymbol{n}_1\cdot\overrightarrow{CD}=0$，$\boldsymbol{n}_1\cdot\overrightarrow{FD}=0$，即 $\begin{cases}2x=0\\-\dfrac{\sqrt{3}}{2}y+tz=0\end{cases}$，令 $z=\sqrt{3}$，解得 $x=0$，$y=2t$，则 $\boldsymbol{n}_1=(0,2t,\sqrt{3})$。

由(1)可知 $AF\perp$ 平面 CFB，取平面 CBF 的一个法向量为 $\boldsymbol{n}_2=\overrightarrow{AF}=\left(-\dfrac{1}{2},\dfrac{\sqrt{3}}{2},0\right)$，依题意 $\boldsymbol{n}_1$ 与 $\boldsymbol{n}_2$ 的夹角为 $60°$，$\cos60°=\dfrac{\boldsymbol{n}_1\cdot\boldsymbol{n}_2}{|\boldsymbol{n}_1||\boldsymbol{n}_2|}$，即 $\dfrac{1}{2}=\dfrac{\sqrt{3}t}{\sqrt{4t^2+3}\cdot1}$，解得 $t=\dfrac{\sqrt{6}}{4}$。

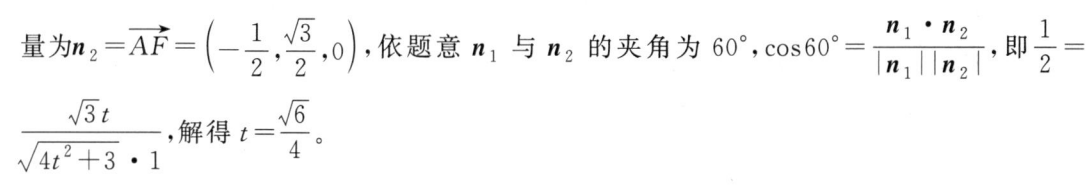

因此，当 AD 的长为 $\dfrac{\sqrt{6}}{4}$ 时，平面 DFC 与平面 FCB 所成的锐二面角的大小为 $60°$。

6.【解析】

(1) 如图所示，连接 AC，因为四边形 $ABCD$ 为正方形，所以 F 为 AC 中点。

又 E 为 PA 中点，所以 $EF//PC$。

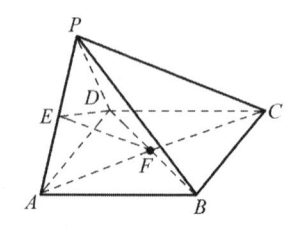

又 $PC \subset$ 平面 PBC，$EF \not\subset$ 平面 PBC，故 $EF//$ 平面 PBC。

(2) 取 AD 中点 O，连接 PO，OF。

因为 $PA=PD=AD$，所以 $PO \perp AD$，又平面 $PAD \perp$ 平面 $ABCD$，平面 $PAD \cap$ 平面 $ABCD=AD$，$PO \subset$ 平面 PAD，所以 $PO \perp$ 平面 $ABCD$，$PO \perp OF$。

又四边形 $ABCD$ 为正方形且 $OF//AB$，所以 $OF \perp AD$。

以 O 为原点，OA，OF，OP 所在直线为坐标轴建立如图所示的空间直角坐标系，则 $F(0,1,0)$，$D(-1,0,0)$，$P(0,0,\sqrt{3})$，$E\left(\dfrac{1}{2},0,\dfrac{\sqrt{3}}{2}\right)$。

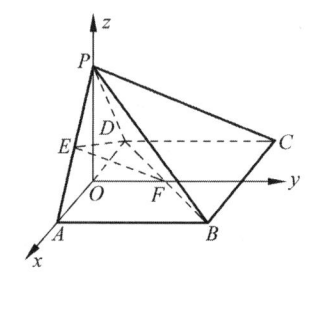

因为平面 PDE 即为平面 PAD，$OF \perp$ 平面 PAD，所以 $\overrightarrow{OF}$ 为平面 PAD 的一个法向量，即 $\overrightarrow{OF}=(0,1,0)$。

设平面 EFD 的法向量 $\boldsymbol{n}=(x,y,z)$。

又 $\overrightarrow{DF}=(1,1,0)$，$\overrightarrow{DE}=\left(\dfrac{3}{2},0,\dfrac{\sqrt{3}}{2}\right)$，则 $\begin{cases} \boldsymbol{n} \cdot \overrightarrow{DF}=0 \\ \boldsymbol{n} \cdot \overrightarrow{DE}=0 \end{cases}$，即

$\begin{cases} x+y=0 \\ \dfrac{3}{2}x+\dfrac{\sqrt{3}}{2}z=0 \end{cases}$。令 $x=1$，则 $y=-1$，$z=-\sqrt{3}$，则 $\boldsymbol{n}=(1,-1,-\sqrt{3})$。

则 $\cos\langle\overrightarrow{OF},\boldsymbol{n}\rangle=\dfrac{\overrightarrow{OF} \cdot \boldsymbol{n}}{|\overrightarrow{OF}||\boldsymbol{n}|}=\dfrac{-1}{\sqrt{5}}=-\dfrac{\sqrt{5}}{5}$，$\sin\langle\overrightarrow{OF},\boldsymbol{n}\rangle=\sqrt{1-\left(-\dfrac{\sqrt{5}}{5}\right)^2}=\dfrac{2\sqrt{5}}{5}$，即二面角 F-ED-P 的正弦值为 $\dfrac{2\sqrt{5}}{5}$。

(3) 令 $\overrightarrow{PG}=\lambda\overrightarrow{PC}$，$\lambda \in [0,1]$。

因为 $P(0,0,\sqrt{3})$，$C(-1,2,0)$，所以 $G(-\lambda,2\lambda,\sqrt{3}-\sqrt{3}\lambda)$。

若 $GF \perp$ 平面 EDF，则 $\overrightarrow{GF}//\boldsymbol{n}$，又 $\overrightarrow{GF}=(\lambda,1-2\lambda,\sqrt{3}\lambda-\sqrt{3})$，则 $\dfrac{\lambda}{1}=\dfrac{1-2\lambda}{-1}=\dfrac{\sqrt{3}\lambda-\sqrt{3}}{-\sqrt{3}}$，方程无解。

故棱 PC 上不存在一点 G，使 $GF \perp$ 平面 EDF。

7.【解析】

(1) 证明：因为在正方体 $ACBD$-$A_1C_1B_1D_1$ 中，$AB//A_1B_1$，$A_1B_1 \subset$ 平面 A_1B_1C，$AB \not\subset$ 平面 A_1B_1C，所以 $AB//$ 平面 A_1B_1C。

(2) 取 A_1B_1 的中点 N，连接 MN，CN，CM。

因为 $B_1M=MA_1$，所以 $MN\perp A_1B_1$。

因为 $B_1C=CA_1$，所以 $CN\perp A_1B_1$，则 $\angle MNC$ 为二面角 M-A_1B_1-C 的平面角。

因为 M,N 分别为 AB 和 A_1B_1 的中点，所以 $MN\parallel AA_1$。

又 $AA_1\perp$ 平面 $ACBD$，则 $MN\perp$ 平面 $ACBD$，而 $CM\subset$ 平面 $ACBD$，即 $MN\perp CM$，故在 $\mathrm{Rt}\triangle CMN$ 中，$\cos\angle MNC=\dfrac{MN}{NC}=\dfrac{2}{\sqrt{6}}=\dfrac{\sqrt{6}}{3}$。

故二面角 M-A_1B_1-C 的余弦值为 $\dfrac{\sqrt{6}}{3}$。

(3) 因为 $AB\parallel$ 平面 A_1B_1C，所以点 M，点 A 到平面 A_1B_1C 的距离相等，设为 h，$V_{M\text{-}B_1A_1C}=V_{A\text{-}B_1A_1C}=V_{B_1\text{-}ACA_1}$，则 $\dfrac{1}{3}\times 2\sqrt{2}\times 2\sqrt{2}\times\dfrac{\sqrt{3}}{2}\times\dfrac{1}{2}\cdot h=\dfrac{1}{3}\times 2\times 2\times\dfrac{1}{2}\times 2$，解得 $h=\dfrac{2\sqrt{3}}{3}$。

故点 M 到平面 A_1B_1C 的距离为定值 $\dfrac{2\sqrt{3}}{3}$。

第10章

1.【解析】

由题意得 $AB=BC=2$，$\angle ABC=120°$，$S_{\triangle ABC}=\dfrac{1}{2}|AB||BC|\sin\angle ABC=\sqrt{3}$，$V_{O\text{-}ABC}=\dfrac{1}{3}S_{\triangle ABC}h=\sqrt{3}$，则 $h=3$。

又 $\triangle ABC$ 的外接圆的半径 $r=\dfrac{AB}{2\sin C}=\dfrac{2}{2\sin 30°}=2$，因此球 O 的半径 $R=\sqrt{2^2+3^2}=\sqrt{13}$。

球的表面积 $S=4\pi R^2=52\pi$。故选 C。

2.【解析】

作图如下：

根据题意知，平面 AEF 截该正四面体的内切球所得截面一定是圆。

设圆心为 P，内切球的球心为 O，作 $AN\perp$ 平面 BCD，则 N 为底面三角形的中心。

在等边三角形 BCD 中，$BN=\dfrac{2}{3}\times\dfrac{\sqrt{3}}{2}a=\dfrac{\sqrt{3}}{3}a$。

在 $\mathrm{Rt}\triangle ABN$ 中，由勾股定理知，$AN=\sqrt{AB^2-BN^2}=\sqrt{a^2-\left(\dfrac{\sqrt{3}}{3}a\right)^2}=\dfrac{\sqrt{6}}{3}a$。

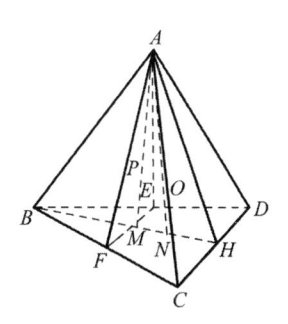

由图可知，AO 为四面体外接球的半径，设 $AO=BO=R$，在 $Rt\triangle BON$ 中，由勾股定理可得，$R^2=\left(\dfrac{\sqrt{3}}{3}a\right)^2+\left(\dfrac{\sqrt{6}}{3}a-R\right)^2$，解得 $R=\dfrac{\sqrt{6}}{4}a$。

所以正四面体 $A-BCD$ 的内切球半径 $r=ON=AN-OA=\dfrac{\sqrt{6}}{3}a-\dfrac{\sqrt{6}}{4}a=\dfrac{\sqrt{6}}{12}a$。

因为 $OP\perp AM$，$AN\perp MN$，所以 $\triangle AOP\sim\triangle AMN$。

又 $MN=\dfrac{1}{6}BH=\dfrac{1}{6}\times\dfrac{\sqrt{3}}{2}a=\dfrac{\sqrt{3}}{12}a$，由 $AM^2=NM^2+AN^2$ 可得 $AM=\dfrac{\sqrt{11}}{4}a$，所以 $\dfrac{OP}{MN}=\dfrac{AO}{AM}$，即 $\dfrac{OP}{\dfrac{\sqrt{3}}{12}a}=\dfrac{\dfrac{\sqrt{6}}{4}a}{\dfrac{\sqrt{11}}{4}a}$，解得 $OP=\dfrac{\sqrt{2}}{4\sqrt{11}}a$。

则平面 AEF 截该正四面体的内切球所得截面圆半径 $r_1=\sqrt{r^2-OP^2}=\dfrac{a}{\sqrt{33}}$，平面 AEF 截该正四面体的内切球所得截面的面积为 $\pi\times\left(\dfrac{a}{\sqrt{33}}\right)^2=\dfrac{\pi a^2}{33}$。

3.【解析】

如图所示，点 M 为 $\triangle ABC$ 的中心，E 为 AC 中点。

当 $DM\perp$ 平面 ABC 时，三棱锥 $D-ABC$ 体积最大，此时，$OD=OB=R=4$。

因为 $S_{\triangle ABC}=\dfrac{\sqrt{3}}{4}AB^2=9\sqrt{3}$，所以 $AB=6$；因为点 M 为 $\triangle ABC$ 的中心，所以 $BM=\dfrac{2}{3}BE=2\sqrt{3}$。

在 $Rt\triangle OMB$ 中，有 $OM=\sqrt{OB^2-BM^2}=2$，$DM=OD+OM=4+2=6$。

则 $(V_{D-ABC})_{\max}=\dfrac{1}{3}\times 9\sqrt{3}\times 6=18\sqrt{3}$，故选 B。

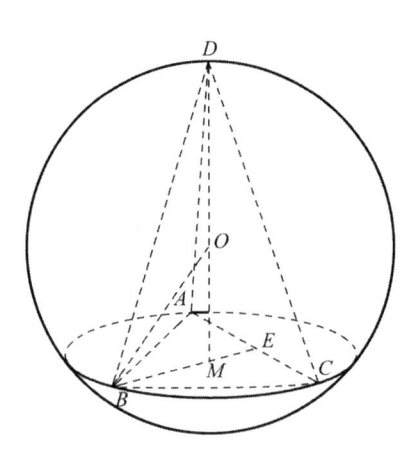

4.【解析】

方法 1：因为 $PA=PB=PC$，$\triangle ABC$ 为边长为 2 的等边三角形，所以 $P-ABC$ 为正三棱锥，$PB\perp AC$。

又 E,F 分别为 PA,AB 中点，则 $EF//PB$，$EF\perp AC$。

$EF\perp CE$，$CE\cap AC=C$，则 $EF\perp$ 平面 PAC，$PB\perp$ 平面 PAC，即 $\angle APB=90°$，$PA=PB=PC=\sqrt{2}$。

$P-ABC$ 为正方体一部分，$2R=\sqrt{2+2+2}=\sqrt{6}$，即 $R=\dfrac{\sqrt{6}}{2}$，则 $V=\dfrac{4}{3}\pi R^3=\dfrac{4}{3}\pi\times\dfrac{6\sqrt{6}}{8}=\sqrt{6}\pi$，故选 D。

方法 2：设 $PA=PB=PC=2x$，E,F 分别为 PA,AB 中点，则 $EF \parallel PB$，且 $EF=\dfrac{1}{2}PB=x$。

因为 $\triangle ABC$ 为边长为 2 的等边三角形，所以 $CF=\sqrt{3}$，又 $\angle CEF=90°$，则 $CE=\sqrt{3-x^2}$，$AE=\dfrac{1}{2}PA=x$。

在 $\triangle AEC$ 中，根据余弦定理得 $\cos\angle EAC=\dfrac{x^2+4-(3-x^2)}{2\times 2\cdot x}$。

作 $PD\perp AC$ 于 D，如图所示。

因为 $PA=PC$，D 为 AC 中点，$\cos\angle EAC=\dfrac{AD}{PA}=\dfrac{1}{2x}$，则 $\dfrac{x^2+4-3+x^2}{4x}=\dfrac{1}{2x}$，$2x^2+1=2$，$x^2=\dfrac{1}{2}$，$x=\dfrac{\sqrt{2}}{2}$，即 $PA=PB=PC=\sqrt{2}$。

又 $AB=BC=AC=2$，则 PA,PB,PC 两两垂直，$2R=\sqrt{2+2+2}=\sqrt{6}$，则 $R=\dfrac{\sqrt{6}}{2}$。

$V=\dfrac{4}{3}\pi R^3=\dfrac{4}{3}\pi\times\dfrac{6\sqrt{6}}{8}=\sqrt{6}\pi$，故选 D。

5.【解析】

由题意得，设 $\triangle BCD$ 所在的小圆为 O_1，半径为 r。

因为二面角 B-AD-C 为 $60°$，即 $\angle BDC=60°$，所以 $\triangle BCD$ 为边长为 3 的等边三角形，由正弦定理可得 $2r=\dfrac{3}{\sin 60°}=2\sqrt{3}$，即 $BE=2\sqrt{3}$。

设球的半径为 R，且 $AD=4$，在 $\mathrm{Rt}\triangle ADE$ 中，$(2R)^2=AD^2+DE^2\Rightarrow 4R^2=4^2+(2\sqrt{3})^2=28$。

所以 $R=\sqrt{7}$，球的体积 $V=\dfrac{4}{3}\pi R^3=\dfrac{4}{3}\pi\times(\sqrt{7})^3=\dfrac{28\sqrt{7}}{3}\pi$，故选 D。

6.【解析】

将三棱锥 P-ABC 补成直三棱柱，且三棱锥和该直三棱柱的外接球都是球 O。

记三角形 ABC 的中心为 O_1，设球的半径为 R，$PA=2x$，则球心 O 到平面 ABC 的距离为 x，即 $OO_1=x$。

如图所示，连接 O_1A，则 $O_1A=5$，$R^2=x^2+25$。

在 $\triangle ABC$ 中，取 AC 的中点为 E，连接 O_1D,O_1E，则 $O_1E=\dfrac{1}{2}AB=3$，$DE=\dfrac{1}{4}AC=2$，所以 $O_1D=\sqrt{13}$。

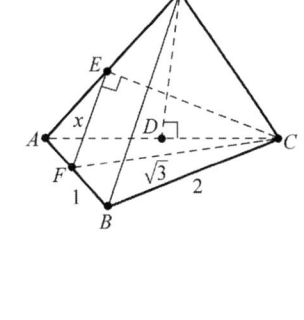

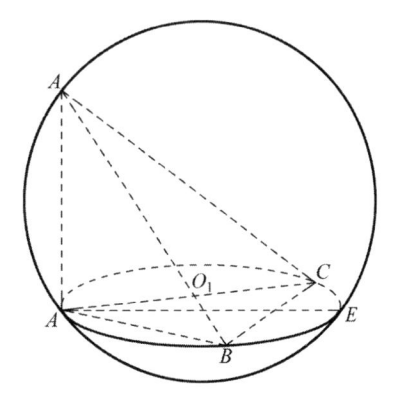

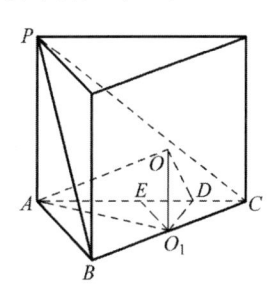

在 Rt△OO_1D 中,$OD=\sqrt{x^2+13}$,由题意得,到当截面与直线 OD 垂直时,截面面积最小。

设此时截面圆的半径为 r,则 $r^2=R^2-OD^2=x^2+25-(x^2+13)=12$,所以最小截面圆的面积为 12π。

当截面过球心时,截面面积最大为 πR^2,所以 $\pi R^2-12\pi=16\pi$,$R^2=28$,球的表面积为 $4\pi R^2=112\pi$,故选 C。